## 資料② 顕微鏡の使い方

### はじめに

・顕微鏡（けんびきょう）は，水平で直射日光の当たらない場所に静かに置く。
・レンズは接眼レンズ→対物レンズの順に取りつける。

**レンズの取りつけはなぜこの順？**

鏡筒を通して，対物レンズの上にほこりが落ちないようにするため。

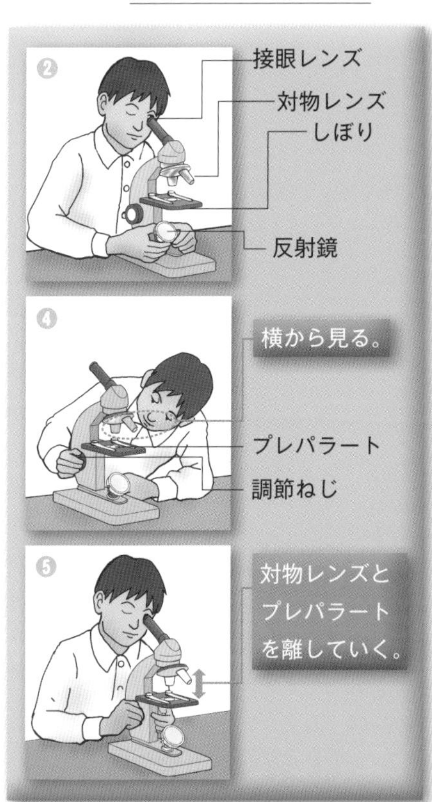


### 操作の手順

❶ 対物レンズを最も低倍率にする。

❷ 接眼レンズをのぞきながら，反射鏡としぼりで視野を明るくする。

るだけ近づける。

❺ 接眼レンズをのぞきながら，調節ねじを❹と反対に回して対物レンズとプレパラートを離（はな）していき，ピントを合わせる。

❻ 見たい部分を視野の中央にもってきてから，レボルバーを回して高倍率の対物レンズにかえる。

❼ しぼりを調節して，見やすい明るさにする。

**対物レンズはなぜ低倍率から？**

低倍率で広範囲（こうはんい）を観察し，見たい部分を決めてから，高倍率にしてくわしく観察するため。

**ピントを合わせるとき**

のように操作する理由は，対
ズとプレパラートをぶつけて
やプレパラートを傷つけない
するため。

**プレパラートを動かす向き**

観察物を視野に入れるためにプレパラートを動かすとき，プレパラートと観察物の動く向きは逆になる。

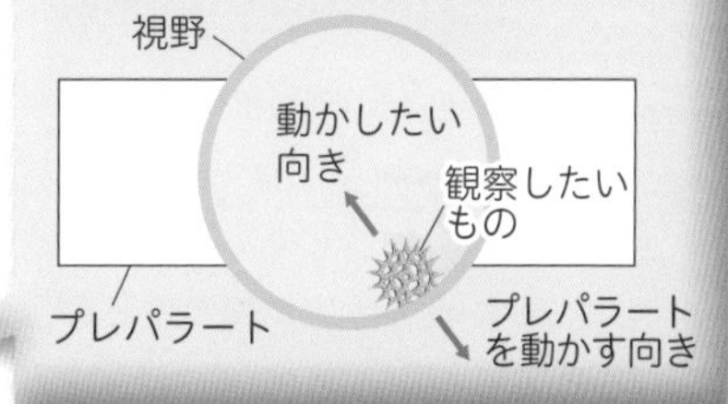


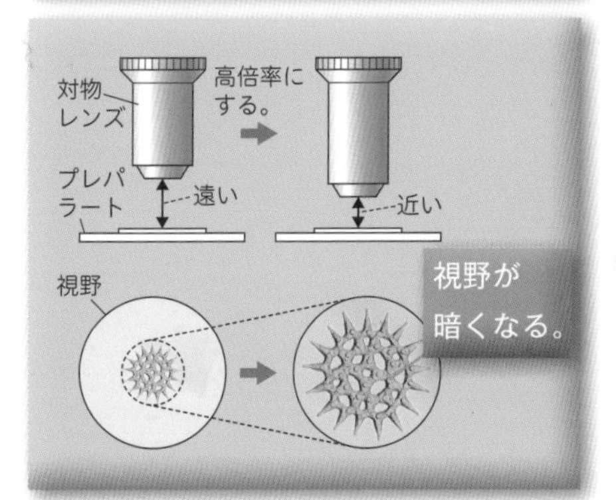


**レンズを高倍率にしたとき**

レンズを高倍率のものにかえると，対物レンズに入る光の量が減るため，視野全体が暗くなる。
このため，しぼりを広げたり，反射鏡の角度を調整することで，視野に入る光の量を増やさなければならない。

# 考える力。

## それは「明日」に立ち向かう力。

あらゆるものが進化し、世界中で昨日まで予想もしなかったことが起こる今。
たとえ便利なインターネットを使っても、「明日」は検索(けんさく)できない。

チャート式は、君の「考える力」をのばしたい。
どんな明日がきても、この本で身につけた「考えぬく力」で、
身のまわりのどんな問題も君らしく解いて、夢に向かって前進してほしい。

チャート式が大切にする5つの言葉とともに、
いっしょに「新しい冒険(ぼうけん)」をはじめよう。

## 1 地図を広げて、ゴールを定めよう。

1年後、どんな目標を達成したいだろう？
10年後、どんな大人になっていたいだろう？
ゴールが決まると、たどり着くまでに必要な力や道のりが見えてくるはず。
大きな地図を広げて、チャート式と出発しよう。
これからはじまる冒険(ぼうけん)の先には、たくさんのチャンスが待っている。

## 2 好奇心(こうきしん)の船に乗ろう。「知りたい」は強い。

君を本当に強くするのは、覚えた公式や単語の数よりも、
「知りたい」「わかりたい」というその姿勢のはず。
最初から、100点を目指さなくていい。
まわりみたいに、上手に解けなくていい。
その前向きな心が、君をどんどん成長させてくれる。

## 3 味方がいると、見方が変わる。

どんなに強いライバルが現れても、
信頼できる仲間がいれば、自然と自信がわいてくる。
勉強もきっと同じ。
この本で学んだ時間が増えるほど、
どんなに難しい問題だって、見方が変わってくるはず。
チャート式は、挑戦する君の味方になる。

## 4 越えた波の数だけ、強くなれる。

昨日解けた問題も、今日は解けないかもしれない。
今日できないことも、明日にはできるようになるかもしれない。
失敗をこわがらずに挑戦して、くり返し考え、くり返し見直してほしい。
たとえゴールまで時間がかかっても、
人一倍考えることが「本当の力」になるから。
越えた波の数だけ、君は強くなれる。

## 5 一歩ずつでいい。でも、毎日進み続けよう。

がんばりすぎたと思ったら、立ち止まって深呼吸しよう。
わからないと思ったら、進んできた道をふり返ってみよう。
大切なのは、どんな課題にぶつかってもあきらめずに、
コツコツ、少しずつ、前に進むこと。

**チャート式はどんなときも**
**ゴールに向かって走る君の背中を押し続ける**

# 本書の特色と使い方

ぼく，数犬チャ太郎。
いっしょに勉強しよう！

## デジタルコンテンツを活用しよう！

第５章　細胞と生物のか…　3/10

植物の細胞と動物の細胞に共通するつくりとして，最も適切なものはどれか。

① 細胞壁
② 葉緑体
③ 液胞
④ 核

解答

●もくじや各章の 1 要点のまとめ に掲載されているQRコードを，タブレットPCやスマートフォンで読み取ると，3 要点チェック のような一問一答テストにアクセスできます。※1，※2

← こちらからもアクセスできます。

PCからは https://cds.chart.co.jp/books/dqrhhw1nlg

●理解度チェックやくり返し学習ができます。スキマ時間にチャレンジしてみましょう！

## 第1～4編　各章の流れ

### 1 要点のまとめ

●用語や定義，公式などの要点を簡潔にまとめています。

●授業の予習・復習はもちろん，テスト直前の最終確認にも活用しましょう。

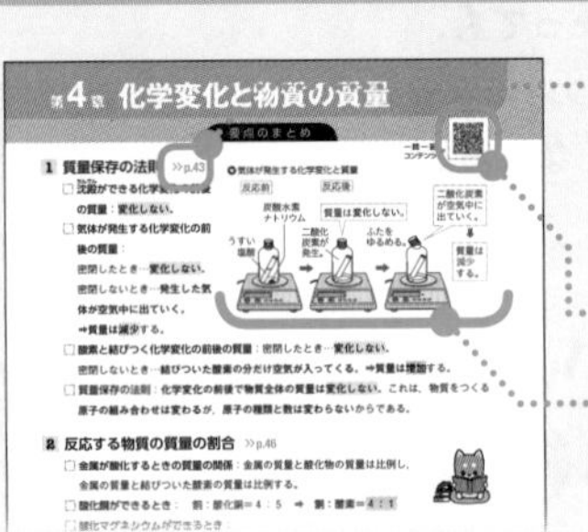


≫p.43　簡単にさがせる

くわしく学習する 2 のページを示しているので，参照したいページが一目でわかります。

QRコード

図や表でも確認できる

要点を図や表でまとめているので，知識を効率よく確認・整理できます。

### 2 解説

●本文では，学習内容をわかりやすい文章でていねいに解説しています。

●側注では，本文をより深く理解するための補足的な内容を扱っています。興味・必要に応じて活用しましょう。

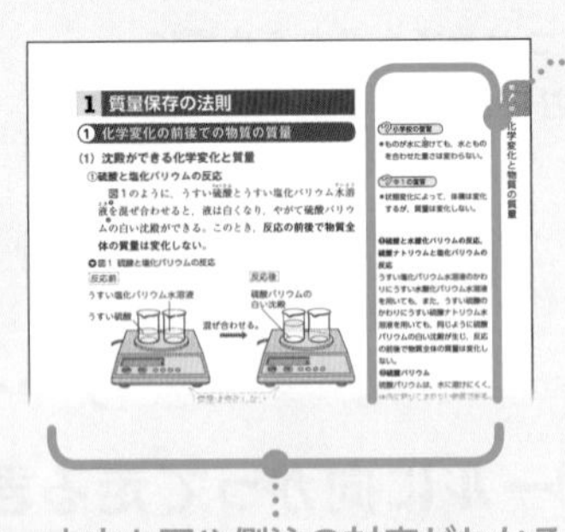


本文と図や側注の対応がわかる

図や表，側注に番号をつけているので，本文との対応が一目でわかります。

側注で理解が深まる

小学校の復習　中１の復習

小学校や中１で学習した内容のうち，中２で学習する内容に関連が深いものを取り上げています。

⚠：かん違いしやすい内容を取り上げています。

発展：学習指導要領を超えた内容ですが，本文の理解に役立つものを取り上げています。

※1 QRコードは(株)デンソーウェーブの登録商標です。　※2 通信料はお客様のご負担となります。Wi-Fi環境での利用をおすすめいたします。

## 2 解説

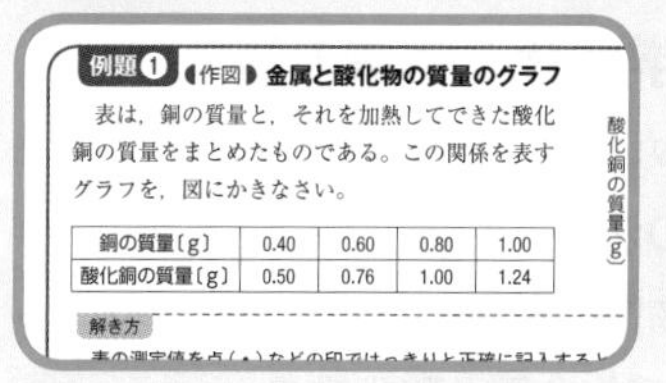

### 作図や計算のしかたがわかる

教科書に出てくる作図や計算を，例題として取り上げ，解き方をわかりやすく解説しています。

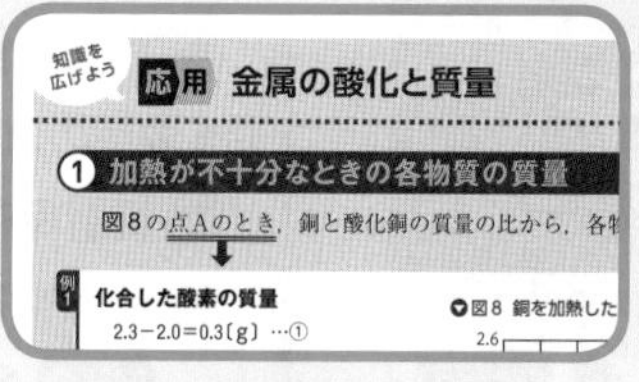

### 入試に向けた準備ができる

入試に出やすい応用的な内容を取り上げています。教科書内容が理解できたら，ここで知識を深めましょう。

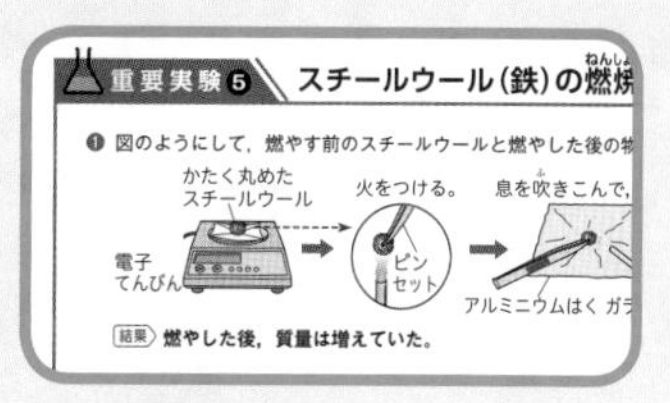

### 重要な実験・観察がわかる

教科書の実験・観察のうち，特に重要なものを取り上げ，よく問われる操作や結果とその理由をまとめています。

## 3 要点チェック

- 一問一答形式で，基本的な知識の習得度をチェックできます。
- 右側の解答をかくして，くり返しチェックしましょう。

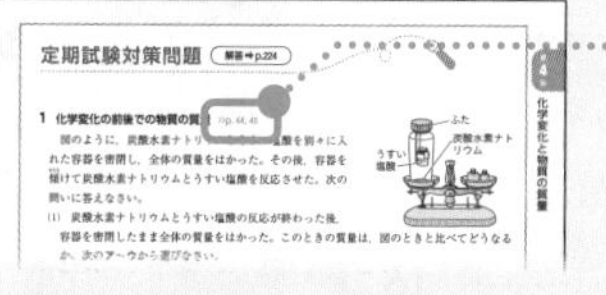

>>p. 43 もどって復習できる

問題ごとに2のページを示しているので，わからなかったときはもどって，しっかり復習しましょう。

## 4 定期試験対策問題

- その章でおさえておきたい内容を出題しています。
- 実力を試したいときは，ヒント を見ないで挑戦してみましょう。

>>p. 44, 45 もどって復習できる

問題ごとに2のページを示しているので，わからなかったときはもどって，しっかり復習しましょう。

# 入試対策編

## 入試対策問題

- 入試で出題された，思考力・判断力・表現力が試される問題を取り上げています。
- 学年の終わりや入試前に挑戦し，入試に備えましょう。

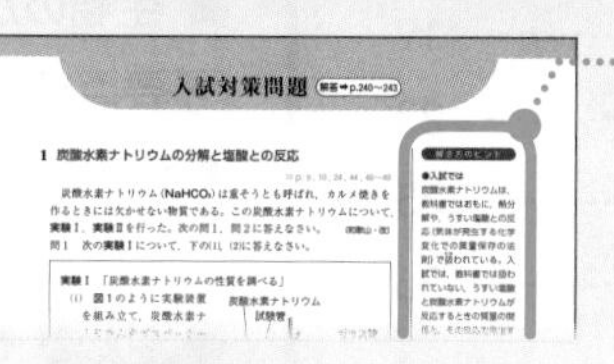

解き方のポイントがわかる

解き方のヒント で，入試の傾向や注目するところ，考え方の道すじなどをアドバイスしています。実力を試したいときは，ここを見ないで挑戦してみましょう。

## 別冊 参考書らくらく活用ノート

- 参考書（本冊）の「要点のまとめ」「例題」「要点チェック」を集めた書き込み式のノートです。
- このノートを使えば，参考書を無理なく活用できます。
- 完成したノートは，復習に活用できる要点まとめ集に！

参考書そのままの紙面だから，見やすく，使いやすい！

学習したかどうかが一目でわかる！

例題には，類似の練習問題をプラス！

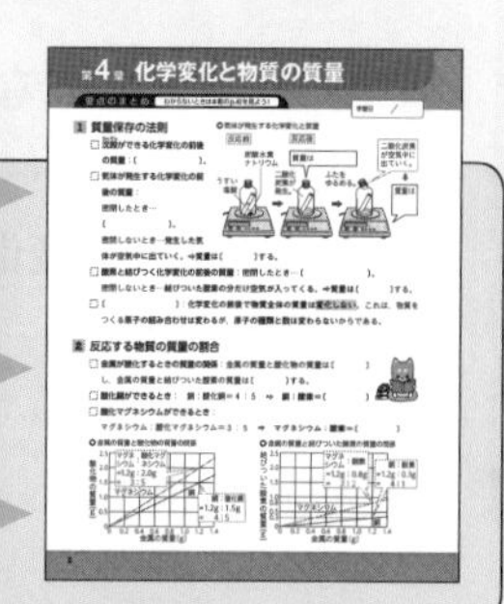

チャート式シリーズ

# 中学理科 2年

## もくじ

一問一答コンテンツ ➡


本書の特色と使い方 …… 2

## 第1編 化学変化と原子・分子 …… 7

### 第1章 物質の分解
- ●要点のまとめ …… 8
- 1 熱による分解 …… 9
- 2 電流による分解 …… 12
- ☑ 要点チェック …… 15
- ●定期試験対策問題 …… 16

### 第2章 原子・分子と化学反応式
- ●要点のまとめ …… 18
- 1 原子と分子 …… 19
- 2 化学反応式 …… 23
- ☑ 要点チェック …… 25
- ●定期試験対策問題 …… 26

### 第3章 さまざまな化学変化と熱
- ●要点のまとめ …… 28
- 1 さまざまな化学変化 …… 29
- 2 化学変化と熱 …… 37
- ☑ 要点チェック …… 39
- ●定期試験対策問題 …… 40

### 第4章 化学変化と物質の質量
- ●要点のまとめ …… 42
- 1 質量保存の法則 …… 43
- 2 反応する物質の質量の割合 …… 46
  - 例題1 《作図》金属と酸化物の質量のグラフ …… 47
  - 例題2 《計算》銅が酸化するときの質量の比 …… 48
  - 例題3 《計算》マグネシウムが酸化するときの質量の比 …… 48
- 応用 金属の酸化と質量 …… 49
- ☑ 要点チェック …… 50
- ●定期試験対策問題 …… 51

## 第2編 生物のからだのつくりとはたらき …… 53

### 第5章 細胞と生物のからだ
- ●要点のまとめ …… 54
- 1 細胞のつくり …… 55
- 2 生物のからだの成りたち …… 58
- ☑ 要点チェック …… 60
- ●定期試験対策問題 …… 61

### 第6章 植物のからだのつくりとはたらき
- ●要点のまとめ …… 62
- 1 光合成と呼吸 …… 63
- 2 水や養分の通り道と蒸散 …… 68
- ☑ 要点チェック …… 73
- ●定期試験対策問題 …… 74

第7章 消化と吸収
●要点のまとめ …… 76
1 食物の消化 …… 77
2 養分の吸収とそのゆくえ …… 81
☑ 要点チェック …… 83
●定期試験対策問題 …… 84

第8章 呼吸と血液の循環
●要点のまとめ …… 86
1 呼吸 …… 87
2 血液の循環と排出 …… 90
☑ 要点チェック …… 95
●定期試験対策問題 …… 96

第9章 刺激と反応
●要点のまとめ …… 98
1 刺激と反応 …… 99
2 運動のしくみ …… 105
☑ 要点チェック …… 106
●定期試験対策問題 …… 107

第3編 天気とその変化 … 109

第10章 気象観測
●要点のまとめ …… 110
1 気象要素 …… 111
例題④ 《計算》 圧力 …… 115
2 継続的な気象観測 …… 117
☑ 要点チェック …… 119
●定期試験対策問題 …… 120

第11章 大気中の水蒸気と雲のでき方
●要点のまとめ …… 122
1 大気中の水蒸気の変化 …… 123
例題⑤ 《計算》 湿度 …… 126
例題⑥ 《計算》 空気 1m³に含まれている水蒸気量 …… 127
応用 気温と飽和水蒸気量のグラフの利用 … 128
2 雲のでき方と水の循環 …… 128
☑ 要点チェック …… 133
●定期試験対策問題 …… 134

第12章 前線と天気の変化
●要点のまとめ …… 136
1 気圧配置と風 …… 137
2 前線と天気の変化 …… 139
☑ 要点チェック …… 145
●定期試験対策問題 …… 146

第13章 大気の動きと日本の天気
●要点のまとめ …… 148
1 大気の動き …… 149
2 日本の天気 …… 152
☑ 要点チェック …… 158
●定期試験対策問題 …… 159

第4編 電流とその利用 … 161

第14章 回路と電流・電圧
●要点のまとめ …… 162
1 回路を流れる電流 …… 163
例題⑦ 《作図》 回路図 …… 165

例題❽ 【計算】直列回路・並列回路の電流 …… 167
2 回路に加わる電圧 …… 168
例題❾ 【計算】直列回路・並列回路の電圧 …… 169
例題❿ 【作図】電流計・電圧計のつなぎ方と回路図 …… 170
☑ 要点チェック …… 171
● 定期試験対策問題 …… 172

## 第15章 オームの法則と電気エネルギー
● 要点のまとめ …… 174
1 オームの法則 …… 175
例題⓫ 【計算】オームの法則 …… 177
例題⓬ 【計算】直列回路・並列回路の全体の抵抗 …… 179
2 電気エネルギー …… 180
例題⓭ 【計算】電力 …… 181
例題⓮ 【作図】熱量・電力量 …… 184
☑ 要点チェック …… 185
● 定期試験対策問題 …… 186

## 第16章 電流の正体
● 要点のまとめ …… 188
1 静電気 …… 189
2 静電気と電流 …… 191
☑ 要点チェック …… 195
● 定期試験対策問題 …… 196

## 第17章 電流と磁界
● 要点のまとめ …… 198
1 電流がつくる磁界 …… 199
2 モーターと発電機のしくみ …… 202
☑ 要点チェック …… 208
● 定期試験対策問題 …… 209

## 入試対策編 …… 211
入試対策問題 …… 212

## 解答 …… 221
定期試験対策問題 解答と解説 …… 221
入試対策問題 解答と解説 …… 240
別冊 練習問題 解答と解説 …… 244

さくいん …… 250

### 基本操作
電気分解装置の使い方 …… 13
化学反応式のつくり方（水の電気分解） …… 23
湿度の求め方 …… 112
電気用図記号と回路図のかき方 …… 164
電流計の使い方 …… 166
電圧計の使い方 …… 168
検流計の使い方 …… 204

### コラム
フェノールフタレイン溶液の色の変化 …… 14
石灰水に二酸化炭素を通すと白くにごるのはなぜ？ …… 45
いろいろな動物の呼吸器官 …… 89
いろいろな心臓のつくり …… 91
家庭の配線は並列つなぎ …… 184

# 第1編

# 化学変化と原子・分子


第1章
**物質の分解** …… 8
1 熱による分解
2 電流による分解
● 定期試験対策問題 …… 16

第2章
**原子・分子と化学反応式** …… 18
1 原子と分子
2 化学反応式
● 定期試験対策問題 …… 26

第3章
**さまざまな化学変化と熱** …… 28
1 さまざまな化学変化
2 化学変化と熱
● 定期試験対策問題 …… 40

第4章
**化学変化と物質の質量** …… 42
1 質量保存の法則
2 反応する物質の質量の割合
● 定期試験対策問題 …… 51

# 第1章 物質の分解

## 要点のまとめ

### 1 熱による分解 >>p. 9

- □ **化学変化(化学反応)**：物質が変化して別の新しい物質ができる変化。
- □ **分解**：1種類の物質が2種類以上の別の物質に分かれる化学変化。
- □ **熱分解**：加熱したときに起こる分解。

例

酸化銀 → 銀 ＋ 酸素

▼炭酸水素ナトリウムの熱分解

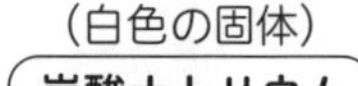


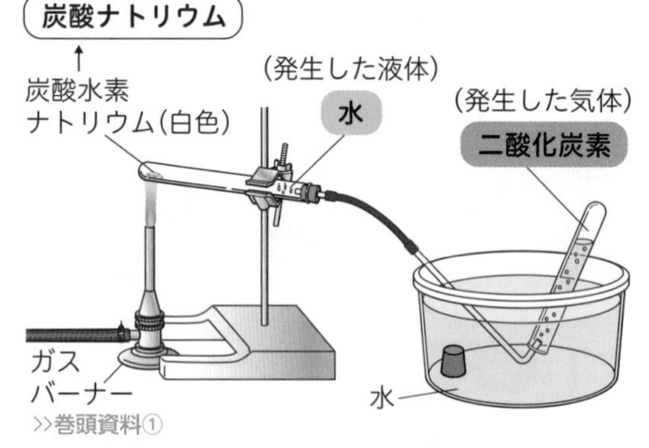


>>巻頭資料①

▼酸化銀の熱分解

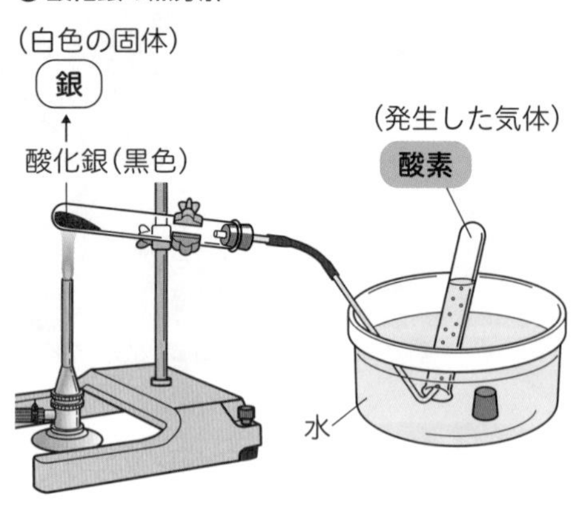


### 2 電流による分解 >>p.12

- □ **電気分解**：電流を流したときに起こる分解。

例

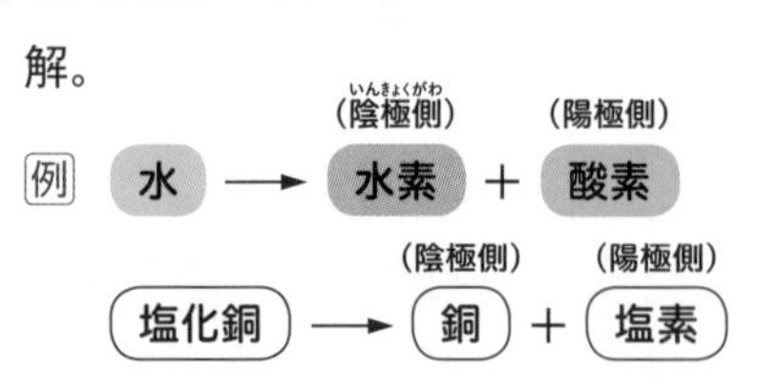

▼水の電気分解

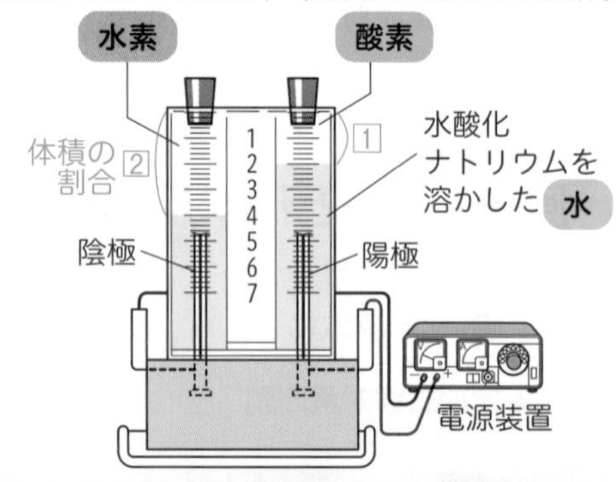

# 1 熱による分解

## ① 化学変化と分解

### (1) 化学変化

**物質が変化して別の新しい物質ができる変化**を，**化学変化**(**化学反応**)という。化学変化には，物質が分かれる変化，物質どうしが結びつく変化など，さまざまなものがある。

### (2) 分解

**1種類の物質が2種類以上の別の物質に分かれる化学変化**を，**分解**という。[1] 分解してできた物質から，もとの物質がどのような成分でできているのかがわかる。

物質A ⟶ 物質B ＋ 物質C ＋ 物質D ＋ …

## ② 熱分解

物質には，熱を加えると分解するものがある。**加熱したときに起こる分解**を特に，**熱分解**という。

### (1) 炭酸水素ナトリウムの熱分解

**炭酸水素ナトリウム**という白色の粉末を加熱すると，**二酸化炭素**と**水**(水蒸気が冷やされて水になる)が発生し，[2] 後に**炭酸ナトリウム**という白い粉末が残る。

加熱前の炭酸水素ナトリウムと，加熱後にできる炭酸ナトリウムは，どちらも白い粉末で変化していないように見えるが，別の物質である。このことは，水への溶け方や，その水溶液にフェノールフタレイン溶液[3]を加えたときの色の変化から確かめられる。>>p. 10 重要実験❶

フェノールフタレイン溶液は，1年生の「アンモニアの噴水実験」のところで出てきたね！

**❶分解の例**

1年生で学習した次の反応も分解である。

・二酸化マンガンにうすい過酸化水素水(オキシドール)を加えると，酸素が発生する。

この反応では，過酸化水素が水と酸素に分解する。これを化学反応式(>>p. 23)で表すと，次のようになる。

$2H_2O_2 \longrightarrow 2H_2O + O_2$

**発展** この反応で，二酸化マンガンは，それ自体は変化せず，反応の速さを変えるはたらきをする。このような物質を触媒という。

**中1の復習**

**二酸化炭素の性質**

- 水に少し溶けるだけなので，水上置換法で集められる。
- 石灰水を白くにごらせる。
- ものを燃やすはたらきはなく，自身も燃えない。

**❷炭酸水素ナトリウム**

炭酸水素ナトリウムは「重そう」ともいい，パンやケーキなどの材料に使われるベーキングパウダー(ふくらし粉)の主成分である。パンやケーキがふくらむのは，炭酸水素ナトリウムが分解して二酸化炭素が発生し，生地をふくらませるからである。

**❸フェノールフタレイン溶液**

フェノールフタレイン溶液は，アルカリ性の水溶液に入れると赤色に変化し，アルカリ性が強いほど赤色が濃くなる。>>p. 14 コラム

## 重要実験❶ 炭酸水素ナトリウムの熱分解

❶ 図のようにして炭酸水素ナトリウムを加熱し，発生した気体を試験管に集める。

❷ ガラス管の先を水から取り出してから，加熱するのをやめる。

**?なぜ?**
**水が逆流するのを防ぐため。**
くわしく ガラス管の先を水に入れたまま火を消すと，加熱した試験管に水が流れこみ，試験管が急に冷やされて割れることがある。

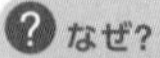
**なぜ?**
**生じた液体が試験管の底に流れるのを防ぐため。**
くわしく 液体が加熱部に流れると，試験管が急に冷やされて割れることがある。

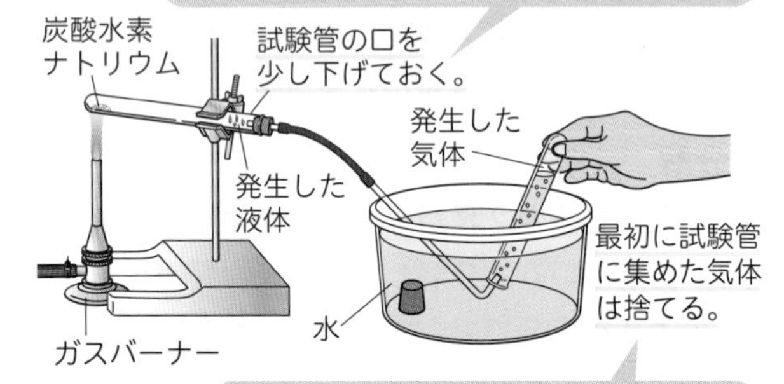


**?なぜ?**
**もともと装置の中にあった空気を含むため。**

❸ 集めた気体に石灰水を入れて，よく振る。

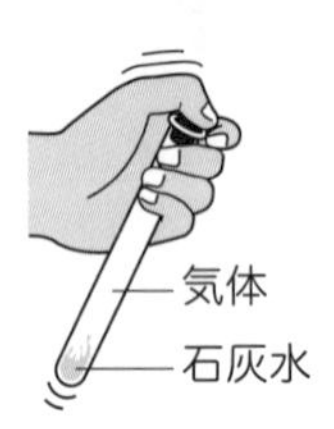


結果 **石灰水が白くにごった。**
➡気体は **二酸化炭素**

❹ 加熱した試験管の口についた透明な液体に，青色の塩化コバルト紙をつける。

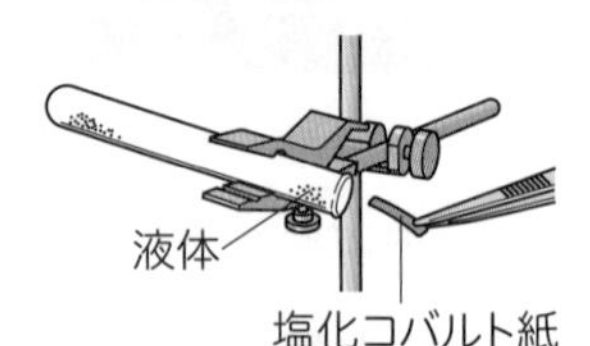


結果 **塩化コバルト紙が赤色（桃色）に変化した。**
➡液体は**水**

★塩化コバルト紙（青色）は，水に触れると赤色（桃色）になる。

❺ 炭酸水素ナトリウムと，加熱した試験管の底に残った物質の性質の違いを調べる。
▶水への溶け方を比べる。
▶水溶液にフェノールフタレイン溶液を加えたときの色の変化を比べる。

結果

| | 炭酸水素ナトリウム | 加熱後に残った物質 |
|---|---|---|
| 水への溶け方 | **少し溶けた。** | **よく溶けた。** |
| フェノールフタレイン溶液を加えたとき | **うすい赤色**になった。<br>➡**弱いアルカリ性** | **濃い赤色**になった。<br>➡**強いアルカリ性** |

### 結果のまとめ

**炭酸水素ナトリウム**（白色）  **熱分解** **炭酸ナトリウム**（白色）＋**二酸化炭素**＋**水**

炭酸ナトリウムのほうが水に溶けやすく，水溶液のアルカリ性が強い。

石灰水を白くにごらせる。

青色の塩化コバルト紙を赤色（桃色）に変化させる。

## (2) 酸化銀の熱分解

**酸化銀**という黒色の粉末を加熱すると，**酸素**が発生し，後に白色の金属である**銀**が残る。» 重要実験❷

銀は光沢(こうたく)があり，電流がよく流れる金属で，宝飾品(ほうしょくひん)や食器，硬貨(こうか)などに使われる。一方，酸化銀は光沢がなく，電流が流れない物質で，電池などに使われる。

**中1の復習**

**酸素の性質**

- 水に溶けにくいので，水上置換(ちかん)法(ほう)で集められる。
- ものを燃やすはたらきがある。

**金属に共通の性質**

- みがくと特有の光沢が出る。
- 電気をよく通す。
- 熱をよく伝える。
- たたくとうすく広がり，引っ張ると細くのびる。

## 重要実験❷ 酸化銀の熱分解

❶ 図のようにして酸化銀を加熱し，発生した気体を試験管に集める。

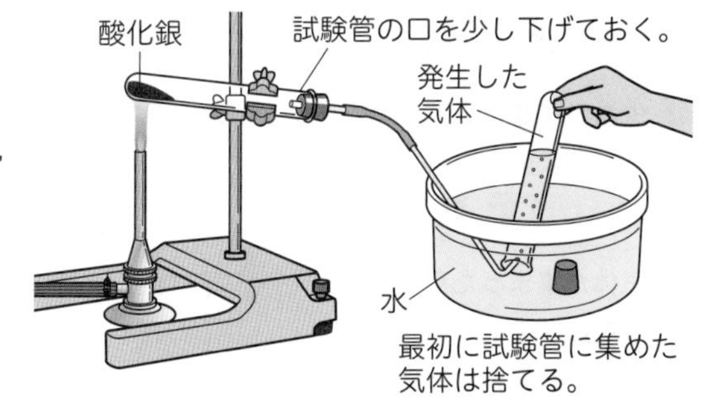


❷ ガラス管の先を水から取り出してから，加熱するのをやめる。

❸ 集めた気体に，火のついた線香(せんこう)を入れる。

線香
気体

結果〉 **線香が炎(ほのお)を上げて燃えた。**

➡気体は**酸素**

❹ 試験管に残った物質の性質を調べる。

▶かたいものでこする。
▶金づちでたたく。
▶電気(電流)を通すかどうか調べる。

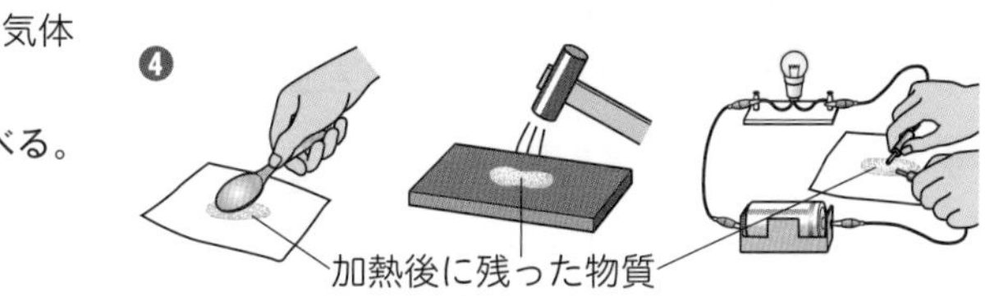


結果〉

| こすったとき | **銀色の光沢が出た。** |
| --- | --- |
| たたいたとき | **うすく広がった。** |
| 電気を通すかどうか | **よく通した。** |

➡残った物質は**金属**

**結果のまとめ**

熱分解

**酸化銀**(黒色)  **銀**(白色)＋**酸素**

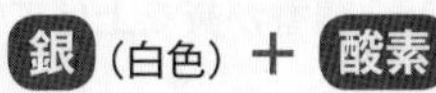
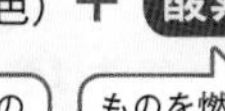

金属に共通の性質がある。
ものを燃やすはたらきがある。

# 2 電流による分解

## ① 電気分解

物質には，電流を流すと分解するものがある。**電流を流したときに起こる分解**を特に，**電気分解**という。

### (1) 水の電気分解

水は，加熱しても水蒸気になるだけで，分解することはない。しかし，水に**水酸化ナトリウム**を少量溶(と)かして電流を流すと，水が**水素**と**酸素**に分解する。≫重要実験❸

水に水酸化ナトリウムを溶かすのはなぜかな？

## 重要実験❸ 水の電気分解

❶ 少量の水酸化ナトリウムを溶かした水を電気分解装置に入れ，電流を流す。
≫p. 13 基本操作❶

**? なぜ水酸化ナトリウム水溶液(すいようえき)？**
**純粋(じゅんすい)な水は電流が流れにくいため。**
くわしく 水に水酸化ナトリウムを溶かして電流が流れるようにすると，水が電気分解される。このとき，水酸化ナトリウムは分解されない。(水酸化ナトリウムのかわりに，うすい硫酸(りゅうさん)を溶かしてもよい。)

❷ 気体が集まったら電流を流すのをやめ，集まった気体の体積の割合を調べる。

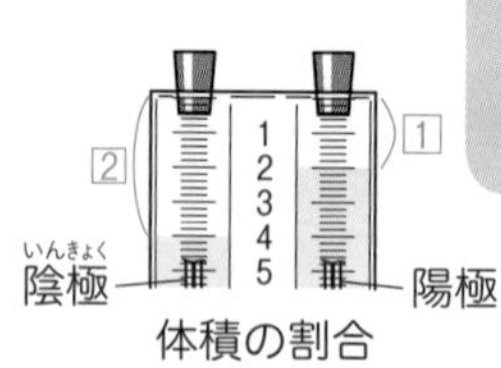


結果 陰極側：陽極側＝2：1

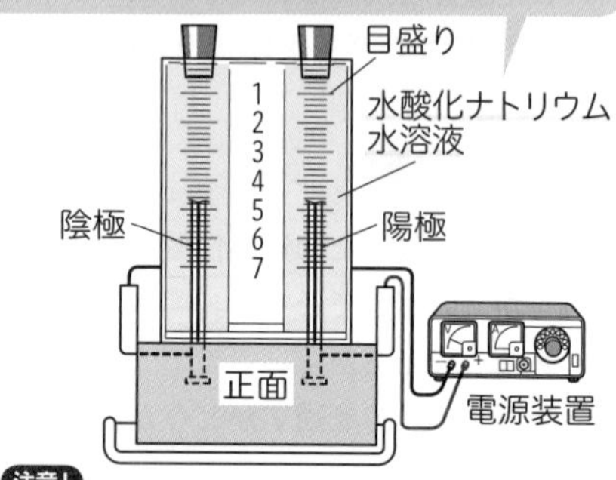


❸ 集まった気体の性質を調べる。

▶陰極側のゴム栓(せん)だけをとり，気体にマッチの火を近づける。
結果 **気体が音を立てて燃えた。**
↓
気体は**水素**

火のついたマッチ
陰極側

▶陽極側のゴム栓だけをとり，気体の中に火のついた線香(せんこう)を入れる。
結果 **線香が炎(ほのお)を上げて燃えた。**
↓
気体は**酸素**

火のついた線香
陽極側

**注意!**
水酸化ナトリウム水溶液は皮膚(ひふ)や衣服をいためることがある。ついてしまったときは，**すぐに大量の水で洗い流す**。
★電気分解のとき，電源装置の＋極につないだ電極を陽極，－極につないだ電極を陰極という。

**結果のまとめ**

音を立てて燃える。　線香が炎を上げて燃える。

**水** —電気分解→ **水素**（陰極側）＋ **酸素**（陽極側）
**（体積の割合　2　：　1）**

## 基本操作❶ 電気分解装置の使い方

### 簡易型電気分解装置

❶ 装置を前に倒し，ろうとを使って背面から分解する水溶液を入れ，前面を水溶液で満たしたら装置を立てる。

❷ 電極と電源装置を導線でつなぎ，電流を流す。

❸ 気体が集まったら電源を切る。

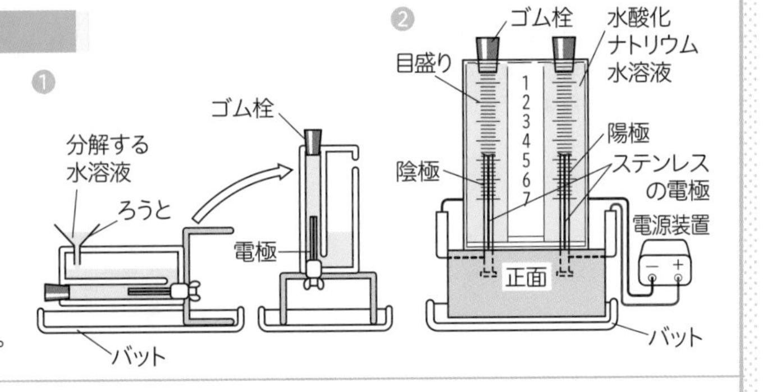


### H形ガラス管電気分解装置

❶ ゴム管のピンチコックを閉じる。

❷ 分解する水溶液をH形ガラス管の上部から入れる。

❸ ガラス管を水溶液で満たしたら，上部にゴム栓を軽くのせ，ゴム管のピンチコックを開き，上部のゴム栓を押しこむ。

❹ 電極と電源装置を導線でつなぎ，電流を流す。

❺ 気体が集まったら電源を切り，ゴム管のピンチコックを閉じる。

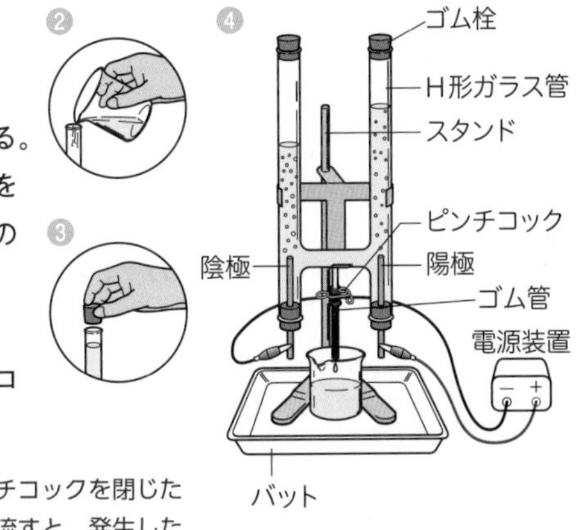


**ポイント** 電流を流さないときはピンチコックを閉じ，電流を流すときはピンチコックを開く。

**注意!** ピンチコックを閉じたまま電流を流すと，発生した気体がたまってゴム栓が外れて危険。

### ホフマン型電気分解装置

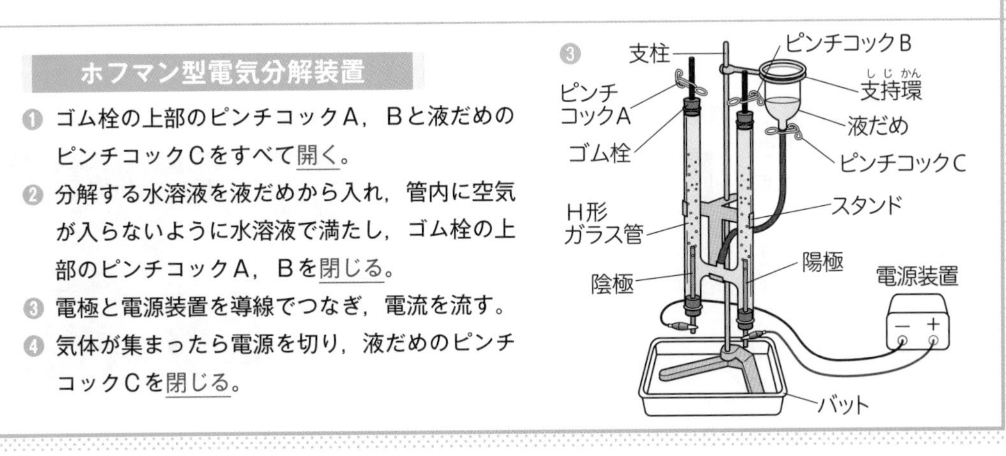


❶ ゴム栓の上部のピンチコックA，Bと液だめのピンチコックCをすべて開く。

❷ 分解する水溶液を液だめから入れ，管内に空気が入らないように水溶液で満たし，ゴム栓の上部のピンチコックA，Bを閉じる。

❸ 電極と電源装置を導線でつなぎ，電流を流す。

❹ 気体が集まったら電源を切り，液だめのピンチコックCを閉じる。

**❹塩化銅水溶液の青色**
塩化銅水溶液の青色は，塩化銅が水に溶けたときの銅の色である。電気分解が進むにつれて，水溶液中の銅が電極に付着して減っていくため，水溶液の色はしだいにうすくなる。

## (2) 塩化銅水溶液の電気分解

図1のようにして塩化銅水溶液に電流を流すと，銅と塩素に分解する。

▼図1 塩化銅水溶液の電気分解

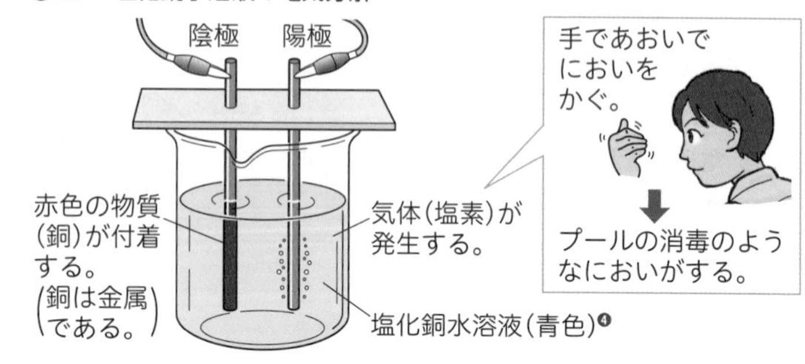


塩化銅水溶液の電気分解は，3年生でくわしく学習するよ！

においのかぎ方は，1年生の気体のところで学習したね！

塩化銅 ―電気分解→ (陰極側) **銅** ＋ (陽極側) **塩素**

## (3) それ以上分解できない物質

酸化銀の熱分解によってできた銀や酸素，水の電気分解によってできた水素や酸素などは，それ以上他の物質に分解することはできない。このように，物質を分解していくと，ついにはそれ以上分解できない物質になる。

## コラム フェノールフタレイン溶液の色の変化

p.10の 重要実験❶ で，炭酸水素ナトリウムと炭酸ナトリウムの水溶液にそれぞれフェノールフタレイン溶液を加えたとき，赤色の濃さに違いがあった。このように，フェノールフタレイン溶液は，水溶液のアルカリ性が強いほど，濃い赤色を示す。一方，酸性，中性の水溶液に入れても，色は変化しない。

# 要点チェック



## 1 熱による分解

- □ (1) 物質が変化して別の新しい物質ができる変化を何というか。>>p. 9
- □ (2) 1種類の物質が2種類以上の別の物質に分かれる変化を何というか。>>p. 9
- □ (3) 加熱したときに，1種類の物質が2種類以上の別の物質に分かれる変化を何というか。>>p. 9
- □ (4) 炭酸水素ナトリウムを加熱したとき，①発生する液体は何か。また，②発生する気体は何か。>>p. 9, 10
- □ (5) 炭酸水素ナトリウムを加熱して発生した液体に，青色の塩化コバルト紙をつけると，塩化コバルト紙は何色に変化するか。>>p. 10
- □ (6) 炭酸水素ナトリウムと炭酸ナトリウムの性質を比べたとき，①水に溶けやすいのはどちらの物質か。また，②水溶液がより強いアルカリ性であるのはどちらの物質か。>>p. 10
- □ (7) 酸化銀を加熱したとき，①発生する気体は何か。また，②後に残る固体の物質は何か。>>p. 11

## 2 電流による分解

- □ (8) 電流を流したときに，1種類の物質が2種類以上の別の物質に分かれる変化を何というか。>>p. 12
- □ (9) 水に水酸化ナトリウムを溶かして電流を流したとき，①陰極側に発生する気体は何か。また，②陽極側に発生する気体は何か。>>p. 12
- □ (10) 水に水酸化ナトリウムを溶かして電流を流したとき，陰極側，陽極側に発生した気体の体積を比べると，どちら側のほうが大きいか。>>p. 12
- □ (11) 塩化銅水溶液に電流を流したとき，①陰極側に付着する固体の物質は何か。また，②陽極側に発生する気体は何か。>>p. 14

### 解答

(1) 化学変化(化学反応)

(2) 分解

(3) 熱分解

(4) ① 水
② 二酸化炭素

(5) 赤色(桃色)

(6) ① 炭酸ナトリウム
② 炭酸ナトリウム

(7) ① 酸素
② 銀

(8) 電気分解

(9) ① 水素
② 酸素

(10) 陰極側

(11) ① 銅
② 塩素

# 定期試験対策問題 解答➡p.221

## 1 炭酸水素ナトリウムの加熱 >>p. 9, 10

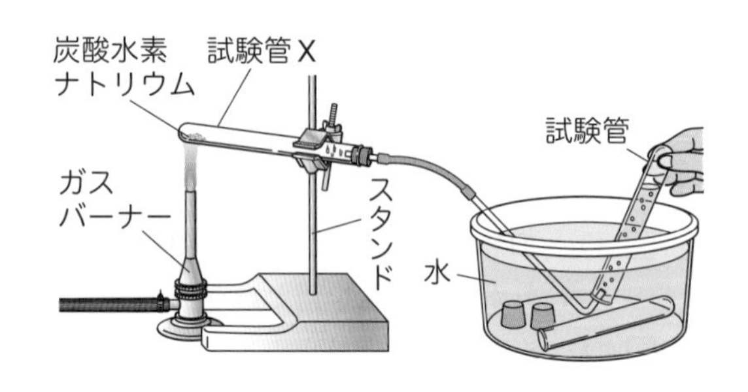


図のように，試験管Xに入れた炭酸水素ナトリウムを加熱し，発生した気体を試験管に集めた。次の問いに答えなさい。

(1) 下線部のとき，1本目の試験管に集めた気体は実験に使わずに捨てる。その理由を，簡単に答えなさい。

(2) 気体を集めた試験管に石灰水(せっかいすい)を入れて，試験管をよく振(ふ)った。

① 石灰水はどのように変化したか。

② 発生した気体は何か。

(3) 加熱を続けると，試験管Xの内側に液体がついた。

① この液体が何であるかを確かめるために用いるものは，次の**ア**～**ウ**のどれか。

**ア** アンモニア水　　**イ** 塩化コバルト紙　　**ウ** リトマス紙

② この液体は何か。

(4) 加熱後，試験管Xには白色の粉末が残った。この粉末は何か。

(5) 炭酸水素ナトリウムと加熱後の白色の粉末をそれぞれ水に溶(と)かし，フェノールフタレイン溶液(ようえき)を加えた。次の文の□に当てはまる語句は，それぞれ下の**ア**～**エ**のどれか。

加熱後の白色の粉末の水溶液のほうが［①］になることから，［②］とわかる。

**ア** 濃(こ)い赤色　　**イ** うすい赤色　　**ウ** 弱いアルカリ性　　**エ** 強いアルカリ性

## 2 酸化銀の加熱 >>p. 11

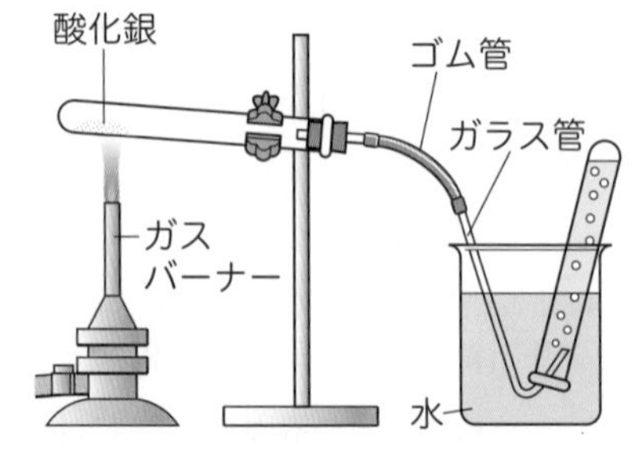


図のようにして酸化銀を加熱すると，気体が発生し，加熱後の試験管には固体が残った。次の問いに答えなさい。

(1) 加熱後の試験管に残った固体を金づちでたたくと，どうなるか。簡単に答えなさい。

(2) 発生した気体を集めた試験管に火のついた線香(せんこう)を入れると，どうなるか。簡単に答えなさい。

(3) (1)，(2)の結果から，加熱後の試験管に残った固体と，発生した気体はそれぞれ何か。

(4) 加熱をやめるとき，ガラス管の先を水から取り出してから，ガスバーナーの火を消した。これは，どのようなことを防ぐためか。簡単に答えなさい。

## 3 水に電流を流す実験 >>p. 12, 13

図のような装置に，水酸化ナトリウムを溶かした水を入れて電流を流したところ，A，B両方の電極で気体が発生した。次の問いに答えなさい。

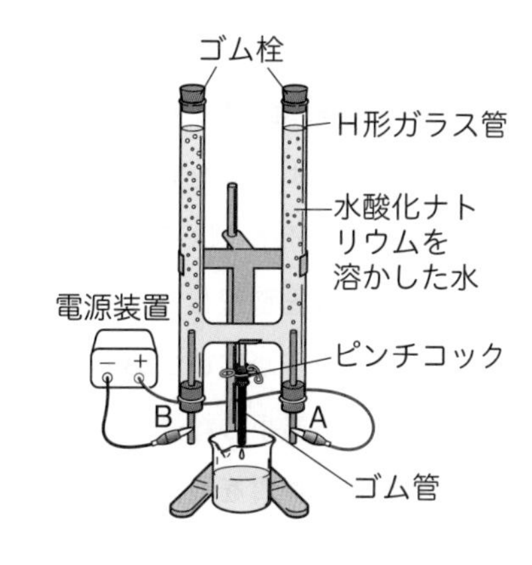


(1) この実験で，水に水酸化ナトリウムを溶かすのはなぜか。簡単に答えなさい。

(2) A，Bの電極で発生した気体が何であるかを確かめる方法とその結果を，それぞれ簡単に答えなさい。

(3) 図のピンチコックの操作について正しく説明したものは，次の**ア**～**ウ**のどれか。

**ア** H形ガラス管を水で満たしたら，ピンチコックでゴム管を閉じてから，上部のゴム栓(せん)をしっかりと押(お)しこむ。

**イ** 電流を流すときには，ピンチコックでゴム管を閉じる。

**ウ** 気体が十分に集まったら電源を切り，ピンチコックでゴム管を閉じる。

**ヒント**
(3) ピンチコックでゴム管を閉じると，気体や液体の流れが止まる。

## 4 塩化銅水溶液に電流を流す実験 >>p. 14

図のようにして塩化銅水溶液に電流を流すと，陰極(いんきょく)の表面には赤色の固体が付着し，陽極からはにおいのある気体が発生した。次の問いに答えなさい。

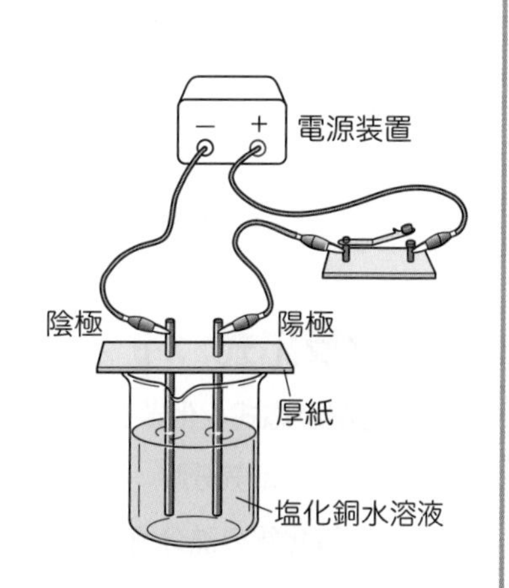


(1) 陰極の表面に付着した固体をとり，かたいものでこすると，どうなるか。簡単に答えなさい。

(2) 陽極から発生した気体のにおいは，どのようにしてかぐか。簡単に答えなさい。

(3) (1)，(2)の結果から，陰極の表面に付着した固体と，陽極から発生した気体はそれぞれ何か。

# 第2章 原子・分子と化学反応式

## 要点のまとめ

一問一答コンテンツ

## 1 原子と分子 >>p. 19

- □ **原子**：物質をつくっている，それ以上分けることのできない最小の粒子（りゅうし）。
- □ **元素と元素記号**：原子の種類を**元素**といい，元素を表す記号を**元素記号**という。
- □ **周期表**：原子を原子番号の順に並べて，原子の性質を整理した表。
- □ **分子**：原子が結びついてできた，物質の性質を示す最小の粒子。
- □ **化学式**：物質を元素記号と数字を使って表したもの。
- □ **単体**：1種類の元素からできている物質。
- □ **化合物**：2種類以上の元素からできている物質。

▼いろいろな物質のモデルと化学式

| 分子をつくる物質 | 分子をつくらない物質 |
| --- | --- |
| 水素 H H → $H_2$ | 銀 Ag → $Ag$ |
| 酸素 O O → $O_2$ | |
| 窒素（ちっそ） N N → $N_2$ | |
| 水 H O H → $H_2O$ | 塩化ナトリウム Cl Na → $NaCl$ |
| 二酸化炭素 O C O → $CO_2$ | |
| アンモニア H N H H → $NH_3$ | |

▼物質の分類

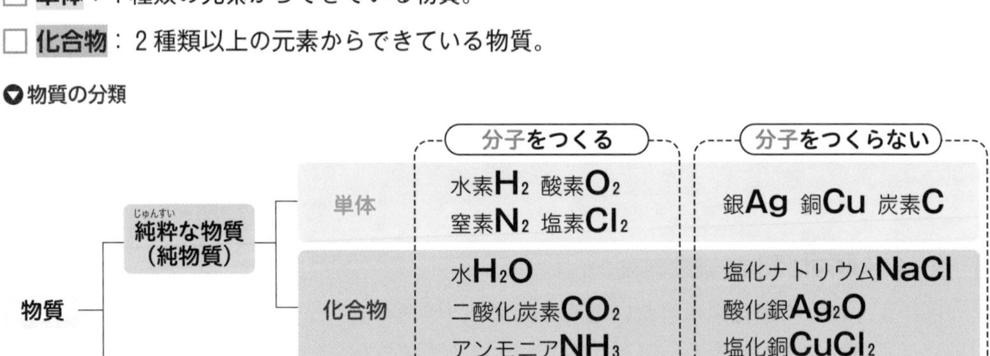


## 2 化学反応式 >>p. 23

- □ **化学反応式**：化学変化を化学式で表した式。

例 水の電気分解：$2H_2O \longrightarrow 2H_2 + O_2$

酸化銀の熱分解：$2Ag_2O \longrightarrow 4Ag + O_2$

炭酸水素ナトリウムの熱分解：$2NaHCO_3 \longrightarrow Na_2CO_3 + CO_2 + H_2O$

# 1 原子と分子

## ① 原子と分子

### (1) 原子

物質は**それ以上分けることのできない小さな粒子**でできている。この小さな粒子を**原子**という。[1] 原子の大きさや質量は，原子の種類によって異なる。[2]

### (2) 原子の性質

原子は非常に小さな粒子で，**図1**のような性質をもつ。[3]

▼図1 原子の性質

① 原子は，化学変化でそれ以上分けることができない。

② 原子は，化学変化で別の原子に変わったり，なくなったり，新しくできたりしない。

③ 原子は，種類によって，その大きさや質量が決まっている。

❶**ドルトン**
19世紀の初め，イギリスの化学者ドルトンが，物質をつくっている最小の粒子を原子とよんだ。

❷**水素原子の大きさと質量**
いちばん小さい原子である水素原子の直径は，1 cmの1億分の1ほどしかない。また，水素原子1個の質量は，0.000 000 000 000 000 000 000 0017 gと非常に小さい。

❸**モデル**
原子の粒子のように，実際には目に見えないものを，図1のように見える形で表した図をモデル（あるいはモデル図）という。

### (3) 元素と元素記号

すべての原子は，原子の種類を簡単に表すために，**図2**，**表1**のように，アルファベットの大文字1文字か，大文字と小文字の2文字からなる記号で表される。この**原子の種類**を**元素**といい，**元素を表す記号**を**元素記号**という。元素記号は，数字と同じように世界で共通に使われている。

▼図2 元素記号の表し方と読み方

例 鉄

**Fe**

1文字目は活字体の大文字で表す。

2文字目は活字体の小文字で表す。

英語のアルファベットと同じように「エフ，イー」と読む。

▼表1 元素記号の例

| | 元素 | 元素記号 |
|---|---|---|
| 非金属 | 水素 | H |
| | ヘリウム | He |
| | 炭素 | C |
| | 窒素 | N |
| | 酸素 | O |
| | 硫黄（いおう） | S |
| | 塩素 | Cl |
| | ケイ素 | Si |
| 金属 | ナトリウム | Na |
| | マグネシウム | Mg |
| | アルミニウム | Al |
| | カリウム | K |
| | カルシウム | Ca |
| | 鉄 | Fe |
| | 銅 | Cu |
| | 亜鉛（あえん） | Zn |
| | 銀 | Ag |
| | バリウム | Ba |
| | 金 | Au |

## (4) 周期表

現在，約120種類の元素が知られている。それらの元素を**原子番号**[4]の順に並べて，元素の性質を整理した表を**周期表**[5]という（>>巻末資料）。周期表の横の行を**周期**といい，縦の列を**族**という。同じ族には，化学的な性質のよく似た元素が並ぶように整理されている。

## (5) 分子

物質の多くはいくつかの原子が結びついてできた粒子からなり，その粒子は物質それぞれの性質を示す最小のものである。この**物質の性質を示す最小の粒子**を**分子**という。[6]

## (6) 分子をつくる物質とつくらない物質

物質には，分子をつくるものとつくらないものがある。

### ①分子をつくる物質

**図3**のように，水素や酸素の分子は，１種類の原子が２個結びついている。一方，水の分子は，水素の原子２個と酸素の原子１個が結びついている。

### ②分子をつくらない物質

銀や銅などの金属や，炭素などは分子をつくらず，**図4**のⓐのように，１種類の原子がたくさん集まってできている。また，塩化ナトリウムは，ナトリウムの原子と塩素の原子が１：１の割合で結びついているが分子をつくらず，**図4**のⓑのように，２種類の原子が交互に規則的に並んでいる。

**❹原子番号**
原子の構造に基づいてつけられた番号を原子番号という。

**❺メンデレーエフ**
1869年，ロシアの化学者メンデレーエフは，それまでに知られていた約60種類の元素を質量の順に並べると，性質の似たものが周期的に現れることを発見し，現在の周期表の原形を発表した。

**❻アボガドロ**
ドルトンが原子の考えを発表した少し後に，イタリアのアボガドロは，水素や酸素などの気体では，原子が１個ずつ存在するのではなく，いくつかの原子が結びついた粒子が単位になっていると考え，このような粒子を分子とよんだ。現在では，気体だけでなく，固体や液体でも分子からできている物質があることがわかっている。

**❼分子の形**
水分子は折れ曲がった形，二酸化炭素分子は直線状の形になっていることが知られている。

図3 いろいろな分子のモデル

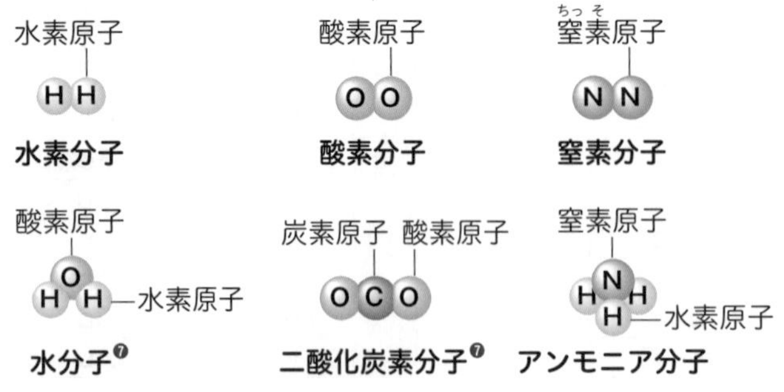

水素原子
H H
水素分子
酸素原子
O O
酸素分子
窒素原子
N N
窒素分子
酸素原子
O
H H
水素原子
水分子[7]
炭素原子 酸素原子
O C O
二酸化炭素分子[7]
窒素原子
N
H H H
水素原子
アンモニア分子

図4 分子をつくらない物質のモデル

ⓐ 銀
Ag
銀原子
ⓑ 塩化ナトリウム
Cl
Na
塩素原子
ナトリウム原子

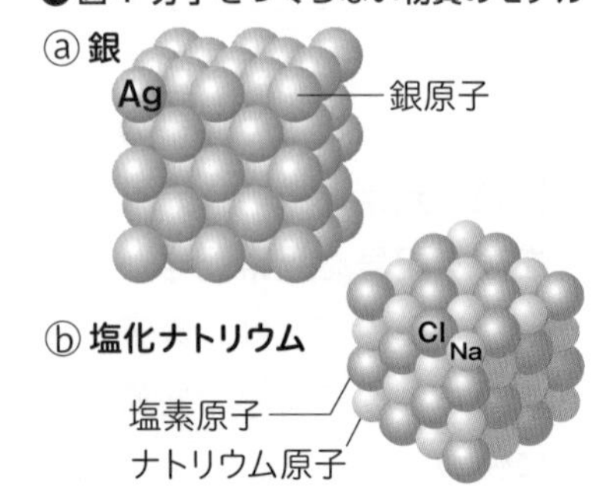

## ② 化学式と物質の分類

### (1) 化学式

すべての**物質は，元素記号と数字を使って表す**ことができ，これを**化学式**という。化学式も，元素記号と同じように世界で共通に使われている。

分子をつくる物質の化学式は**図5**のようにして，分子をつくらない物質の化学式は**図6**のようにして表す。[8]

**❽注意が必要な化学式の表し方**

- 原子の数は右下に書く。
  ○ $H_2$　× $H^2$
- 1文字目は大文字で書く。
  ○ $Cl_2$　× $cl_2$
- 金属の元素記号を先に書く。
  ○ NaCl　× ClNa
- 非金属の中では，原則C→N→H→Cl→Oの順に書く。
  ○ $CO_2$　× $O_2C$

**図5 分子をつくる物質の化学式の表し方**

**水素・酸素など**

同じ元素の原子2個が結びついて分子をつくる。

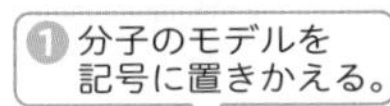

**水・二酸化炭素・アンモニアなど**

2種類の元素の原子が結びついて分子をつくる。

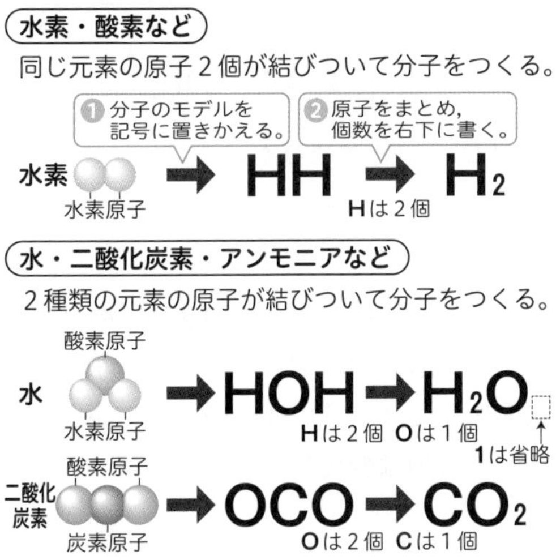

**図6 分子をつくらない物質の化学式の表し方**

**銀・銅など**

1種類の元素の原子が集まってできている。



**塩化ナトリウム・酸化銀など**

2種類の元素の原子が1：1の数の割合で集まってできている。

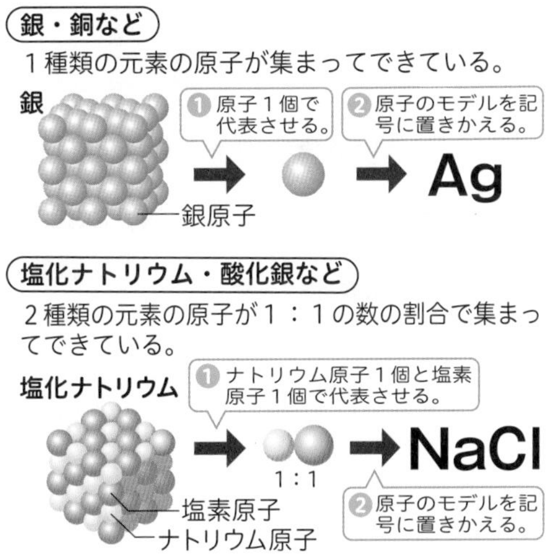

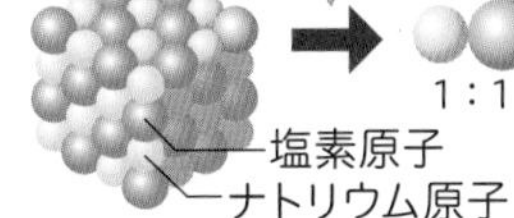


### (2) 単体と化合物

物質を化学式で表すと，物質をつくっている原子の種類と数の割合がわかるので，**単体**か**化合物**かを区別できる。[9]

**❾化学式からはわからないこと**
物質が分子をつくるかつくらないかは，物質によって決まっており，化学式からはわからない。

**①単体**

水素や酸素などの分子や，銀や炭素などのように，**1種類の元素からできている物質**を**単体**という。単体は，それ以上分解できない。

**②化合物**

水や二酸化炭素などの分子や，塩化ナトリウムなどのように，**2種類以上の元素からできている物質**を**化合物**という。化合物は，2種類以上の別の物質に分解できる。

純粋な物質と混合物は，1年生の水溶液や状態変化のところでも出てきたね！

## (3) 物質の分類

図7のように，物質には**純粋な物質**(**純物質**)と，2種類以上の物質が混ざり合っている**混合物**があり，さらに純粋な物質は，**単体**と**化合物**に分けることができる。

▼図7 物質の分類

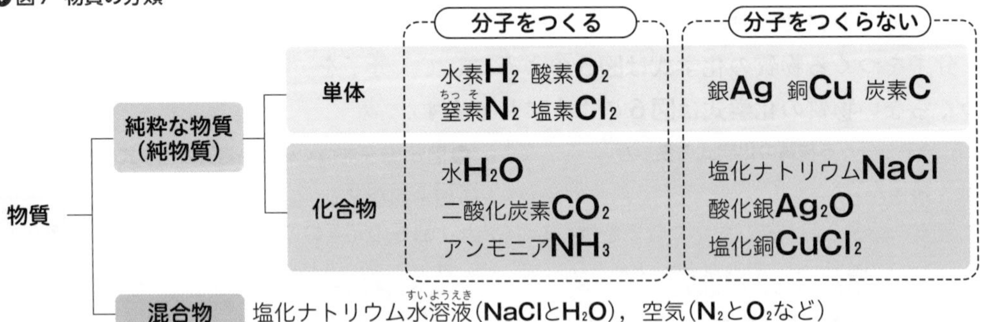


中1の復習

- 温度によって，固体⇔液体⇔気体と物質の状態が変わることを状態変化という。

## (4) 状態変化・化学変化と分子

### ①状態変化と分子

水が沸騰して水蒸気になるときは，図8のⓐのように，集まっていた水分子$H_2O$がばらばらになるだけである。このように，状態変化では分子の運動のようすが変化するだけで，分子そのものは変化しない。

### ②化学変化と分子

水の電気分解では，図8のⓑのように，水分子$H_2O$そのものがばらばらになり，水素分子$H_2$と酸素分子$O_2$になる。このように，化学変化では分子をつくっている原子が結びつく相手を変え，原子の組み合わせが変わるため，別の物質ができる。

▼図8 状態変化・化学変化と分子

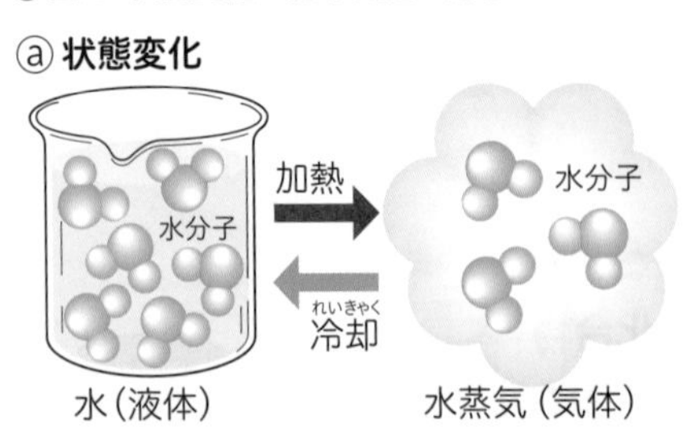


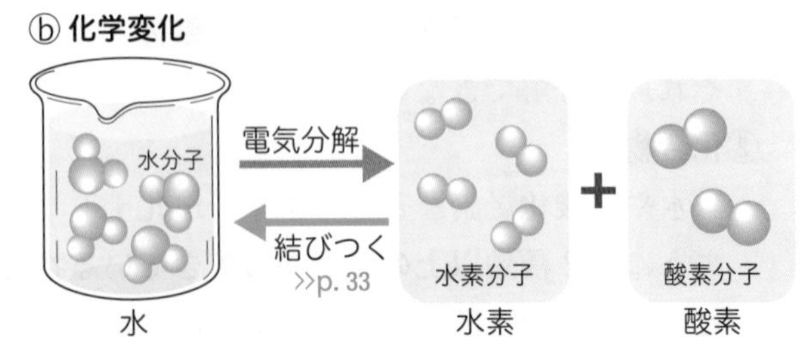

# 2 化学反応式

## ① 化学反応式

### (1) 化学反応式のつくり方

化学変化は，**化学式を組み合わせて式に表す**ことができる。この式を**化学反応式**という。化学変化で，原子は別の元素の原子に変わったり，なくなったり，新しくできたりしないので，化学反応式で表すときも，化学変化の前後で原子の種類と数が等しくなるようにする。» 基本操作❷

**基本操作❷ 化学反応式のつくり方（水の電気分解）**

❶ 反応前の物質名を矢印（→）の左側に，反応後の物質名を矢印の右側に書き，それぞれの物質を化学式で表す。

水 → 水素 ＋ 酸素

$H_2O$ → $H_2$ ＋ $O_2$

▶矢印の左右で，原子の種類と数が等しいか確認(かくにん)する。

⇒**H**の数は等しいが，**O**の数は等しくない。

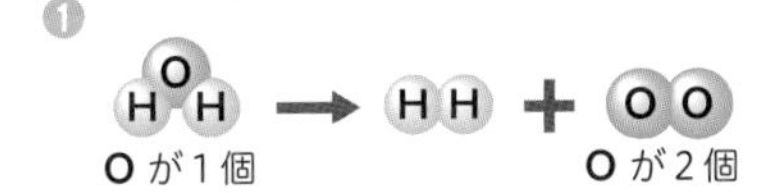


❷ 矢印の左右で酸素原子**O**の数を等しくするために，左側に水分子$H_2O$を1個追加する。

$H_2O$
$H_2O$ → $H_2$ ＋ $O_2$

⇒**O**の数は等しくなったが，**H**の数は等しくない。

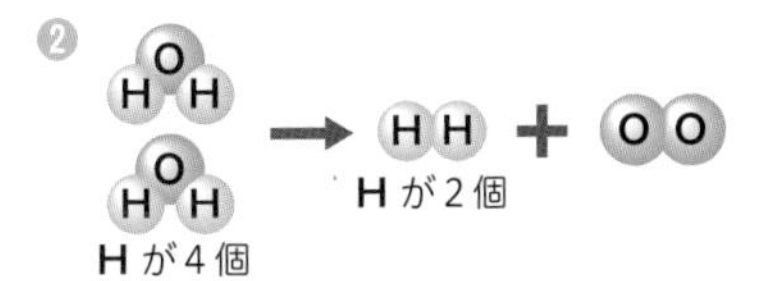


❸ 矢印の左右で水素原子**H**の数を等しくするために，右側に水素分子$H_2$を1個追加する。

$H_2O$ → $H_2$
$H_2O$ → $H_2$ ＋ $O_2$

⇒**O**の数も**H**の数も等しくなった。

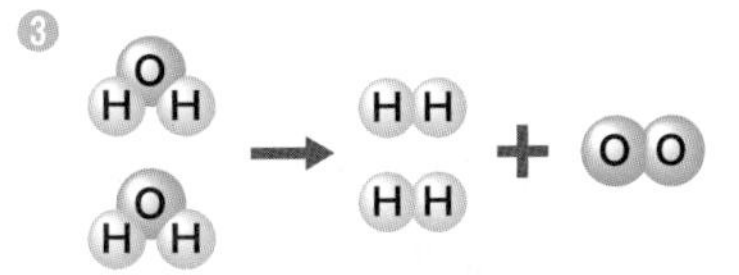


❹ 同じ化学式で表されるものが複数あるときは，その数を化学式の前につけてまとめる。

$2H_2O$ → $2H_2$ ＋ $O_2$

**化学反応式の数字の意味**

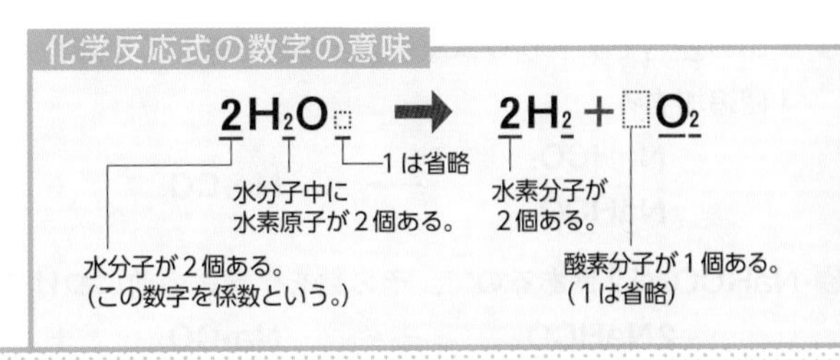

**⑩塩化銅水溶液の電気分解**
塩化銅水溶液の電気分解を化学反応式で表すと，次のようになる。
$CuCl_2 \longrightarrow Cu + Cl_2$

## (2) いろいろな化学反応式

水の電気分解のように，反応の前後の物質がすべて分子をつくる場合は，分子の化学式を用いて化学反応式をつくる。また，反応の前後の物質に分子をつくらないものがある場合でも，**図9**，**図10**のようにして化学反応式で表すことができる。[10]

**▼図9 酸化銀の熱分解の化学反応式**

❶ 反応前の物質名を矢印の左側に，反応後の物質名を矢印の右側に書き，それぞれの物質を化学式で表す。

**酸化銀 ⟶ 銀 ＋ 酸素**

$Ag_2O \longrightarrow Ag + O_2$

Ag O Ag ⟶ Ag ＋ O O
O が 1 個　Ag が 1 個　O が 2 個
Ag が 2 個

❷ 矢印の左右で酸素原子 **O** の数を等しくするために，左側に酸化銀 $Ag_2O$ を 1 個追加する。

$Ag_2O$
$Ag_2O$ $\longrightarrow Ag + O_2$

Ag O Ag
Ag O Ag ⟶ Ag ＋ O O
Ag が 4 個　Ag が 1 個

❸ 矢印の左右で銀原子 **Ag** の数を等しくするために，右側に銀原子を 3 個追加する。

$Ag_2O$
$Ag_2O$ $\longrightarrow$ Ag Ag Ag Ag ＋ $O_2$

Ag O Ag
Ag O Ag ⟶ Ag Ag Ag Ag ＋ O O

❹ $Ag_2O$ が 2 個，**Ag** が 4 個あるので，その数を化学式の前につけてまとめる。

$2Ag_2O \longrightarrow 4Ag + O_2$

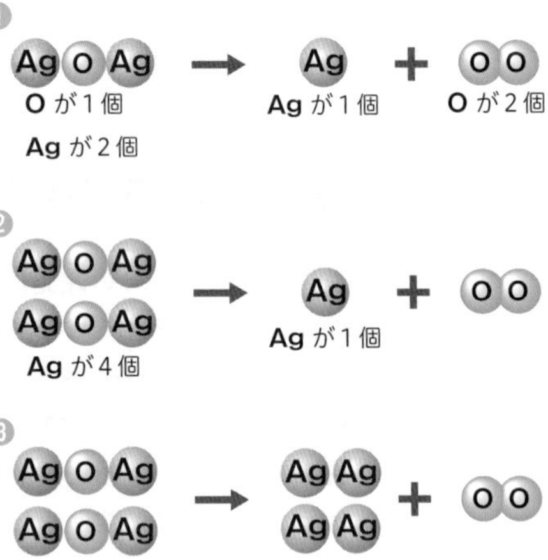

**▼図10 炭酸水素ナトリウムの熱分解の化学反応式**

❶ 反応前の物質名を矢印の左側に，反応後の物質名を矢印の右側に書き，それぞれの物質を化学式で表す。

**炭酸水素ナトリウム ⟶ 炭酸ナトリウム ＋ 二酸化炭素 ＋ 水**

$NaHCO_3 \longrightarrow Na_2CO_3 + CO_2 + H_2O$

❷ 矢印の左右でナトリウム原子 **Na** の数を等しくするために，左側に炭酸水素ナトリウム $NaHCO_3$ を 1 個追加する。

$NaHCO_3$
$NaHCO_3$ $\longrightarrow Na_2CO_3 + CO_2 + H_2O$

❸ $NaHCO_3$ が 2 個あるので，その数を化学式の前につけてまとめる。

$2NaHCO_3 \longrightarrow Na_2CO_3 + CO_2 + H_2O$

## ☑ 要点チェック



### 1 原子と分子

解答

- □ (1) 物質をつくっている，それ以上分けることのできない最小の粒子(りゅうし)を何というか。>>p. 19
  (1) 原子
- □ (2) 原子は，化学変化によって，①別の原子に変わることはあるか，ないか。また，②なくなったり，新しくできたりすることはあるか，ないか。>>p. 19
  (2) ① ない。 ② ない。
- □ (3) ①原子の種類を何というか。また，②原子の種類を表す記号を何というか。>>p. 19
  (3) ① 元素 ② 元素記号
- □ (4) 原子を原子番号の順に並べて，原子の性質を整理した表を何というか。>>p. 20
  (4) 周期表
- □ (5) 原子が結びついてできた，物質の性質を表す最小の粒子を何というか。>>p. 20
  (5) 分子
- □ (6) 水素，二酸化炭素，塩化ナトリウムのうち，分子をつくらない物質はどれか。>>p. 20
  (6) 塩化ナトリウム
- □ (7) 物質を元素記号と数字を使って表したものを何というか。>>p. 21
  (7) 化学式
- □ (8) ①1種類の元素からできている物質を何というか。また，②2種類以上の元素からできている物質を何というか。>>p. 21
  (8) ① 単体 ② 化合物
- □ (9) 銀，水，酸素のうち，化合物はどれか。>>p. 21
  (9) 水
- □ (10) 分子そのものがばらばらになり，別の種類の分子ができるのは，状態変化か，化学変化か。>>p. 22
  (10) 化学変化

### 2 化学反応式

- □ (11) 化学変化を化学式で表した式を何というか。>>p. 23
  (11) 化学反応式
- □ (12) 化学反応式をつくるとき，化学変化の前後で原子の種類と何が等しくなるようにするか。>>p. 23
  (12) 数
- □ (13) 化学反応式で，①「$2H_2$」の「2」は，何が2個あることを表しているか。また，②「$2H_2$」の「$_2$」は，何が2個あることを表しているか。>>p. 23
  (13) ① 水素(の)分子 ② 水素(の)原子

# 定期試験対策問題 解答➡p.222

## 1 原子の性質と元素記号 ≫p. 19, 20

(1) 次の①～⑧の元素記号は，それぞれ何という元素を表しているか。

① Cu　② Fe　③ Ag　④ Mg　⑤ Na　⑥ Ba　⑦ Cl　⑧ K

(2) 次の①～⑦の元素を，それぞれ元素記号で表しなさい。

① 炭素　② 水素　③ 酸素　④ 窒素（ちっそ）　⑤ 硫黄（いおう）　⑥ アルミニウム　⑦ 亜鉛（あえん）

(3) 原子の性質について正しいものは，次の**ア**～**エ**のどれか。

**ア** 化学変化で新しくできることがある。　**イ** 物質の性質を示す最小の粒子（りゅうし）である。

**ウ** それ以上分けることができない。　**エ** 質量や大きさは原子によらず一定である。

## 2 分子のモデルと化学式 ≫p. 20, 21

図の㋐～㋓は，いろいろな分子のモデルを表している。次の問いに答えなさい。

(1) ㋐～㋓のうち，単体をすべて選びなさい。

(2) ㋐～㋓のうち，化合物をすべて選びなさい。

(3) ㋐～㋓の分子を，それぞれ化学式で表しなさい。

(4) アンモニア分子は，窒素原子1個と水素原子3個からできている。

① アンモニア分子を化学式で表しなさい。

② アンモニアは，単体，化合物のどちらか。

## 3 分子をつくらない物質のモデルと化学式 ≫p. 20, 21

図の㋐，㋑は，それぞれ銀と塩化ナトリウムのモデルである。次の問いに答えなさい。

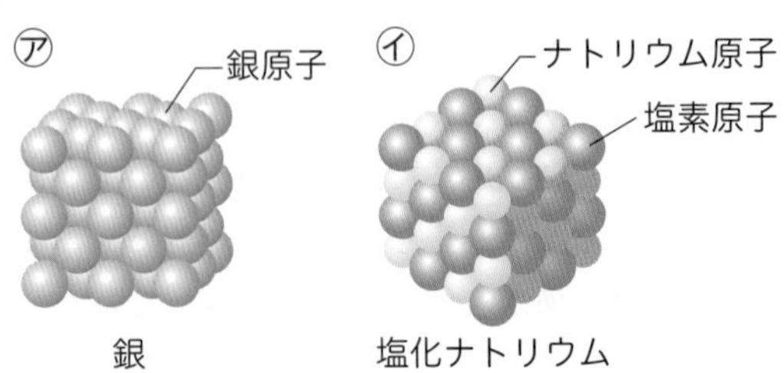


(1) 銀は，㋐のように1種類の原子がたくさん集まってできている。銀を化学式で表しなさい。

(2) 塩化ナトリウムは，㋑のようにナトリウム原子と塩素原子が１：１の割合で結びついてできている。塩化ナトリウムを化学式で表しなさい。

(3) ㋐と㋑で，単体はどちらか。

(4) 次の①，②の物質は，それぞれ２種類の原子が，示した割合で結びついてできている。それぞれの物質を化学式で表しなさい。

① 塩化銅　銅：塩素 ＝１：２　　② 酸化銀　銀：酸素 ＝２：１

## 4 物質の分類 >>p. 22

図は，物質の分類を表したものである。次の問いに答えなさい。

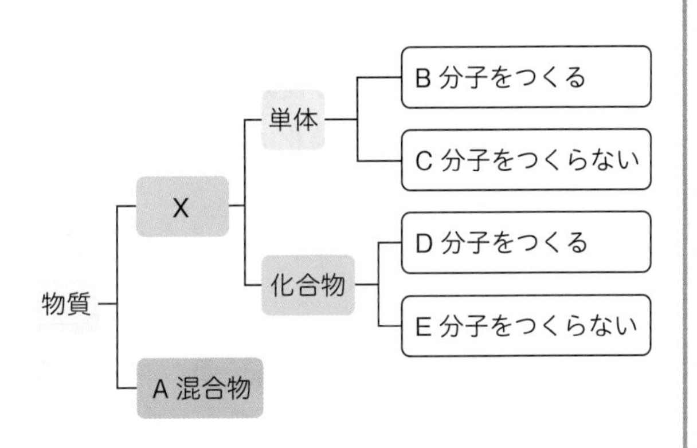


(1) 図のＸに当てはまることばは何か。

(2) 次の①～⑥の物質は，それぞれ図のＡ～Ｅのどれに分類されるか。

① 水　② 二酸化炭素
③ 塩化ナトリウム水溶液（すいようえき）
④ 塩化ナトリウム
⑤ 炭素　⑥ 窒素

## 5 化学反応式 >>p. 23, 24

化学反応式について，次の問いに答えなさい。

(1) 次の図は，水の電気分解の化学反応式をつくる手順を表したものである。①，②で行ったことは，それぞれ下の**ア**～**エ**のどれか。

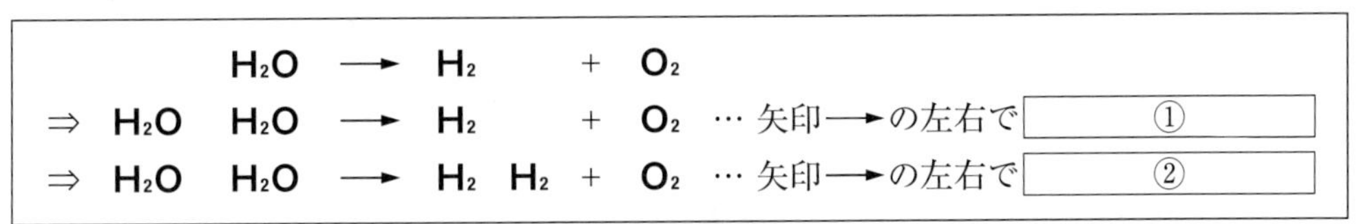


**ア** 酸素原子の数をそろえた。　**イ** 水素原子の数をそろえた。
**ウ** 酸素分子の数をそろえた。　**エ** 水素分子の数をそろえた。

(2) 次の化学反応式は，炭酸水素ナトリウムの熱分解を表したものである。①～③に当てはまる数字や化学式をそれぞれ答えなさい。ただし，③には液体の化学式が当てはまる。

［①］$NaHCO_3$ ⟶ $Na_2CO_3$ ＋［②］＋［③］

**ヒント**
(2) ②と③を化学式で表した後，矢印→の左右で原子の種類と数を比べる。

# 第3章 さまざまな化学変化と熱

要点のまとめ

## 1 さまざまな化学変化 >>p.29

□ **物質どうしが結びつく変化**

例 鉄 ＋ 硫黄(いおう) → 硫化鉄(りゅうかてつ)　　銅 ＋ 硫黄 → 硫化銅

$Fe + S \rightarrow FeS$　　$Cu + S \rightarrow CuS$

□ **酸化と酸化物**：**物質が酸素と結びつく**化学変化を**酸化**といい，**酸化によってできた物質**を**酸化物**という。

例 銅 ＋ 酸素 → 酸化銅

$2Cu + O_2 \rightarrow 2CuO$

□ **燃焼**(ねんしょう)：**熱や光を出しながら激しく進む酸化**。

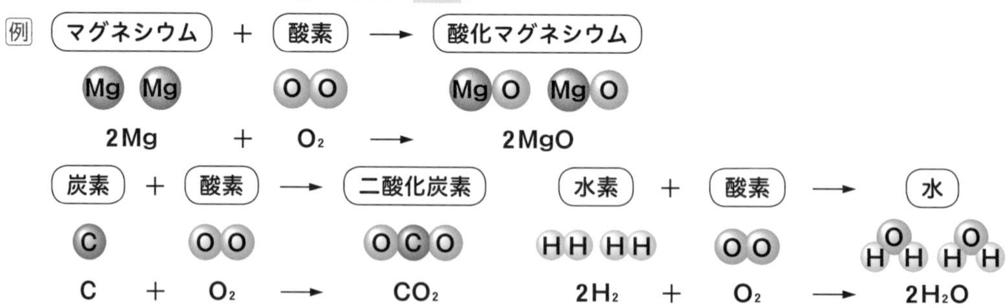


□ **有機物の燃焼**：有機物中の**炭素と水素が酸化**されて，**二酸化炭素と水**ができる。

□ **還元**(かんげん)：酸化物が酸素を奪(うば)われる化学変化。**酸化**と同時に起こる。

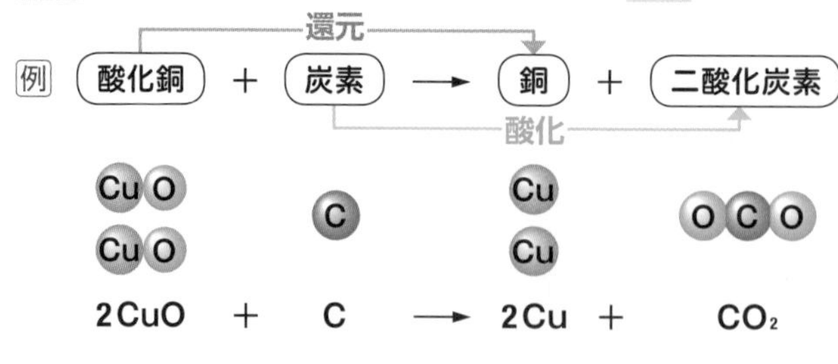


化学変化の種類はいろいろあるんだね。しっかり頭に入れて，化学反応式も書けるようになろう！

## 2 化学変化と熱 >>p.37

□ **発熱反応**：熱を発生して周囲の温度が上がる化学変化。

□ **吸熱反応**：熱を吸収して周囲の温度が下がる化学変化。

# 1 さまざまな化学変化

## ① 物質どうしが結びつく変化

### (1) 化合物

分解とは逆に，２種類以上の物質が結びつく化学変化もある。[❶] この化学変化でできる物質は**化合物**(>>p. 21)で，もとの物質とは性質の異なる別の物質である。

### (2) 鉄と硫黄が結びつく変化

鉄と硫黄を混ぜ合わせて加熱すると，光と熱を出す激しい化学変化が起こり，黒色の**硫化鉄**ができる(図１)。[❷❸]

>>p. 30 重要実験❹

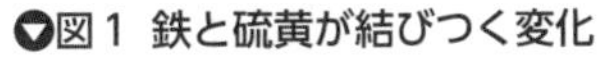
▼図１ 鉄と硫黄が結びつく変化

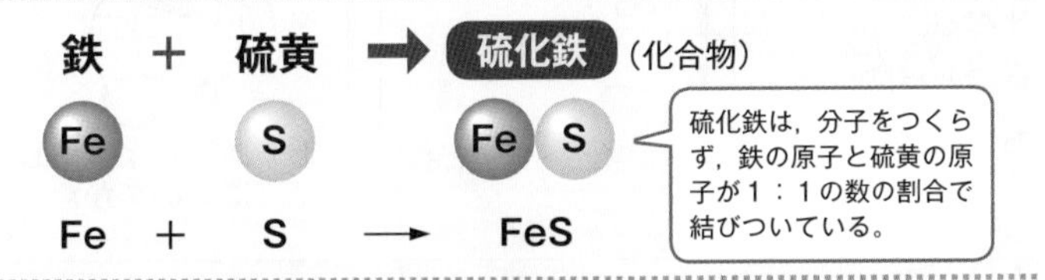


### (3) 銅と硫黄が結びつく変化

図２のように，発生した硫黄の蒸気の中に銅線を入れると，銅と硫黄が激しく反応し，黒色の**硫化銅**ができる。[❸❹]

▼図２ 銅と硫黄が結びつく変化

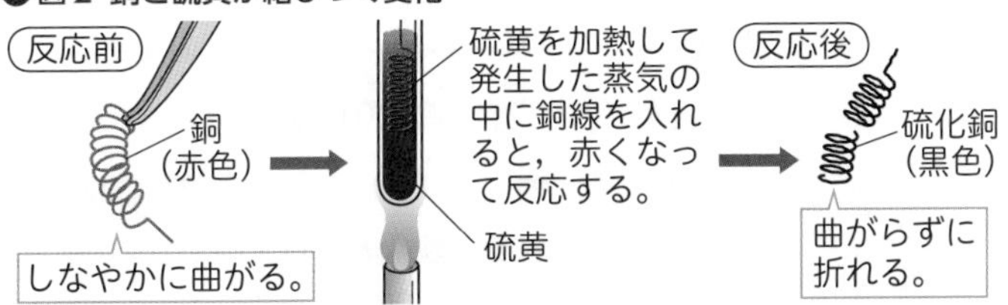


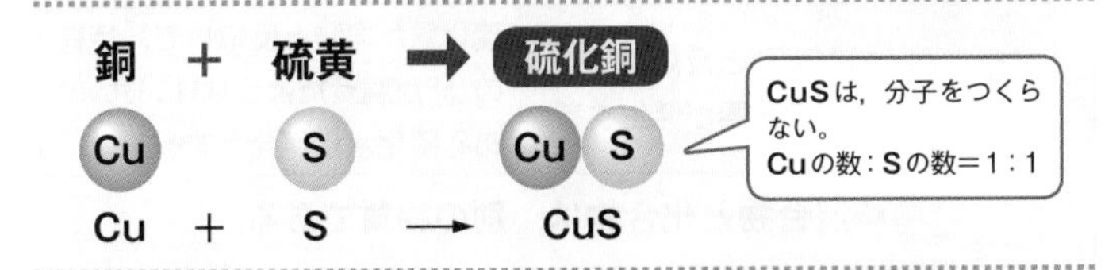


---

**❶化合**
単体どうしが反応して化合物を生じる化学変化を，化合とよぶこともある。

**❷鉄と硫黄の穏(おだ)やかな反応**
鉄板の上に水で練った硫黄を置き，数日後に硫黄を取り除くと，硫黄と接していた部分が黒く変化している。これは，鉄と硫黄が穏やかに結びついて，**硫化鉄**ができたからである。

**❸硫化と硫化物**
物質が硫黄と結びつくことを硫化といい，硫化によってできる物質を硫化物という。多くの金属は硫黄と結びつきやすいため，自然界にある金属は硫化物として存在しているものも多い。

**❹銅と塩素が結びつく変化**
銅は硫黄だけでなく，塩素とも結びつく。加熱した銅線を塩素の中に入れると，銅と塩素が激しく反応し，**塩化銅**ができる。

$Cu + Cl_2 \longrightarrow CuCl_2$

なお，この逆の変化が，p.14の分解である。

$CuCl_2 \longrightarrow Cu + Cl_2$

## 重要実験❹ 鉄と硫黄が結びつく変化

❶ 鉄粉と硫黄をよく混ぜ，試験管Aにその$\frac{1}{4}$を，試験管Bにその残りを入れる。

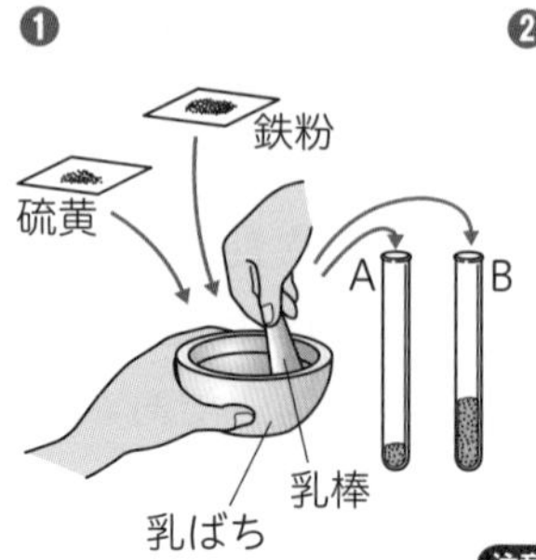


❷ 試験管Bに入れた混合物の上部を加熱し，赤く色が変わり始めたら，加熱をやめ，反応のようすを観察する。

〈結果〉**下部に向かって反応が進み，黒色の物質ができた。**

？なぜ？
**いったん反応が始まると，発生した熱で反応が進むから。**

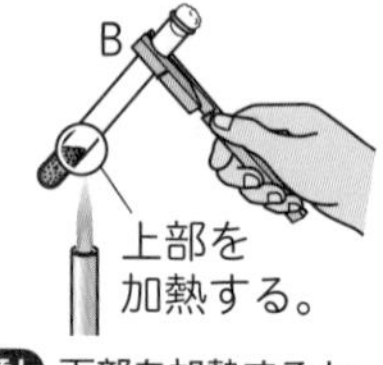


**注意!** 下部を加熱すると，加熱をやめても，反応していない上部の鉄粉と硫黄が落ちてきて反応し続けるため，危険である。

❸ 反応が終わり，試験管の温度が下がったら，加熱前後の物質の性質を調べる。
▶磁石を近づけ，つき方を比べる。
▶物質を少量とり，うすい塩酸と反応させ，発生する気体のにおいを比べる。

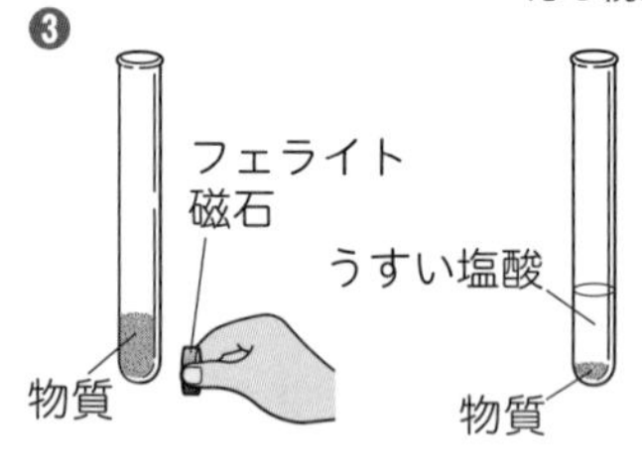

手であおぐようにして，においをかぐ。

**注意!** Bで発生するにおいのある気体は有毒なので，換気をよくし，大量に吸いこまないようにする。

〈結果〉

| | A：鉄と硫黄の混合物 | B：加熱後の物質 |
|---|---|---|
| 磁石へのつき方 | **磁石についた。**<br>**➡鉄がある。** | **磁石につかなかった。**<br>**➡鉄がない。** |
| 塩酸との反応 | **においのない気体**が発生した。 | **においのある気体**が発生した。 |

硫化水素は，1年生の気体のところで学習したね！
火山周辺で発生することがある有毒な気体だよ。注意しよう！

### 結果のまとめ

**混合物と化合物(硫化鉄)の性質の違い**

| | 鉄と硫黄の**混合物** | 鉄と硫黄の**化合物(硫化鉄)** |
|---|---|---|
| 磁石へのつき方 | **鉄が含まれている**ため，磁石につく。 | **鉄が含まれていない**ため，磁石につかない。 |
| 塩酸との反応 | **鉄**が塩酸と反応して，無臭の水素が発生する。 | **硫化鉄**が塩酸と反応して，特有の(卵が腐ったような)においのある**硫化水素**が発生する。 |

**➡混合物と化合物は，別の物質である。**

## ② 物質が酸素と結びつく変化 ― 酸化

### (1) 酸化と燃焼(ねんしょう)

2種類以上の物質が結びつく化学変化のうち，**物質が酸素と結びつく化学変化**を**酸化**といい，**酸化によってできた物質**を**酸化物**という。

また，酸化には，激しいものと穏(おだ)やかなもの[5]がある。酸化のうち，**熱や光を出しながら激しく進む酸化**を**燃焼**という。

### (2) 銅の酸化

図3のように，銅の粉末を空気中で加熱すると，金属光沢(こうたく)のない黒色の物質になり，質量は加熱前より増加している。これは，銅が空気中の酸素と結びついて，**酸化銅**ができたためである。[6] この化学変化は，多量の熱や光を発生しないので，燃焼ではない。

▼図3 銅の酸化

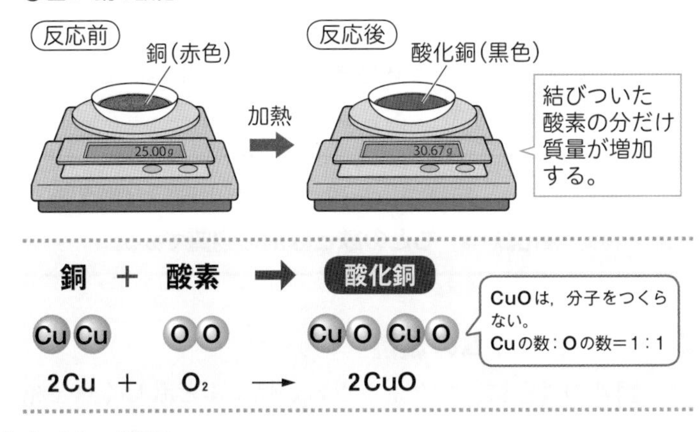


$$2Cu + O_2 \longrightarrow 2CuO$$

### (3) 鉄の燃焼

スチールウール(鉄)を加熱すると，赤くなって燃え，[7] 質量は加熱前より増加する。これは，鉄が空気中の酸素と結びついて，**酸化鉄**ができたためである。[8][9] ≫p. 32 重要実験❺

鉄 ＋ 酸素 → 酸化鉄

**❺穏やかに進む酸化**
金属は，空気中に長い時間さらされると，表面がぼろぼろになったり，色が変わったりする。このような「さび」は，金属が空気中の酸素によって穏やかに酸化されてできた酸化物である。

**❻銅の穏やかな酸化**
銅像が，銅の赤色ではなく緑色をしていることがある。これは，銅像の表面に，緑青(ろくしょう)とよばれる銅のさびができているからである。

**❼スチールウールは燃える**
鉄板やくぎのような鉄のかたまりは，火をつけても燃えない。しかし，スチールウールのような細い線にした鉄に火をつけると，空気中で熱や光を出しながら燃え，酸素中ではさらに激しく燃える。

**❽酸化鉄の化学式**
このときできる酸化鉄は，何種類かの酸化鉄の混合物であり，1つの化学式で表すことができない。

**❾鉄の穏やかな酸化**
鉄くぎを空気中に放置すると，表面がさびてくる。これは，鉄が空気中の酸素によって酸化されたからである。
このように，多くの金属は空気中の酸素によって酸化されるため，自然界にある金属は酸化物として存在していることが多い。

## 重要実験 5 スチールウール(鉄)の燃焼(ねんしょう)

❶ 図のようにして，燃やす前のスチールウールと燃やした後の物質の質量を比べる。

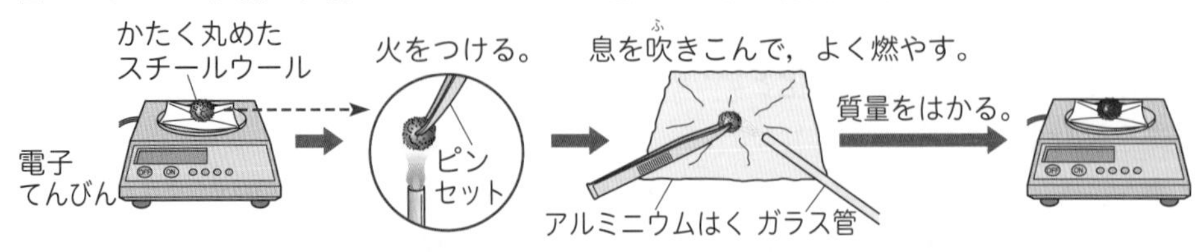


結果 **燃やした後，質量は増えていた。**

❷ 別のスチールウールに火をつけ，酸素を十分に入れた集気びんをかぶせて，ようすを観察する。

結果 スチールウールは激しく熱と光を出して燃え，**集気びんの中の水面が上昇(じょうしょう)した。**

**➡酸素が使われた。**

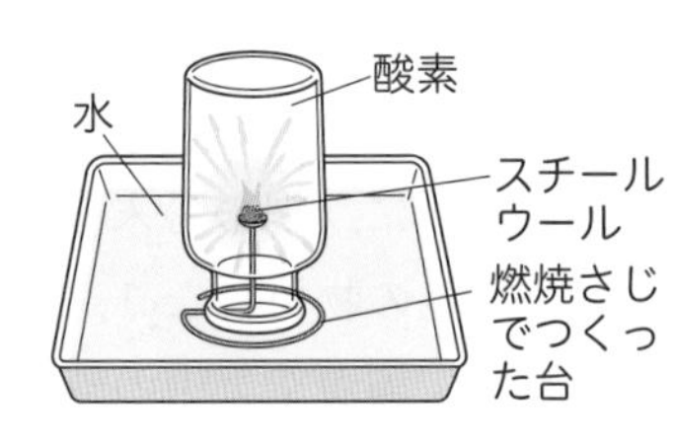


❸ 燃やす前のスチールウールと燃やした後の物質の性質を調べる。
▶手ざわりを比べる。
▶電流の流れやすさを比べる。
▶うすい塩酸との反応を比べる。

結果

| | スチールウール(鉄) | 加熱後の物質 |
|---|---|---|
| 手ざわり | 弾力(だんりょく)があった。 | ぼろぼろになった。 |
| 電流の流れやすさ | 流れた。 | 流れにくくなった。 |
| 塩酸との反応 | 気体(水素)が発生した。 | 気体は発生しにくくなった。 |

**結果のまとめ**

- 鉄を燃やすと，酸素と結びつき，**結びついた酸素の分だけ質量が増える。**
- 鉄を燃やした後の物質(**酸化鉄**)は，**もとの鉄とは別の物質**である。

◀図4 マグネシウムの燃焼

酸化マグネシウム

### (4) マグネシウムの燃焼

図4のように，マグネシウムが燃えると激しく熱と光を出して空気中の酸素と結びつき，白色の**酸化マグネシウム**ができる。

**マグネシウム ＋ 酸素 ➡ 酸化マグネシウム**

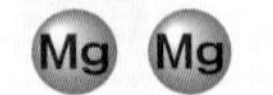

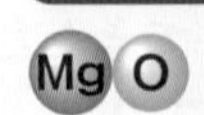

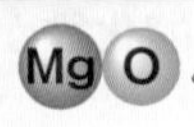


$$2Mg + O_2 \longrightarrow 2MgO$$

MgOは，分子をつくらない。Mgの数：Oの数＝1：1

## (5) 炭素の燃焼

**図5**のように，木炭を加熱すると赤くなって燃え，木炭の主成分である炭素が空気中の酸素と結びつき，**二酸化炭素**ができる。後には白い灰しか残らない。このとき，二酸化炭素が空気中に逃げるため，木炭が燃えると質量は減少する。

▼図5 炭素の燃焼

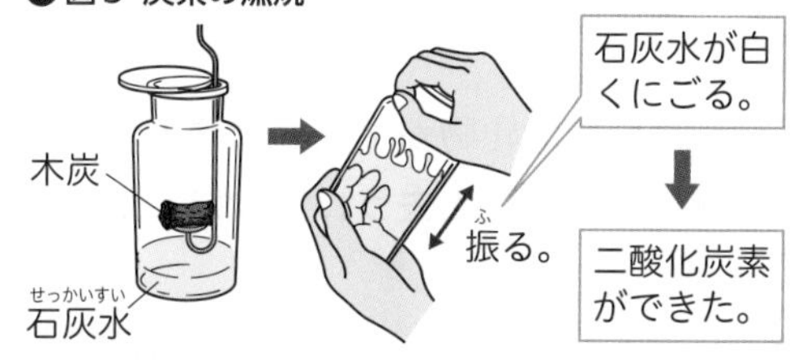


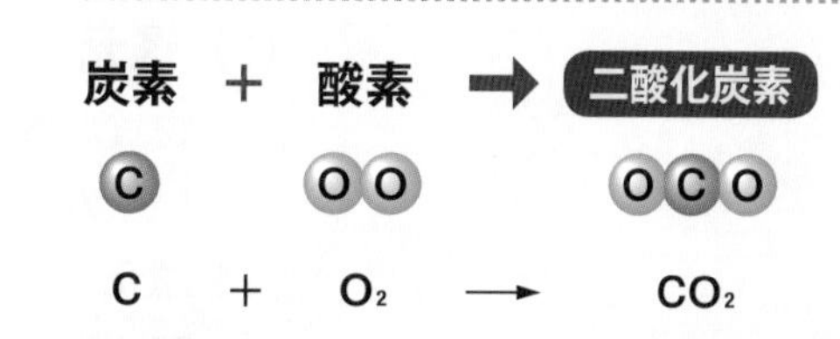


## (6) 水素の燃焼

**図6**のように，水素と酸素を袋に入れ，電気の火花で点火すると，爆発して**水**ができる。

▼図6 水素の燃焼

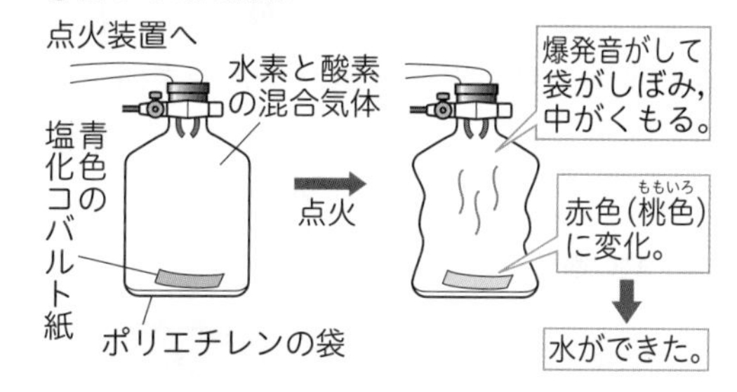


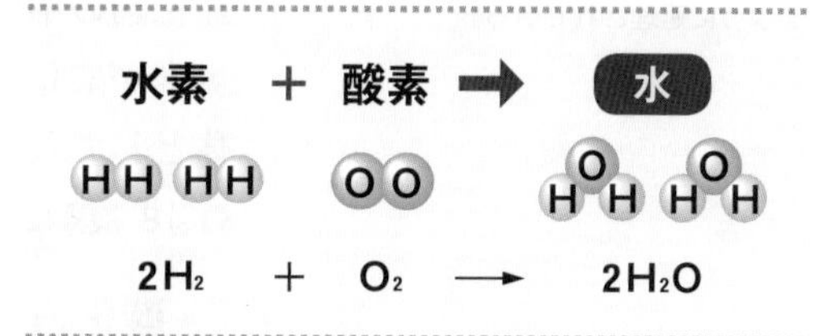


## (7) 有機物の燃焼

ろうや石油，エタノールなどの有機物は，おもに炭素と水素からできた化合物である。有機物を十分に燃焼させると，**図5**，**図6**からわかるように，有機物に含まれる**炭素**や**水素**が酸化されて，**二酸化炭素**や**水**ができる(**図7**)。

▼図7 有機物の燃焼

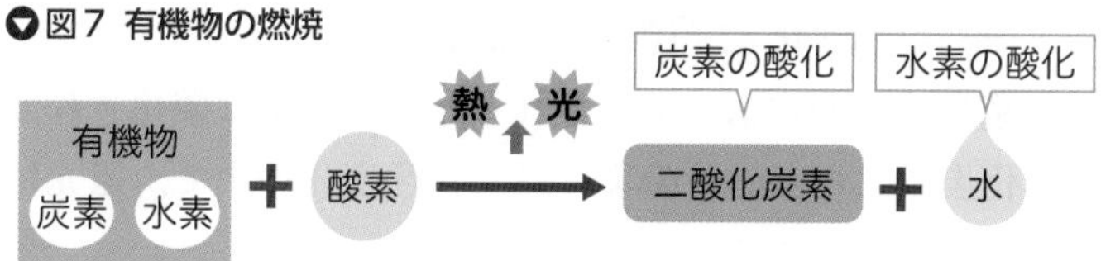


小学校の復習

- ろうそくや木などが燃えるとき，空気中の酸素の一部が使われ，二酸化炭素ができる。

中1の復習

- ろうなどの有機物を燃やすと，二酸化炭素や水ができる。

## 3 酸化物が酸素を失う変化 ― 還元

身のまわりで用いられている金属は，自然界では酸化物や，硫黄との化合物として存在していることが多い。そのため，これらの金属を材料として利用するためには，その化合物から酸素などを取り除いて，単体の金属のみを取り出さなければならない。

### (1) 還元

物質が酸素と結びついて酸化物ができる化学変化を酸化というのに対し，**酸化物が酸素を失う（奪われる）化学変化**を**還元**という。

酸化物から酸素を奪うためには，より酸素と結びつきやすい（酸化されやすい）物質とともに加熱すればよい。

### (2) 炭素による酸化銅の還元

黒色の酸化銅を活性炭（炭素）[10]と混ぜ合わせて加熱すると，二酸化炭素が発生して赤色の**銅**ができる（図8）。これは，**酸化銅の中の酸素が銅よりも炭素と結びつきやすい**ために，炭素が酸化銅から酸素を奪って**二酸化炭素**になり，銅が単体として残るからである。≫p. 35 重要実験6

**⑩活性炭**
活性炭とは，粉末状や粒状の炭素で，においなどを吸着しやすくなるように処理されている。

▼図8 炭素による酸化銅の還元

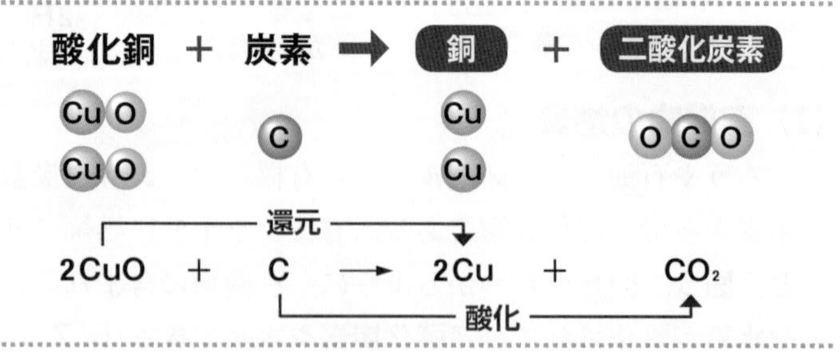


### (3) 還元は酸化と同時に起こる

図8で，酸化銅が還元されるとき，炭素は酸化されて二酸化炭素になる。このように，化学変化の中で，還元は酸化と同時に起こる。

## 重要実験❻ 炭素による酸化銅の還元

❶ 酸化銅と炭素の粉末の混合物を試験管に入れ，図のような装置で加熱し，混合物と石灰水の変化を観察する。

結果〉混合物：**赤色の物質に変化した。**

石灰水：**白くにごった。**

➡**二酸化炭素**が発生

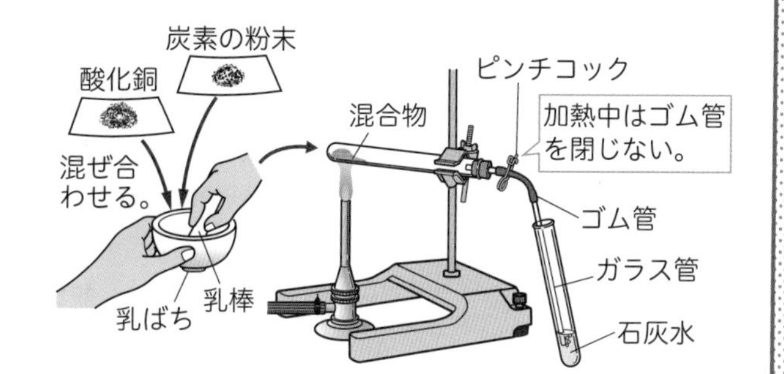


❷ 気体の発生が終わったら，石灰水からガラス管を取り出した後，加熱をやめる。

❓なぜ？
**水が逆流するのを防ぐため。**
くわしく ガラス管の先を液体に入れたまま火を消すと，加熱した試験管に液体が流れこみ，試験管が急に冷やされて割れることがある。

❸ ピンチコックでゴム管を閉じる。

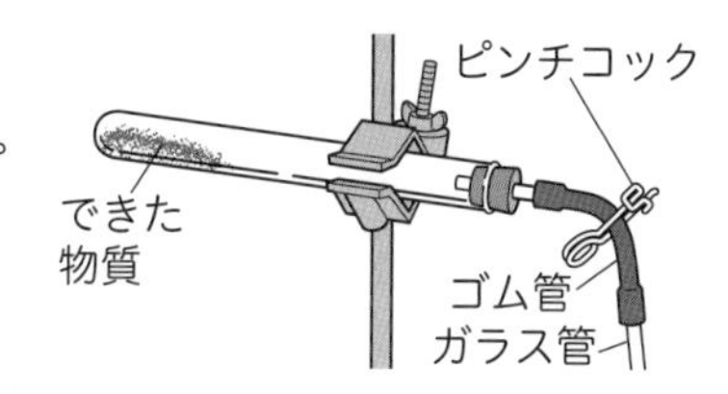


❓なぜ？
**できた物質が再び酸化されるのを防ぐため。**
くわしく 酸化銅が還元されてできた銅が，ガラス管とゴム管を通して試験管に入ってきた空気に触れると，酸化銅にもどってしまう。

❹ 試験管に残った赤色の物質を取り出し，かたいものでこすってみる。

結果〉**金属光沢を示した。**

➡赤色の物質は**銅**

### 結果のまとめ

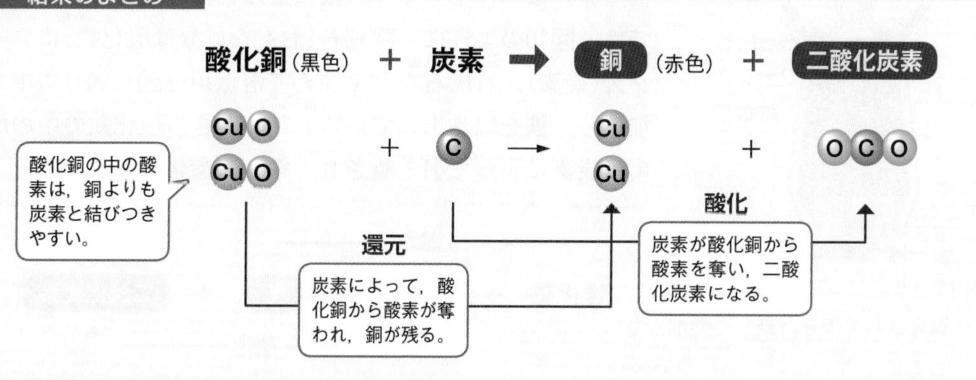

## (4) 水素による酸化銅の還元

黒色の酸化銅を水素と混ぜ合わせて加熱すると，水素が酸化銅から酸素を奪って**水**になり，**銅**が単体として残る(図9)。

◆図9 水素による酸化銅の還元[11]

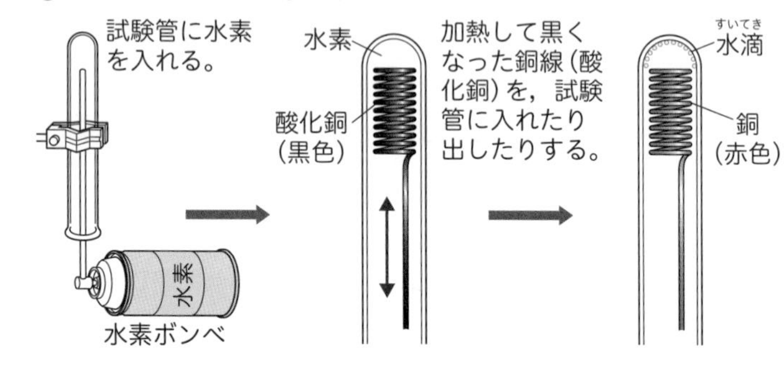


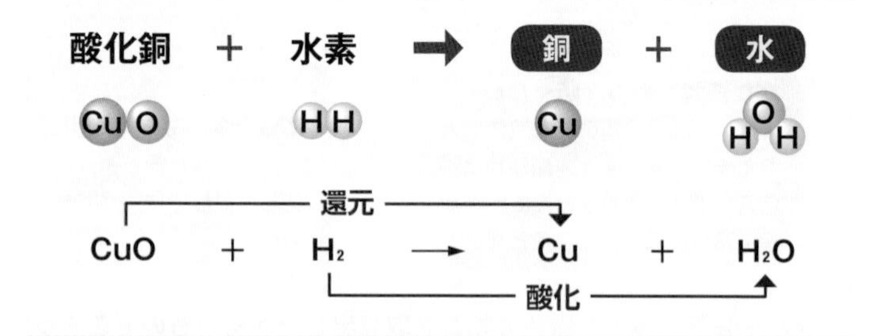


## (5) 酸化鉄の還元

鉄は，空気中でしだいに酸化されて酸化鉄に変わるため，自然界には単体としての鉄はほとんど存在しない。製鉄所では，**図10**のように，鉄鉱石(おもな成分は酸化鉄)[12]にコークス(炭素)[13]，石灰石[14]などを加えて溶鉱炉(高炉，炉)の中で加熱し，**鉄**を取り出している[15]。このとき，酸化鉄の中の酸素は炭素によって引き離され，鉄と**二酸化炭素**ができる。

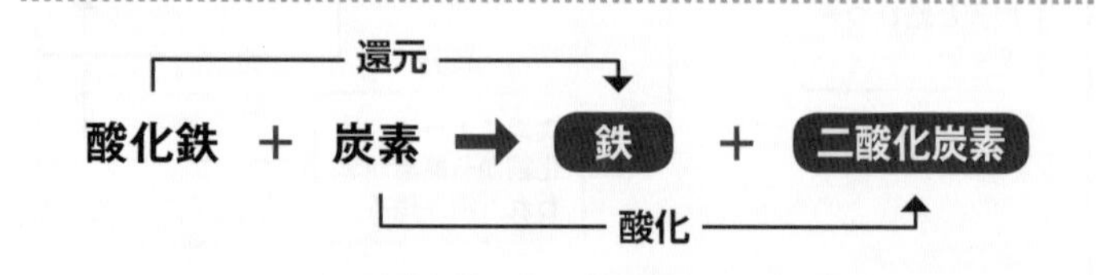


**⑪いろいろな物質による酸化銅の還元**
酸化銅の還元は，炭素や水素以外にも，エタノール，デンプン，砂糖，ブドウ糖，一酸化炭素などでも起こる。これらの物質は，銅と比べて，より酸素と結びつきやすい。

**⑫鉄鉱石**
鉄鉱石とは，酸化鉄を多く含む磁鉄鉱や赤鉄鉱などである。

**⑬コークス**
コークスとは，石炭を蒸し焼きにしてつくる燃料である。酸化鉄はコークスから生じた一酸化炭素によって還元される。

**⑭石灰石**
石灰石は，不純物を取り除きやすくするために入れる。

**⑮日本古来の製鉄法「たたら製鉄」**
日本では古来より，砂鉄(酸化鉄)を木炭(炭素)で還元する「たたら製鉄」が行われてきた。反応に必要な空気を送りこむ「ふいご」が，「たたら」とよばれていた。

◆図10 溶鉱炉のしくみ

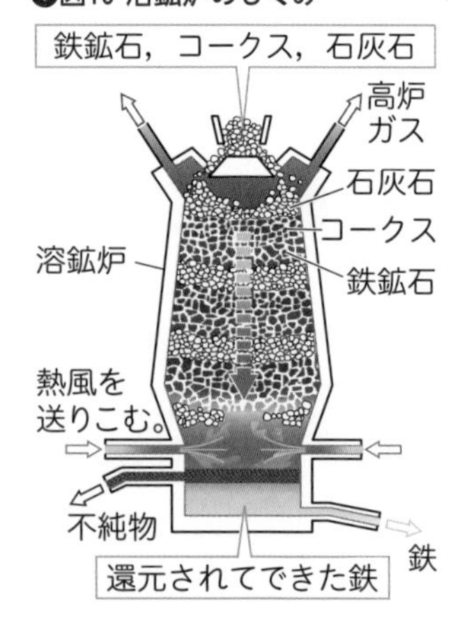

# 2 化学変化と熱

## ① 発熱反応と吸熱反応

化学変化が起こるときには，熱の出入りが伴(ともな)っている。

### (1) 発熱反応

物質の燃焼(ねんしょう)では，いったん燃焼が始まると連続的に酸化が起こり，熱が発生し続けて温度が上がる。このように，化学変化が起こるときに，**熱を発生して周囲の温度が上がる反応**を**発熱反応**という。マグネシウムの燃焼(>>p. 32)，鉄と硫黄(いおう)が結びつく変化(>>p. 29, 30)のほか，鉄の酸化(化学かいろ)[16]，酸化カルシウムと水の反応[17]，うすい塩酸とマグネシウムの反応などは，発熱反応である(**図11**)。

▼図11 いろいろな発熱反応

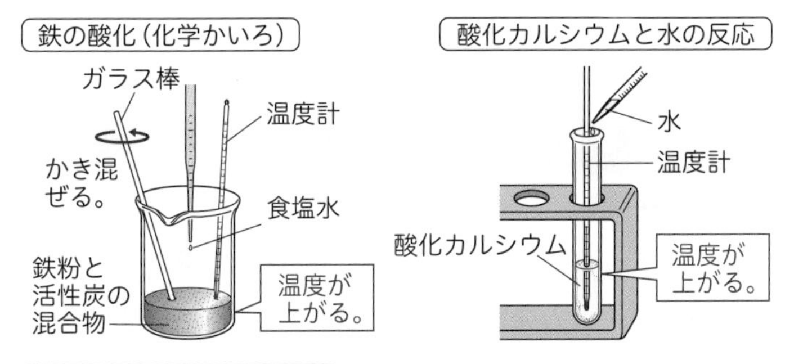


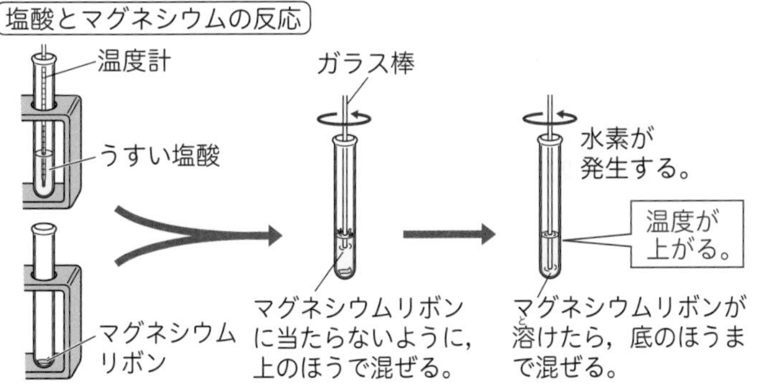


**⑯化学かいろ**
市販(しはん)の化学かいろは，外袋(そとぶくろ)を開けたときに，空気中の酸素によって中の鉄粉が穏(おだ)やかに酸化されるようになっている。図11の化学かいろでは，活性炭は酸素を吸着するはたらきを，食塩水は反応を加速するはたらきをしている。

**⑰酸化カルシウムと水の反応**
酸化カルシウム(生石灰ともいう)と水が反応すると，熱が発生する。火を使わなくても加熱することができるので，弁当などに利用されている。

## (2) 吸熱反応

化学変化が起こるときに，**熱を吸収して周囲の温度が下がる反応**を**吸熱反応**という。塩化アンモニウムと水酸化バリウムの反応[18]，炭酸水素ナトリウムとクエン酸[19]の反応（冷却パック[20]）などは，吸熱反応である（図12）。

物質C ＋ …… ─(⬇熱)→ 物質D ＋ ……

▼図12 いろいろな吸熱反応

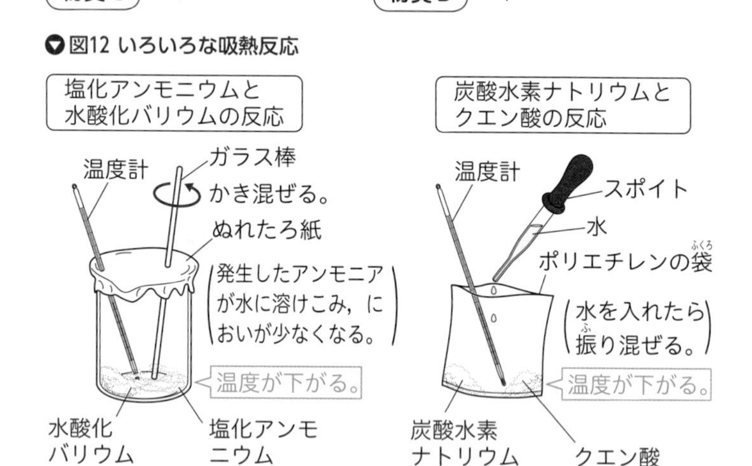


**⑱アンモニアが発生する反応**
水酸化バリウム ＋ 塩化アンモニウム ⟶ 塩化バリウム ＋ アンモニア ＋ 水

**⑲クエン酸**
クエン酸は，酢やレモンなどに含まれている。炭酸水素ナトリウムを混ぜた水にレモン汁を加えても，吸熱反応が起こる。

**⑳冷却パック**
この反応は，市販の冷却パックに利用されている。また，冷却パックには，硝酸アンモニウムと水の反応を利用したものもある。強くたたくなどして水の袋が破れると，硝酸アンモニウムが水に溶けるときに熱を吸収し，温度が下がるようになっている。

# ② 燃料

## (1) 燃料

私たちは，石油や天然ガスなどの燃料を燃焼させて得られる熱を，火力発電所などで電気に変えて利用したり，家庭では暖房や調理などに直接利用したりしている。これらの燃料の多くは有機物であり，燃焼によって，多量の熱や光を取り出すことができる。[21]

## (2) 家庭用の燃料

家庭用の燃料には，メタン[22]やプロパンが用いられる。メタンもプロパンも，炭素と水素を含む有機物なので，燃焼させると二酸化炭素と水ができる。

**㉑化学エネルギー**
化学変化を利用して熱などが取り出せる状態にある物質は，エネルギーをもっているといい，この物質がもっているエネルギーを化学エネルギーという。有機物以外の物質も化学エネルギーをもっている。

**㉒メタンの燃焼**
天然ガスの主成分であるメタン（$CH_4$）の燃焼は，次の化学反応式で表される。

$$CH_4 + 2O_2 \longrightarrow CO_2 + 2H_2O$$

# 要点チェック



## 1 さまざまな化学変化

|  | 解答 |
|---|---|
| □ (1) ①鉄と硫黄(いおう)を混ぜ合わせて加熱すると，何という物質ができるか。また，②銅と硫黄を混ぜ合わせて加熱すると，何という物質ができるか。>>p. 29 | (1) ① 硫化鉄<br>② 硫化銅 |
| □ (2) 鉄と硫黄の混合物と化合物の性質を比べたとき，①磁石につくのは混合物か，化合物か。また，②塩酸と反応して水素を発生するのは混合物か，化合物か。>>p. 30 | (2) ① 混合物<br>② 混合物 |
| □ (3) ①物質が酸素と結びつく化学変化を何というか。また，②物質が酸素と結びついてできた物質を何というか。>>p. 31 | (3) ① 酸化<br>② 酸化物 |
| □ (4) 熱や光を出しながら激しく進む酸化を何というか。>>p. 31 | (4) 燃焼 |
| □ (5) スチールウールを十分に加熱してできる物質の質量は，加熱前と比べて，増加するか，減少するか。>>p. 32 | (5) 増加する。 |
| □ (6) 有機物を加熱すると，①有機物中の炭素が酸化されて何ができるか。また，②有機物中の水素が酸化されて何ができるか。>>p. 33 | (6) ① 二酸化炭素<br>② 水 |
| □ (7) ①酸化物が酸素を奪(うば)われる化学変化を何というか。また，②酸化物が酸素を奪われる化学変化が起こるとき，同時に起こる化学変化を何というか。>>p. 34 | (7) ① 還元<br>② 酸化 |
| □ (8) 酸化銅に炭素の粉末を混ぜて加熱したとき，①発生する気体は何か。また，②後に残る赤色の物質は何か。>>p. 34 | (8) ① 二酸化炭素<br>② 銅 |
| □ (9) 酸化鉄にコークスを混ぜて加熱したとき，①発生する気体は何か。また，②後に残る固体の物質は何か。>>p. 36 | (9) ① 二酸化炭素<br>② 鉄 |

## 2 化学変化と熱

|  |  |
|---|---|
| □ (10) 熱を発生して周囲の温度が上がる化学変化を何というか。>>p. 37 | (10) 発熱反応 |
| □ (11) 熱を吸収して周囲の温度が下がる化学変化を何というか。>>p. 38 | (11) 吸熱反応 |

# 定期試験対策問題 解答➡p.223

## 1 鉄と硫黄(いおう)の加熱 >>p. 29, 30

鉄粉と硫黄の粉末をよく混ぜ，それを２本の試験管A，Bに分けて入れた。その後，図のようにして，試験管Aだけを加熱した。次の問いに答えなさい。

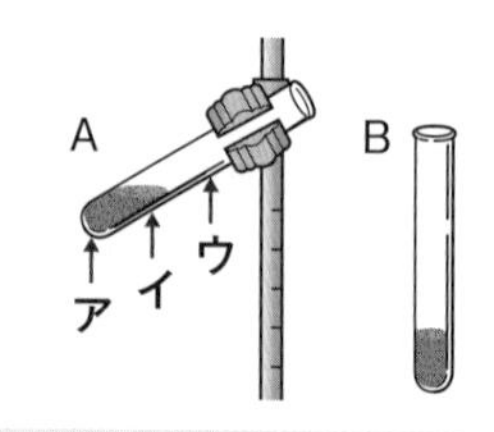


⑴　試験管Aを加熱するとき，図の**ア**～**ウ**のどの部分を加熱するか。

⑵　加熱した部分が赤くなったところで，ガスバーナーの火を止めて加熱をやめた。加熱をやめた後，反応はどうなるか。簡単に答えなさい。

> ヒント
> ⑶・⑷　試験管内の物質のうち，何が磁石に引き寄せられるのかを考える。

⑶　加熱後の試験管Aと加熱していない試験管Bで，磁石に引き寄せられたのはどちらか。

⑷　⑶の試験管が磁石に引き寄せられる原因となった物質は何か。

⑸　加熱後の試験管Aと加熱していない試験管Bにうすい塩酸を加えたとき，どちらからも気体が発生した。

①　特有なにおいの気体が発生したのは，試験管A，Bのどちらか。

②　①で発生した気体は何か。

③　発生した気体のうち，においのない気体を別の試験管に集め，マッチの火を近づけたところ，ポンと音を立てて燃えた。この気体の化学式を答えなさい。

⑹　試験管Aを加熱したとき鉄と硫黄に起こった反応を，化学反応式で表しなさい。

## 2 スチールウールの加熱 >>p. 31, 32

図のようにして，スチールウールを燃やす前と燃やした後の質量を調べた。次の問いに答えなさい。

スチールウール
電子てんびん
火をつける。
ピンセット
息を吹(ふ)きこんで，よく燃やす。
アルミニウムはく
ガラス管
再び質量をはかる。

⑴　加熱後の物質の質量は，加熱前のスチールウールの質量に比べて大きくなった。その理由を，簡単に答えなさい。

⑵　加熱後の物質は何か。物質名を答えなさい。

⑶　加熱前のスチールウールと加熱後の物質をそれぞれ塩酸に入れた。このとき，気体が多く発生したのはどちらの物質か。また，この気体は何か。

(4) 次の文は，加熱前のスチールウールと加熱後の物質の性質について説明したものである。文中の□に当てはまる語句は，それぞれ下の**ア**～**エ**のどれか。

加熱後の物質は，加熱前と比べて電流が［①］，手でさわると［②］。

**ア** 流れやすく　**イ** 流れにくく　**ウ** 弾力（だんりょく）があった　**エ** ぼろぼろになった

## 3 酸化銅と炭素の加熱 ≫p. 34～36

**図1**のように，酸化銅と炭素の粉末の混合物を試験管に入れて加熱した。**図2**は，このとき起こった化学変化を式で表したものである。次の問いに答えなさい。

**図1**

酸化銅と炭素の粉末の混合物
ピンチコック
ゴム管
ガラス管
石灰水（せっかいすい）

(1) 次の文中の□に当てはまる物質名は何か。

**図2**の化学変化では，酸化銅は□原子をはなして物質㋐に変化し，この□原子と炭素原子が結びついて物質㋑ができた。

(2) **図2**のaは酸化銅が(1)の原子をはなす変化を，bは炭素が(1)の原子と結びつく変化を示している。a，bの化学変化をそれぞれ何というか。

**図2**

［酸化銅］＋［炭素］→［物質㋐］＋［物質㋑］
（a：酸化銅→物質㋐，b：炭素→物質㋑）

(3) **図2**の化学変化を，化学反応式で表しなさい。

(4) この実験では，加熱をやめた後，**図1**の装置のゴム管をピンチコックで閉じる。その理由を，簡単に答えなさい。

(5) 酸化銅を**図2**の物質㋐に変化させるには，炭素のかわりに水素を用いる方法もある。**図3**は，このときの化学変化を式で表したものである。物質㋒の化学式を答えなさい。

**図3**

［酸化銅］＋［水素］→［物質㋐］＋［物質㋒］

## 4 化学変化と熱 ≫p. 37, 38

**図1**は鉄粉と活性炭の混合物に食塩水を加えたものを，**図2**は水酸化バリウムと塩化アンモニウムを，それぞれかき混ぜて反応させているようすである。次の問いに答えなさい。

(1) **図1**で，起こった化学変化を何というか。また，化学変化後の温度はどうなるか。

(2) **図2**で，発生する気体は何か。また，化学変化後の温度はどうなるか。

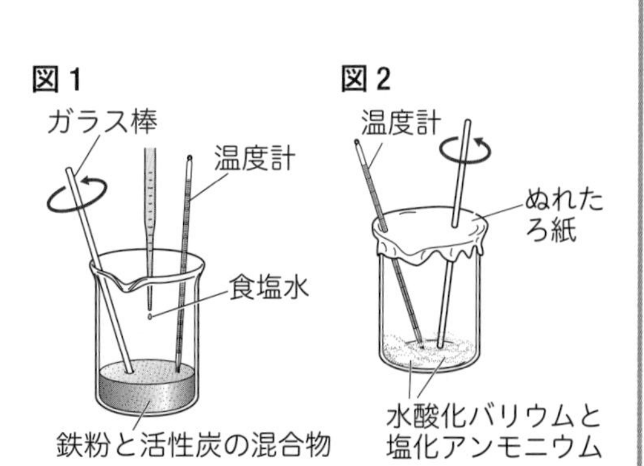

# 第4章 化学変化と物質の質量

## 要点のまとめ

## 1 質量保存の法則 ≫p.43

□ **沈殿**(ちんでん)**ができる化学変化の前後の質量**：**変化しない**。

□ **気体が発生する化学変化の前後の質量**：
密閉したとき…**変化しない**。
密閉しないとき…**発生した気体が空気中に出ていく。**
➡**質量は減少**する。

◆気体が発生する化学変化と質量

□ **酸素と結びつく化学変化の前後の質量**：密閉したとき…**変化しない**。
密閉しないとき…**結びついた酸素の分だけ空気が入ってくる。➡質量は増加**する。

□ **質量保存の法則**：**化学変化の前後で物質全体の質量は変化しない**。これは，物質をつくる**原子の組み合わせは変わる**が，**原子の種類と数は変わらない**からである。

## 2 反応する物質の質量の割合 ≫p.46

□ **金属が酸化するときの質量の関係**：金属の質量と酸化物の質量は比例し，
金属の質量と結びついた酸素の質量は比例する。

□ **酸化銅ができるとき**：　銅：酸化銅＝4：5　➡　**銅：酸素＝4：1**

□ **酸化マグネシウムができるとき**：
マグネシウム：酸化マグネシウム＝3：5　➡　**マグネシウム：酸素＝3：2**

◆金属の質量と酸化物の質量の関係

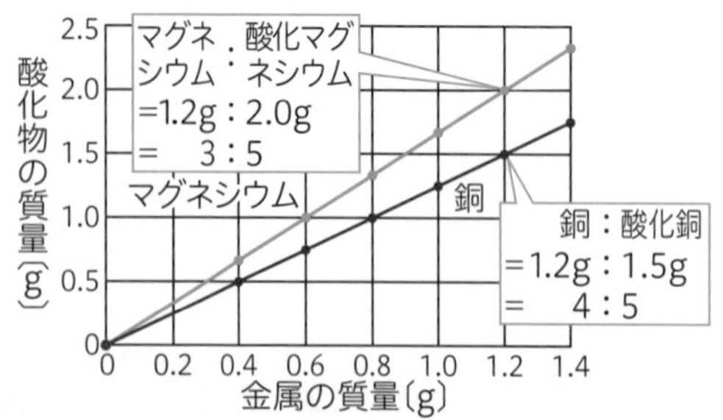


◆金属の質量と結びついた酸素の質量の関係

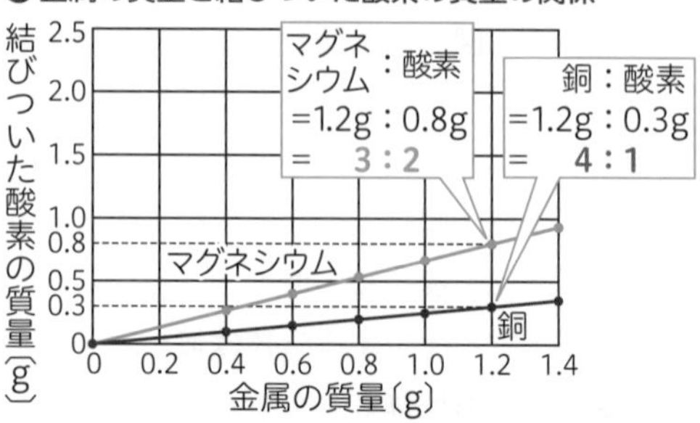

# 1 質量保存の法則

## ① 化学変化の前後での物質の質量

### (1) 沈殿ができる化学変化と質量

#### ①硫酸と塩化バリウムの反応

図1のように，うすい硫酸(りゅうさん)とうすい塩化バリウム水溶液(すいようえき)❶を混ぜ合わせると，液は白くなり，やがて硫酸バリウム❷の白い沈殿ができる。このとき，**反応の前後で物質全体の質量は変化しない。**

図1 硫酸と塩化バリウムの反応

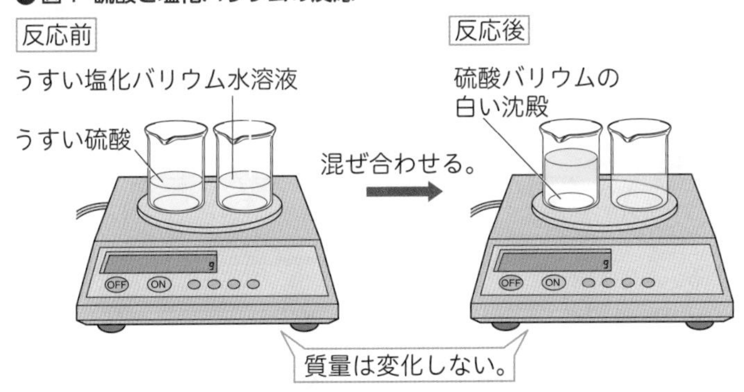


$$H_2SO_4 + BaCl_2 \longrightarrow BaSO_4 + 2HCl$$

硫酸　塩化バリウム　硫酸バリウム（白い沈殿）　塩酸

#### ②炭酸ナトリウムと塩化カルシウムの反応

炭酸ナトリウム水溶液と塩化カルシウム水溶液を，図1と同じようにして混ぜ合わせると，液は白くなり，やがて炭酸カルシウム❸の白い沈殿ができる。このとき，**反応の前後で物質全体の質量は変化しない。**

$$Na_2CO_3 + CaCl_2 \longrightarrow CaCO_3 + 2NaCl$$

炭酸ナトリウム　塩化カルシウム　炭酸カルシウム（白い沈殿）　塩化ナトリウム

**小学校の復習**

● ものが水に溶(と)けても，水とものを合わせた重さは変わらない。

**中1の復習**

● 状態変化によって，体積は変化するが，質量は変化しない。

**❶硫酸と水酸化バリウムの反応，硫酸ナトリウムと塩化バリウムの反応**

うすい塩化バリウム水溶液のかわりにうすい水酸化バリウム水溶液を用いても，また，うすい硫酸のかわりにうすい硫酸ナトリウム水溶液を用いても，同じように硫酸バリウムの白い沈殿が生じ，反応の前後で物質全体の質量は変化しない。

**❷硫酸バリウム**

硫酸バリウムは，水に溶けにくく，体内に取りこまれない物質である。胃や腸などのX線撮影(さつえい)をするときに，それらの形をはっきり写し出す造影剤(ぞうえいざい)として用いられる。

**❸炭酸カルシウム**

炭酸カルシウムは，水に溶けにくい物質で，貝殻(かいがら)や卵の殻，石灰石(せっかいせき)の主成分である。≫p. 45 コラム

## (2) 気体が発生する化学変化と質量

### ①炭酸水素ナトリウムと塩酸の反応

図2のⓐのように，密閉した容器内で，炭酸水素ナトリウムとうすい塩酸を混ぜ合わせると，二酸化炭素が発生する。このとき，**反応の前後で容器全体の質量は変化しない**。

次に，ⓑのように，容器のふたをゆるめてから再び容器全体の質量をはかると，**質量は減少**している。これは，**発生した二酸化炭素が空気中に出ていった**からである。

図2 炭酸水素ナトリウムと塩酸の反応

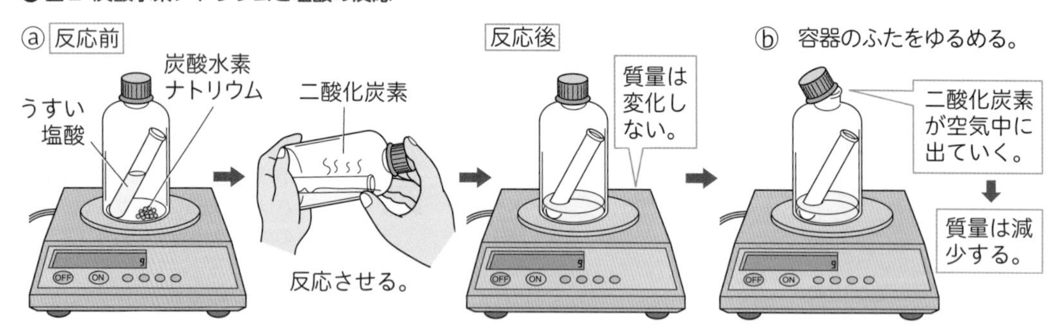


| $NaHCO_3$ | ＋ $HCl$ | ⟶ | $NaCl$ | ＋ $CO_2$ | ＋ $H_2O$ |
|---|---|---|---|---|---|
| 炭酸水素ナトリウム | 塩酸 | | 塩化ナトリウム | 二酸化炭素（気体発生） | 水 |

## (3) 酸素と結びつく化学変化と質量

### ①スチールウール(鉄)の燃焼(ねんしょう)

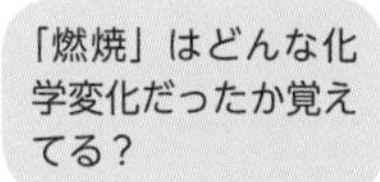

図3のⓐのように，酸素を満たした丸底フラスコ内にスチールウール(鉄)を入れ，ピンチコックを閉じて密閉して加熱すると，鉄が燃焼して酸化鉄ができる。このとき，**反応の前後でフラスコ全体の質量は変化しない**。

次に，ⓑのように，ピンチコックを開いてから再びフラスコ全体の質量をはかると，**質量は増加**している。これは，**鉄の燃焼に使われた酸素の分だけ，フラスコ内に空気が入ってきた**からである。

▼図3 スチールウール(鉄)の燃焼

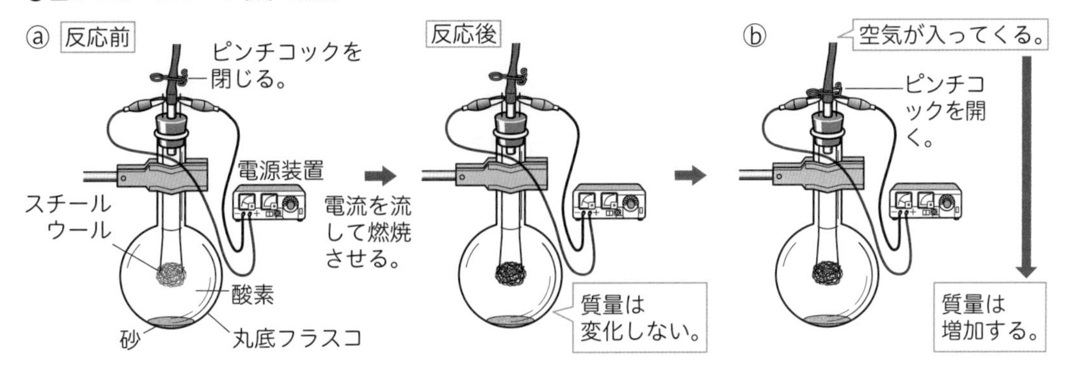


### (4) 質量保存の法則

図1～図3からわかるように，**化学変化の前後で物質全体の質量は変化しない**。これを**質量保存の法則**という。

化学変化で質量保存の法則が成りたつのは，反応の前後で，物質をつくる**原子の組み合わせは変わる**が，**原子の種類と数は変わらない**からである。

### (5) 化学変化以外の変化と質量保存の法則

物質が水に溶けるときや，物質が状態変化するとき[4]にも，物質そのものはなくならないので，体積は変化しても全体の質量は変化しない。このように，質量保存の法則は，化学変化だけでなく，物質の変化すべてに成りたつ。

**❹物理変化**
物質が水に溶けることや，物質が状態変化することを物理変化という。

## 石灰水に二酸化炭素を通すと白くにごるのはなぜ?

石灰水に二酸化炭素を通すと白くにごるのは，p.43と同じように白い沈殿ができる化学変化が起こるからで，この白い沈殿は炭酸カルシウムである。石灰水は水酸化カルシウム$Ca(OH)_2$の飽和水溶液(物質が限度まで溶けた水溶液)で，これに二酸化炭素を通すと，次のような化学変化が起こる。

$$Ca(OH)_2 + CO_2 \longrightarrow CaCO_3 + H_2O$$

水酸化カルシウム　二酸化炭素　炭酸カルシウム　水

水に溶けにくいので，液を白くにごらせ，やがて沈殿する。

# 2 反応する物質の質量の割合

## ① 一定量の金属と反応する酸素の質量

### (1) 一定量の金属を空気中で加熱したとき

銅やマグネシウムなどの金属を空気中で加熱すると，結びついた酸素の分だけ質量が増加する。しかし，**図4**のように，加熱を続けてもやがて質量は増加しなくなる。

つまり，反応する2種類の物質のうち，一方の物質の質量が決まれば，もう一方の物質の反応する質量も決まる。

**図4 金属を加熱したときの質量の変化**

❶ 全体の質量をはかる。

あらかじめ質量をはかっておく。

❷ 金属の粉末を皿にうすく広げて一定時間加熱する。

なぜ？ 金属が酸素と十分に触れるようにするため。

質量の変化がなくなるまでくり返す。

❸ 皿が冷えたら，全体の質量をはかる。

❹ 金属の粉末を薬さじでかき混ぜ，再び加熱する。

結果 これ以上加熱しても，質量は変わらない。➡すべての金属が酸化された。

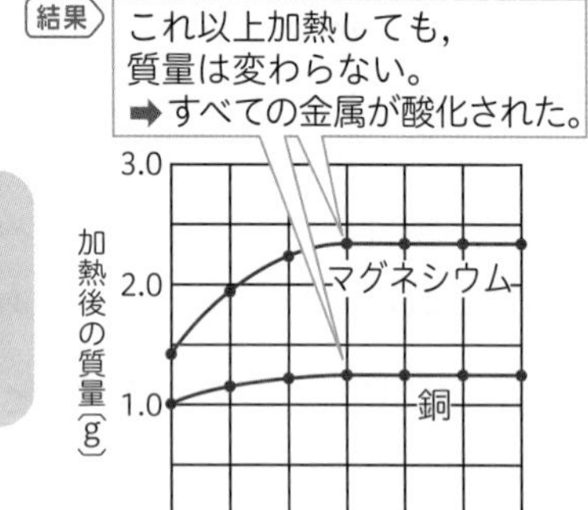


### (2) 金属の質量を変えて加熱したとき

**①金属と酸化物の質量の比**

**図4**の実験を，金属の質量を変えて行い，金属の質量とできた酸化物の質量の関係をグラフに表すと，**図5**，**図6**の①のようになる。これらのグラフから，もとの金属の質量と酸化物の質量は比例し，質量の比は一定になることがわかる。

**②金属と酸素の質量の比**

さらに，金属の質量と結びついた酸素の質量の関係をグラフに表すと，**図5**，**図6**の②のようになる。これらのグラフから，もとの金属の質量と結びついた酸素の質量は比例し，質量の比は一定になることがわかる。

「比例」はよく出てくる関係だね！

**図5 銅から酸化銅ができるときの質量の関係**

① 銅と酸化銅

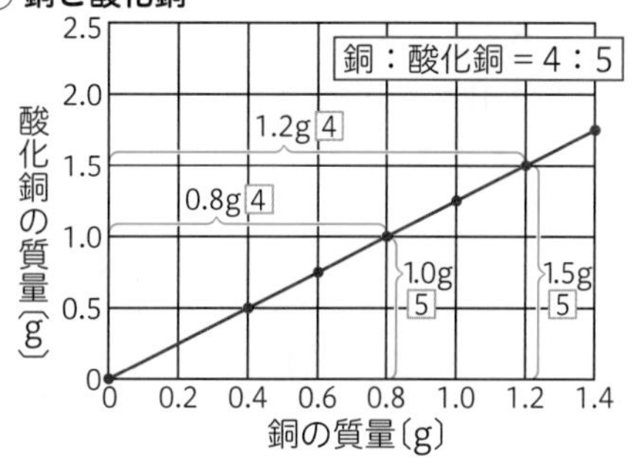


② 銅と酸素

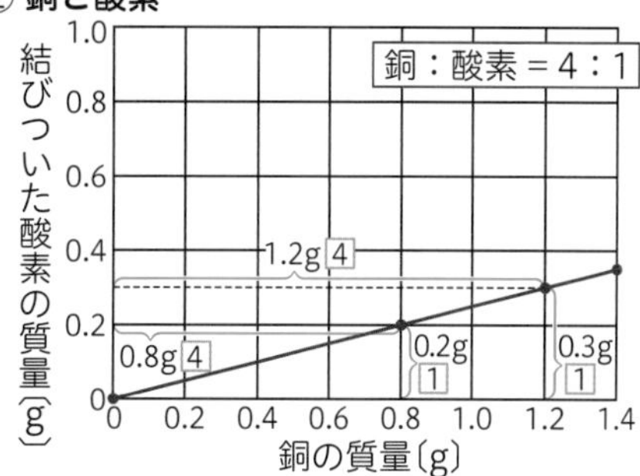


**図6 マグネシウムから酸化マグネシウムができるときの質量の関係**

① マグネシウムと酸化マグネシウム

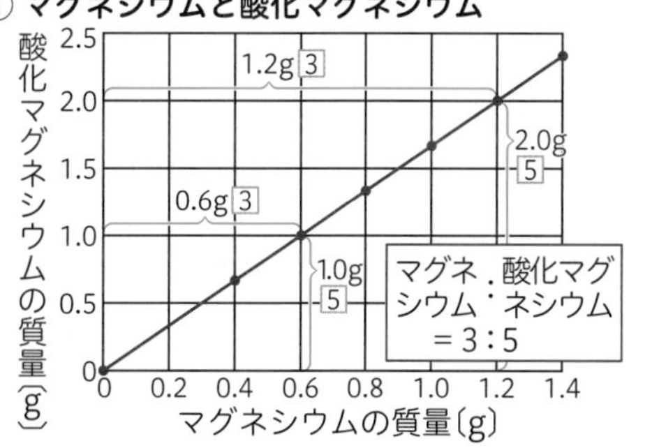


② マグネシウムと酸素

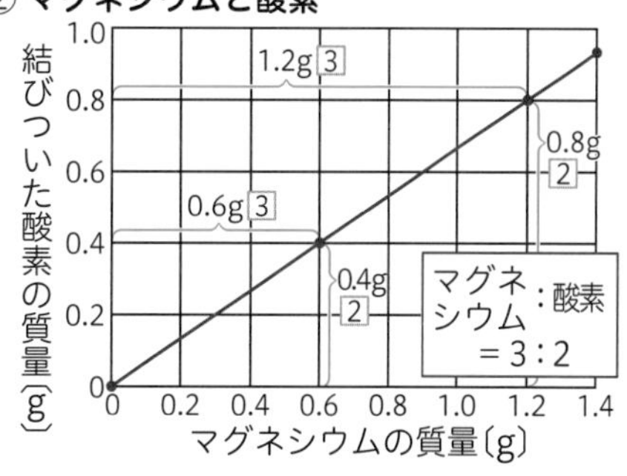


## 例題1 《作図》 金属と酸化物の質量のグラフ

表は，銅の質量と，それを加熱してできた酸化銅の質量をまとめたものである。この関係を表すグラフを，図にかきなさい。

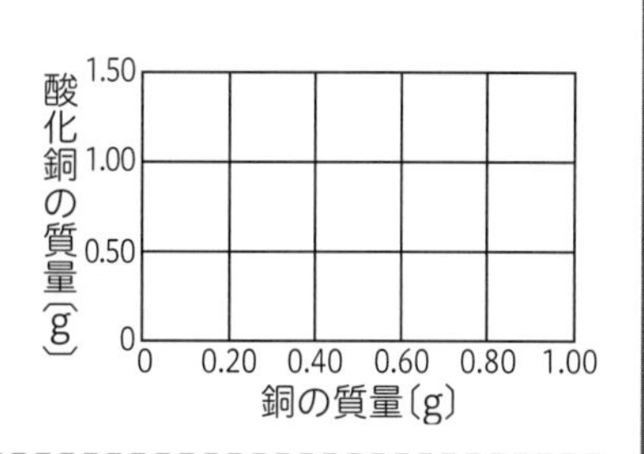


| 銅の質量〔g〕 | 0.40 | 0.60 | 0.80 | 1.00 |
|---|---|---|---|---|
| 酸化銅の質量〔g〕 | 0.50 | 0.76 | 1.00 | 1.24 |

**解き方**

表の測定値を点(•)などの印ではっきりと正確に記入すると，印の並び方から，直線のグラフになると判断できる。また，銅の質量が0gのとき，できる酸化銅の質量も0gである。よって，原点(0，0)を通り，すべての印のなるべく近くを通るように直線を引く。

**解答** 右図

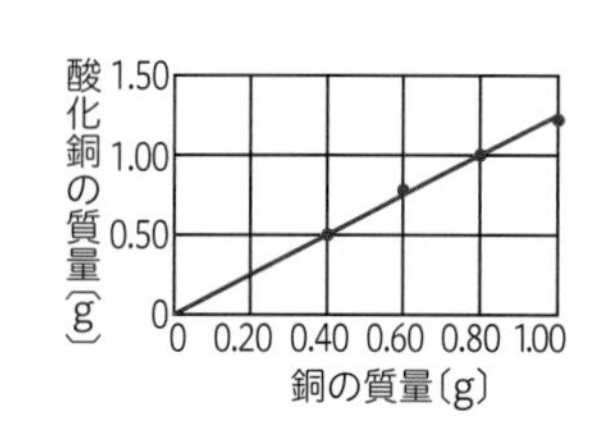

## 例題❷ 《計算》銅が酸化するときの質量の比

0.80gの銅を十分に加熱すると，1.00gの酸化銅ができた。

(1) 銅の質量と酸化銅の質量の比を，最も簡単な整数の比で表しなさい。

(2) 1.20gの銅を十分に加熱すると，何gの酸化銅ができるか。

(3) 1.25gの酸化銅をつくるには，何gの銅が必要か。

ヒント (2) (1)で求めた比を使い，求める酸化銅の質量を$x$gとして，比例式「△：□＝▲g：$x$g」を立ててみよう。

(3)は，「1.25gの酸化銅をすべて還元(かんげん)したときに取り出せる銅の質量」と同じだね！

**解き方**

(1) 銅の質量：酸化銅の質量＝0.80：1.00＝８：10＝４：５ 【解答】４：５

(2) 求める酸化銅の質量を$x$gとすると，(1)より，1.20〔g〕：$x$〔g〕＝４：５ という比例式が成りたつ。比例式には，［$a:b=c:d$ のとき $ad=bc$］という性質があるから，

$4\times x$〔g〕＝$5\times 1.20$〔g〕より，$x=1.20〔g〕\times\frac{5}{4}=1.50〔g〕$ 【解答】1.50g

(3) 求める銅の質量を$y$gとすると，(1)より，$y$〔g〕：1.25〔g〕＝４：５ という比例式が成りたつ。

比例式の性質より，$y=1.25〔g〕\times\frac{4}{5}=1.00〔g〕$ 【解答】1.00g

## 例題❸ 《計算》マグネシウムが酸化するときの質量の比

0.60gのマグネシウムを十分に加熱すると，1.00gの酸化マグネシウムができた。

(1) マグネシウムの質量と結びついた酸素の質量の比を，最も簡単な整数の比で表しなさい。

(2) 0.90gのマグネシウムを十分に加熱すると，何gの酸素と結びつくか。

**解き方**

(1) マグネシウムの質量：酸素の質量＝0.60：(1.00−0.60)＝0.60：0.40＝６：４＝３：２

【解答】３：２

(2) 求める酸素の質量を$x$gとすると，(1)より，0.90〔g〕：$x$〔g〕＝３：２ という比例式が成りたつ。比例式には，［$a:b=c:d$ のとき $ad=bc$］という性質があるから，

$3\times x$〔g〕＝$2\times 0.90$〔g〕より，$x=0.90〔g〕\times\frac{2}{3}=0.60〔g〕$ 【解答】0.60g

### (3) 質量に過不足があるとき

2種類の物質が反応する場合，一方の質量が多すぎたり少なすぎたりすると，一方の物質がなくなれば，もう一方の物質は反応しないで残る。

例えば，**図7**のように，銅と酸素が結びついて酸化銅ができる反応で，銅が十分にない場合は，銅がなくなれば反応はそれ以上進まず，一部の酸素はそのまま残る。



図7 質量に過不足があるとき

**銅原子2個と酸素分子1個がある場合**

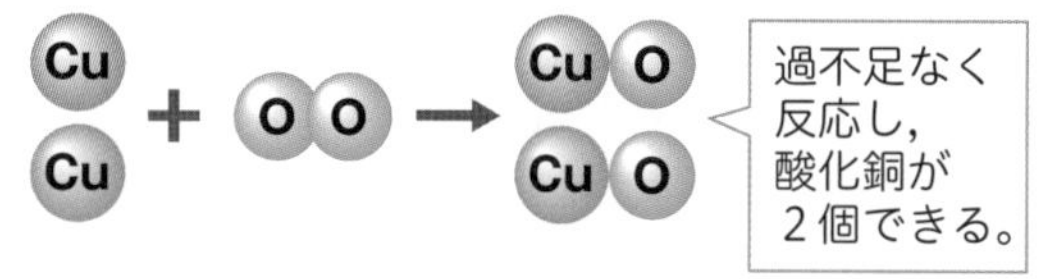


**銅原子2個と酸素分子2個がある場合**

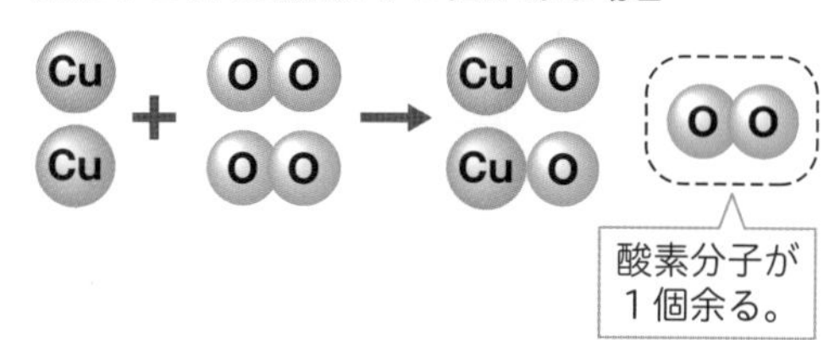

## 応用 金属の酸化と質量

### ① 加熱が不十分なときの各物質の質量

図8の点Aのとき，銅と酸化銅の質量の比から，各物質の質量を求めることができる。

**化合した酸素の質量**

2.3－2.0＝0.3〔g〕…①

**酸素と化合した銅の質量 $x$**

①より，$x$：0.3＝4：1

$x$＝1.2〔g〕…②

**例3 できた酸化銅の質量**

①，②より，0.3＋1.2＝1.5〔g〕

**酸化されなかった銅の質量**

②より，2.0－1.2＝0.8〔g〕

図8 銅を加熱したときの質量の変化

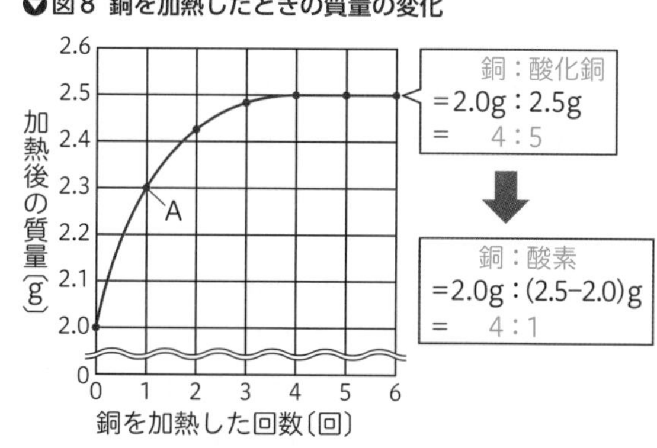

# 要点チェック

## 1 質量保存の法則

□ (1) うすい硫酸とうすい塩化バリウム水溶液(すいようえき)を混ぜ合わせると，何という物質の白い沈殿(ちんでん)ができるか。>>p. 43

□ (2) 炭酸ナトリウム水溶液と塩化カルシウム水溶液を混ぜ合わせると，何という物質の白い沈殿ができるか。>>p. 43

□ (3) 炭酸水素ナトリウムとうすい塩酸を混ぜ合わせると，何という気体が発生するか。>>p. 44

□ (4) 密閉した容器内で炭酸水素ナトリウムとうすい塩酸を反応させた後，容器のふたをゆるめたとき，容器全体の質量は反応前と比べて増加するか，減少するか，変わらないか。>>p. 44

□ (5) 空気中でスチールウールを加熱すると，①何という物質と結びつくか。また，②何という物質ができるか。>>p. 44

□ (6) 化学変化の前後で物質全体の質量は変化しない，という法則を何というか。>>p. 45

□ (7) 化学変化の前後で，①物質をつくる原子の組み合わせは変わるか，変わらないか。また，②原子の種類と数は変わるか，変わらないか。>>p. 45

## 2 反応する物質の質量の割合

□ (8) ある質量の金属を空気中で加熱し続けると，加熱後の物質の質量は増え続けるか，やがて一定になるか。>>p. 46

□ (9) 0.4 g の銅の粉末を空気中で十分に加熱すると，0.5 g の酸化銅ができた。このとき，①銅と結びついた酸素の質量は何 g か。また，②銅の質量と結びついた酸素の質量の比はいくらか。>>p. 47

□ (10) 0.3 g のマグネシウムの粉末を空気中で十分に加熱すると，0.5 g の酸化マグネシウムができた。このとき，①マグネシウムと結びついた酸素の質量は何 g か。また，②マグネシウムの質量と結びついた酸素の質量の比はいくらか。>>p. 47

### 解答

(1) 硫酸バリウム

(2) 炭酸カルシウム

(3) 二酸化炭素

(4) 減少する。

(5) ① 酸素
② 酸化鉄

(6) 質量保存の法則

(7) ① 変わる。
② 変わらない。

(8) やがて一定になる。

(9) ① 0.1 g
② 4 : 1

(10) ① 0.2 g
② 3 : 2

# 定期試験対策問題 解答➡p.224



## 1 化学変化の前後での物質の質量 >>p. 44, 45

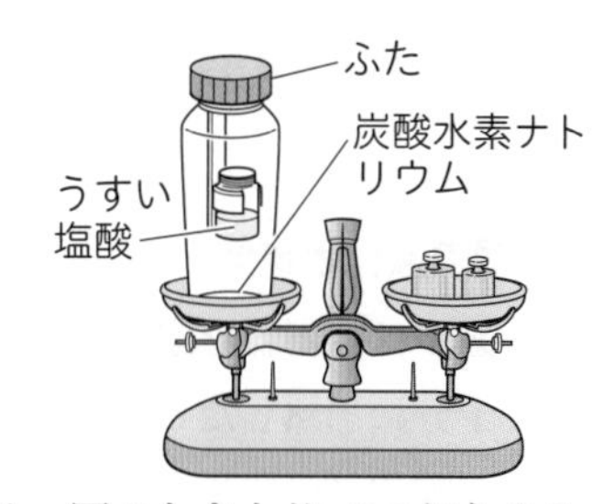


図のように，炭酸水素ナトリウムとうすい塩酸を別々に入れた容器を密閉し，全体の質量をはかった。その後，容器を傾(かたむ)けて炭酸水素ナトリウムとうすい塩酸を反応させた。次の問いに答えなさい。

(1) 炭酸水素ナトリウムとうすい塩酸の反応が終わった後，容器を密閉したまま全体の質量をはかった。このときの質量は，図のときと比べてどうなるか。次の**ア**～**ウ**から選びなさい。

**ア** 大きくなる。　**イ** 小さくなる。　**ウ** 変わっていない。

(2) 反応が終わった後，容器のふたをゆるめてしばらくたってから，全体の質量をはかった。このときの質量は，図のときと比べてどうなるか。(1)の**ア**～**ウ**から選びなさい。

(3) (2)のようになるのはなぜか。簡単に答えなさい。

(4) この実験からわかるように，化学変化の前後で物質全体の質量は変化しない。この理由を説明した次の文中の［　］に当てはまることばは，それぞれ下の**ア**～**ウ**のどれか。

化学変化の前後で，物質をつくる原子の［①］は変わるが，原子の［②］と［③］は変わらないからである。

**ア** 種類　**イ** 数　**ウ** 組み合わせ

## 2 一定量の金属を空気中で加熱したとき >>p. 46～48

**図1**は，1.2 g の銅粉をステンレス皿にうすく広げて加熱しているようすである。加熱の前後で質量をはかり，物質の質量が変化しなくなるまで加熱をくり返した。**図2**は，その結果をグラフに表したものである。次の問いに答えなさい。

**図1**

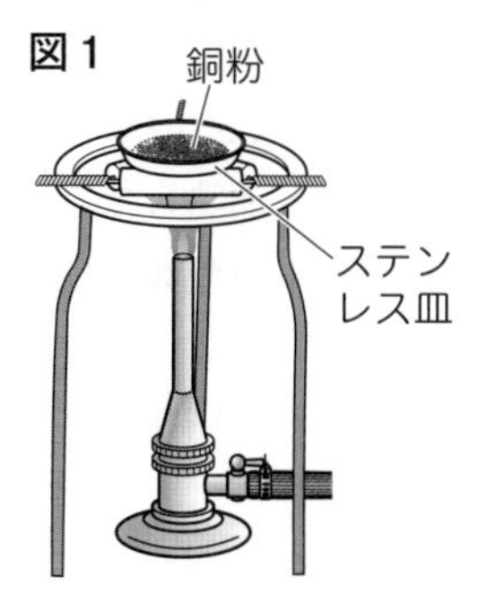


**図2**

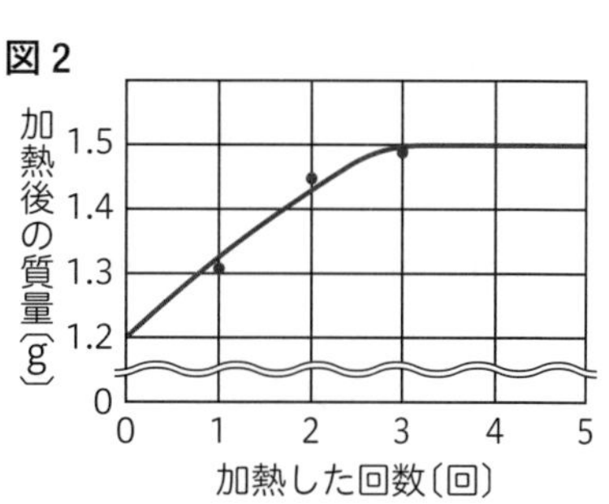


(1) 銅粉を加熱するとき，ステンレス皿にうすく広げるのはなぜか。簡単に答えなさい。

(2) 1.2gの銅粉がすべて反応したのは，何回目に加熱したときか。

(3) 1.2gの銅粉と結びついた酸素の質量は何gか。

(4) **図1**と同様にして，3.2gの銅粉をすべて反応させたとすると，加熱後の物質の質量は何gになると考えられるか。

## 3 銅の酸化と質量 >>p.46～48

**図1**は，銅粉を空気中で十分に加熱したときの，銅と酸化銅の質量の関係をグラフに表したものである。次の問いに答えなさい。

**図1**

酸化銅の質量〔g〕

3.0
2.5
2.0
1.5
1.0
0.5
0
0 0.4 0.8 1.2 1.6 2.0 2.4

銅の質量〔g〕

**図2**

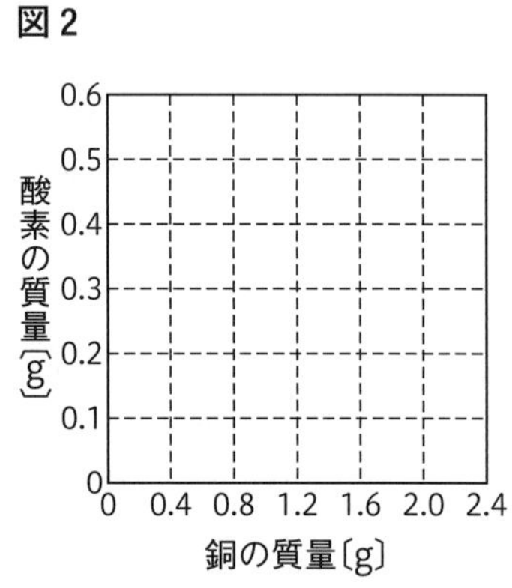


(1) 0.8gの銅と結びつく酸素の質量は何gか。

(2) **図1**をもとに，銅の質量と結びつく酸素の質量の関係を表すグラフを，**図2**にかきなさい。

(3) 酸化銅ができるとき，反応する銅の質量は反応する酸素の質量の何倍になっているか。

(4) 2.8gの銅を空気中で十分に加熱したとき，結びつく酸素の質量は何gか。

## 4 マグネシウムの酸化と質量 >>p.46～49

図は，マグネシウムの粉末を空気中で加熱しているようすを表したものである。次の問いに答えなさい。

(1) マグネシウム1.5gを十分に加熱すると，2.5gの酸化マグネシウムができた。マグネシウムの質量と加熱してできた酸化マグネシウムの質量の比を，最も簡単な整数の比で表しなさい。

(2) 4.2gのマグネシウムを十分に加熱すると，結びつく酸素の質量は何gか。

**応用** (3) 3.6gのマグネシウムを加熱すると，加熱後の質量は4.0gであった。このとき，酸化されずに残っているマグネシウムの質量は何gか。

**ヒント**
(3) 加熱後に増加した分の質量は，マグネシウムと結びついた酸素の質量である。

# 第2編

# 生物のからだのつくりとはたらき

第5章

細胞と生物のからだ …… 54

1 細胞のつくり

2 生物のからだの成りたち

●定期試験対策問題 …… 61

第6章

植物のからだのつくりとはたらき …… 62

1 光合成と呼吸

2 水や養分の通り道と蒸散

●定期試験対策問題 …… 74

第7章

消化と吸収 …… 76

1 食物の消化

2 養分の吸収とそのゆくえ

●定期試験対策問題 …… 84

第8章

呼吸と血液の循環 …… 86

1 呼吸

2 血液の循環と排出

●定期試験対策問題 …… 96

第9章

刺激と反応 …… 98

1 刺激と反応

2 運動のしくみ

●定期試験対策問題 …… 107

# 第5章 細胞と生物のからだ

## 要点のまとめ

### 1 細胞のつくり ≫p.55

▼植物と動物の細胞のつくり

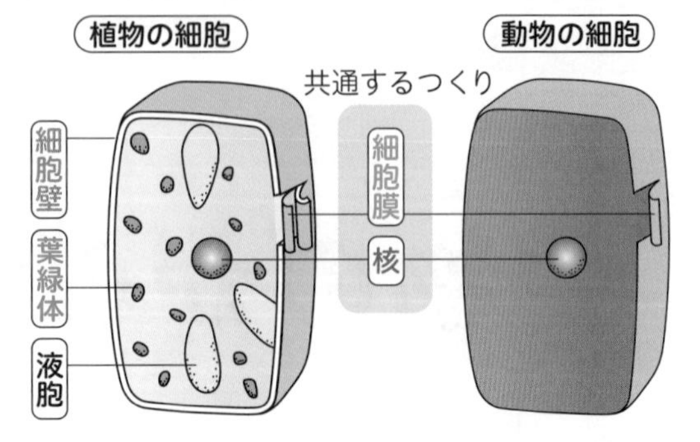


- □ **細胞**：生物のからだをつくっている，**小さな部屋のようなもの。**
- □ **核**：染色液によく染まる，細胞に１個ある丸いつくり。
- □ **細胞質と細胞膜**：**核**のまわりの部分を細胞質といい，そのいちばん外側にあるうすい膜を**細胞膜**という。
- □ **細胞壁**：**細胞膜**の外側に見られる仕切り。
- □ **葉緑体**：植物の緑色をした部分の細胞に見られる**緑色の粒**。
- □ **液胞**：植物の成長した細胞に見られる袋状のもの。

### 2 生物のからだの成りたち ≫p.58

- □ **単細胞生物**：からだが１つの細胞でできている生物。
- □ **多細胞生物**：からだが多数の細胞でできている生物。
- □ **組織・器官・個体**：形やはたらきが同じ**細胞**が集まって**組織**をつくり，いくつかの**組織**が集まって**器官**をつくり，いくつかの**器官**が集まって**個体**をつくっている。
- □ **細胞の呼吸**：細胞で行われる，酸素を使って養分を分解し，生きるためのエネルギーを取り出すはたらき。

▼多細胞生物（植物）のからだの成りたち

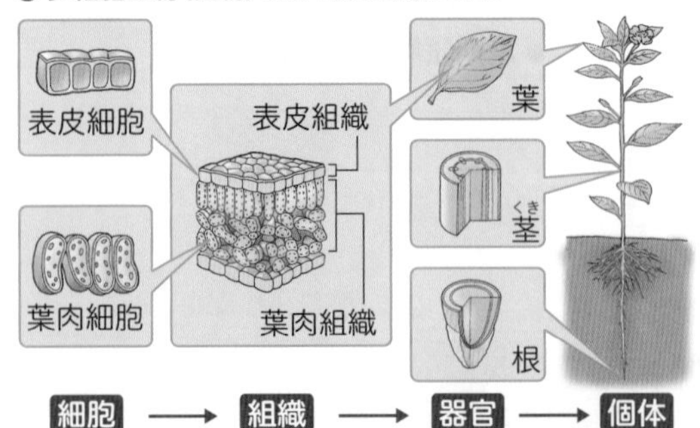


▼細胞の呼吸

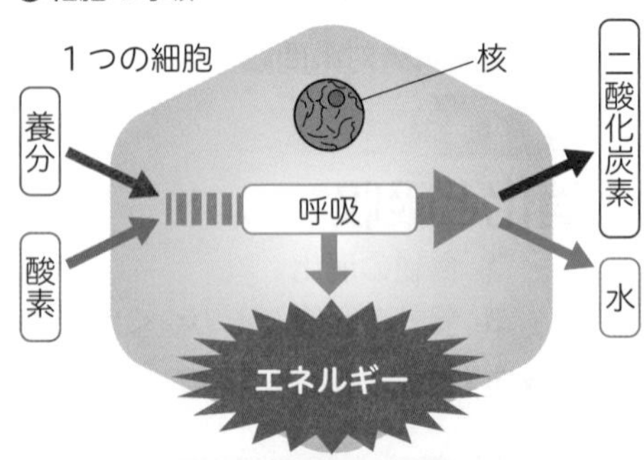

# 1 細胞のつくり

## ① 植物と動物の細胞のつくり

### (1) 細胞

顕微鏡で植物や動物のからだのさまざまな部分を観察すると，**小さな部屋のようなもの**がたくさん見られる。この1つ1つを**細胞**という。

### (2) 細胞のつくりの観察

細胞には，色がついているためそのまま観察できるつくりもあるが，多くのつくりは無色透明(とうめい)で，そのままでは観察することができない。無色透明なつくりは，**染色液**を使うことで観察できるようになる。

#### ①染色液

染色液には，酢酸(さくさん)オルセイン液や酢酸カーミン液などがある。染色液を使うと，細胞の一部がよく染まり，細かいつくりを観察しやすくなる。[1] ≫重要観察⑦

**❶染色液の色**
酢酸オルセイン液は赤紫色(あかむらさきいろ)，酢酸カーミン液は赤色をしているので，これらの染色液を使うと，細胞の一部が赤っぽく染まる。
なお，酢酸オルセイン液は酢酸オルセイン溶液(ようえき)，酢酸オルセインともいい，酢酸カーミン液は酢酸カーミン溶液，酢酸カーミンともいう。

## 重要観察⑦ 植物と動物の細胞のつくり

❶ 細胞を用意する。

| タマネギの表皮（植物） | オオカナダモの葉（植物） | ヒトのほおの内側の粘膜(ねんまく)（動物） |
|---|---|---|
| ▶内側の表皮をはぎ取り，2枚のスライドガラスの上にのせる。 | ▶若い葉（先端(せんたん)に近い葉）をとり，2枚のスライドガラスの上にのせる。 | ▶ほおの内側を綿棒で軽くこすり，2枚のスライドガラスの上にこすりつける。 |

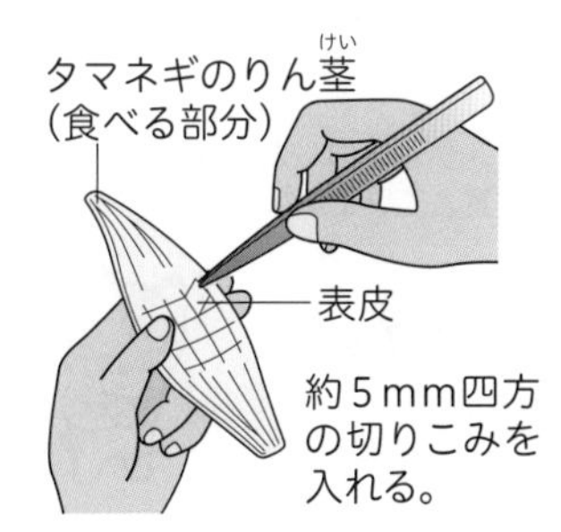

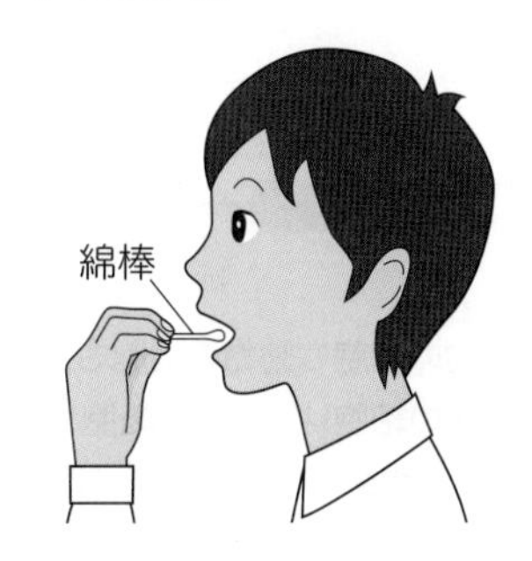

❷ 染色しないプレパラートと染色するプレパラートをつくる。

▶染色しないもの：試料（観察するもの）に水を１滴落としてカバーガラスをかける。

▶染色するもの：試料に染色液を１滴落として２～３分待った後，カバーガラスをかける。

染色しないもの

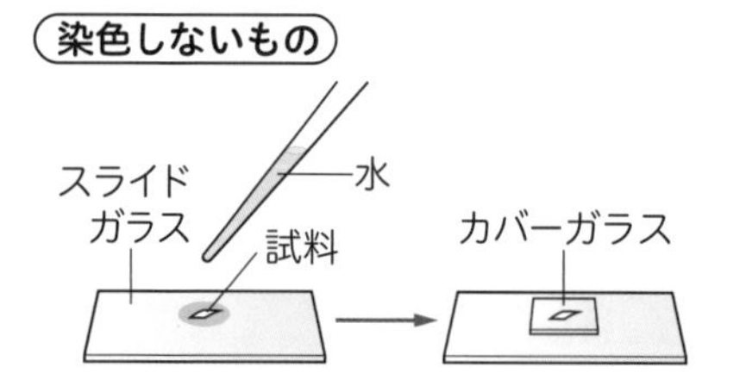


染色するもの

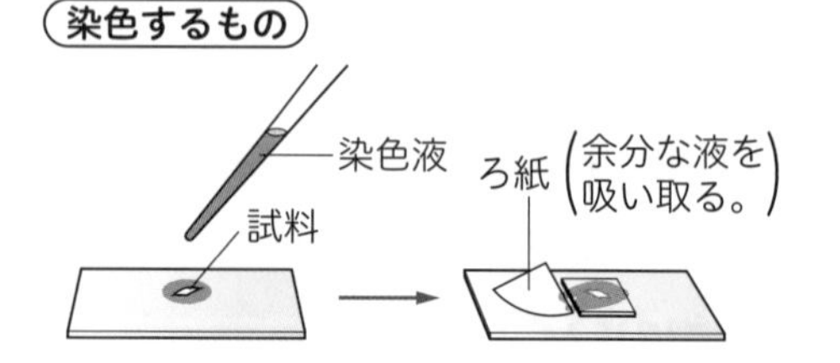


❸ 顕微鏡で観察し，スケッチする。≫巻頭資料②

結果

| | タマネギの表皮 | オオカナダモの葉 | ヒトのほおの内側の粘膜 |
|---|---|---|---|
| 染色しない細胞 | | | |
| 染色した細胞 | | | |
| スケッチ | よく染まる丸いもの | 緑色の粒<br>よく染まる丸いもの | よく染まる丸いもの |

## 結果のまとめ

### 結果からわかること

- 植物の細胞も動物の細胞も，染色した細胞では**赤く染まった丸いもの**が見られる。
- 植物の細胞は，動物の細胞に比べて，**細胞の境界がはっきり**している。
- オオカナダモの葉の細胞には，**緑色の粒**が見られる。

## (3) 植物と動物の細胞に共通するつくり(図1)

### ①核

重要観察7で，植物の細胞にも動物の細胞にも見られたように，細胞には**染色液によく染まる丸いもの**がふつう1個ある。これを**核**という。

### ②細胞質

核のまわりの部分を**細胞質**といい，**細胞質のいちばん外側**の部分は**細胞膜**というううすい膜になっている。

## (4) 植物の細胞だけに見られるつくり(図1)

### ①細胞壁

**細胞膜の外側に見られる厚く丈夫な仕切り**を**細胞壁**という。重要観察7で，植物の細胞の境界がはっきりして見えたのは，細胞壁があるためである。細胞壁は細胞を保護し，細胞の形を保ち，植物のからだを支えるのに役立っている。

### ②葉緑体

重要観察7で，オオカナダモの葉の細胞に見られたように，植物の緑色をした部分の細胞に見られる**緑色の粒**を**葉緑体**という。[2] 葉緑体では，**光合成**(>>p. 63)が行われている。

### ③液胞

成長した細胞は，袋状の**液胞**をもつものも多い。[3]

▼図1 植物と動物の細胞のつくり[4][5]

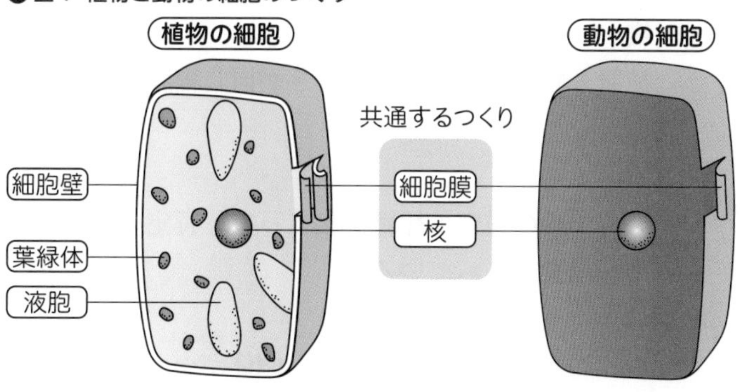


**❷葉緑体をもたない植物の細胞**
タマネギの表皮の細胞のように，植物でも緑色をしていない部分の細胞は葉緑体をもたない。

**❸液胞の中にあるもの**
液胞の中には液が入っていて，細胞の活動でできた物質が溶けている。

**❹細胞質に含まれるもの**
核と細胞壁以外の部分をまとめて細胞質という。細胞膜のほか，葉緑体や液胞も細胞質の一部である。

**発展 ❺細胞の詳しいつくり**
細胞には，ふつうの顕微鏡では見えないつくりがあり，さまざまな役割をもっている。次のつくりは，植物と動物の細胞に共通するつくりである。
ミトコンドリア：細胞の呼吸(>>p. 59)を行う。
ゴルジ体：物質の輸送にかかわる。
リボゾーム：タンパク質をつくる。

## 2 生物のからだの成りたち

### ① 単細胞生物と多細胞生物

生物には，**単細胞生物**と**多細胞生物**がいる。

#### (1) 単細胞生物

図２のゾウリムシやミカヅキモなどは，**からだが１つの細胞でできている**。このような生物を**単細胞生物**という。単細胞生物は，運動や養分の取り入れ，不要なものの排出，なかまをふやすことなどのすべてを，１つの細胞だけで行っている(図３)。

▼図３ 単細胞生物のからだ(ゾウリムシ)

消化のはたらきをするところ
水分の調整をするところ
口のはたらきをするところ(食物を取りこむ。)
核
運動のはたらきをするところ(細かい毛を動かして水中を泳ぐ。)

植物や動物の細胞と同じように，細胞膜がまわりを囲んでいて，内部に核がある。

#### (2) 多細胞生物

図２のミジンコや多くの植物，動物は，**からだが多数の細胞でできている**。このような生物を**多細胞生物**という。

#### (3) 多細胞生物のからだの成りたち

それぞれの細胞は，決まったはたらきをもっている。多細胞生物のからだ(**個体**)は，細胞→**組織**→**器官**のように集まってできている(図４)。

①**組織**

植物も動物も，形やはたらきが同じ**細胞**が集まって，**組織**をつくっている。

②**器官**

いくつかの種類の**組織**が集まって，特定のはたらきをもつ**器官**をつくっている。

③**個体**

いくつかの**器官**が集まって，**個体**がつくられている。

小学校，中１の復習

● 池などの水中には，たくさんの小さな生物が生息している。

▼図２ 水中の小さな生物

㊥ 単細胞生物　㊢ 多細胞生物
■ 動く。　● 葉緑体をもつ。

ゾウリムシ 単 ■

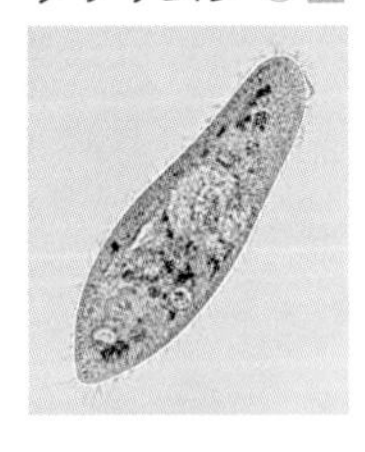

アメーバ 単 ■

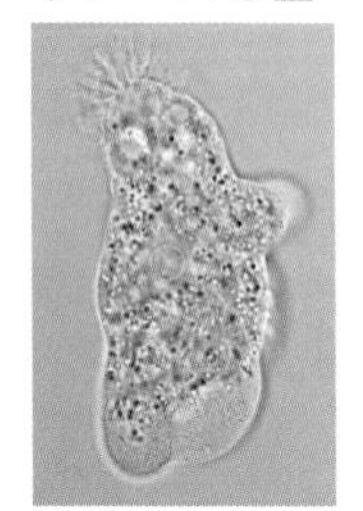

ミジンコ 多 ■

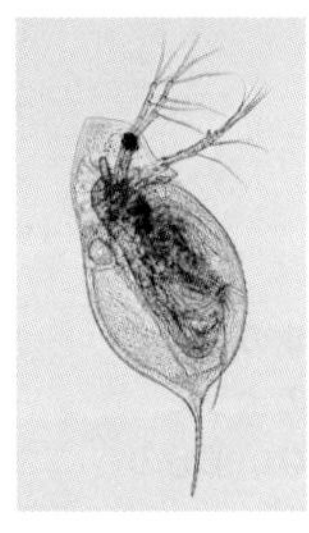

ミカヅキモ 単 ●

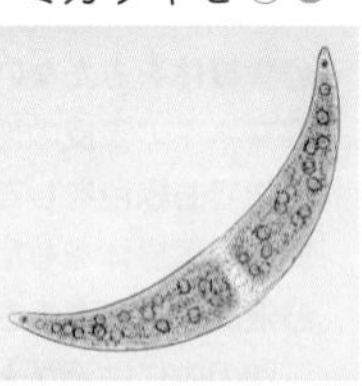

ミドリムシ 単 ■ ●

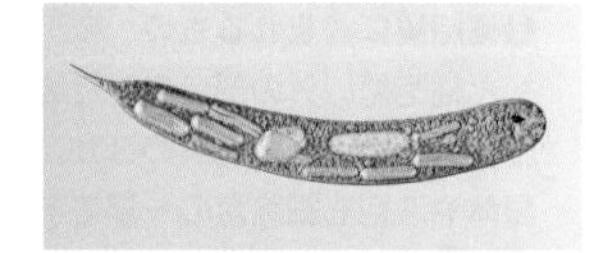

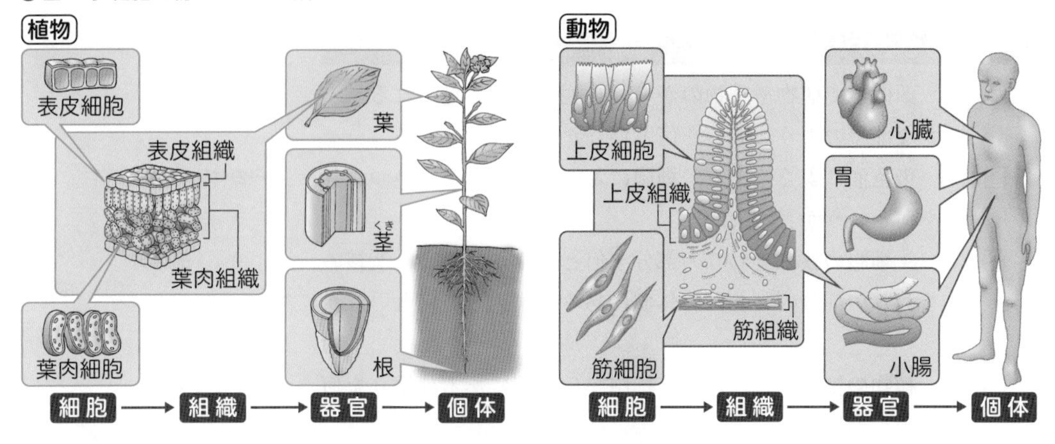

▼図4 多細胞生物のからだの成りたち



## 2 細胞が生命を維持(いじ)するしくみ

### (1) 細胞の呼吸

植物も動物も，生きるために多くのエネルギーを必要としている。[6] そのために，細胞では**酸素を使って養分を分解し，生きるためのエネルギーを取り出している。**このとき，二酸化炭素と水ができる。[7] このはたらきを**細胞の呼吸**[8]という(**図5**)。

▼図5 細胞の呼吸

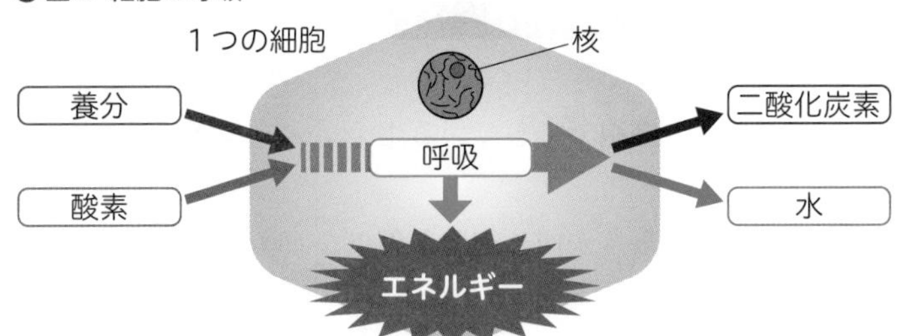


### (2) 養分の取り入れ方

細胞の呼吸には，養分と酸素が必要である。

植物などの生物は，光合成のはたらきで，みずから養分をつくる。一方，みずから養分をつくり出せない動物などの生物は，食物を食べることで養分を取り入れる。

**[6] 生きるためのエネルギー**
エネルギーは，成長，運動，物質のつくりかえなどに利用されている。

**[7] 養分は有機物**
このとき使われる養分は，炭水化物(>>p. 77)などの有機物で，炭素と水素を含(ふく)む。そのため，養分の分解後には二酸化炭素と水ができる。

**[8] 細胞の呼吸**
細胞の呼吸は，細胞呼吸，細胞による呼吸，内呼吸ともよばれる。内呼吸に対して，動物が肺やえら，皮膚(ひふ)で行う呼吸は，外呼吸とよばれる。>>p. 87

# 要点チェック

## 1 細胞のつくり

| | 解答 |
|---|---|
| □ (1) 顕微鏡で植物や動物のからだを観察すると見られる，小さな部屋のようなものを何というか。≫p. 55 | (1) 細胞 |
| □ (2) 染色液によく染まる，細胞にふつう1個ある丸いつくりを何というか。≫p. 57 | (2) 核 |
| □ (3) ①細胞の核のまわりの部分を何というか。また，②核のまわりの部分のいちばん外側にあるうすい膜を何というか。≫p. 57 | (3) ① 細胞質<br>② 細胞膜 |
| □ (4) 植物の細胞に見られる，細胞膜の外側にある仕切りを何というか。≫p. 57 | (4) 細胞壁 |
| □ (5) 植物の緑色をした部分の細胞に見られる緑色の粒を何というか。≫p. 57 | (5) 葉緑体 |
| □ (6) 植物の成長した細胞に見られる袋状のものを何というか。≫p. 57 | (6) 液胞 |
| □ (7) 植物と動物の細胞に共通するつくりは，細胞膜と何か。≫p. 57 | (7) 核 |
| □ (8) 植物の細胞だけに見られるつくりは，葉緑体，液胞と何か。≫p. 57 | (8) 細胞壁 |

## 2 生物のからだの成りたち

| | 解答 |
|---|---|
| □ (9) 生物のうち，①からだが1つの細胞でできている生物を何というか。また，②からだが多数の細胞でできている生物を何というか。≫p. 58 | (9) ① 単細胞生物<br>② 多細胞生物 |
| □ (10) 多細胞生物のからだでは，形やはたらきが同じ細胞が集まって何をつくっているか。≫p. 58 | (10) 組織 |
| □ (11) 多細胞生物のからだでは，いくつかの組織が集まって何をつくっているか。≫p. 58 | (11) 器官 |
| □ (12) 細胞で行われる，酸素を使って養分を分解し，生きるためのエネルギーを取り出すはたらきを何というか。≫p. 59 | (12) 細胞の呼吸<br>（細胞呼吸，細胞による呼吸，内呼吸） |

# 定期試験対策問題

## 1 細胞のつくり ≫p. 55〜57

**図1**はヒトのほおの内側の細胞を，**図2**はタマネギの表皮の細胞を，**図3**はオオカナダモの葉の細胞を表したものである。次の問いに答えなさい。

**図1**　**図2**

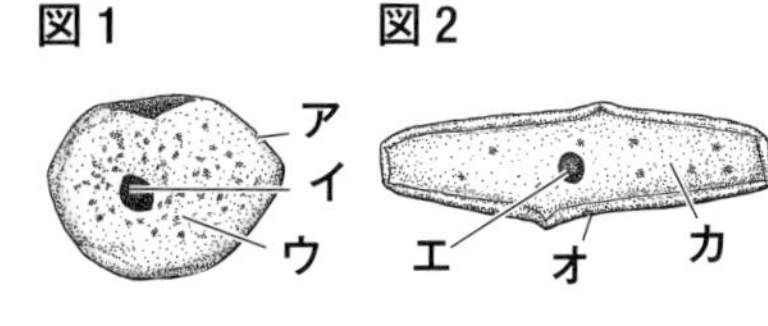


**図3**

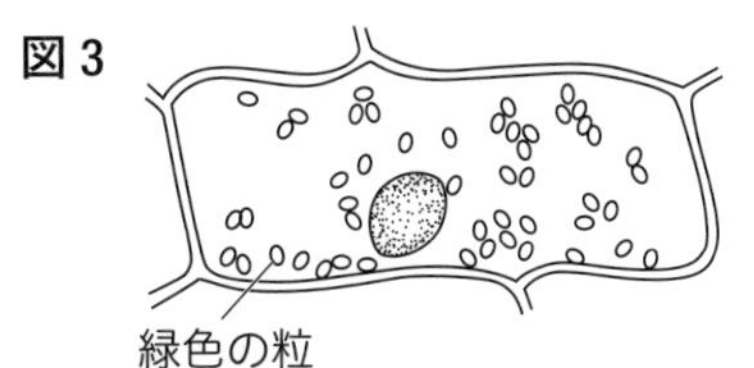


(1) **図1**，**2**の**ア**〜**カ**のうち，酢酸(さくさん)カーミン液でよく染まる部分を2つ選びなさい。

(2) (1)で選んだ部分を何というか。

(3) 次の文の［　　］に当てはまることばはそれぞれ何か。

**図2**の細胞のいちばん外側には，厚くて丈夫(じょうぶ)な［①］とよばれるつくりがあるが，**図1**の細胞には［①］はなく，いちばん外側にはうすい［②］とよばれるつくりがある。

(4) **図3**の細胞には，たくさんの緑色の粒が見られる。この緑色の粒を何というか。

## 2 生物のからだの成りたち ≫p. 58, 59

**図1**，**図2**は，いろいろな生物を異なる観点で分類したものである。次の問いに答えなさい。

**図1**

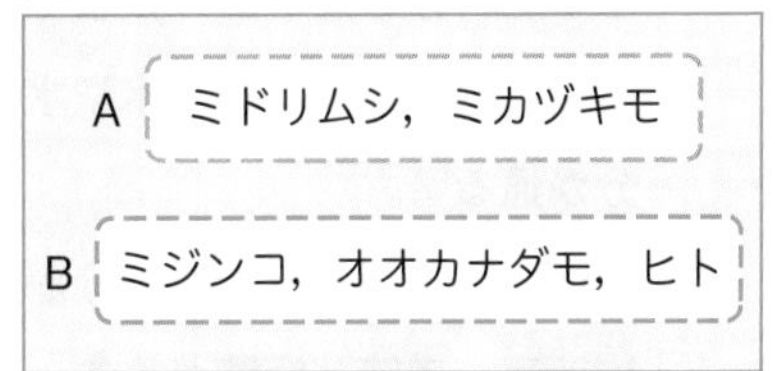


**図2**

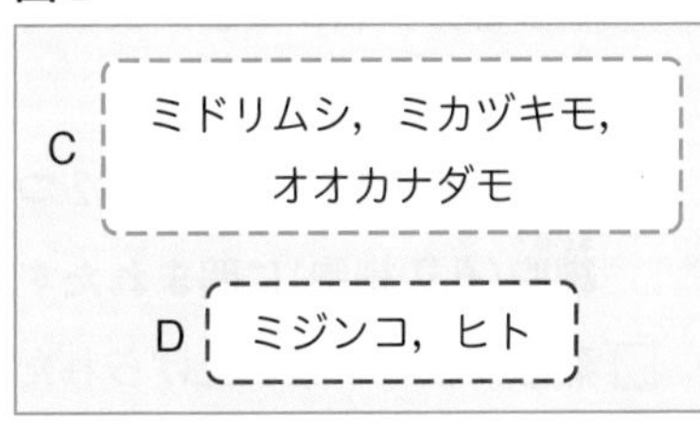


(1) **図1**は，からだが1つの細胞でできているか，多数の細胞でできているかで分類したものである。からだが多数の細胞でできているのは，A，Bのどちらのグループか。また，このような生物を何というか。

(2) **図2**は，みずから養分をつくることができるか，できないかで分類したものである。みずから養分をつくることができるのは，C，Dのどちらのグループか。

(3) **図2**のどちらのグループの生物でも，細胞では酸素と養分を取り入れて生きるためのエネルギーをつくるはたらきをしている。このはたらきを何というか。

(4) (3)のときに排出(はいしゅつ)される気体は何か。

# 第6章 植物のからだのつくりとはたらき

## 要点のまとめ

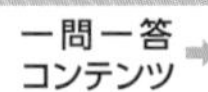


## 1 光合成と呼吸 >>p.63

□ **光合成**：植物が**光を受けて養分をつくり出す**はたらき。水と二酸化炭素が使われ，酸素が発生する。緑色の部分の細胞にある**葉緑体**で行われる。

□ **デンプンのゆくえ**：葉でつくられたデンプンなどの養分は，水に溶けやすい物質に変わり，からだ全体に運ばれる。

□ **呼吸**：生物が**空気中の酸素を取り入れ，二酸化炭素を出す**はたらき。一日中行われている。

▼光合成で出入りする物質

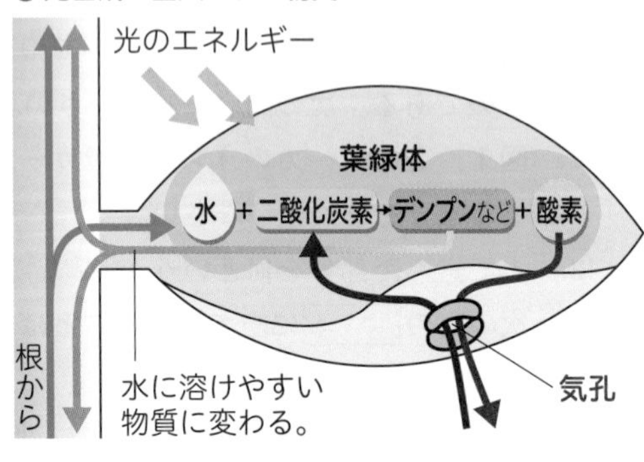


## 2 水や養分の通り道と蒸散 >>p.68

□ **根毛**：根の先端近くに生えている，**細い毛のようなもの**。根の**表面積が大きく**なり，水や肥料分を**効率よく吸収**できる。

□ **道管**：根から吸収した水や水に溶けた肥料分が通る管。

□ **師管**：葉でつくられた養分が通る管。

□ **維管束**：**道管**と**師管**が集まって束になっている部分。根から茎，葉までつながり，葉では**葉脈**となっている。

□ **気孔**：葉の表皮にある，**2つの三日月形の細胞（孔辺細胞）に囲まれたすき間**。

□ **蒸散**：根から吸い上げられた**水が，植物のからだの表面から水蒸気となって出ていくこと**。**気孔**を通して起こる。

▼道管・師管と維管束

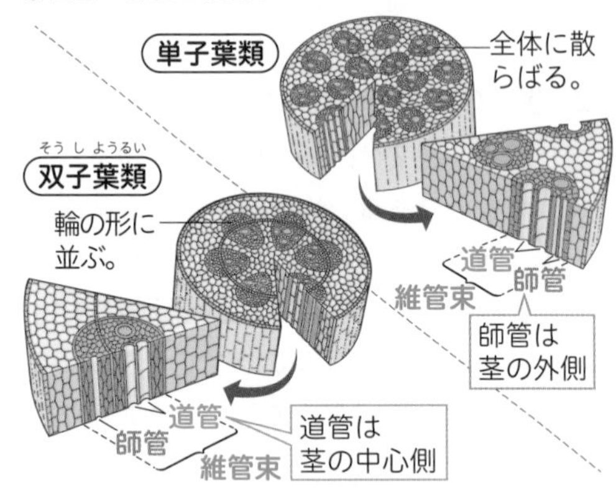


▼葉の断面

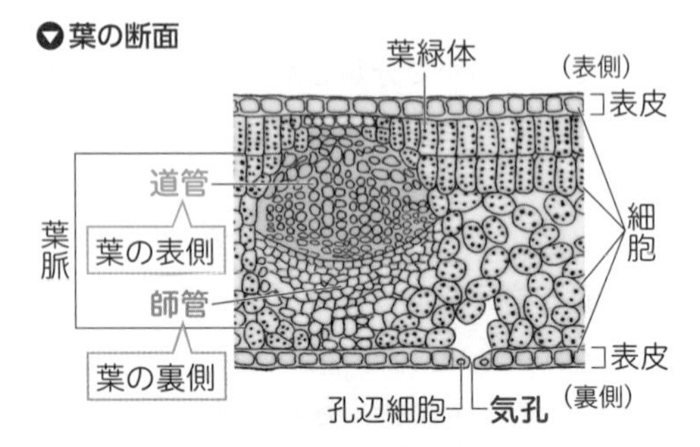

# 1 光合成と呼吸

## ① 光合成

### (1) 光合成

植物は**光のエネルギーを使って，デンプンなどの養分をつくり出す**。このはたらきを**光合成**という。植物は光合成によって，成長や生きていくのに必要な養分をみずからつくり出すことができる。

### (2) 葉のつき方と日光の関係

多くの植物で，光合成はおもに葉で行われている。葉のつき方は植物の種類によって異なるが，どの植物も真上から見ると，**図1**のように，葉が互(たが)いに重なりあわないようについている[1]。つまり，どの葉にも日光がよく当たるつき方をしている。このことは，植物が光合成で多くの養分をつくり出す点で都合がよいと考えられる。

▼図1 葉のつき方

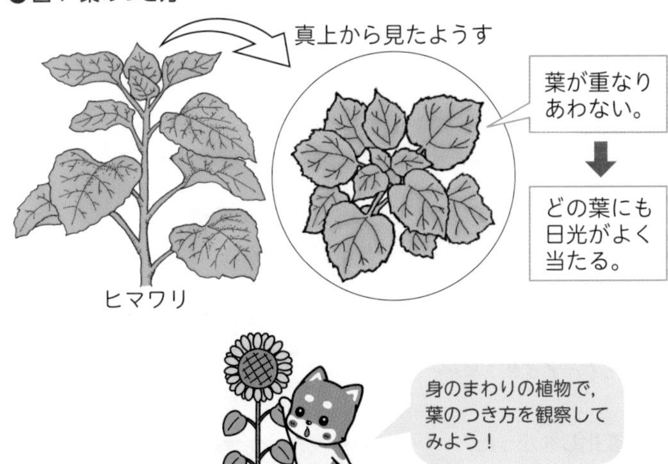


### (3) 光合成が行われる部分

光合成が葉のどの部分で行われるのかは，ふ入りの葉[2]を使って確かめることができる。>>p. 64 重要実験8

**小学校の復習**

- 植物の成長には，光と水，肥料分が必要である。
- 葉に日光が当たると，デンプンができる。
- 葉をヨウ素液に浸(ひた)すと，デンプンがある部分の色が青紫色(あおむらさきいろ)に変化する。これをヨウ素デンプン反応という。

**❶葉のつき方**

葉のつき方には，大きく分けて次の3つがある。

・葉が茎に1枚ずつ，互い違(ちが)いについている（図1）。…ヒマワリ，アサガオなど。

・葉が茎の1か所に2枚ずつ，向かいあってついている。…アジサイ，ハコベなど。

ハコベ

・葉が茎の1か所から，輪状に広がってついている。…ヤエムグラ，キョウチクトウなど。

キョウチクトウ

**❷ふ入りの葉**

緑色でない部分がある葉を，ふ入りの葉という。緑色でない部分の細胞(さいぼう)には，葉緑体がない。

## 重要実験8 光合成が行われる部分

❶ 実験を行う前日，ふ入りの葉の全体をアルミニウムはくでおおい，光が当たらないようにしておく。（鉢植え（はちう）の場合は，暗室に一晩置く。）

**？なぜ？**

**葉のデンプンをなくすため。**

くわしく 葉にデンプンが残っている状態で実験を行うと，実験後の葉にあるデンプンが，実験によってできたものなのか，もともと葉にあったものなのかがわからない。

❷ ❶のふ入りの葉の一部をアルミニウムはくでおおい，全体に光を十分に当てる。

❸ ❷の葉を切り取り，熱湯につける。

★葉のはたらきが止まり，❹で緑色の色素が溶（と）け出しやすくなる。（この操作は省略される場合もある。）

❹ 葉を湯であたためたエタノールに入れる。

**？なぜ？**

**葉（の緑色）を脱色（だっしょく）するため。**

くわしく 葉の緑色の色素がエタノールに溶け出し，エタノールは緑色になる。葉を脱色すると，❻でヨウ素液による色の変化が観察しやすくなる。

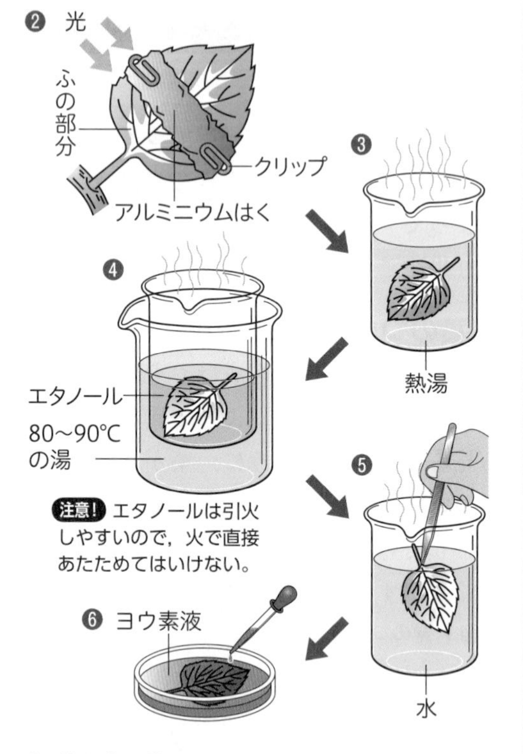


注意！ エタノールは引火しやすいので，火で直接あたためてはいけない。

❺ 葉を水で洗う。

★水でエタノールを除き，葉をやわらかくする。

❻ 葉をヨウ素液につけて観察する。

★デンプンがある部分が青紫色（あおむらさきいろ）に変化する。

結果

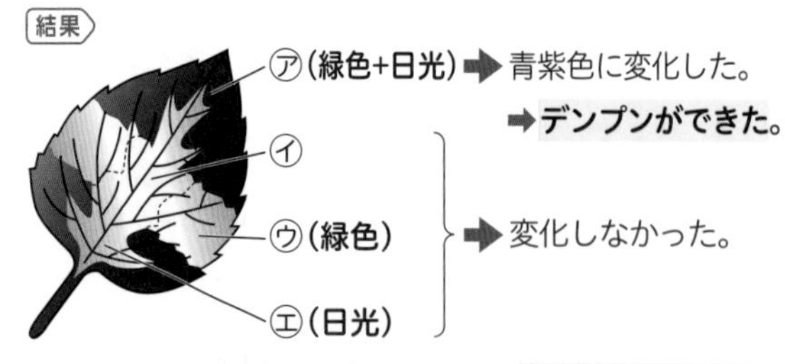


・㋐と㋒ ➡ 光合成が行われたのは**光が当たった部分**

・㋐と㋓ ➡ 光合成が行われたのは**緑色の部分**

1つ1つの操作に，ちゃんと意味があるんだね！

**結果のまとめ**

**光合成は，**
**光が当たった部分**のうち
**緑色の部分**で行われる。

### (4) 葉の細胞の中の光合成が行われる部分

図2のようにして調べると，**光合成は葉の細胞の中の葉緑体で行われている**ことがわかる。重要実験❽で，葉の緑色でない部分で光合成が行われなかったのは，その部分に葉緑体がないからである。

▼図2 光合成が葉緑体で行われることを調べる実験

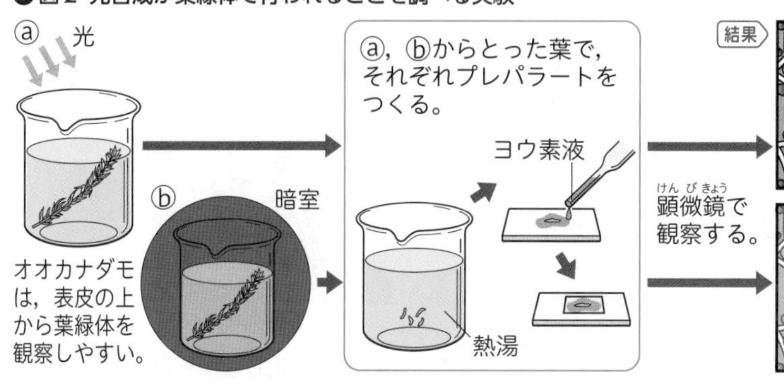


### (5) 光合成で出入りする物質

光合成でデンプンなどの養分がつくられるとき，水と二酸化炭素が使われ，酸素が発生する(図3)。光合成で二酸化炭素が使われることは，石灰水やBTB溶液を使って確かめることができる。>>p. 66 重要実験❾

▼図3 光合成で出入りする物質

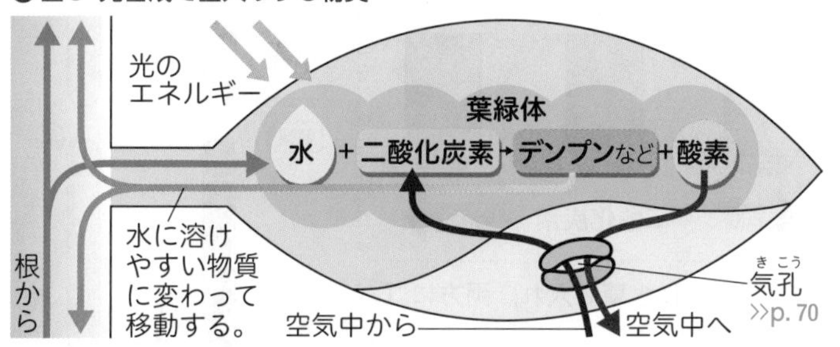


### (6) デンプンのゆくえ

葉でつくられたデンプンなどの養分は，**水に溶けやすい物質**[3]**に変わって**から，からだ全体に運ばれ(図3)，成長のために使われる。また，果実や種子，茎や根などで再びデンプンなどに変わって蓄えられることもある。

**小学校の復習**

- 植物は日光が当たると，空気中の二酸化炭素を取り入れ，酸素を出す。
- 発芽やその後の成長に必要な養分は，種子の中にある。

**中1の復習**

- 二酸化炭素には，石灰水を白くにごらせる性質がある。
- 二酸化炭素は，水に溶けて酸性を示す。
- BTB溶液は，酸性で黄色，中性で緑色，アルカリ性で青色を示す。

**❸水に溶けやすい物質**
デンプンは水に溶けにくいので，からだ全体に運ばれるときは，砂糖のおもな成分である，ショ糖という水に溶けやすい物質に変わる。

## 重要実験❾ 光合成と二酸化炭素の関係

### 石灰水(せっかいすい)を使う方法

❶ 葉を入れた試験管㋐と，葉を入れない試験管㋑の両方に息を吹(ふ)きこんでゴム栓(せん)をし，光を当てる。

★ヒトの息は，空気と比べて，二酸化炭素の体積の割合が約4％高い。

**ポイント 対照実験**

試験管㋐の実験と比較(ひかく)するために行った試験管㋑の実験のように，調べたい1つの条件(ここでは葉に光合成を行わせること)以外を同じにして別に行う実験を，対照実験という。対照実験を行うことで，2つの実験の結果の違(ちが)いが，その1つの条件によって現れたことが明らかになる。

❷ 20～30分後，試験管㋐，㋑に石灰水を少し入れ，ゴム栓をしてよく振(ふ)る。

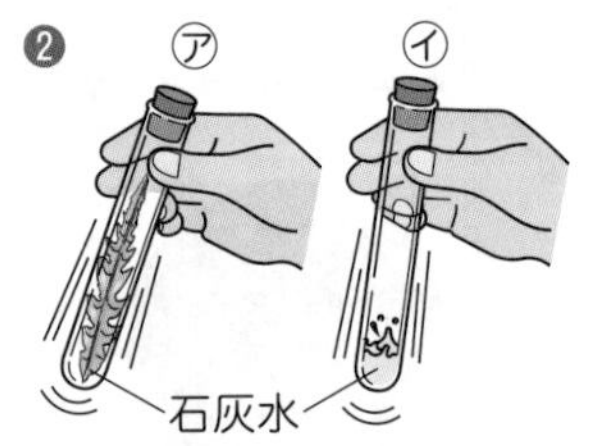


結果 ㋐：変化しなかった。
㋑：石灰水が白くにごった。
➡㋐では葉が光合成を行い，**二酸化炭素が使われた。**

### BTB溶液(ようえき)を使う方法

❶ 青色のBTB溶液に息を吹きこんで黄色にする。

**ポイント BTB溶液の色と二酸化炭素の量**

青色のBTB溶液に息を吹きこむと，息の中の二酸化炭素によって緑色→黄色へと変化する。逆に，液中の二酸化炭素がなくなると，再び青色にもどる。

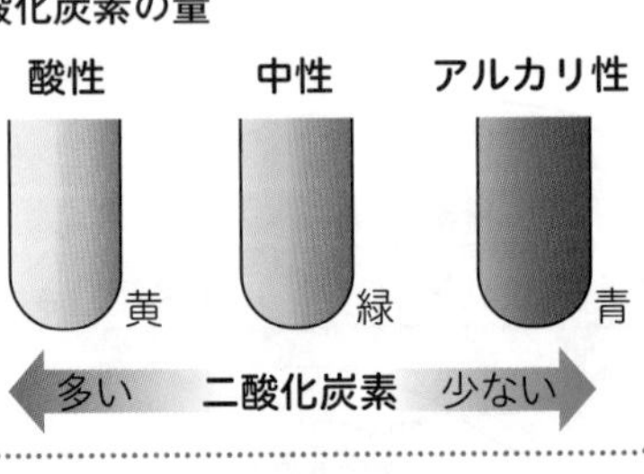


❷ ❶の液を試験管㋒，㋓に入れ，㋒だけに水草を入れ，両方にゴム栓をして光を当て，液の色の変化を調べる。

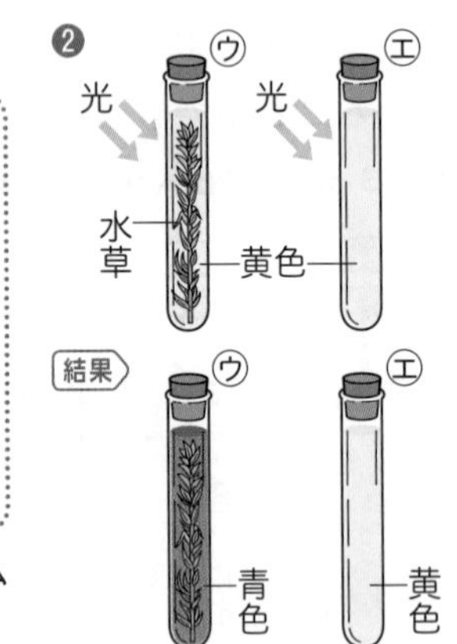


㋒：青色になった。
㋓：変化しなかった。
➡㋒では水草が光合成を行い，液中の**二酸化炭素が使われた。**

**結果のまとめ**

**光合成には，二酸化炭素が使われる。**

## ② 植物の呼吸

### (1) 呼吸

植物も動物と同じように，空気中の**酸素を取り入れ，二酸化炭素を出している**。このはたらきを**呼吸**という。植物が呼吸していることは，**図4**のようにして確かめることができる。

▼図4 植物の呼吸を確かめる実験

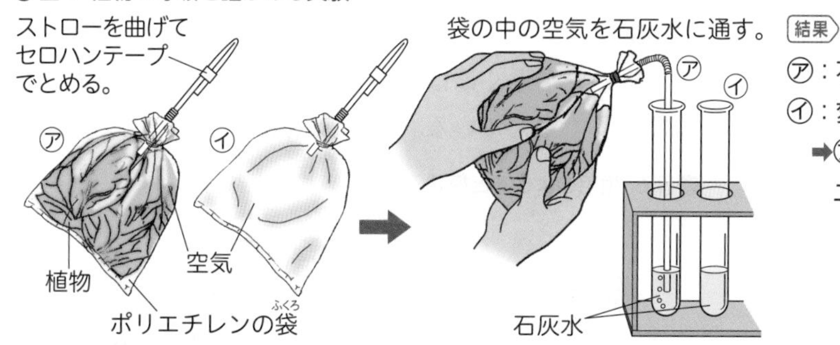


結果

㋐：石灰水が白くにごった。

㋑：変化しなかった。

➡㋐では葉が**呼吸を行い，**二酸化炭素を出した。

### (2) 呼吸と光合成

呼吸と光合成では，二酸化炭素と酸素の出入りが逆である。また，呼吸は昼間も夜間も行われているが，光合成は昼間など光の当たるときだけ行われる(**図5**)。

**①昼間の気体の出入り**

植物に光が当たると，光合成と呼吸は同時に行われる。しかし，昼間は光合成がさかんで，光合成によって出入りする気体の量のほうが多いため，**光合成だけが行われている(二酸化炭素を取り入れ，酸素を出している)ように見える**。

**②夜間の気体の出入り**

呼吸だけが行われるため，酸素を取り入れ，二酸化炭素を出している。

▼図5 呼吸と光合成

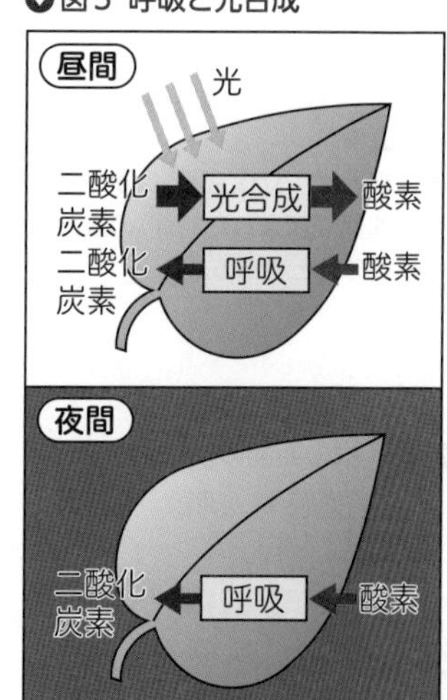


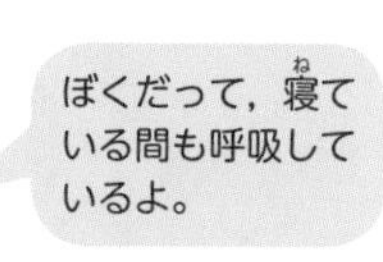

# 2 水や養分の通り道と蒸散

## ① 根・茎(くき)のつくりとはたらき

小学校の復習

- 植物のからだは，根，茎，葉からできている。
- 水は根から取り入れられ，根，茎，葉の通り道を通ってからだ全体に運ばれる。

### (1) 根のつくりとはたらき

植物の根は，土の中に広がって植物のからだを支え，土の中の**水や水に溶けた肥料分**（無機養分[4]）**を取り入れる**はたらきをしている。

**❹無機養分**
無機物のうち，植物の成長などに使われるものを無機養分という。

**①根毛**

根の先端(せんたん)近くには，**図6**のように，**細い毛のようなものが**多く生えている。これを**根毛**という。

▼図6 根毛のようすと模式図

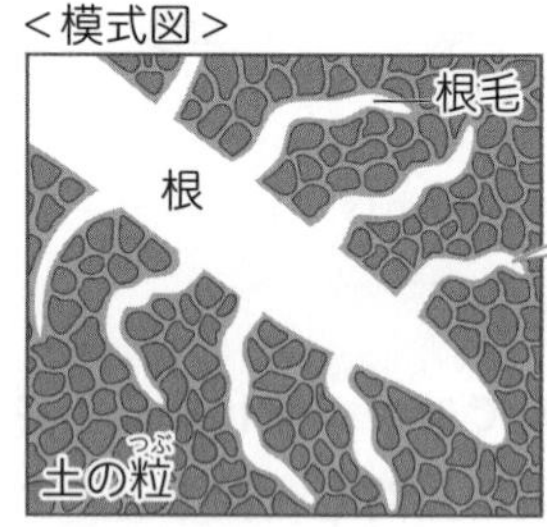


根毛は細いので，**図6**の模式図のように，土の小さなすき間に入りこみやすい。また，根毛があることによって，土と接する**根の表面積[5]が大きくなり，水や水に溶けた肥料分を効率よく吸収**できる。

**❺表面積**
表面積とは，立体（いくつかの平面や曲面で囲まれた物体）の表面の面積のことである。

**②根の断面のつくり**

根の断面には，**図7**のように，**道管**や**師管**というつくりが見られる。これらは水や養分の通り道で，根から茎，葉へとつながっている。

▼図7 根の断面の模式図

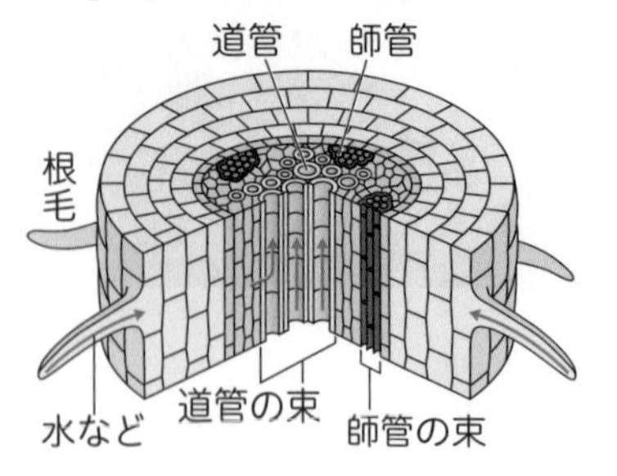

## (2) 茎のつくりとはたらき

植物の茎は，植物のからだを支えるとともに，水や養分を通すはたらきをしている。

### ①道管

**図8**のように，着色した水を茎に吸わせ，茎の断面を観察すると，一部が着色されていることがわかる。この着色された部分は，**根から吸収した水や水に溶けた肥料分が通る管**で，これを**道管**という。

↻中１の復習

● 被子植物は，双子葉類と単子葉類に分類できる。

| | 双子葉類 | 単子葉類 |
|---|---|---|
| 子葉 | ２枚 | １枚 |
| 葉脈 | 網状脈 | 平行脈 |
| 根 | 主根と側根 | ひげ根 |

▼図８ 水の通り道の観察

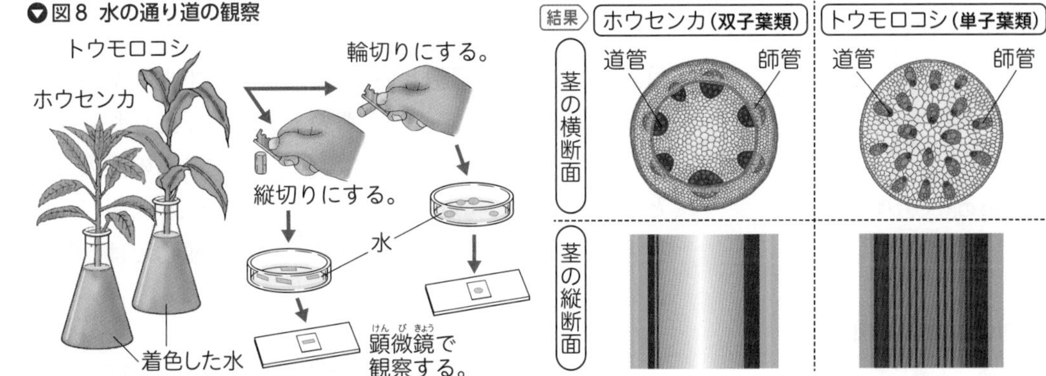
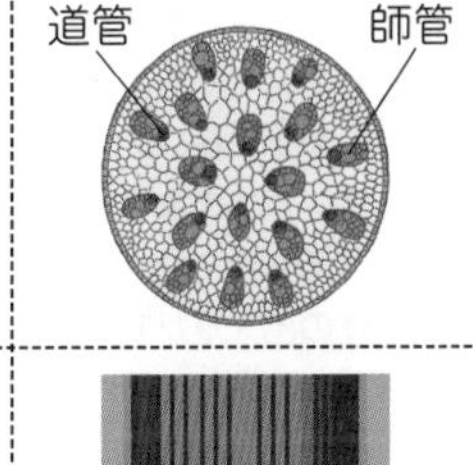


### ②師管

**図8**の茎の断面の観察で，道管が集まった部分の外側には，別の種類の管の集まりがあることがわかる。これは，**葉でつくられた養分**（有機養分❻）**が通る管**で，これを**師管**という（**図9**）。

### ③維管束

茎の断面をよく観察すると，数本の**道管と師管が集まって束になっている**ことがわかる。これを**維管束**という（**図9**）。

維管束の並び方は，**図8**のホウセンカとトウモロコシの茎の断面からわかるように，植物の種類によって異なる。被子植物では，次のような特徴がある。

- 双子葉類の維管束：輪のように並んでいる。
- 単子葉類の維管束：全体に散らばっている。

❻**有機養分**

葉でつくられたデンプンなどの有機物を，有機養分ともいう。

▼図９ 道管・師管と維管束

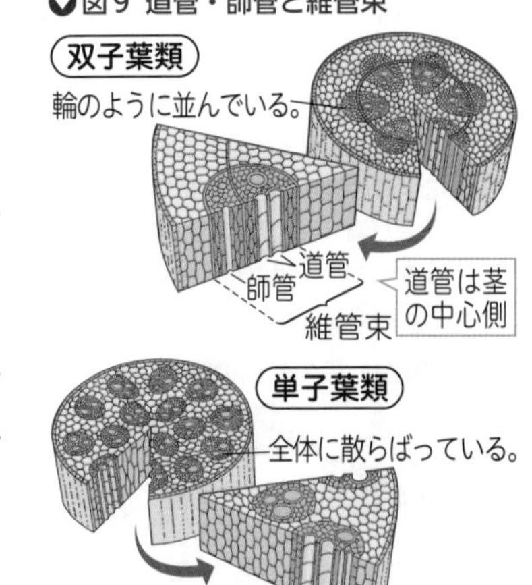

## 2 葉のつくりとはたらき

### (1) 葉のつくりとはたらき

#### ①葉脈(維管束)

前ページの図8の観察では，やがて**葉脈**まで赤く着色される。これは，茎の維管束が葉までつながっているからである。葉脈は，**茎の維管束が枝分かれしたもの**で，うすい葉をしっかり広げるのにも役立っている。

#### ②葉の表皮と気孔

図10のようにして葉の表皮[7]を観察すると，**2つの三日月形の細胞**(**孔辺細胞**という)**に囲まれたすき間**がある。これを**気孔**といい，ふつう葉の裏側に多く見られる。

気孔は，水蒸気の出口，酸素や二酸化炭素の出入り口となっている。孔辺細胞のはたらきで気孔が開閉し，植物の体内の水分量が調節される。[8]多くの植物では，気孔は昼開き，夜閉じる。

中1の復習

●葉に見られる，すじのようなつくりを葉脈という。

**❼表皮**
葉の表面には，すき間なく並んだ一層の細胞があり，この部分を表皮という。表皮は葉の内部を保護している。表皮の細胞にはふつう，葉緑体が見られない。

**❽気孔が葉の裏側に多いわけ**
気孔が葉の表側に多くあると，体内の水分が失われすぎたり，気孔にほこりがたまりやすかったりする。それを防ぐために，気孔はふつう葉の裏側に多い。
なお，スイレンのように水面に葉を浮かべる植物では，葉の裏側からは気体の出入りができないので，気孔は葉の表側にある。

▼図10 葉の表皮の観察

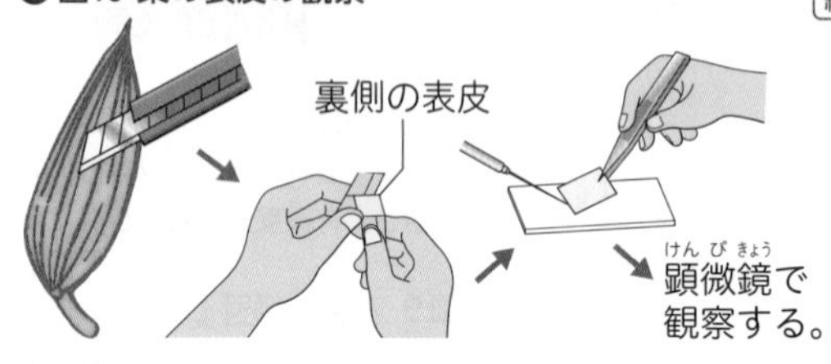


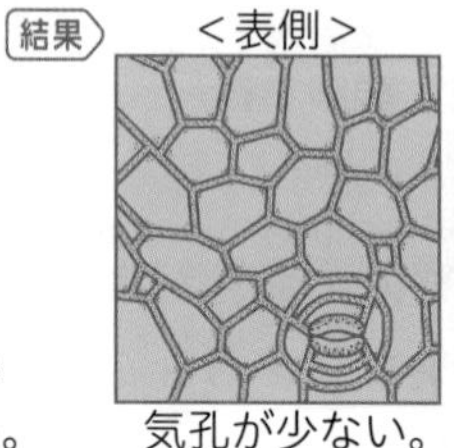


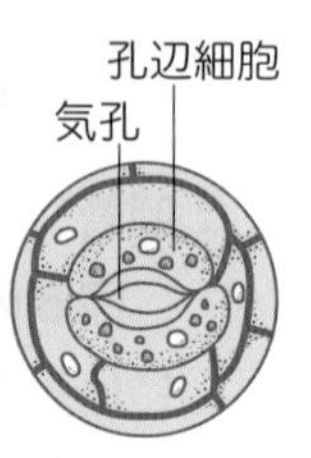


#### ③葉の断面のつくり

図11のようにして葉の断面を観察すると，内部の細胞にはたくさんの**葉緑体**が見られる。細胞の並び方を見ると，葉の表側のほうは細胞がそろって並び，すき間が小さいが，葉の裏側のほうは細胞どうしのすき間が大きい。[9]

**❾葉が緑色に見えるわけ**
葉が緑色に見えるのは，葉の細胞に葉緑体がたくさんあるためである。葉の表側のほうが裏側よりも緑色が濃く見えるのも，表側のほうが細胞がつまって並んでいるためである。

▼図11 葉の断面の観察

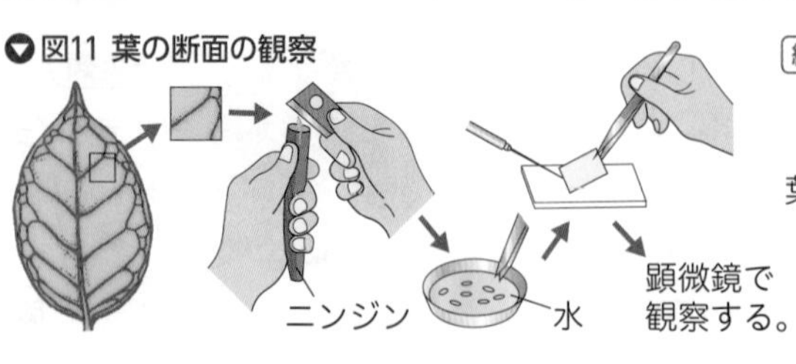


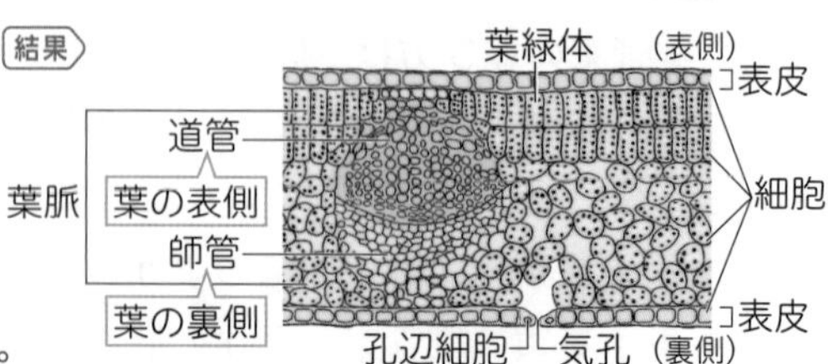

## (2) 蒸散

**植物のからだの中の水は，からだの表面から水蒸気となって出ていく。**これを**蒸散**といい，おもに**気孔**(きこう)を通して起こる。蒸散が起こって，さらに根から水が吸収される。

≫ 重要実験⑩

小学校の復習

● 根から取り入れられた水は，葉の表面にある気孔から水蒸気となって出ていく。



## 重要実験⑩ 気孔の数と蒸散量の関係

❶ 葉の大きさや枚数がほぼ同じ枝を４本用意し，図の㋐～㋓のようにする。同じ量の水を４本の試験管に入れ，㋐～㋓の枝をさし，水面に油を注ぐ。

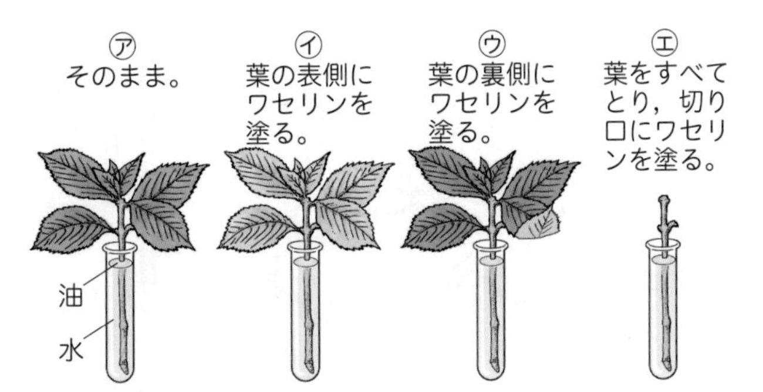


★ワセリンを塗(ぬ)ると，気孔がふさがれて水蒸気が出ていかない。

? なぜ？

**水面からの水の蒸発を防ぐため。**

くわしく 水面からの水の蒸発をなくせば，「試験管の水の減少量＝蒸散量（植物から出ていった水蒸気の量）」と考えることができる。

ポイント 水蒸気が出ていく部分

| ㋐ | ㋑ | ㋒ | ㋓ |
|---|---|---|---|
| 葉の表側 | ― | 葉の表側 | ― |
| 葉の裏側 | 葉の裏側 | ― | ― |
| 茎(くき) | 茎 | 茎 | 茎 |

❷ 数十分後に，試験管の中の水の量をはかり，減少した水の量（蒸散量）を調べる。

結果 減少した水の量（蒸散量）〔mL〕

| ㋐ | ㋑ | ㋒ | ㋓ |
|---|---|---|---|
| 3.1 | 2.6 | 0.8 | 0.3 |

・㋑＞㋒ ➡ 葉の表側より**裏側のほうが蒸散量が多い。**

・㋓ ➡ 葉がないと，蒸散はほとんど起こらない。

### 結果のまとめ

**各部分からの蒸散量**

・葉の表側…㋐－㋑＝㋒－㋓＝0.5〔mL〕

・葉の裏側…㋐－㋒＝㋑－㋓＝2.3〔mL〕

・茎…………㋓＝0.3〔mL〕

**蒸散量が最も多いのは 葉の裏側**

↓

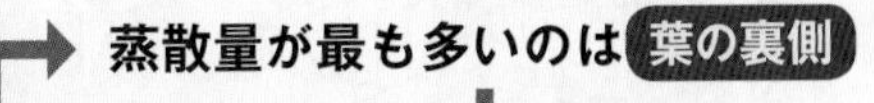
**葉の裏側に 気孔が多い 。**

## 植物のからだのつくりとはたらきのまとめ

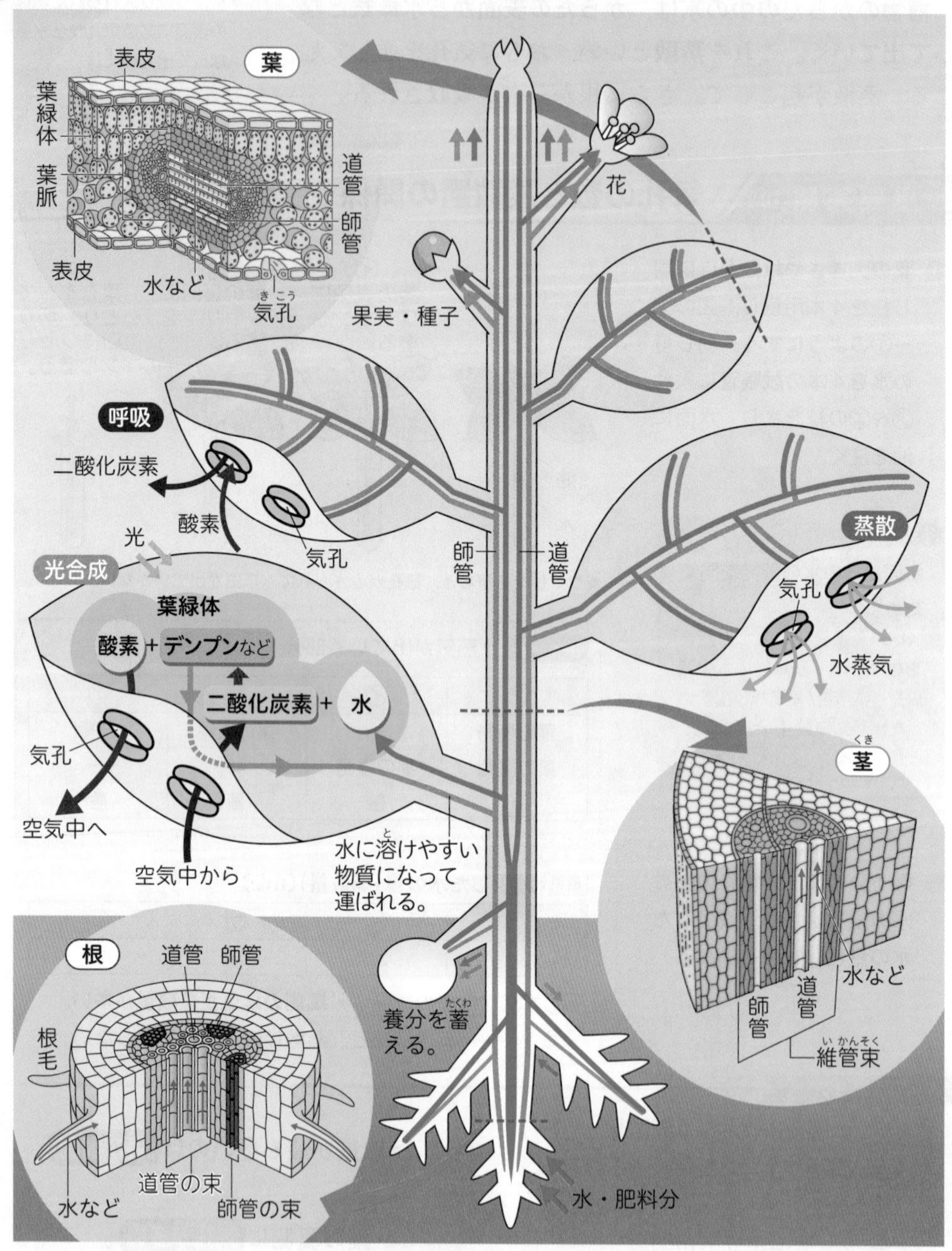

# 要点チェック

## 1 光合成と呼吸

□ (1) 植物が光を受けて，デンプンなどの養分をつくり出すはたらきを何というか。>>p. 63

□ (2) 光合成は，緑色の部分の細胞にある何というつくりで行われるか。>>p. 65

□ (3) 植物が光を受けて，デンプンなどの養分をつくり出すとき，①使われる物質は水と何か。また，②発生する気体は何か。>>p. 65

□ (4) 生物が空気中の酸素を取り入れ，二酸化炭素を出すはたらきを何というか。>>p. 67

□ (5) 植物が一日中行っているのは，光合成か，呼吸か。>>p. 67

## 2 水や養分の通り道と蒸散

□ (6) 根の先端(せんたん)近くに生えている，細い毛のようなものを何というか。>>p. 68

□ (7) 根，茎，葉にある管で，①根から吸収した水や水に溶けた肥料分が通る管を何というか。また，②葉でつくられた養分が通る管を何というか。>>p. 69

□ (8) 道管と師管が集まって束になっている部分を何というか。>>p. 69

□ (9) 被子植物(ひししょくぶつ)の茎の断面を見たとき，維管束が輪のように並んでいるのは，双子葉類(そうしようるい)か，単子葉類か。>>p. 69

□ (10) 道管と師管が集まって束になっている部分は，葉では何とよばれるか。>>p. 70

□ (11) 葉の表皮にある，2つの三日月形の細胞(さいぼう)(孔辺細胞(こうへんさいぼう))に囲まれたすき間を何というか。>>p. 70

□ (12) 気孔がふつう多く見られるのは，葉の表側か，葉の裏側か。>>p. 70

□ (13) 根から吸い上げられた水が，植物のからだの表面から水蒸気となって出ていくことを何というか。>> p.71

### 解答

(1) 光合成

(2) 葉緑体

(3) ① 二酸化炭素
② 酸素

(4) 呼吸

(5) 呼吸

(6) 根毛

(7) ① 道管
② 師管

(8) 維管束

(9) 双子葉類

(10) 葉脈

(11) 気孔

(12) 葉の裏側

(13) 蒸散

# 定期試験対策問題 解答➡p.226

## 1 光合成が行われる部分 >>p. 63〜65

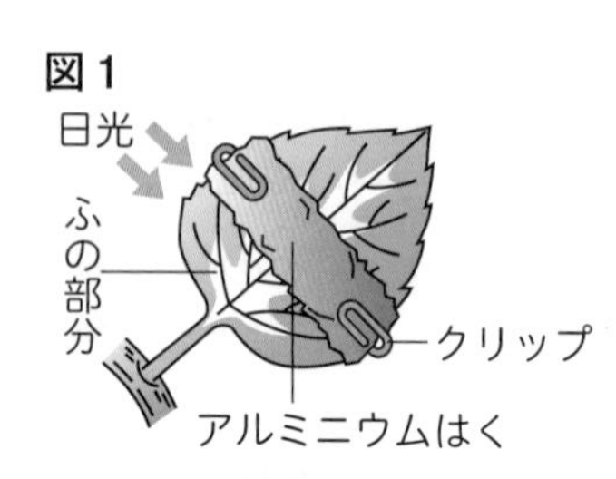


$_X$ある植物のふ入りの葉全体をアルミニウムはくでおおい，日光が当たらないようにした。次の日，**図 1**のように，この葉の一部をアルミニウムはくでおおい，全体に日光を十分に当てた。$_Y$この葉を切り取り，湯であたためたエタノールに入れた後，水で洗い，ヨウ素液につけて観察した。次の問いに答えなさい。

(1) 実験の前日に，下線部Xのようにした理由を，簡単に答えなさい。

(2) 下線部Yのように，葉をあたためたエタノールに入れた理由を，簡単に答えなさい。

(3) **図 2**は，ヨウ素液につけた後の葉を表したもので，白い部分は色が変化しなかった部分である。次の①，②を確認するためには，**図 2**のa〜dのどの部分とどの部分を比べればよいか。下の**ア**〜**エ**からそれぞれ選びなさい。

① 光合成には光が必要であること。　② 光合成は葉の緑色の部分で行われること。

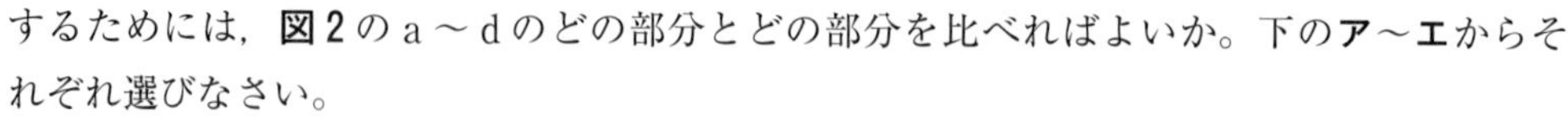
**ア** aとb　**イ** aとc　**ウ** aとd　**エ** bとd

(4) 光合成について説明した次の文の(　　)に当てはまる語句はそれぞれ何か。

日中は，気孔から取り入れられた( ① )と，根から運ばれてきた( ② )を原料として光合成が行われ，デンプンなどの養分や( ③ )がつくられる。( ③ )は気孔から空気中に出され，養分はからだ全体に運ばれる。

## 2 光合成と二酸化炭素の関係 >>p. 66

図のように，タンポポの葉を入れた試験管㋐と葉を入れない試験管㋑にそれぞれ息を吹きこんでゴム栓をし，日光を当てた。$_X$30分後，試験管㋐，㋑に石灰水を入れてよく振った。次の問いに答えなさい。

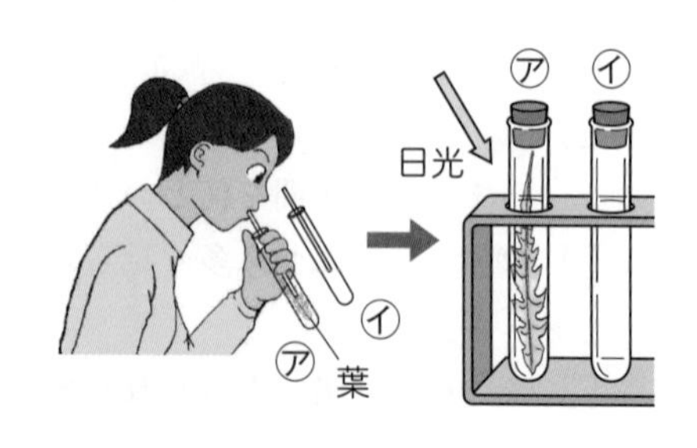


(1) 下線部Xのようにした結果，試験管㋐，㋑ではどのようになるか。それぞれ簡単に答えなさい。

(2) この実験では，下線部Xの結果から，光合成のはたらきについてどのようなことがわかるか。簡単に答えなさい。

(3) 植物の有無以外は試験管㋐と同じ条件で行った，試験管㋑のような実験を何というか。



## 3 根・茎(くき)のつくりとはたらき >>p. 68, 69

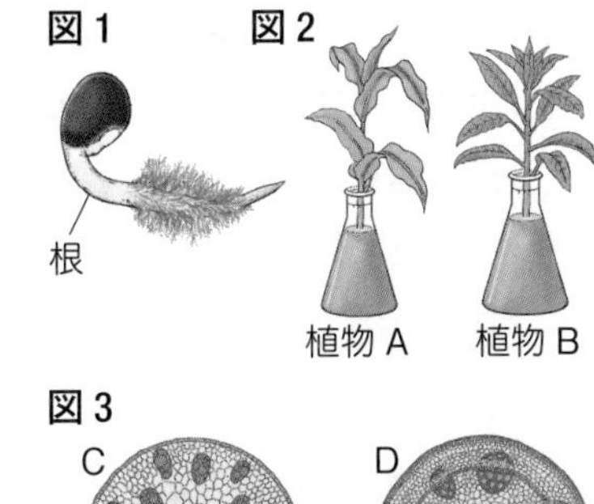


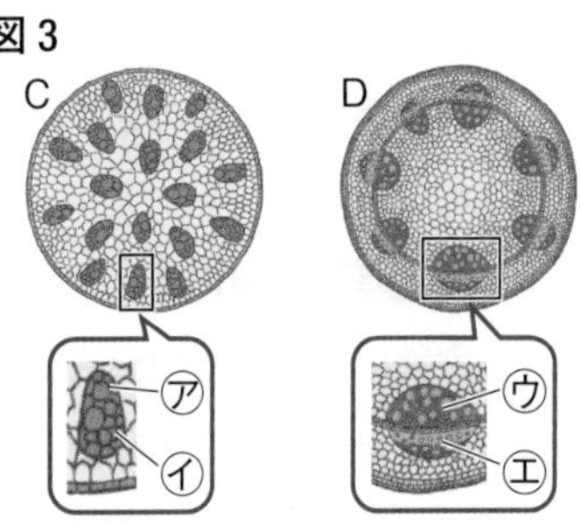


**図1**は，水でぬらした紙の上にダイコンの種子をまいて発芽させたようすである。また，**図2**は，食紅で赤く着色した水に植物A（トウモロコシ），植物B（ホウセンカ）の茎をさしたようすである。次の問いに答えなさい。

(1) **図1**で，根の先端(せんたん)近くにはわた毛のようなものが見られた。根がこのようになっていることの利点について，簡単に答えなさい。

(2) 水や肥料分を取り入れる以外の根のはたらきを，簡単に答えなさい。

(3) **図3**のC，Dは，**図2**の植物A，Bの茎の断面を表している。

① 植物Aの茎の断面は，**図3**のC，Dのどちらか。

② **図2**のようにしてしばらくした後，赤く染まっている茎の部分は，**図3**の㋐～㋓のどれか。2つ選びなさい。

## 4 葉のつくりとはたらき >>p.65, 66

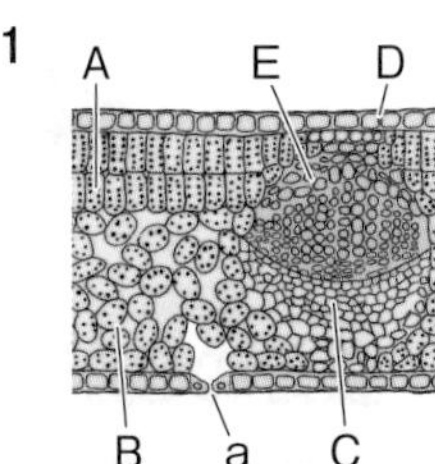


**図1**は，ツバキの葉の断面を表したものである。また，ほぼ同じ大きさ，同じ枚数の葉をつけた植物の枝を使い，**図2**のような処理をして，植物の体内の水が外に出ていくことを調べた。次の問いに答えなさい。

(1) **図1**で，道管，師管はそれぞれA～Eのどれか。

(2) **図1**のaのすき間から，水蒸気が空気中に出ていく現象を何というか。

(3) **図2**で，試験管内の水面に油を注いだ理由を，簡単に答えなさい。

(4) **図2**で，30分放置した後，試験管内の水の減少量が多かったものから順に，㋐～㋒を並べかえなさい。

# 第7章 消化と吸収

## 要点のまとめ

### 1 食物の消化 >>p.77

- □ **食物に含まれる養分**：大部分は**炭水化物**や**脂肪**，**タンパク質**などの有機物である。
- □ **消化**：食物に含まれる**養分を体内に取り入れやすい形に変える**はたらき。
- □ **消化器官**：食物から必要な養分を体内に取り入れるはたらきをしている器官。
- □ **消化管**：**口**から始まり，**食道**，**胃**，**小腸**，**大腸**を通って**肛門**に終わる，食物の通り道。
- □ **消化液**：**消化管**の途中で出される液。
- □ **消化酵素**：**消化液**に含まれ，食物に含まれる**養分を分解するはたらきをする物質**。

▼消化のしくみ

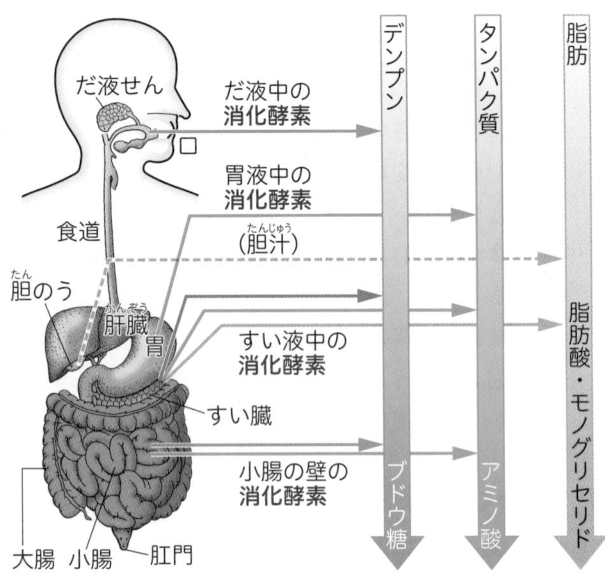

### 2 養分の吸収とそのゆくえ >>p.81

- □ **吸収**：消化されてできた養分が体内に取り入れられること。
- □ **柔毛**：小腸の壁の表面をおおっている小さな突起。小腸の**表面積が大きく**なり，養分を**効率よく吸収**できる。
- □ **養分の吸収**：**ブドウ糖**や**アミノ酸**は，柔毛から吸収されて**毛細血管**に入る。**脂肪酸とモノグリセリド**は，柔毛から吸収された後，**再び脂肪になってリンパ管に入る**。
- □ **水分の吸収**：水分はおもに小腸で，残りは大腸で吸収される。

▼柔毛のつくり

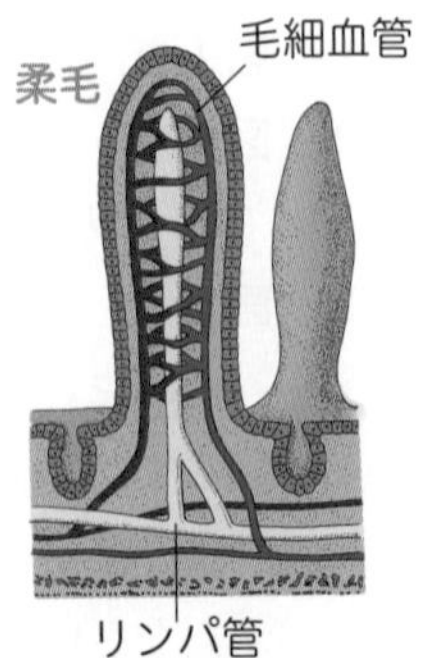

# 1 食物の消化

## ① 食物に含まれる養分

### (1) 炭水化物・脂肪・タンパク質[1]

食物に含まれる養分の大部分は，**炭水化物**や**脂肪**，**タンパク質**などの有機物である(**図1**)。炭水化物や脂肪は，おもに**エネルギー源**となり，細胞の呼吸に使われる。タンパク質はエネルギー源にもなるが，おもに**からだをつくる材料**として使われる。

### (2) 無機物やビタミン

食物にはほかに，カルシウムやナトリウム，鉄などの**無機物**[2]や，**ビタミン**[3]なども含まれていて，からだのはたらきを助け，からだの調子を整えるはたらきをしている。[4]

▼図1 食物に含まれるおもな養分

| | 炭水化物 | タンパク質 | 脂肪 |
|---|---|---|---|
| つくり | ブドウ糖　麦芽糖　デンプン<br>ブドウ糖が2つつながっている。（麦芽糖）<br>ブドウ糖がたくさんつながっている。（デンプン） | アミノ酸<br>アミノ酸がたくさんつながっている。 | モノグリセリド　脂肪酸<br>モノグリセリドと脂肪酸からなる。 |
| おもなはたらき | エネルギー源になる。 | からだをつくる材料になる。<br>エネルギー源になる。 | エネルギー源になる。 |
| 多く含む食物の例 | 米，小麦，いも類，果物，砂糖 | 肉，魚，豆腐 | 油，バター，ごま |

## ② 消化

食物に含まれる炭水化物や脂肪，タンパク質などの養分は，大きな**分子**(>>p. 20)でできているため，そのままでは体内に取り入れることはできない。そのため，からだのはたらきによって，これらの**養分を分解して体内に取り入れやすい形に変えている**。このはたらきを**消化**という。

**❶五大栄養素**
家庭科では，炭水化物・タンパク質・脂質(脂肪)・無機質(無機物)・ビタミンを五大栄養素という。

**❷無機物のはたらき**
無機物は，からだをつくる材料としても重要である。カルシウムは骨の成分などになり，ナトリウムや鉄は血液の成分などになる。

**❸ビタミンのはたらき**
ビタミンは，からだのはたらきを助けるために，微量ではあるが食物から得る必要がある有機物である。

**❹ヒトのからだの成分**

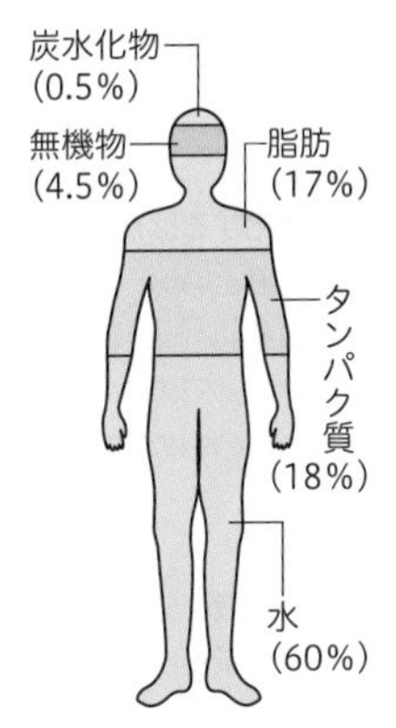


**小学校の復習**

- 食べ物が，歯などで細かくされたり，だ液などでからだに吸収されやすい養分になることを消化という。

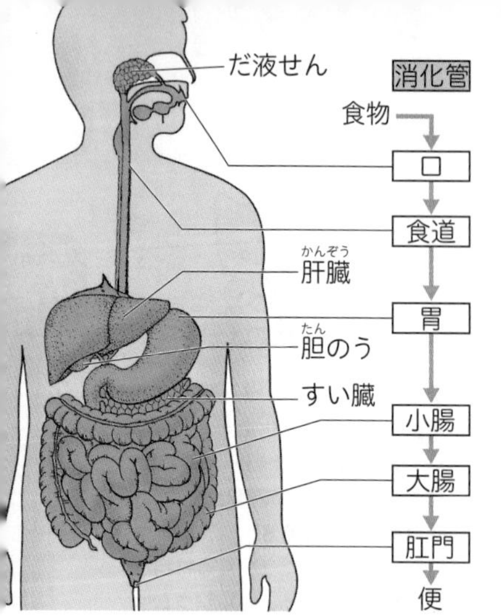


図2 消化にかかわる器官
消化管に，だ液せん，肝臓，胆のう，すい臓などの器官がつながっている。

### (1) 消化器官と消化管

食物から必要な養分を体内に取り入れるためのはたらきをしている器官を**消化器官**という(図2)。

また，食物の通り道は，**口**から始まり，**食道**，**胃**，**小腸**，**大腸**を通って，**肛門**に終わる。このひとつながりの管を**消化管**という。

### (2) 消化液

消化管の途中で出される液を**消化液**という。例えば，だ液せんから出される**だ液**は，デンプンを分解する(**表1**)。だ液によるデンプンの分解は，ヨウ素液やベネジクト液を使って調べることができる(**図3**)。>>p. 79 重要観察⑪

図3 ベネジクト液(ベネジクト溶液)の反応

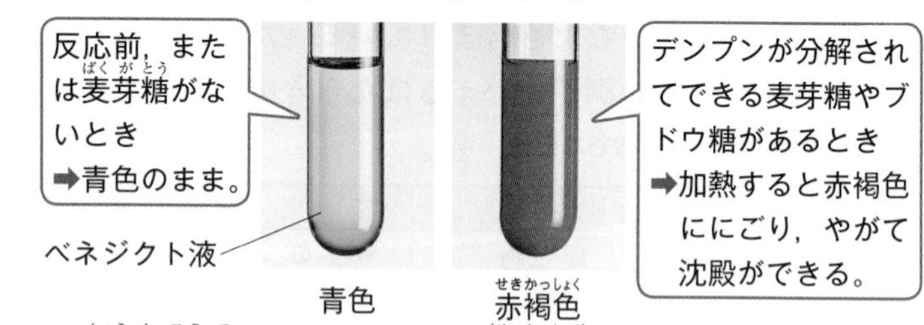


### (3) 消化酵素

消化液に含まれ，食物に含まれる養分を分解するはたらきをする物質を**消化酵素**という。消化酵素にはいくつかの種類があり，それぞれ決まった物質にだけはたらく(**表1**)。口から取り入れられた食物は，歯でかむことや消化管の筋肉の運動によって，消化液と混ざりながら送られていき，その間に消化酵素によって養分が分解されていく。

**小学校の復習**
- 口，食道，胃，小腸，大腸を経て肛門につながる1本の長い管を消化管という。
- 食物は，消化管を通る間に消化される。
- 食物を消化するはたらきをする液を消化液といい，だ液や胃液などがある。
- デンプンは，口の中でだ液と混ざると，別のものに変化する。

**⑤消化系**
消化管や消化液を分泌する器官をまとめて消化系という。

表1 消化液と消化酵素

| 消化液 | つくられる器官など⑤ | 含む消化酵素など |
|---|---|---|
| だ液 | だ液せんでつくられ，口に出される。 | デンプンを分解するアミラーゼを含む。 |
| 胃液 | 胃でつくられる。 | タンパク質を分解するペプシンを含む。塩酸を含み，強い酸性である。 |
| 胆汁 | 肝臓でつくられ，胆のうに蓄えられて，十二指腸(小腸の始まりの部分)に出される。 | 消化酵素を含まないが，脂肪の粒を細かくして消化酵素のはたらきを助ける。 |
| すい液 | すい臓でつくられ，十二指腸に出される。 | デンプンを分解するアミラーゼ，タンパク質を分解するトリプシン，脂肪を分解するリパーゼを含む。 |

## 重要観察⑪ だ液のはたらき

❶ 試験管㋐にうすめただ液とデンプン溶液（ようえき），試験管㋑に水とデンプン溶液を入れ，よく振（ふ）り混ぜる。

❷ 試験管㋐，㋑を36～40℃の湯の中に5～10分間入れておく。

> **なぜ？**
> **ヒトの体温に近い温度にするため。**
> くわしく　だ液はおもにヒトの体内ではたらくので，体温に近い温度に保っておく。

❸ 試験管㋐，㋑の液を別の試験管㋒，㋓に半分ずつ分ける。
- ▶試験管㋐，㋑にヨウ素液を加え，色の変化を確認（かくにん）する。
- ▶試験管㋒，㋓にベネジクト液を加え，沸騰石（ふっとうせき）を入れて加熱し，色の変化を確認する。

> **なぜ沸騰石を入れる？**
> **突沸（とっぷつ）を防ぐため。**
> くわしく　沸騰石を入れずに液体を加熱すると，液体が突然沸騰（突沸）して危険である。

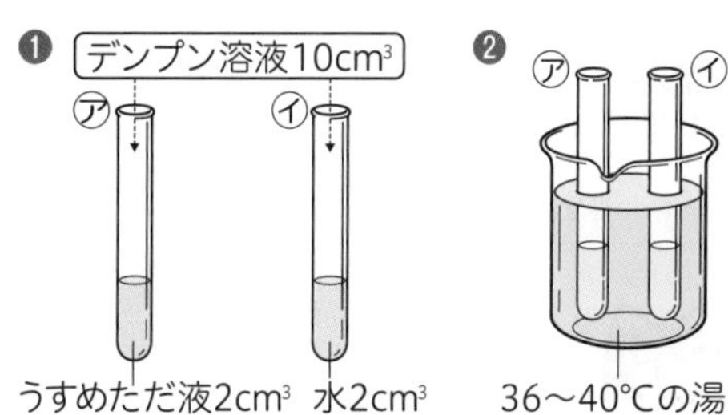


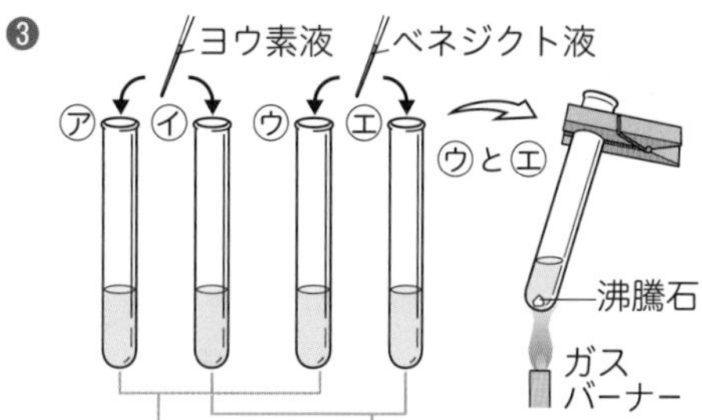


**ポイント 試験管㋑・㋓は対照実験**
この実験では，だ液のはたらきを調べたいので，だ液を含まない試験管㋑・㋓を用意し，それ以外の条件を同じにして実験を行う。

結果

|  | ヨウ素液の反応 | ベネジクト液の反応 |
|---|---|---|
| デンプン溶液とだ液 | ㋐：変化しなかった。<br>➡**デンプンがなくなった。** | ㋒：赤褐色の沈殿ができた。<br>➡**麦芽糖などができた。** |
| デンプン溶液と水 | ㋑：青紫色（あおむらさきいろ）になった。<br>➡デンプンはなくなっていない。 | ㋓：変化しなかった。<br>➡麦芽糖などはできていない。 |

㋐と㋑ ➡ だ液のはたらきでデンプンがなくなった。…①

㋒と㋓ ➡ だ液のはたらきで麦芽糖などができた。…②

①と② ➡ だ液のはたらきで，**デンプンが麦芽糖などに変化した。**

ごはんをかんでいると甘（あま）く感じるのは，デンプンが分解されたからなんだね。

### 結果のまとめ

だ液は，**デンプンを麦芽糖などに分解**する。

## (4) 養分の消化のしくみ(図4)

### ①デンプン

デンプンは，**だ液中のアミラーゼ**，**すい液中のアミラーゼ**，さらに**小腸の壁**(かべ)**にある消化酵素**(しょうかこうそ)のはたらきで，最終的に**ブドウ糖**に分解される。

### ②タンパク質

タンパク質は，**胃液中のペプシン**，**すい液中のトリプシン**，さらに**小腸の壁にある消化酵素**のはたらきで，**アミノ酸**に分解される。

### ③脂肪(しぼう)

脂肪は，**胆汁**(たんじゅう)のはたらきで水に混ざりやすい状態になり，さらに**すい液中のリパーゼ**のはたらきで，**脂肪酸**と**モノグリセリド**に分解される。

食物中の養分
→はたらく消化液や消化酵素
→消化されてできる養分
の組み合わせを整理しよう！

▼図4 消化のしくみ

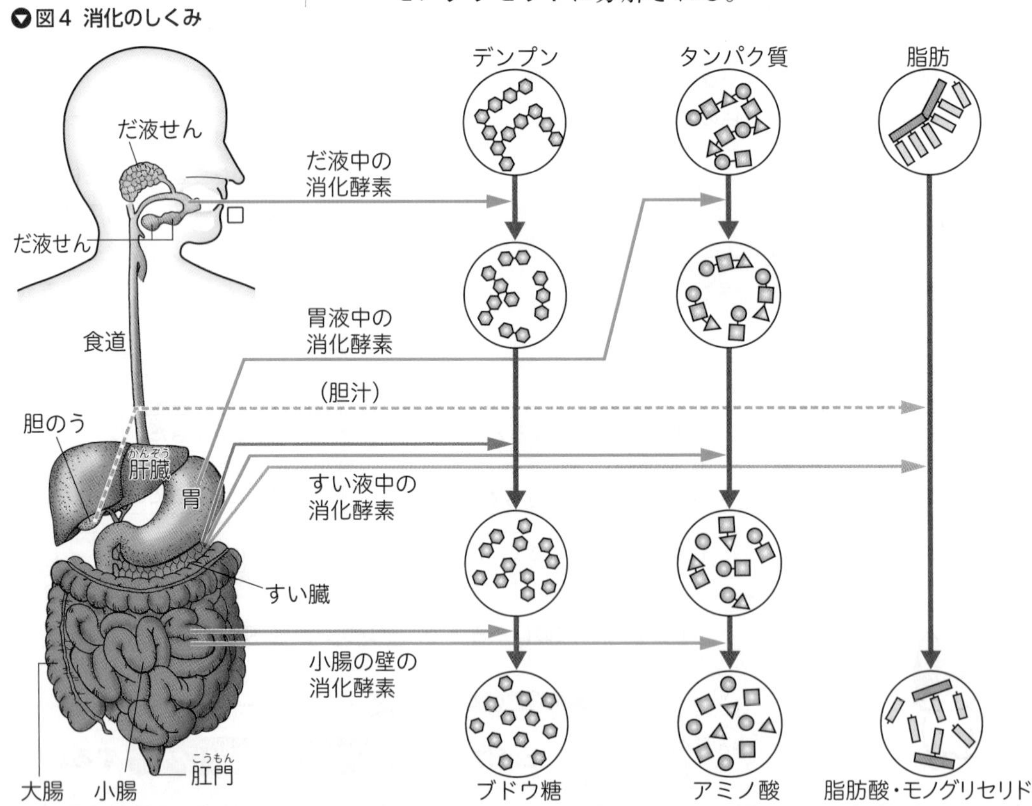

# 2 養分の吸収とそのゆくえ

## ① 養分の吸収

### (1) 吸収

消化されてできた養分は，おもに小腸の壁から体内に取り入れられる。これを**吸収**という。

### (2) 小腸のつくりとはたらき

図5のように，小腸の内側の壁にはたくさんのひだがあり，そのひだの表面は**柔毛**(じゅうもう)という小さな突起(とっき)でおおわれている。たくさんの柔毛があることで，**小腸の表面積が非常に大きくなり，養分を効率よく吸収**することができる。[6]

▼図5 小腸のつくりと養分の吸収

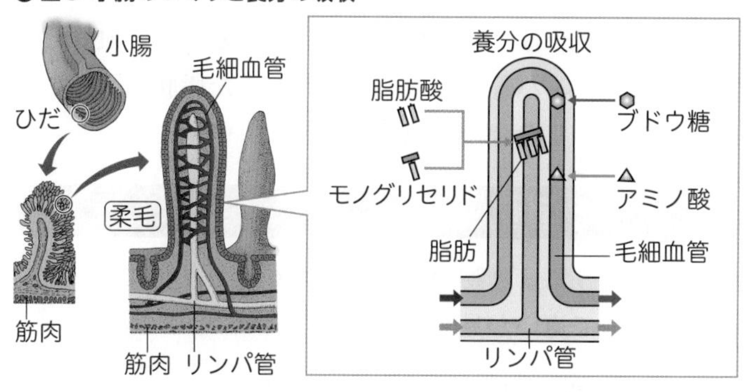


### (3) 養分の吸収

図5のように，柔毛の内部には，毛細血管とリンパ管が分布している。[7]消化されてできた**ブドウ糖**や**アミノ酸**は，柔毛の表面から吸収されて**毛細血管に入る**。[8]また，**脂肪酸とモノグリセリド**は，柔毛の表面から吸収された後，**再び脂肪になってリンパ管に入る**。

### (4) 水分の吸収と便の排出(はいしゅつ)

**水分はおもに小腸で吸収**されるが，**残りは大腸**で吸収される。吸収されなかったものや消化されなかった食物中の繊維(せんい)などは，便として肛門(こうもん)から排出される。

小学校の復習

● 食物中の養分は，おもに小腸で吸収される。

**❻小腸の表面積**
成人の小腸の長さは約3mあり，直径は約4cmである。小腸の内側はたくさんのひだと柔毛におおわれているため，その表面積は約200m²にもなる。これは，テニスコート1面分の面積とほぼ同じである。

**❼毛細血管とリンパ管**
毛細血管は，直径約0.01mmの細い血管である。また，リンパ管は，血管と同じようにいろいろな物質を運ぶ管である。

**❽無機物の吸収**
無機物も，ブドウ糖やアミノ酸とともに，柔毛の表面から吸収されて毛細血管に入る。

◆図6 養分のゆくえ

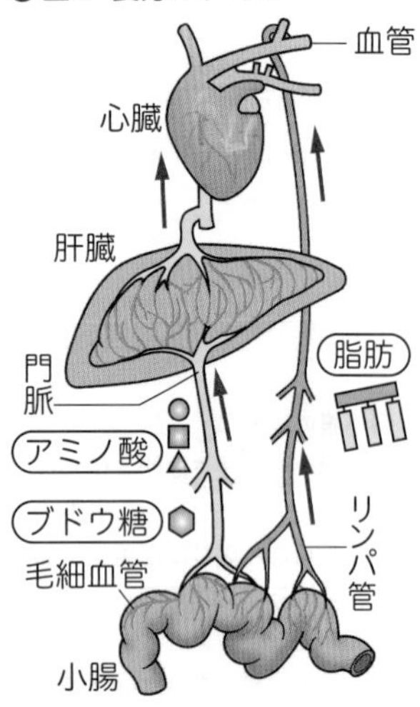


### (5) 養分のゆくえ

毛細血管やリンパ管に入った養分は，全身の細胞(さいぼう)に運ばれて，**細胞の呼吸**(>>p. 59)のエネルギー源や，からだをつくる材料として使われる。

①**毛細血管に入った養分**(図6)

毛細血管に入ったブドウ糖やアミノ酸は**門脈**[9]に入り，肝臓(かんぞう)を通って全身に運ばれる。

**ブドウ糖**：ブドウ糖の一部は，肝臓でグリコーゲンという物質に合成されて一時蓄(たくわ)えられ，必要なときに再びブドウ糖に分解されて，血液中に送り出される。

**アミノ酸**：アミノ酸の一部は，肝臓でからだに必要なタンパク質に合成されて，血液中に送り出される。

②**リンパ管に入った養分**(図6)

リンパ管は，やがて首の下(心臓の近く)で血管と合流する。リンパ管を通って運ばれてきた脂肪(しぼう)は，ここで血液に入って全身の細胞に運ばれる。

[9] **門脈**
消化管の毛細血管から，養分の含(ふく)んだ血液を集めて肝臓に運ぶ管を，門脈または肝門脈という。

## ② 動物の消化管

図7のように，動物の消化管のつくりと長さには，食物の種類によって違(ちが)いが見られる。

中1の復習
- ホニュウ類には，おもに他の動物を食べる肉食動物と，おもに植物を食べる草食動物がいる。
- 肉食動物と草食動物では，歯の形や目のつき方に違いが見られる。

### (1) 草食動物と肉食動物の消化管

草食動物と肉食動物の腸の長さを比べると，一般(いっぱん)に，草食動物の腸のほうが長い。これは，草食動物がおもに食べる植物が消化しにくいためである。

◆図7 草食動物と肉食動物の消化管

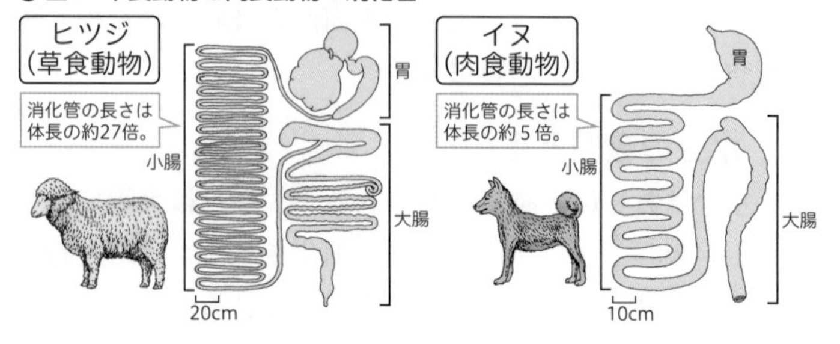

# ☑ 要点チェック

## 1 食物の消化

- □ (1) 炭水化物，脂肪，タンパク質のうち，①おもにエネルギー源となるものは脂肪とどれか。また，②エネルギー源にもなるが，おもにからだをつくる材料として使われるものはどれか。>>p. 77
- □ (2) 食物に含まれる養分を体内に取り入れやすい形に変えるはたらきを何というか。>>p. 77
- □ (3) 食物から必要な養分を体内に取り入れるためのはたらきをしている器官を何というか。>>p. 78
- □ (4) 口から始まって肛門に終わる，食物の通り道を何というか。>>p. 78
- □ (5) 消化管の途中で出される液を何というか。>>p. 78
- □ (6) 消化液に含まれ，食物に含まれる養分を分解するはたらきをする物質を何というか。>>p. 78
- □ (7) 消化液や消化酵素のはたらきで，①デンプンは最終的に何という養分に分解されるか。また，②タンパク質は何という養分に分解されるか。>>p. 80

## 2 養分の吸収とそのゆくえ

- □ (8) 消化されてできた養分が体内に取り入れられることを何というか。>>p. 81
- □ (9) 小腸の壁の表面をおおっている小さな突起を何というか。>>p. 81
- □ (10) 消化されてできたブドウ糖やアミノ酸は，柔毛内に分布する毛細血管とリンパ管のどちらに入るか。>>p. 81
- □ (11) 消化されてできた脂肪酸とモノグリセリドは，柔毛から吸収された後，何という物質になるか。>>p. 81
- □ (12) 水分はおもに，何という器官で吸収されるか。>>p. 81
- □ (13) 草食動物と肉食動物で，ふつう消化管が長いのはどちらか。>>p. 82

### 解答

(1) ① 炭水化物
② タンパク質

(2) 消化

(3) 消化器官

(4) 消化管

(5) 消化液

(6) 消化酵素

(7) ① ブドウ糖
② アミノ酸

(8) 吸収

(9) 柔毛

(10) 毛細血管

(11) 脂肪

(12) 小腸

(13) 草食動物

# 定期試験対策問題 解答➡p.227

## 1 消化にかかわる器官 ≫p. 78

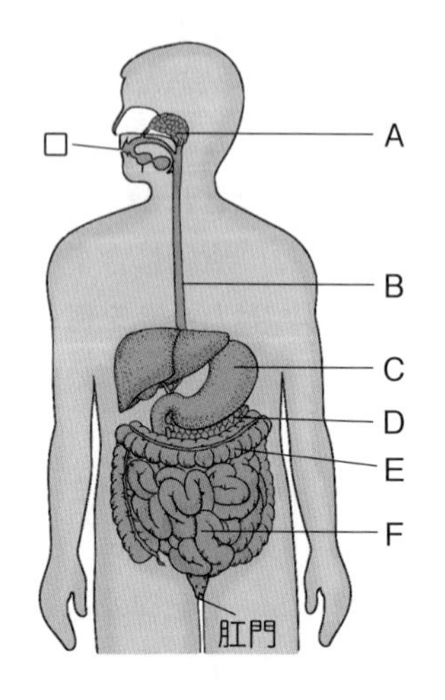


図は，ヒトのいろいろな消化器官を表したものである。次の問いに答えなさい。

(1) 図のAから出される消化液を何というか。

(2) 図のCから出される消化液に含(ふく)まれる消化酵素(しょうかこうそ)には，次の**ア**～**ウ**のどの物質を分解するはたらきがあるか。

**ア** 脂肪(しぼう)　**イ** タンパク質　**ウ** デンプン

(3) 図のDの器官を何というか。

(4) 口から始まり，図のA～Fを通り肛門(こうもん)に終わるひと続きの管を何というか。

## 2 だ液のはたらき ≫p. 79

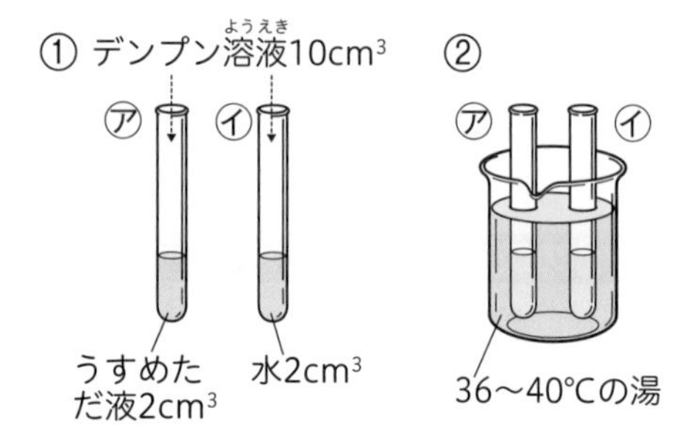


③ ㋐，㋑の液を，㋒，㋓に半分ずつ分ける。

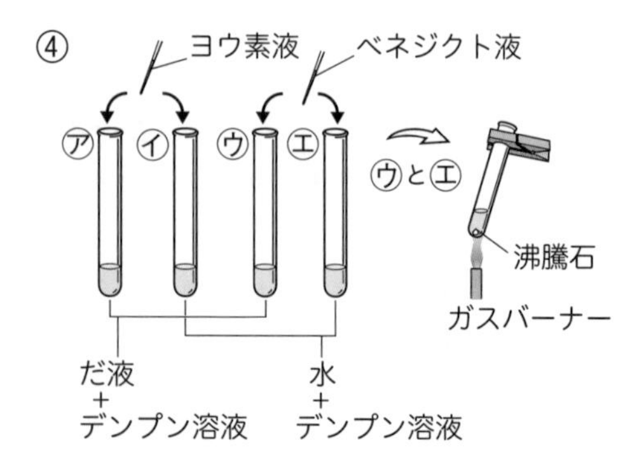


図の①～④の手順で，だ液のはたらきを調べる実験を行った。次の問いに答えなさい。

(1) 図の②で，試験管を36～40℃の湯に入れるのはなぜか。簡単に答えなさい。

(2) 図の④で，試験管を加熱するときに沸騰石(ふっとうせき)を入れるのはなぜか。簡単に答えなさい。

(3) 図の④で，試験管㋒を加熱したときの変化のようすは，次の**ア**～**ウ**のどれか。

**ア** 白くにごる。

**イ** 赤褐色(せきかっしょく)の沈殿(ちんでん)ができる。

**ウ** 青色になる。

(4) だ液のはたらきによってデンプンがなくなったことを確かめるには，図の④でどの試験管の結果を比べればよいか。㋐～㋓から2つ選びなさい。

**ヒント**
(4) デンプンがあるかどうかは，どちらの薬品で調べられるかを考える。

### 3 消化のしくみ >>p. 80

図は，食物中の養分A～Cの消化の流れを表したものである。次の問いに答えなさい。

⑴　だ液に含まれる，デンプンを分解する消化酵素を何というか。

⑵　図のXは，肝臓（かんぞう）でつくられて胆（たん）のうから出される消化液で，消化酵素は含まないが脂肪の粒（つぶ）を細かくするはたらきをしている。Xを何というか。

⑶　小腸の壁（かべ）の消化酵素は，図のA～Cのどの養分にはたらくか。すべて選びなさい。

⑷　図のａ，ｂ，ｃに当てはまる養分は，それぞれ次の**ア～ウ**のどれか。

**ア**　アミノ酸
**イ**　ブドウ糖
**ウ**　脂肪酸とモノグリセリド

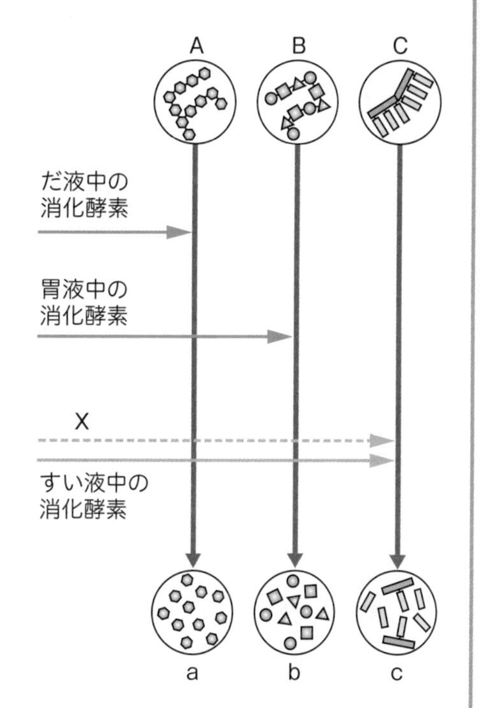


### 4 養分の吸収とそのゆくえ >>p. 81, 82

図は，ある器官Xの断面の一部を拡大したものである。次の問いに答えなさい。

⑴　図のようなつくりが見られる器官Xは何か。

⑵　図の小さな突起（とっき）を何というか。

⑶　器官Xの表面には，図のような小さな突起がたくさんある。このことは，養分を吸収するうえで，どのような利点があるか。簡単に答えなさい。

⑷　消化された養分は，図のAまたはBの管に入る。

①　Aの管に入る養分を，次の**ア～ウ**からすべて選びなさい。

**ア**　ブドウ糖
**イ**　アミノ酸
**ウ**　脂肪酸とモノグリセリド

②　Bの管を何というか。

③　図の突起から吸収された後，肝臓に運ばれるのは，A，Bのどちらの管に入った養分か。

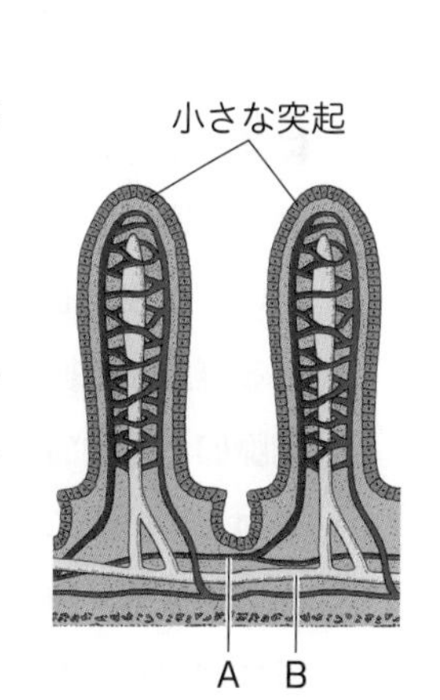

# 第8章 呼吸と血液の循環

## 要点のまとめ

## 1 呼吸 >>p.87

□ **肺胞**：肺の気管支の先に多数ある，**うすい膜でできた小さな袋**。空気に触れる**表面積が大きく**なり，**酸素と二酸化炭素の交換を効率よく**行える。

□ **ヒトの呼吸運動**：肺には筋肉がないので，**横隔膜**とろっ骨を上下させて，息を吸ったりはいたりしている。

▼肺胞での気体のやりとり

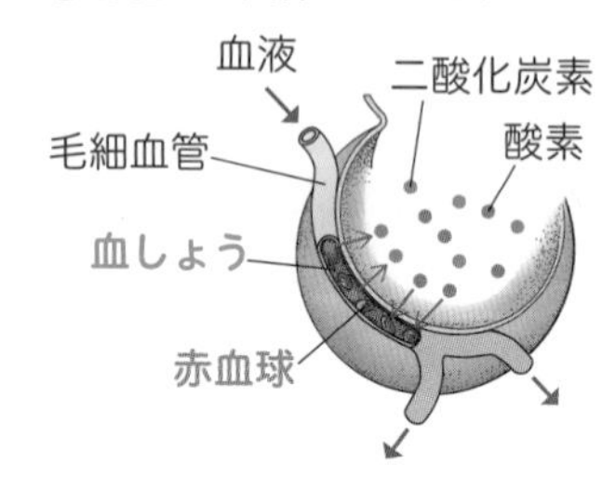


## 2 血液の循環と排出 >>p.90

□ **心臓のつくり**：心臓は，**血液が流れこむ2つの心房**と**血液を送り出す2つの心室**からなる。

□ **動脈と静脈**：**心臓から送り出される**血液が流れる血管を**動脈**といい，**心臓にもどる**血液が流れる血管を**静脈**という。静脈には，**血液の逆流を防ぐ弁**がある。

□ **体循環**と**肺循環**：血液が**心臓から肺以外の全身を通って心臓にもどる**経路を**体循環**といい，血液が**心臓から肺を通って心臓にもどる**経路を**肺循環**という。

▼血液の循環

● 酸素
● 二酸化炭素
■ 養分
■ 不要な物質
動脈血
静脈血
⇨ 体循環
▭▭⇨ 肺循環

肺動脈
肺
肺静脈
肺循環
大動脈
大静脈
心臓
静脈
動脈
体循環
全身の細胞

□ **動脈血と静脈血**：**酸素を多く含む**血液を動脈血といい，**二酸化炭素を多く含む**血液を**静脈血**という。

□ **血液の成分**：**赤血球**，**白血球**，**血小板**などの固形成分と，**血しょう**という液体成分からなる。**赤血球**には**ヘモグロビン**という赤い物質が含まれ，これが**酸素を運ぶ**。

□ **組織液**：**血しょう**が毛細血管の壁からしみ出して，**細胞のまわりを満たしている液**。

□ **肝臓**：細胞でできた**有害なアンモニア**は，**肝臓**で**無害な尿素**に変えられる。

□ **じん臓**：**尿素**などの不要な物質は，**じん臓**でこし出されて**尿**となり，**排出**される。

# 1 呼吸

## ① 肺による呼吸

ヒトや多くの動物には，**細胞の呼吸**(>>p. 59)で使う酸素をまとめて体内に取り入れ，細胞の呼吸で出た二酸化炭素をまとめて体外に出すしくみがある。

### (1) ヒトの肺のつくり(図1)

ヒトでは，鼻や口から吸いこまれた空気は，**気管**を通って**肺**に入る。肺は，気管が細かく枝分かれして広がった**気管支**と，その先につながる多数の**肺胞**からできている。❶

**①肺胞**

気管支の先にある，**うすい膜でできた小さな袋**を**肺胞**という。肺胞のまわりは，毛細血管が網(あみ)の目のように取り囲んでいる。

**②肺胞のはたらき**

息を吸って肺胞内に入った空気中の**酸素は，毛細血管を流れる血液に取りこまれ**て全身の細胞に運ばれ，細胞の呼吸に使われる。また，細胞の呼吸でできた**二酸化炭素は，血液に溶(と)けこんで肺に運ばれて肺胞内に出され**，息をはくときに体外に出される。❷

多数の肺胞があることで，空気に触れる**表面積が大きくなり，酸素と二酸化炭素の交換を効率よく**行える。❸

▼図1 ヒトの肺のつくり

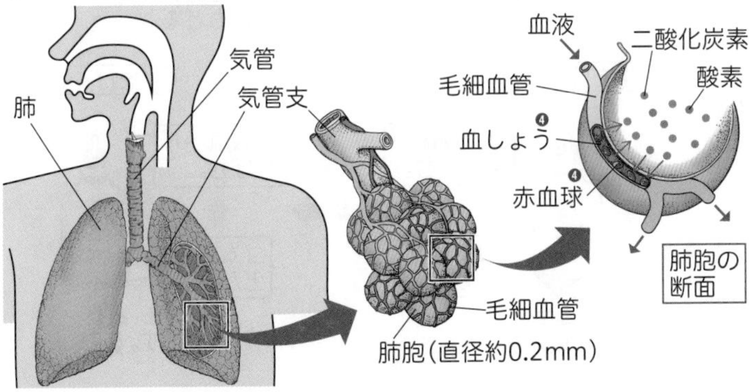

小学校の復習

- 酸素を体内に取り入れ，二酸化炭素を出すことを呼吸という。

**❶呼吸系**
肺や気管，気管支など，呼吸にかかわる器官をまとめて呼吸系という。

**❷吸気と呼気の成分**(水蒸気を除いた空気中の気体の体積の割合)

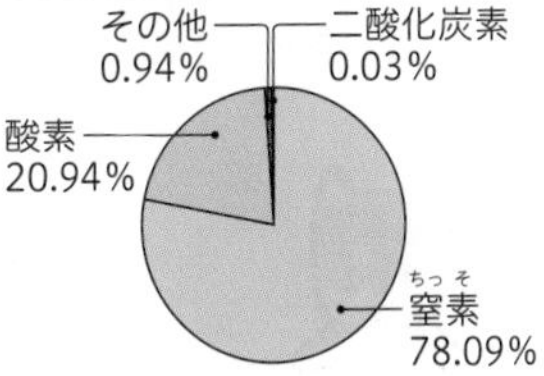

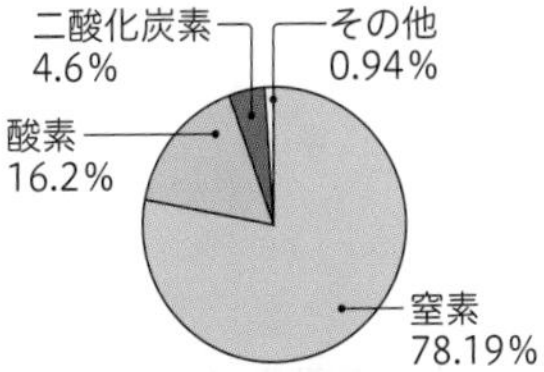

**❸肺胞の表面積**
肺には多数の肺胞があり，その表面積を合わせると，50～100m²にもなる。これは，教室1.5個分くらいの面積である。

**❹赤血球と血しょう**
酸素は赤血球によって運ばれ，二酸化炭素は血しょうに溶けこんで運ばれる。>>p. 92

## (2) 呼吸運動

息を吸ったり，はいたりするはたらきを**呼吸運動**という。肺には筋肉がないので，みずから運動することはできない。肺は，ろっ骨とろっ骨の間の筋肉と，肺の下にある**横隔膜**（おうかくまく）という筋肉で囲まれた，**胸腔**（きょうこう）という空間の中にあり，これらの筋肉のはたらきによって呼吸運動が行われる。

**①息を吸うとき**

**図2**の⓪のように，横隔膜が下がるとともに，筋肉によってろっ骨が引き上げられると，胸腔が広くなり，肺の中に空気が吸いこまれる。

**②息をはくとき**

**図2**のⓑのように，横隔膜が上がるとともに，ろっ骨が下がると，胸腔が狭（せま）くなり，肺から空気が押（お）し出される。

## (3) 呼吸運動を調べる実験

**図3**のような，肺のモデル装置を使うと，肺に空気が出入りするしくみを確かめることができる。

**図2 ヒトの呼吸運動**

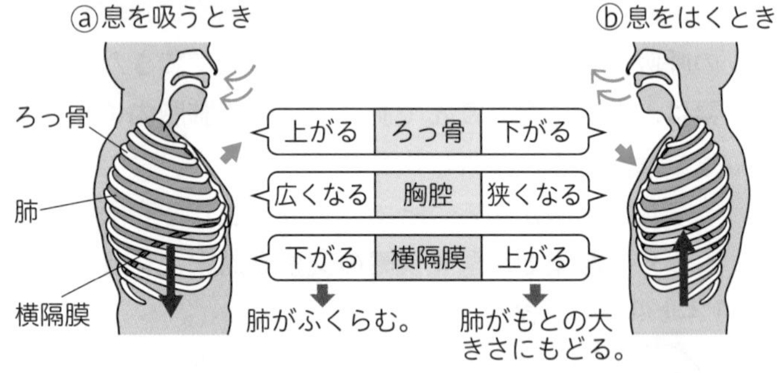


**図3 呼吸運動を調べる実験**

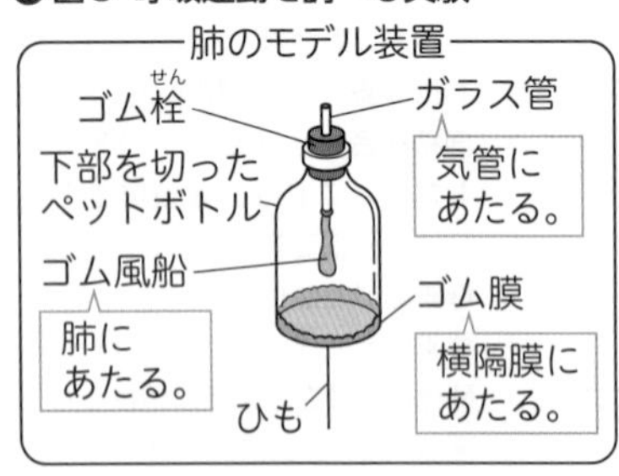


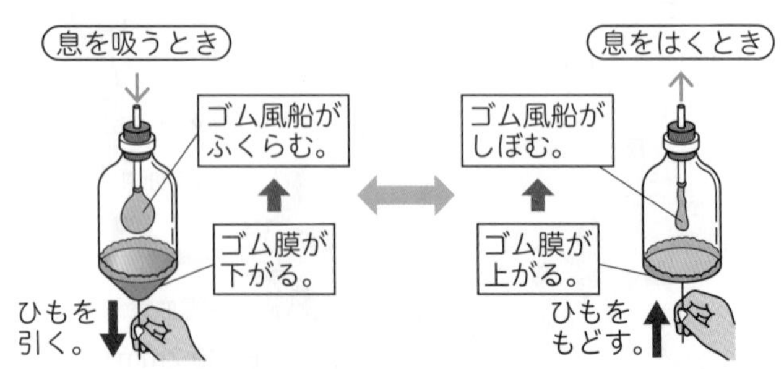

## (4) 肺呼吸と細胞の呼吸

### ①肺呼吸

空気中から取りこまれた酸素と，血液中の二酸化炭素が，肺で交換される一連の流れを**肺呼吸**という。

### ②肺呼吸と細胞の呼吸の関係

**図4**のように，肺から出て全身に向かう血液は酸素を多く含んでいるが，その血液が全身を通って肺にもどるときには，二酸化炭素を多く含む血液になっている。これは，全身の細胞が酸素を使って，小腸で吸収された養分からエネルギーを取り出し，二酸化炭素を放出するからである。[5]

**❺外呼吸と内呼吸**
肺呼吸のように，空気と血液の間で酸素と二酸化炭素が交換されることを外呼吸ということがある。これに対して，細胞の呼吸のように，細胞と血液の間で酸素と二酸化炭素が交換されることを内呼吸という。

▼図4 肺呼吸と細胞の呼吸の関係

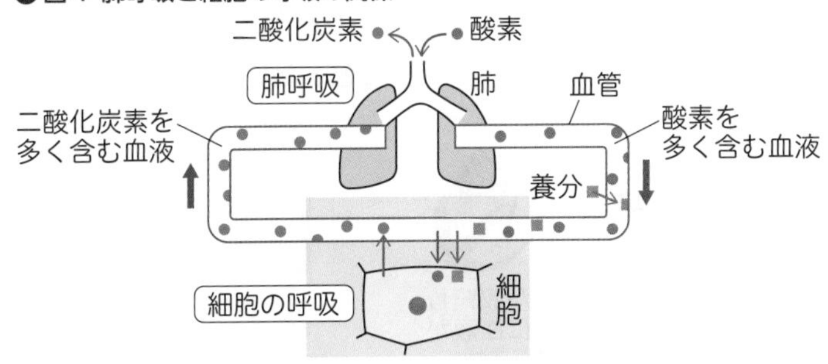

## いろいろな動物の呼吸器官

魚のなかま(魚類)はえらで呼吸し，ヒトやウサギのなかま(ホニュウ類)，鳥のなかま(鳥類)，トカゲのなかま(ハチュウ類)は肺で呼吸する。また，カエルのなかま(両生類)は，子のときはえらと皮膚で呼吸するが，親になると肺と皮膚で呼吸する。ハチュウ類と両生類の肺を比べると，より複雑な(肺胞の数が多い)つくりをしているハチュウ類のほうが，酸素と二酸化炭素を効率よく交換できる。

**魚のなかま(魚類)**

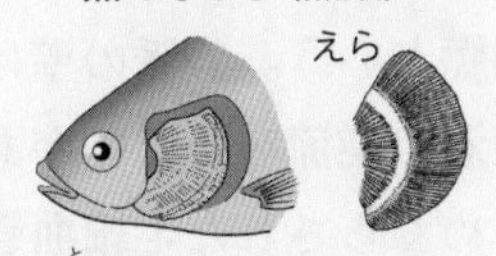


水に溶けている酸素を，えらの毛細血管から取り入れる。

**カエルのなかま(両生類)**

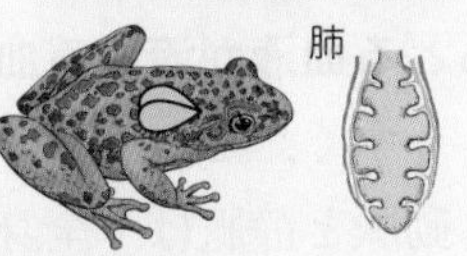


親は，最も簡単なつくりの肺をもっている。

**トカゲのなかま(ハチュウ類)**

ほとんど完全なしくみの肺をもっている。

# 2 血液の循環と排出

## ① 心臓と血液の循環

血液は，全身に張りめぐらされた血管[6]内を，心臓のはたらきによって循環している。

### (1) 心臓のつくりとはたらき

心臓は厚い筋肉でできていて，その筋肉が周期的に収縮し，血液の流れをつくるポンプのはたらきをしている(図5)。このような心臓の周期的な運動を**拍動**(はくどう)という[7]。

心臓は左右2つのポンプからできていて，それぞれ**血液が流れこむ心房**(しんぼう)と**血液を送り出す心室**からなる。心房と心室，心室と血管の間には，**血液の逆流を防ぐ弁**がある。

> 小学校の復習
> ●血液は，心臓のはたらきで体内をめぐり，養分や酸素，二酸化炭素などを運んでいる。

> **[6]血管の長さ**
> ヒトの血管をすべてつなぎ合わせたとすると，その長さは約10万km(地球2周半分)にもなる。

> **[7]1日の拍動の数**
> ヒトでは，1日の拍動の数は10万回にもなる。

▼図5 ヒトの心臓のつくりとはたらき　心臓には4つの部屋がある。

▼図6 動脈・静脈と毛細血管

### (2) 血管

血管には，**動脈**，**静脈**(じょうみゃく)と**毛細血管**がある(図6)。

**心臓から送り出される血液が流れる血管**を**動脈**という。動脈の壁(かべ)は厚く，筋肉が多く，弾力(だんりょく)がある。また，**心臓にもどる血液が流れる血管**を**静脈**という。静脈の壁は動脈よりうすく，ところどころに**血液の逆流を防ぐ弁**がある。

動脈と静脈は，全身に張りめぐらされた**毛細血管**でつながっている。毛細血管の壁は非常にうすい[8]。

> **[8]ヒトの血管のおよその太さ**

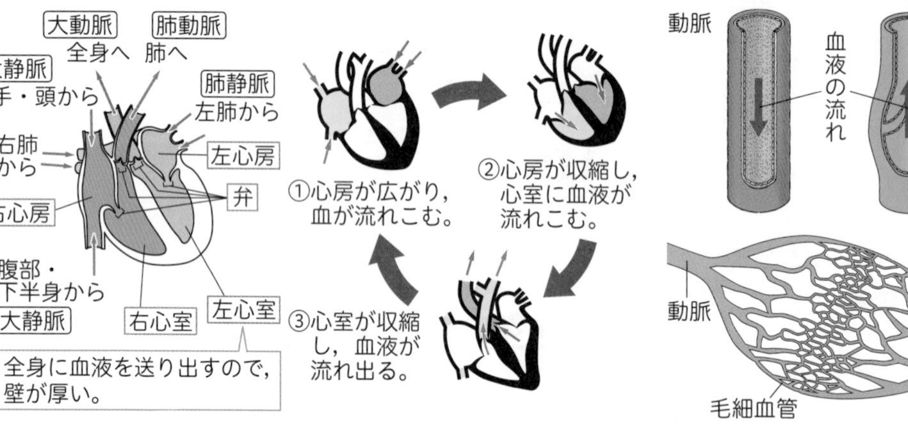

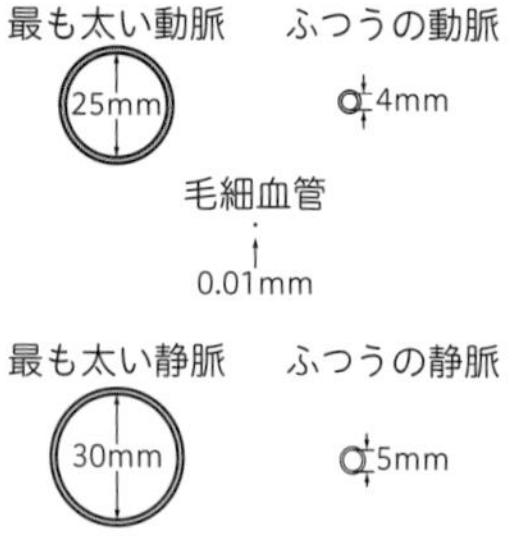

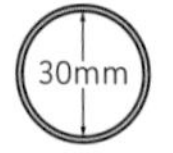

### (3) 血液の循環

血液は，心臓から送り出されて全身の細胞(さいぼう)に運ばれ，再び心臓にもどる。この一連の流れを**血液の循環**という。血液の循環の経路は，**体循環**と**肺循環**に分けられる(**図7**)。

**①体循環**

血液が**心臓から肺以外の全身に送られ，再び心臓にもどる**経路を**体循環**という。体循環では，全身の細胞に養分や酸素を与(あた)え，細胞から二酸化炭素や不要な物質を受け取る。全身の細胞に酸素を渡(わた)した後の，**二酸化炭素を多く含(ふく)む血液**を**静脈血**という。

**②肺循環**

血液が**心臓から肺に送られ，再び心臓にもどる**経路を**肺循環**という。肺循環では，肺で酸素を取り入れ，二酸化炭素を出す。肺で酸素を取り入れた後の，**酸素を多く含む血液**を**動脈血**という。

心臓から肺に血液が流れる動脈を**肺動脈**，肺から心臓に血液が流れる静脈を**肺静脈**という。**肺動脈には静脈血**が，**肺静脈には動脈血**が流れる。

**図7 血液の循環**

● 酸素
● 二酸化炭素
■ 養分
■ 不要な物質
動脈血
静脈血
⇨ 体循環
□□⇨ 肺循環
肺
肺循環
肺動脈
肺静脈
大動脈
大静脈
心臓
静脈
動脈
体循環
全身の細胞

## いろいろな心臓のつくり

魚類の心臓には，静脈血だけが流れる。両生類の心臓では，動脈血と静脈血が混じりあい，ハチュウ類の心臓でも，一部混じりあうが，鳥類やホニュウ類の心臓では，混じりあわない。

**魚類**

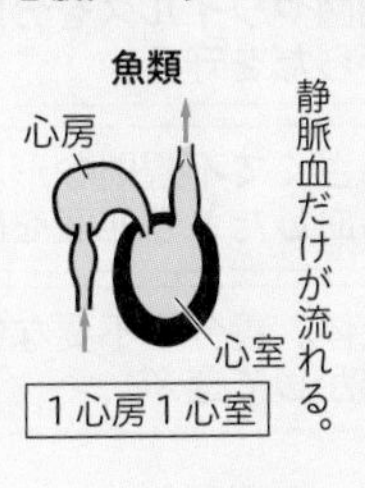


**両生類**

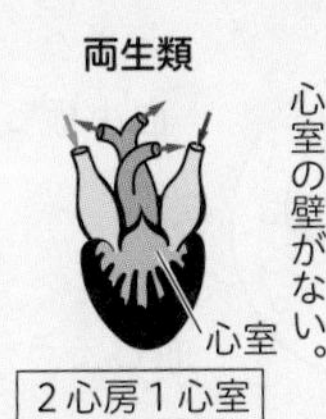


**ハチュウ類**

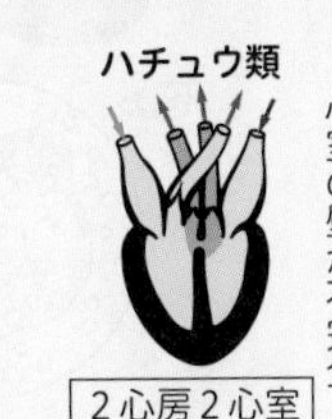


**鳥類・ホニュウ類**

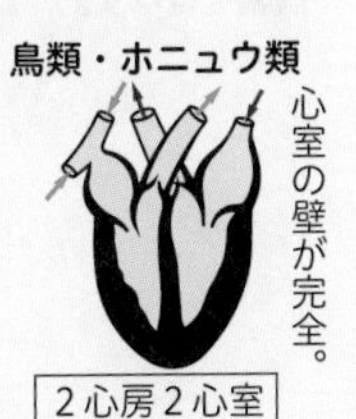

## ② 血液の成分

### (1) メダカの尾びれの観察

図8のようにして，メダカの尾びれを観察すると，毛細血管の中をたくさんの丸い粒が同じ向きに流れているのがわかる。この粒を**赤血球**という。

▼図8 メダカの尾びれの観察

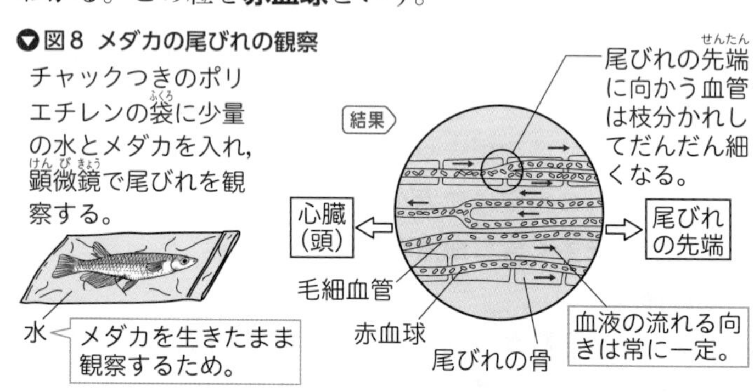


### (2) 血液の成分

血液は，図9のように，**赤血球**，**白血球**，**血小板**などの固形成分と，**血しょう**という液体成分からできている。

**赤血球**には，**ヘモグロビン**という赤い物質が含まれている。ヘモグロビンは，肺胞のような**酸素の多いところでは酸素と結びつき，酸素の少ないところでは酸素をはなす**性質をもつ。⑨ そのため，血液は肺で酸素を取り入れ，酸素を必要としている細胞まで酸素を運ぶことができる。

**⑨血液の色**

ヘモグロビンは，酸素と結びつくと鮮やかな赤色になり，酸素をはなすと暗い赤色になる。つまり，動脈血は鮮やかな赤色を，静脈血は暗い赤色をしている。

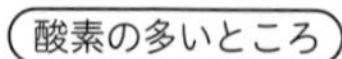

酸素と結びつく。

酸素の少ないところ

酸素をはなす。

▼図9 ヒトの血液の成分

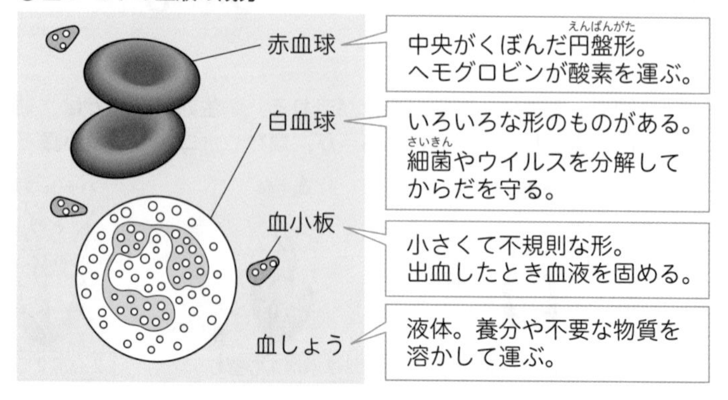

### (3) 血液と細胞での物質の交換

#### ①組織液

全身の細胞の間には，毛細血管が網の目のように入りこんでいる。赤血球は毛細血管の壁を通り抜けられないが，毛細血管の壁は非常にうすく，**血しょうはしみ出して細胞のまわりを満たしている**。これを**組織液**という。

#### ②血液と細胞での物質の交換（図10）

赤血球で運ばれてきた**酸素**や，小腸で吸収されて血しょうに溶けて運ばれてきた**養分**は，組織液を通して細胞に届けられる。細胞の活動でできた**二酸化炭素**や不要な物質は，組織液に溶けてから毛細血管に取りこまれる。

図10 血液と細胞での物質の交換

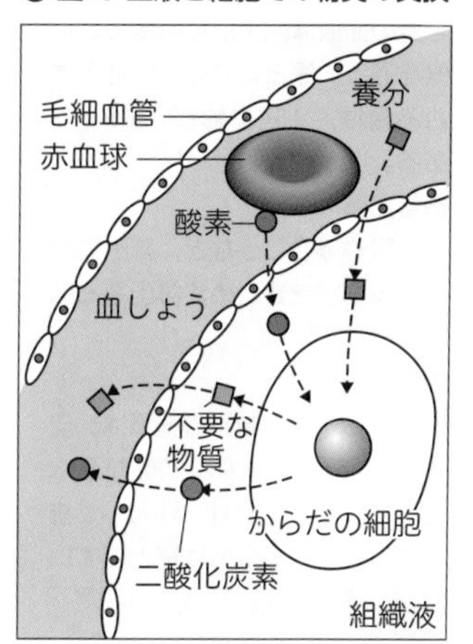


### (4) リンパ管とリンパ液

組織液の多くは血管にもどるが，一部は**リンパ管**に入り，リンパ管に入った組織液を**リンパ液**という。リンパ管はしだいに集まって太い管になり，首の下（心臓の近く）で静脈と合流する。リンパ液はここで再び，血液と混じりあう。リンパ管は血管と同様に，全身に張りめぐらされている。[10]

**⑩循環系**
心臓や血管，リンパ管など，血液やリンパ液の循環にかかわる器官をまとめて循環系という。

## 3 排出のしくみ

### (1) 排出

細胞のはたらきによって，さまざまな不要な物質が生じる。これらは体内に多くたまると有害なので，取り除いて体外に出さなければならない。このはたらきを**排出**という。

便や二酸化炭素[11]のほかに，体外に排出されるものには**尿**がある。尿の排出には，おもに肝臓やじん臓がかかわる。

### (2) 肝臓のはたらき

細胞でタンパク質やアミノ酸が分解されると，有害な**アンモニア**ができる。[12]アンモニアは細胞から組織液中に出された後，毛細血管に取りこまれて肝臓に運ばれ，肝臓で**尿素**という無害な物質に変えられる。

**⑪便や二酸化炭素の排出**
消化・吸収されなかった食物，腸管の細胞がはがれ落ちたもの，大腸にすんでいた微小な生物などの不要な物質は，便として体外に出される。また，呼吸では，肺から二酸化炭素が排出される。

**⑫窒素とアンモニア**
ブドウ糖や脂肪が分解されると，二酸化炭素と水ができる。しかし，タンパク質やアミノ酸は窒素（N）を含んでおり，分解されると二酸化炭素と水以外にアンモニア（$NH_3$）もできる。

## (3) じん臓のはたらき

尿素は血液によってじん臓に運ばれる。じん臓で，尿素などの不要な物質は，余分な水分や塩分とともに血液中からこし出されて**尿**となる。尿は，**輸尿管**(**尿管**)を通って**ぼうこう**に一時ためられてから，体外に排出される(**図11**)。[13][14]
このように，じん臓のはたらきによって血液中の不要な物質が取り除かれ，塩分もからだに適した濃さに保たれる。[15][16]

▼図11 ヒトのじん臓のつくり

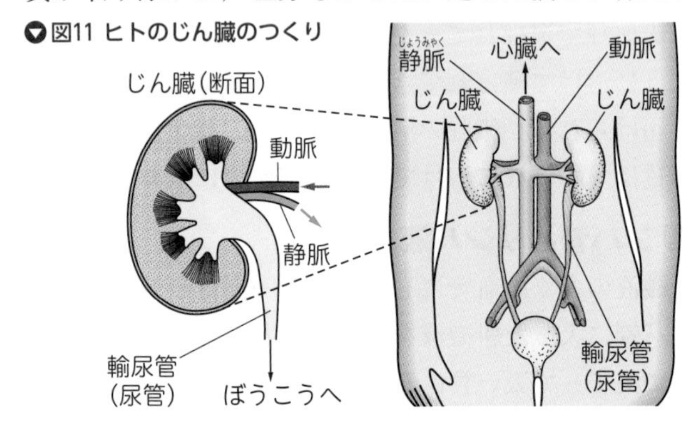


**⑬1日に排出される尿**
全身の血液は，1日に何度もじん臓を通る。尿として体外に排出される量は，1日に約1.2〜1.5Lである。

**⑭排出系**
じん臓やぼうこうなど，排出にかかわる器官をまとめて排出系という。

**⑮汗せんと汗**
血液中の不要な物質の一部は，皮膚にある汗せん(>>p. 100)から水とともにこし出され，汗として排出される。汗の成分は尿と似ているが，濃さは尿よりうすい。

**発展 ⑯再吸収**
じん臓は，血液中のさまざまな物質をいったんこし出した後，ブドウ糖やアミノ酸など必要なものを再吸収する。

### 血液の循環のまとめ

**肝臓のはたらき**
- 養分の貯蔵
- 胆汁の生成
- タンパク質・脂肪の合成
- 尿素の形成

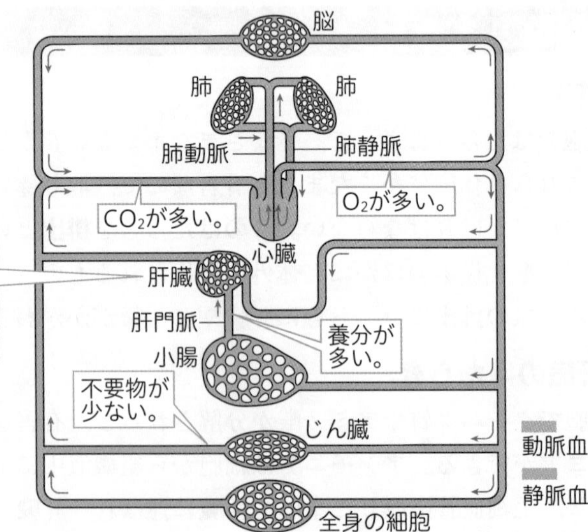

# 要点チェック

## 1 呼吸

|  | 解答 |
| --- | --- |
| □ (1) 気管支の先にある，うすい膜(まく)でできた小さな袋(ふくろ)を何というか。>>p. 87 | (1) 肺胞 |
| □ (2) 肺胞内(はいほうない)の空気から血液に取りこまれるのは，何という気体か。>>p. 87 | (2) 酸素 |
| □ (3) ヒトが息を吸うとき，①横隔膜(おうかくまく)は上がるか，下がるか。また，②胸腔(きょうこう)は広くなるか，狭(せま)くなるか。>>p. 88 | (3) ① 下がる。<br>② 広くなる。 |

## 2 血液の循環と排出

|  |  |
| --- | --- |
| □ (4) 心臓で，①血液が流れこむ部屋を何というか。また，②血液を送り出す部屋を何というか。>>p. 90 | (4) ① 心房<br>② 心室 |
| □ (5) ①心臓から送り出される血液が流れる血管を何というか。また，②心臓にもどる血液が流れる血管を何というか。>>p. 90 | (5) ① 動脈<br>② 静脈 |
| □ (6) 静脈の壁(かべ)にある，血液の逆流を防ぐはたらきをする部分を何というか。>>p. 90 | (6) 弁 |
| □ (7) 血液の循環の経路で，①血液が心臓から肺以外の全身に送られ，再び心臓にもどる経路を何というか。また，②血液が心臓から肺に送られ，再び心臓にもどる経路を何というか。>>p. 91 | (7) ① 体循環<br>② 肺循環 |
| □ (8) ①酸素を多く含(ふく)む血液を何というか。また，②二酸化炭素を多く含む血液を何というか。>>p. 91 | (8) ① 動脈血<br>② 静脈血 |
| □ (9) ①酸素を運ぶ血液の固形成分を何というか。また，②酸素を運ぶ血液の成分に含まれる赤い物質を何というか。>>p. 92 | (9) ① 赤血球<br>② ヘモグロビン |
| □ (10) 血液の液体成分の一部がしみ出して，細胞(さいぼう)のまわりを満たしている液を何というか。>>p. 93 | (10) 組織液 |
| □ (11) 細胞でできた有害なアンモニアは，肝臓で何という無害な物質に変えられるか。>>p. 93 | (11) 尿素 |
| □ (12) 血液中の尿素などの不要な物質は，何という器官でこし出されて尿になるか。>>p. 94 | (12) じん臓 |

# 定期試験対策問題 解答➡p.228

## 1 肺のつくりとはたらき >>p. 87, 88

図1はヒトの肺のつくりを，図2はヒトの呼吸運動を調べる実験装置を表したものである。次の問いに答えなさい。

(1) 図1のXは，口や鼻から取りこんだ空気が通る部分である。また，Yは，Xが枝分かれしたものである。X，Yをそれぞれ何というか。

(2) 図1のYの先には，Zのような小さな袋(ふくろ)がたくさんある。

① Zを何というか。

② 肺にZがたくさんあることは，呼吸を行ううえで，どのように都合がよいか。簡単に答えなさい。

(3) 図2の装置で，ゴム風船とゴム膜(まく)は，それぞれヒトのからだの何という部分にあたるか。

(4) 図2のひもを引くと，息を吸ったときと息をはいたときのどちらのようすを再現することができるか。

図1

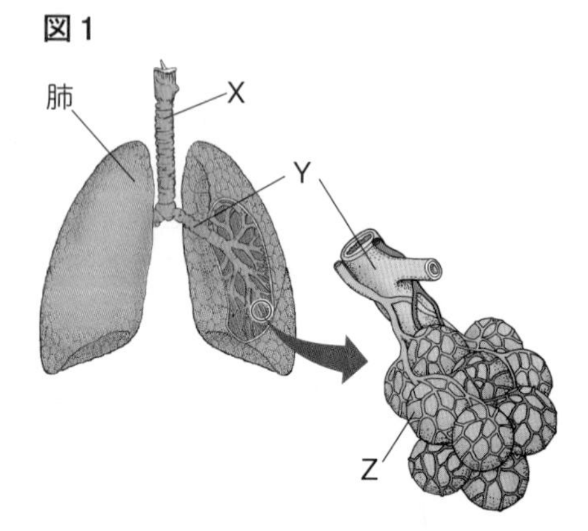


図2

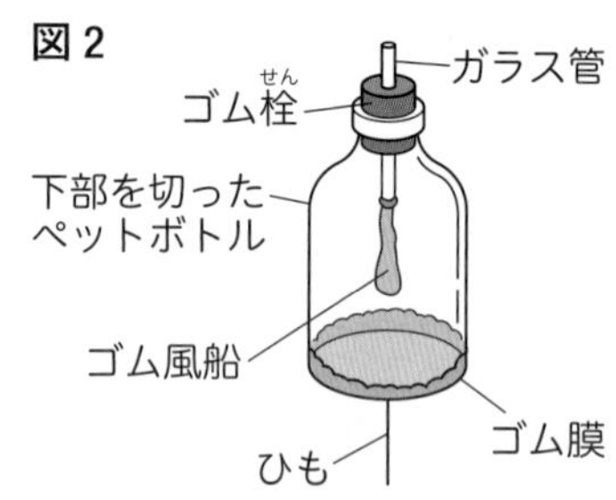


## 2 心臓のつくりとはたらき >>p. 90

図は，ヒトの心臓を正面から見たときの断面を表したものである。次の問いに答えなさい。

(1) 図の㋐～㋓の部屋をそれぞれ何というか。

(2) 全身に血液を送り出すはたらきをしている部屋は，図の㋐～㋓のどれか。

(3) 図のA～Dの血管の名称(めいしょう)は，それぞれ次の**ア**～**エ**のどれか。

**ア** 大動脈　　**イ** 大静脈(だいじょうみゃく)

**ウ** 肺動脈　　**エ** 肺静脈

(4) 心臓にはいくつかの弁がある。弁のはたらきを簡単に答えなさい。

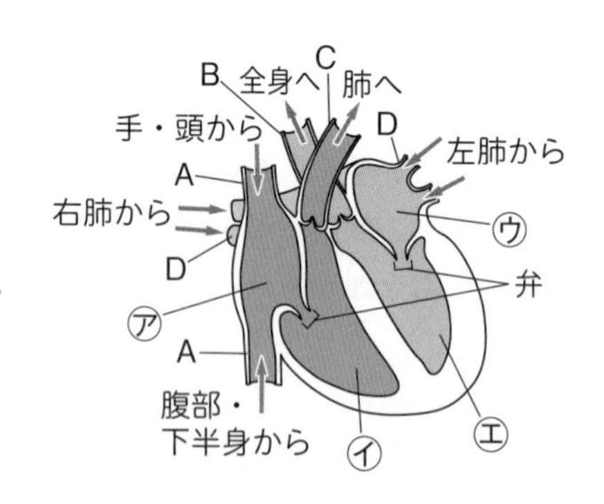


ヒント

(3) 心臓から出ていく血液が流れる血管を動脈，心臓にもどる血液が流れる血管を静脈ということから考える。

## 3 血液の成分 >>p. 92, 93

図は，血液の成分を表したものである。次の問いに答えなさい。

⑴ 出血したときに血液を固めるはたらきをしている固形成分は，図のA～Cのどれか。

⑵ 図のCには，ヘモグロビンという物質が含(ふく)まれている。ヘモグロビンの性質の説明として正しいものは，次の**ア**～**ウ**のどれか。

**ア** 酸素の多いところでは酸素と結びつき，酸素の少ないところでは酸素をはなす。

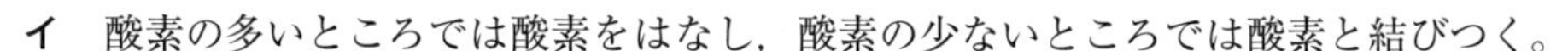

**イ** 酸素の多いところでは酸素をはなし，酸素の少ないところでは酸素と結びつく。

**ウ** まわりの酸素の量に関係なく，常に酸素と結びつく。

⑶ 図のXは，血液の液体成分である。この成分を何というか。

⑷ 次の文中の［　　］に共通して当てはまることばは何か。

図のXは，血管から外にしみ出して，細胞(さいぼう)のまわりを満たしている。この液体を［　　］という。細胞は，［　　］を利用して物質をやりとりしている。

## 4 血液の循環(じゅんかん)と排出(はいしゅつ) >>p. 91, 93, 94

図は，ヒトの血液循環のようすを表したものである。次の問いに答えなさい。

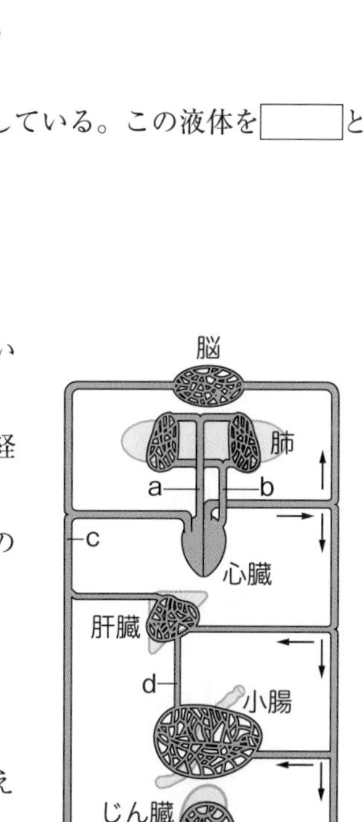


⑴ 血液が心臓から肺以外の全身に送られ，再び心臓にもどる経路を何というか。

⑵ 次の①～③のような血液が流れている血管は，それぞれ図のa～eのどれか。

① 酸素を最も多く含む血液

② 養分を最も多く含む血液

③ 不要な物質が最も少ない血液

⑶ 肝臓(かんぞう)は，細胞でできた有害なアンモニアを無害な物質に変えるはたらきをしている。この無害な物質を何というか。

⑷ じん臓は，不要な物質を血液中からこし出して尿(にょう)をつくっている。じん臓でつくられた尿がぼうこうへ移動するときに通る管を何というか。

# 第9章 刺激と反応

## 要点のまとめ

## 1 刺激と反応 ≫p.99

□ **感覚器官**：目や耳などのように，**外界からの刺激を受け取る器官**。

□ **感覚細胞**：**感覚器官**にある，決まった種類の刺激を受け取る特別な細胞。ヒトの目では**網膜**に，耳では**うずまき管**にある。

□ **神経系**：**中枢神経**と**末しょう神経**からなる全身の神経。

□ **中枢神経**：判断や命令を行う**脳**や**脊髄**。

□ **末しょう神経**：**中枢神経**から枝分かれして全身に広がる神経。

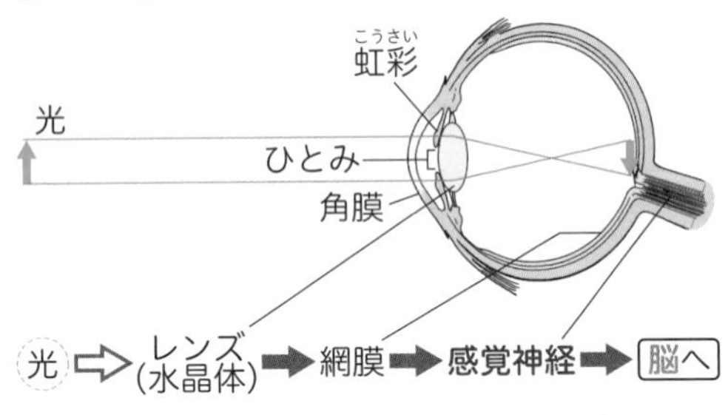


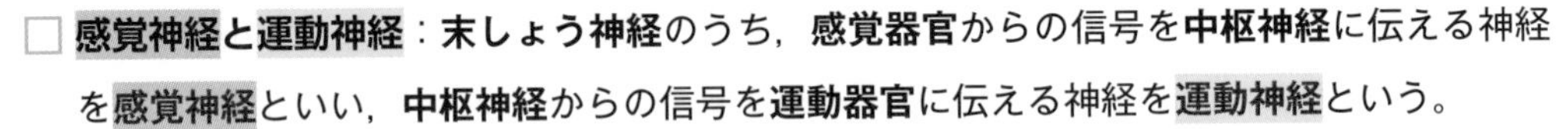

□ **感覚神経と運動神経**：**末しょう神経**のうち，**感覚器官**からの信号を**中枢神経**に伝える神経を**感覚神経**といい，**中枢神経**からの信号を**運動器官**に伝える神経を**運動神経**という。

□ **意識して起こす反応**：**感覚器官**からの刺激の信号は，**感覚神経**を通り，**脊髄**を経て**脳**に伝わる。**脳**から出された命令の信号は，**脊髄**，**運動神経**を通って**運動器官**に伝わり，反応が起こる。（右図の➡）

□ **反射**：刺激に対して無意識に起こる反応。**脳**ではなく**脊髄**などから命令が出される。（右図の➡）

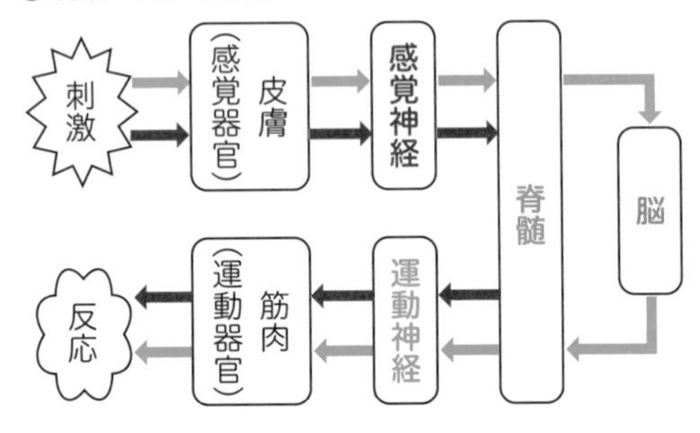


## 2 運動のしくみ ≫p.105

□ **筋肉**：骨のまわりにあり，両端は**けん**という丈夫なつくりになっていて，関節をまたいだ2つの骨についている。

□ **運動のしくみ**：骨の両側にある筋肉の**どちらか一方が縮むと，他方がゆるむ**しくみになっていて，その結果，関節の部分で骨格が曲げられる。

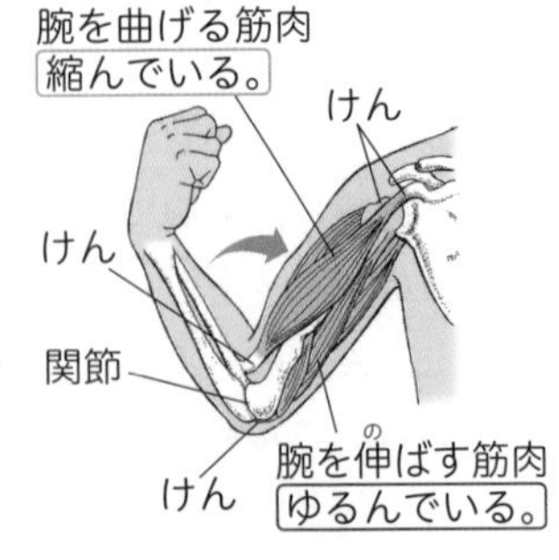

# 1 刺激と反応

## ① 感覚器官

動物は，光や音などのまわりの情報を，目や耳などで受け取り，それに反応してさまざまな行動を行う。

### (1) 刺激

光や音などのように，生物にはたらきかけて，反応を起こさせるものを**刺激**という。

### (2) 感覚器官

目や耳などのように，**外界からの刺激を受け取る器官**を**感覚器官**という。感覚器官の種類は動物によって違う(ちが)が，ヒトの感覚器官には，目，耳，鼻，舌(した)，皮膚(ひふ)❶などがある。

それぞれの感覚器官には，**決まった種類の刺激を受け取る特別な細胞(感覚細胞)**がある。感覚細胞で受け取った刺激は，神経を通って脳に送られ，脳で視覚，聴覚(ちょうかく)，嗅覚(きゅうかく)，味覚，触覚(しょっかく)など❷の感覚が生じる。

### (3) 感覚器官のつくりとはたらき(図1)

①目

ヒトの目では，光を**レンズ(水晶体(すいしょうたい))**で屈折(くっせつ)させ，**網膜**の上に像を結ぶ❸。網膜には**感覚細胞**が多数あり，受け取った光の刺激を信号に変える。その信号が視神経を通って脳に送られ，脳で「見える」という視覚が生じる❹。

図1 ヒトの感覚器官

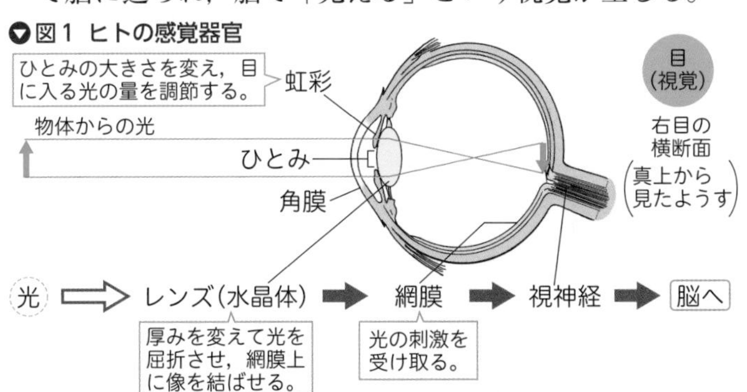


❶皮膚が受け取る刺激
皮膚には，触(ふ)れている，圧力，あたたかい，冷たい，痛いなどの刺激を受け取る部分がある。

❷ヒトの感覚
ほかに，圧覚，温覚，冷覚，痛覚などがある。

中1の復習
- 物体が凸(とつ)レンズの焦点(しょうてん)の外側にあるとき，実像は，凸レンズをはさんで物体と反対側にできる。

❸ヒトの目とカメラのつくり
ヒトの目のつくりとカメラのつくりはよく似ている。

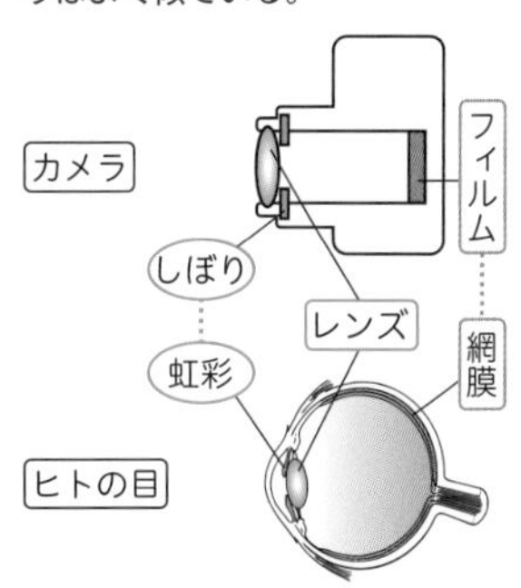


❹ヒトの目のつき方
ヒトの目は，顔の正面に2つあるので，前方のものを立体的に見たり，ものまでの距離(きょり)を正確にとらえたりすることができる。

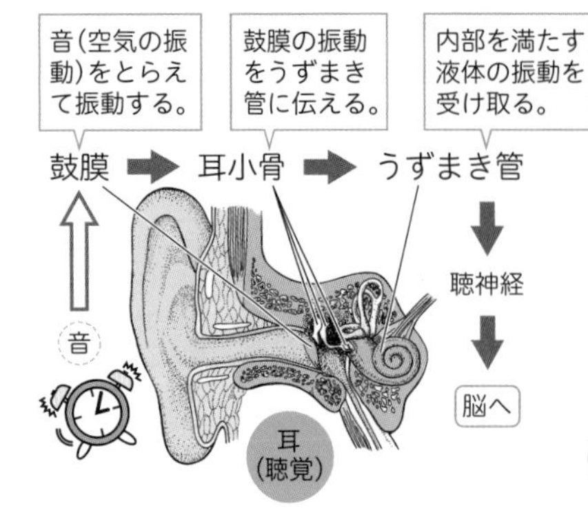


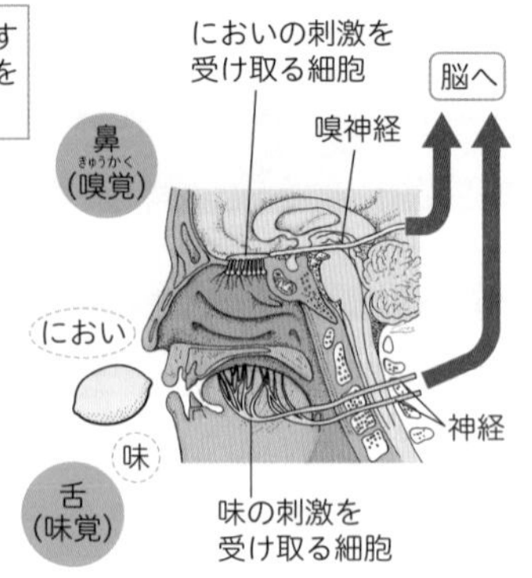


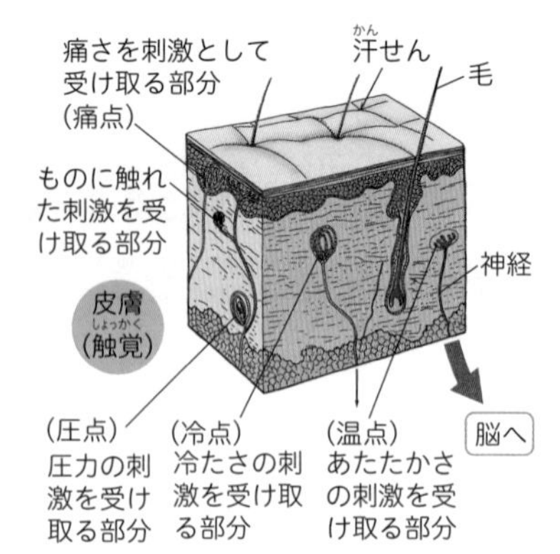


②**耳**

ヒトの耳では，空気の振動を**鼓膜**でとらえ，**耳小骨**を通して**うずまき管**内の液体に振動が伝わる。うずまき管にある**感覚細胞**は，刺激の振動を信号に変える。その信号が聴神経を通って脳に送られ，脳で「聞こえる」という聴覚が生じる。[5]

③**鼻・舌**

ヒトの鼻や舌にも感覚細胞があり，においや味のもとになる刺激を受け取る。

④**皮膚**

ヒトの皮膚の表面には，触れたこと，圧力，温度，痛みなどの刺激を受け取る部分(感覚点)が分布している。

## (4) 刺激に対するメダカの反応

メダカには，同じ位置にとどまろうとする習性がある。この習性を利用すると，メダカが刺激をどこで受け取っているのかを知ることができる(**図2**)。

**図2 水流や光の刺激に対するメダカの反応を調べる実験**

水流の刺激に対する反応

結果 水流とは逆向きに泳いだ。
(メダカは，からだの表面[6]で水流を感じ，同じ位置にとどまろうとした。)

光の刺激に対する反応

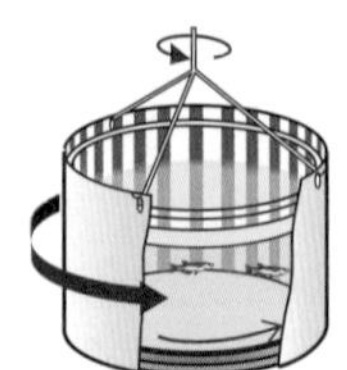


結果 模様の動く向きに泳いだ。
(メダカは，模様の動きを目で感じ，同じ位置にとどまろうとした。)

中1の復習
- 音は，空気などが振動することで伝わる。

**❺ヒトの耳のつき方**
ヒトの耳は，顔の左右に1つずつあるので，音のくる方向を知ることができる。

**❻側線**
魚の皮膚には，水流の向きや水圧を感じ取る側線という感覚器官がある。

# ② 刺激と反応

## (1) 神経系

信号の伝達や命令を行う器官(**中枢神経**，**末しょう神経**)をまとめて**神経系**という。からだの中には，中枢神経と，そこから枝分かれした末しょう神経が広がっている(**図3**)。

### ①中枢神経

**脳**❼や**脊髄**は，多くの神経が集まり，判断や命令などを行う重要な役割をしているので，**中枢神経**とよばれる。

### ②末しょう神経

中枢神経から枝分かれして全身に広がる神経を，**末しょう神経**という。末しょう神経のうち，**感覚器官からの信号を中枢神経に伝える神経**を**感覚神経**といい，**中枢神経からの信号を運動器官(手や足など)や内臓の筋肉に伝える神経**を**運動神経**という。

## (2) 刺激に対する反応

感覚器官で受け取った刺激は信号に変えられ，感覚神経を通って脳や脊髄に伝わる。脳では感覚が生じ，どう反応するかを決めて命令が出される。その命令の信号が運動神経を通って筋肉に伝わり，反応が起こる。>>p. 102 重要実験⑫

▼図3 ヒトの神経系

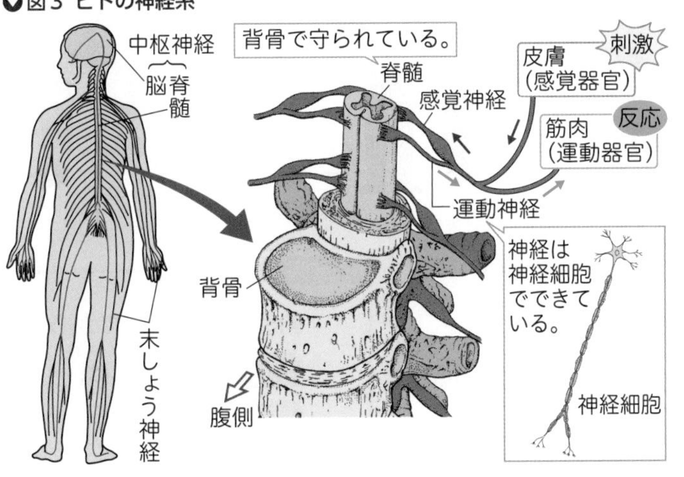


**発展 ❼脳のつくりとはたらき**

ヒトの脳は，体重の約2％しかないが，全身に必要なエネルギーの約20％も消費している。
脳はいろいろな部分に分けられ，それぞれ次のようなはたらきをしている。
大脳：さまざまな感覚を受け取るほか，それらをもとにして判断し，運動の命令を出す。また，ものを考えたり，記憶したりする。
間脳：体温を一定に保つ。
中脳：眼球運動や歩行運動を調整する。
小脳：からだのつりあいを保つ。
延髄：消化器官，呼吸器官，心臓などの内臓のはたらきを調整する。

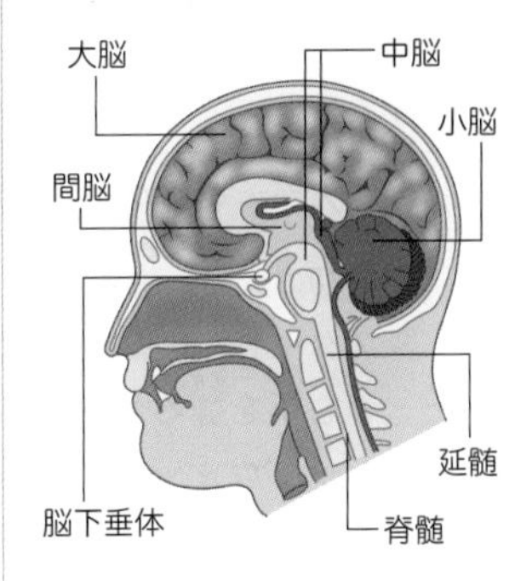

# 重要実験⑫ 刺激に対する反応時間

**A：ものさしを使う方法**

❶ ㋐の人がものさしの上端をつかみ，㋑の人はものさしの0の目盛りの位置に指をそえる。

❷ ㋐の人は予告せずにものさしを落とす。㋑の人はものさしが落ち始めるのを見たら，すぐにものさしをつかむ。

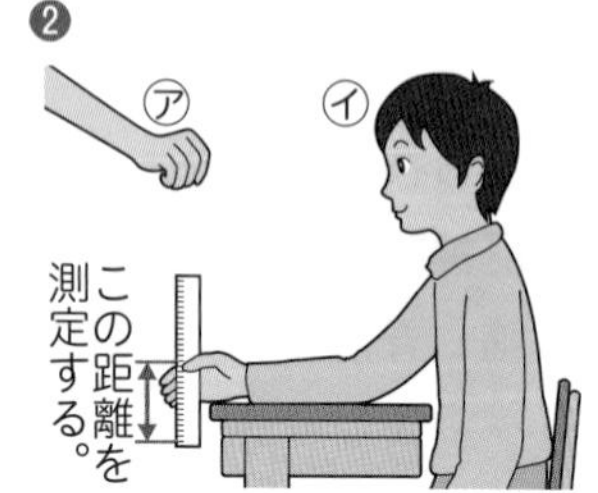


❸ ものさしの0の目盛りから，どのくらいの距離でつかめたかを読み取る。　結果〉（例）18cm

❹ ❸の結果と下の表から，ものさしの落下にかかった時間を読み取る。

【ものさしが落下する距離とそれにかかる時間】

| 距離〔cm〕 | 8 | 10 | 12 | 14 | 16 | 18 | 20 |
|---|---|---|---|---|---|---|---|
| 時間〔s〕 | 0.13 | 0.14 | 0.16 | 0.17 | 0.18 | 0.19 | 0.20 |

結果〉（例）0.19秒　**➡目が刺激を受けてから反応するまでの時間＝0.19秒**

どちらの実験も，❸を数回行って平均値を求めてから，❹に進むといいね。

**B：手をつないで行う方法**

❶ 10人が手をつないで輪になる。

❷ 最初の人が，右手でストップウォッチをスタートさせると同時に，左手で隣の人の右手を握る。（その後，最初の人はストップウォッチを左手に持ちかえておく。）右手を握られた人は，さらに隣の人の右手を握り，次々に握っていく。

❸ 最初の人は，自分の右手が握られたらストップウォッチを止める。

結果〉（例）2.79秒

❹ ❸の結果から，1人当たりにかかったおよその時間を求める。

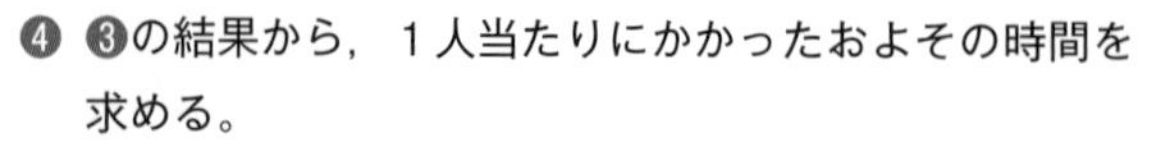

結果〉およそ0.28秒（2.79〔s〕÷10＝0.279〔s〕）

**➡皮膚が刺激を受けてから反応するまでの時間＝0.28秒**

**結果のまとめ**

**刺激を受け取ってから反応するまでには，時間がかかる。**

## (3) 意識して起こす反応

### ①目で刺激を受け取ったとき(重要実験⑫のAのとき)

このときの信号が伝わる経路は次のようになる(図4)。

落ちるものさしの像が目の網膜(もうまく)に結ばれ，網膜の感覚(かんかく)細胞(さいぼう)が光の刺激として受け取り，信号に変える。▶信号が感覚神経を通って脳に伝わり，ものさしが落ちるのが認識(にんしき)される。▶脳から「つかめ」という命令の信号が出され，脊髄(せきずい)を通って運動神経に伝わる。▶信号が手の筋肉に伝わって反応が起こる。

### ②皮膚で刺激を受け取ったとき(重要実験⑫のBのとき)

このときの信号が伝わる経路は次のようになる(図5)。

手を握られた刺激を皮膚の感覚細胞が受け取り，信号に変える。▶信号が感覚神経を通り，脊髄を経て脳に伝わり，手を握られたことを認識する。▶脳から反対側の手に「握れ」という命令の信号が出され，脊髄を通って運動神経に伝わる。▶信号が手の筋肉に伝わって反応が起こる。

▼図4 目で刺激を受けてから反応するまで

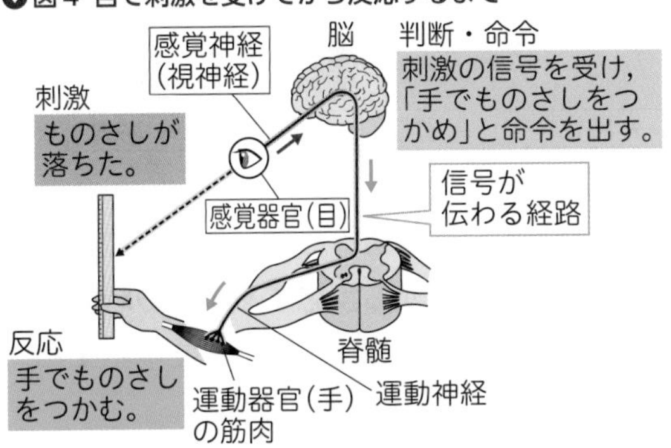


感覚器官(目) → 感覚神経(視神経) → 脳 → 脊髄 → 運動神経 → 筋肉

▼図5 皮膚で刺激を受けてから反応するまで

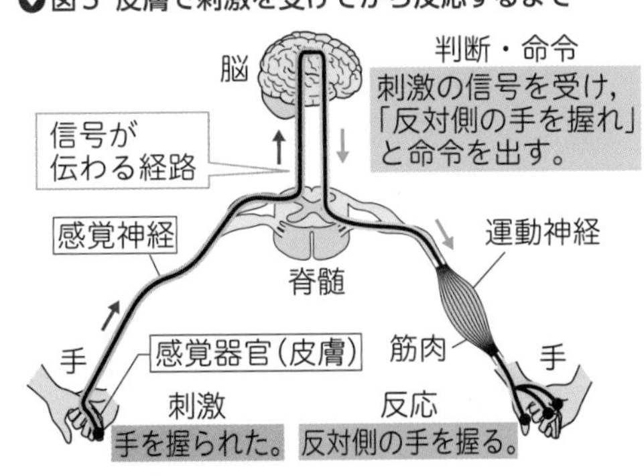


感覚器官(皮膚) → 感覚神経 → 脊髄 → 脳 → 脊髄 → 運動神経 → 筋肉

重要実験⑫から，刺激を受けてから反応するまでには時間がかかることがわかる。この時間の**大部分は，脳が刺激を感じ，判断し，命令を出すために必要な時間**で，残りは感覚神経や運動神経を信号が伝わるのにかかる時間である。

## (4) 無意識に起こる反応 ～反射～

熱いものに手が触れたとき，思わず手を引っこめるという反応が起こる。このように，**刺激に対して無意識に起こる反応**を**反射**という。

熱いものに手が触れたときの反射では，信号が伝わる経路は次のようになる(**図6**)。

手の皮膚の感覚細胞が刺激を受け取り，信号に変える。▶信号は感覚神経を通って脊髄に伝わる。▶その信号が脊髄を通って脳に伝えられると同時に，**脊髄から直接，命令の信号が出され**，手の筋肉につながっている運動神経に伝わり，意識とは無関係に手が動く。▶一方，この反応より遅れて，信号が脳まで伝わることで，熱いということが意識される。[8]

図6 熱いものに手が触れたときの反射

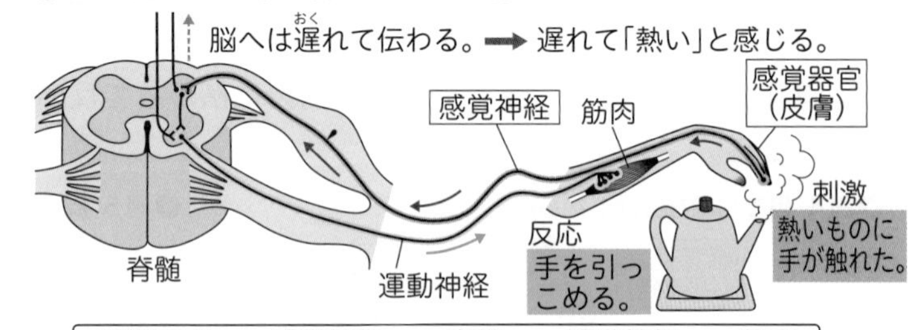


感覚器官 → 感覚神経 → 脊髄 → 運動神経 → 筋肉

### ①反射の役割

反射は生まれつきもっているもので，意識して起こす反応に比べ，刺激を受けてから**反応するまでの時間が短い**。そのため，**危険から身を守る**ことに役立つ。また，**からだのはたらきを調節する**ことにも役立つ。

### ②反射の例

- 明るさによって，目のひとみの大きさが変わる(**図7**)。
- 食物を口に入れると，だ液が出る。
- 目の前にボールが飛んでくると，目をつぶる。
- いすに座ってひざの皿の下の部分をたたくと，足がはね上がる。[9]

**❽信号が伝わる時間の違い**

信号が反射の経路を通って筋肉まで伝わる時間より，信号が脳まで伝わる時間のほうが長いので，熱いということは遅れて意識される。

**発展 ❾反射の中枢**

反射はおもに脊髄と延髄が中枢となるが，中脳が中枢となる場合もある。

**脊髄が中枢となる反射の例**
- 熱いものに手が触れると，手を引っこめる。
- ひざの下をたたくと，足がはね上がる(しつがいけん反射)。
- 体温が上昇すると，汗が出る。
- 排尿，排便。

**延髄が中枢となる反射の例**
- だ液や胃液の分泌。
- くしゃみ，せき。

**中脳が中枢となる反射の例**
- 明るさによって，ひとみの大きさが変わる(瞳孔反射)。
- 目の前にボールや虫が飛んでくると，目をつぶる。

図7 ひとみの大きさと反射

明るいところ

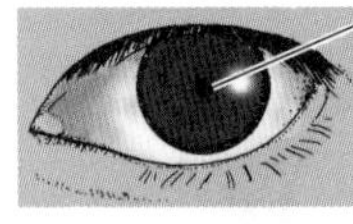


目に入る光の量が少なくなる。

暗いところ

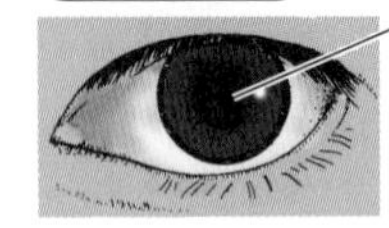


目に入る光の量が多くなり，よく見える。

# 2 運動のしくみ

## ① 骨格と筋肉のはたらき

手や足などの**運動器官**は，骨と筋肉のはたらきで動く。

### (1) 骨格

ヒトなどの動物のからだには多くの骨があり，それらが組み合わさったり，関節でつながったりして**骨格**をつくっている。⑩ 骨格は，からだを支えるとともに，脳などの神経や内臓を保護するはたらきをしている(**図8**)。

### (2) 筋肉

骨のまわりには**筋肉**がある。筋肉は，さまざまなからだの部分の運動に関係している。

### (3) 運動のしくみ

手や足などの運動器官を動かすときには，筋肉のはたらきによって**関節**の部分で骨格が曲げられる。骨についている筋肉は，**図9**のように，両端(りょうたん)が**けん**という丈夫(じょうぶ)なつくりになっていて，関節をまたいだ2つの骨についている。筋肉は縮むことはできるが，みずから伸(の)びる(ゆるむ)ことはできない。そのため，骨の両側にある**筋肉のどちらか一方が縮むと，他方がゆるむ**しくみになっていて，その結果，関節の部分で骨格が曲げられる。

**図9 ヒトの腕(うで)の運動のしくみ**

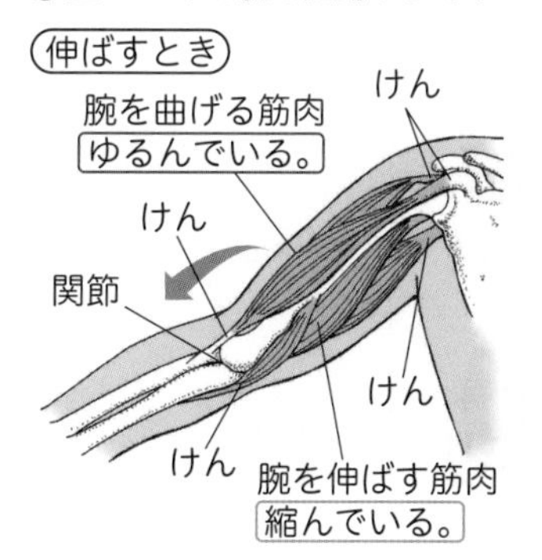


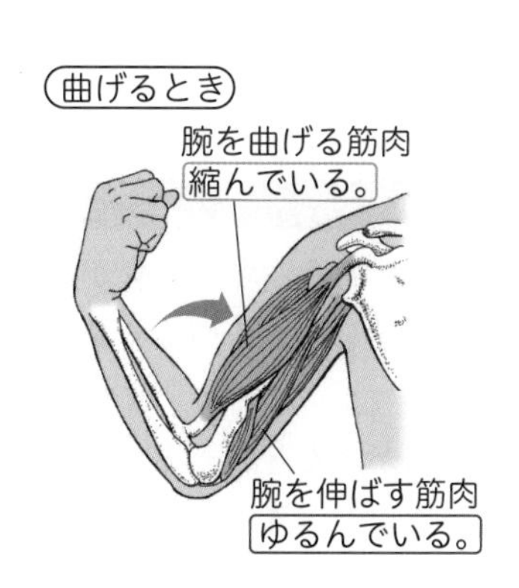


**小学校の復習**

- ヒトのからだには，骨や筋肉，関節があり，それらのはたらきによって，ヒトはからだを支えたり，動かしたりしている。

**中1の復習**

- セキツイ動物は，背骨を中心とした骨格と筋肉をもち，活発に運動する。
- 節足動物のからだの外側をおおっているかたい殻(から)を，外骨格という。

**⑩内骨格**
ヒトや魚の骨格のように，からだの内部にある骨格を内骨格という。

**図8 ヒトの全身の骨格**

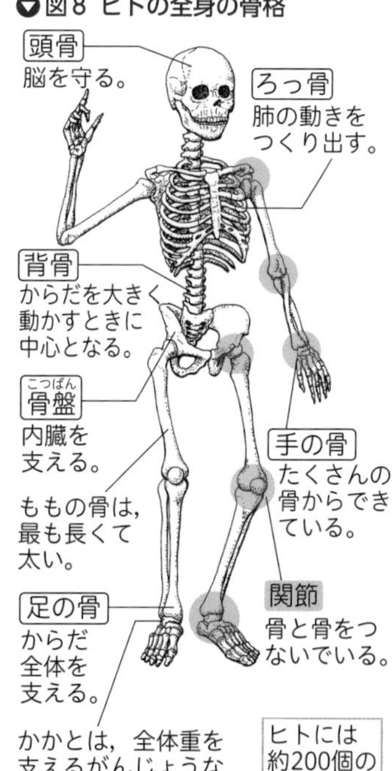

# ☑要点チェック

## 1 刺激と反応

| | 解答 |
|---|---|
| □ (1) 目や耳などのように，外界からの刺激を受け取る器官を何というか。>>p. 99 | (1) 感覚器官 |
| □ (2) 感覚器官にある，決まった種類の刺激を受け取る特別な細胞を何というか。>>p. 99 | (2) 感覚細胞 |
| □ (3) ヒトの目で，物体からの光を屈折させるはたらきをする部分を何というか。>>p. 99 | (3) レンズ(水晶体) |
| □ (4) 刺激を受け取る特別な細胞は，①ヒトの目では何という部分にあるか。また，②ヒトの耳では何という部分にあるか。>>p. 99,100 | (4) ① 網膜<br>② うずまき管 |
| □ (5) 中枢神経と末しょう神経をまとめて何というか。>>p. 101 | (5) 神経系 |
| □ (6) 脳や脊髄からできている神経を何というか。>>p. 101 | (6) 中枢神経 |
| □ (7) 中枢神経から枝分かれして全身に広がる神経を何というか。>>p. 101 | (7) 末しょう神経 |
| □ (8) 末しょう神経のうち，①感覚器官からの信号を中枢神経に伝える神経を何というか。また，②中枢神経からの信号を運動器官に伝える神経を何というか。>>p. 101 | (8) ① 感覚神経<br>② 運動神経 |
| □ (9) 刺激に対して無意識に起こる反応を何というか。>>p. 104 | (9) 反射 |
| □ (10) 熱いものに手が触れたとき，思わず手を引っこめるという反応が起こるとき，反応の命令を出すのは，脳か，脊髄か。>>p. 104 | (10) 脊髄 |
| □ (11) 意識して起こす反応と無意識に起こる反応のどちらのほうが，刺激を受けてから反応が起こるまでの時間が短いか。>>p. 104 | (11) 無意識に起こる反応 |

## 2 運動のしくみ

| | 解答 |
|---|---|
| □ (12) ヒトなどの動物のからだにある，多くの骨が組み合わさったり，関節でつながったりしているつくりを何というか。>>p. 105 | (12) 骨格 |
| □ (13) 骨のまわりにあり，両端がけんという丈夫なつくりになっている部分を何というか。>>p. 105 | (13) 筋肉 |

# 定期試験対策問題 解答➡p.229



## 1 感覚器官 >>p. 99, 100

**図1**はヒトの目のつくりを，**図2**はヒトの耳のつくりを表している。次の問いに答えなさい。

(1) **図1**のAは，目に入る光の量を調節する部分である。Aを何というか。

(2) **図1**で，次の①，②のはたらきをする部分は，それぞれ**ア**～**ウ**のどれか。

① 厚みを変えて光を屈折(くっせつ)させることで，網膜(もうまく)上に像を結ばせる。

② 光の刺激を脳へ伝える。

(3) **図2**のBは，内部が液体で満たされ，音の刺激を液体の振動(しんどう)として受け取る部分である。Bを何というか。

(4) **図2**で，空気の振動を最初にとらえて振動する部分は，**エ**～**カ**のどれか。

図1

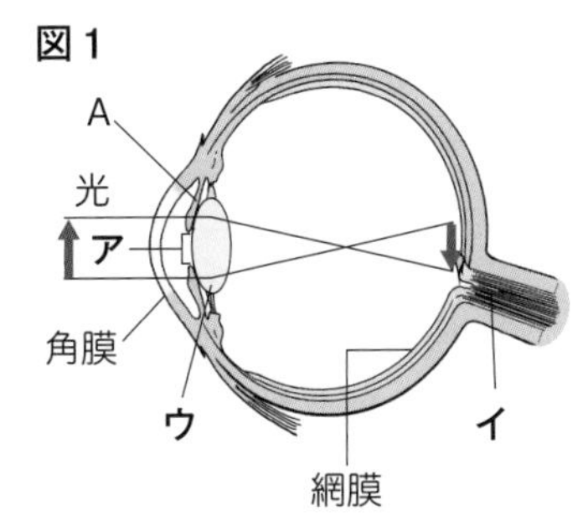


図2

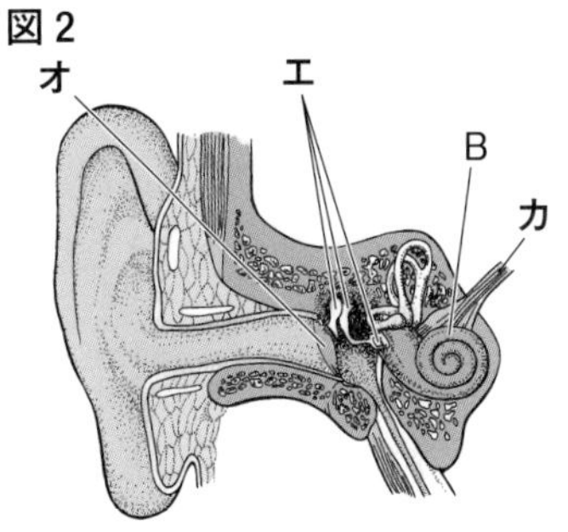


## 2 刺激に対する反応時間 >>p. 102, 103

刺激に対する反応時間を調べる次の実験を行った。あとの問いに答えなさい。

【実験】図のように，10人の人が背中合わせに立ち，最初の人は右手でストップウォッチをスタートさせると同時に左の人の右手を握(にぎ)る。右手を握られた人は，さらに隣(となり)の人の右手を握り，次々に握っていく。最初の人は，自分の右手が握られたら，左手に持ちかえていたストップウォッチを止める。

【結果】

| 1回目 | 2回目 | 3回目 | 4回目 |
|---|---|---|---|
| 3.12秒 | 3.14秒 | 2.98秒 | 3.08秒 |

(1) 4回の結果の平均は何秒か。

(2) 1人の反応にかかった時間は何秒か。小数第3位を四捨五入して答えなさい。

ヒント
(2) (1)で求めた時間は10人の反応にかかった時間である。

## 3 刺激(しげき)と反応 >>p. 103, 104

図は，ヒトの神経系を表したもので，Aは脳，Bはある感覚器官，Cは筋肉，D～Iは刺激や命令の信号を伝える神経を表している。次の問いに答えなさい。

(1) 次の文の［　　］に当てはまることばは何か。

図のDは［㋐］神経，Eは［㋑］神経である。DやEのように，脳や脊髄(せきずい)から枝分かれした神経を［㋒］神経という。

(2) 次のX，Yのような反応が起こった。

X　握手(あくしゅ)をしたら<u>ⓐ強く握(にぎ)られたので，強く握り返した。</u>

Y　熱湯が入ったやかんのふたをとろうとしたら，<u>ⓑ手が熱い水蒸気に触(ふ)れ，思わず手を引っこめた。</u>

① 下線部ⓐにおいて，刺激を受けてから反応が起こるまで，信号はどのように伝わったか。図のA～Iから選び，伝わった順に並べかえなさい。

② 下線部ⓑのような反応は，ヒトが生きていくうえでどのようなことに役立つか。簡単に答えなさい。

③ 下線部ⓑの反応と同じ種類の反応を，次の**ア**～**エ**からすべて選びなさい。

**ア**　暑いので，上着をぬいだ。
**イ**　口に食物を入れると，だ液が出た。
**ウ**　転びそうになり，手を前に出した。
**エ**　虫が飛んできたので，思わず目を閉じた。

## 4 運動のしくみ >>p.105

図は，ヒトの腕(うで)の骨と筋肉のようすを表したものである。次の問いに答えなさい。

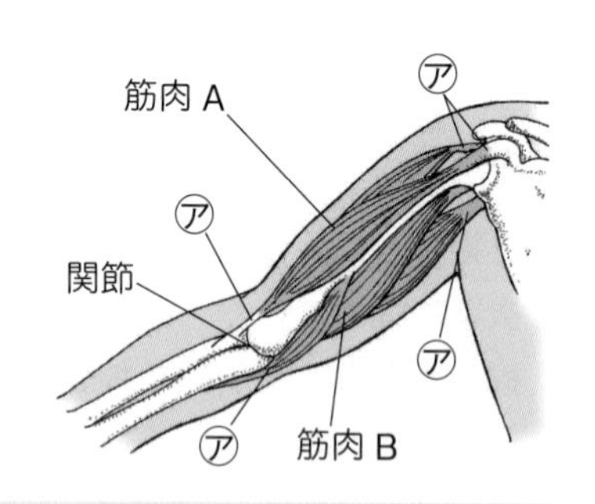


(1) 図の㋐は，筋肉が骨につく部分にある丈夫(じょうぶ)なつくりで，筋肉の両端(りょうたん)にある。このつくりを何というか。

(2) 腕を曲げるときと，伸(の)ばすときの筋肉Aと筋肉Bのようすとして正しいものは，それぞれ次の**ア**～**エ**のどれか。

**ア**　筋肉Aは縮んで，筋肉Bはゆるむ。
**イ**　筋肉Aはゆるんで，筋肉Bは縮む。
**ウ**　筋肉Aも筋肉Bも縮む。
**エ**　筋肉Aも筋肉Bもゆるむ。

ヒント
(2) 筋肉は縮むことはできてもみずからゆるむことはできない。

# 第3編

# 天気とその変化


第10章
気象観測 …… 110
1 気象要素
2 継続的な気象観測
●定期試験対策問題 …… 120

第11章
大気中の水蒸気と雲のでき方 …… 122
1 大気中の水蒸気の変化
2 雲のでき方と水の循環
●定期試験対策問題 …… 134

第12章
前線と天気の変化 …… 136
1 気圧配置と風
2 前線と天気の変化
●定期試験対策問題 …… 146

第13章
大気の動きと日本の天気 …… 148
1 大気の動き
2 日本の天気
●定期試験対策問題 …… 159

# 第10章 気象観測

## 要点のまとめ

## 1 気象要素 >>p.111

- □ **雲量**：空全体を10としたときの，雲が占める割合。
- □ **気温**：空気の温度。地上約1.5mの高さではかる。
- □ **湿度**：空気中に水蒸気が含まれている度合い。
- □ **風向**：風の吹いてくる方向。16方位で表す。
- □ **風速**：空気が1秒当たりに進む距離。
- □ **風力**：風速や周辺のようすから，0～12の13段階で表す。
- □ **圧力**：一定の面積当たりに垂直にはたらく力の大きさ。
- □ **パスカル(記号Pa)**：圧力の大きさを表す単位。
- □ **大気圧(気圧)**：大気にはたらく重力によって生じる圧力。単位はヘクトパスカル(記号hPa)を使う。

▼雲量と天気

| 雲量 | 天気 | 記号 |
|---|---|---|
| 0～1 | 快晴 | ○ |
| 2～8 | 晴れ | ⦶ |
| 9～10 | くもり | ◎ |

▼16方位

▼天気と風向・風力の記号

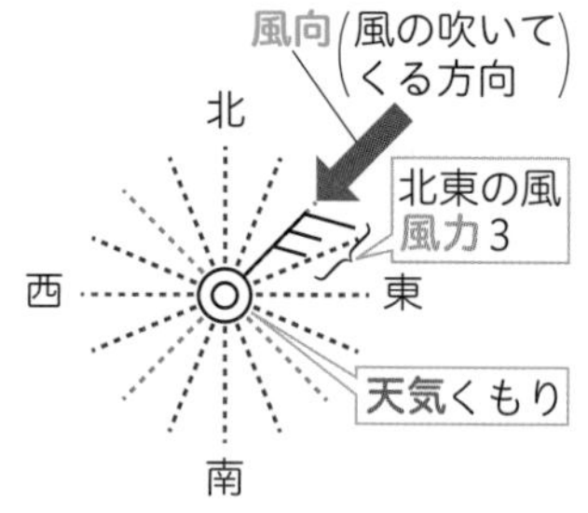


▼圧力を求める式

$$圧力〔Pa〕= \frac{力の大きさ〔N〕}{力がはたらく面積〔m^2〕}$$

## 2 継続的な気象観測 >>p.117

- □ **放射冷却**：晴れの日の夜，地面から熱が逃げていくため，気温は日の出のころ最低になる。
- □ **晴れの日の気温・湿度**：気温が上がると湿度は下がり，気温が下がると湿度は上がる。
- □ **くもりや雨の日の気温・湿度**：気温・湿度とも変化が少なく，湿度は高い。

▼1日の天気と気温・湿度

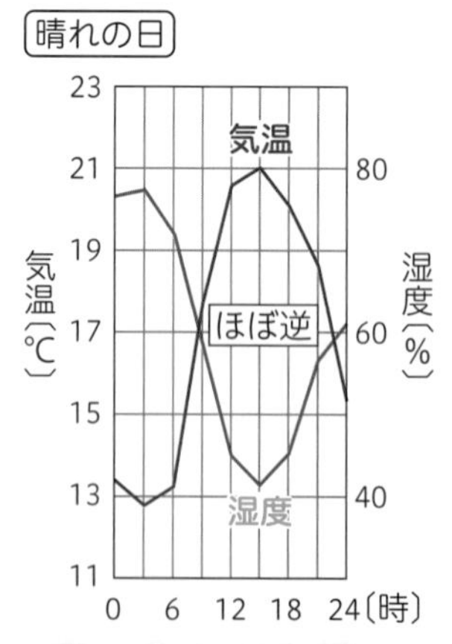


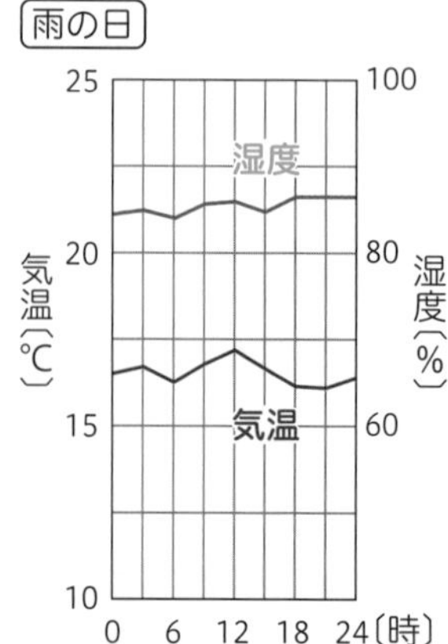

# 1 気象要素

## ① 気象要素とその観測

### (1) 気象と気象要素

大気中で起こるさまざまな自然現象を，**気象**(気象現象)という。天気は気象を総合的に表現したものである。

ある場所のある時刻における大気の状態を表す要素は，**気象要素**とよばれる。気象要素には，**雲量，気温，湿度，気圧，風向，風速(風力)，雨量**[❶]などがある。

**❶雨量と降水量**
一定時間に降った雨の量を雨量という。雪やあられなども含めた量は降水量といい，単位はmmで表し，雨量計を使ってはかる。

### (2) 雲量と天気

**空全体を10としたときの，雲が占める割合を雲量**という。天気は，**表1**のように雲量で決まっている。天気を調べるときは，まず雨や雪が降っていないかを確認する。その後，空全体が見渡せる見通しのよい場所で，雲量を観測し，天気を判断する。例えば，**図1**のように，雲量が3のときは晴れ，雲量が9のときはくもりである。また，天気記号は**表2**のように表される。

▼図1 雲量と天気

雲量：3　天気：晴れ

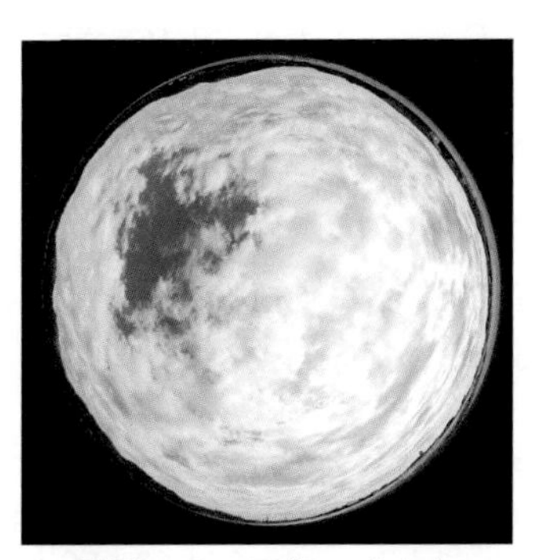

雲量：9　天気：くもり

快晴，晴れ，くもりの天気記号を間違えないようにしよう。

▼表1 雲量と天気

| 雲量 | 天気 |
|---|---|
| 0～1 | 快晴 |
| 2～8 | 晴れ |
| 9～10 | くもり |

▼表2 天気記号

| 天気 | 記号 |
|---|---|
| 快晴 | ○ |
| 晴れ | ⦶ |
| くもり | ◎ |
| 雨 | ● |
| 雷 | ◒ |
| 雪 | ⊛ |
| みぞれ | ⊛(下半分黒) |
| あられ | ○の中に△ |
| ひょう | ○の中に▲ |
| 霧 | ⊙ |
| 天気不明 | ⊗ |

小学校の復習

- 気温は，風通しのよい場所で，地面から1.2～1.5mの高さで直射日光が当たらないようにしてはかる。

**❷百葉箱**
百葉箱を利用してもよい。百葉箱では，直射日光や雨の影響(えいきょう)を受けずに，気温や湿度などをはかることができる。

## (3) 気温と湿度(しつど)

**気温**（**空気の温度**）は，地上約1.5mの高さのところで，温度計の球部に直射日光を当てないようにして測定する。また，**湿度**（**空気中に水蒸気が含(ふく)まれている度合い**≫p. 126）は，**乾湿計**(かんしつけい)で測定した値(あたい)をもとに，**湿度表**より読み取る。乾湿計は，乾球温度計と湿球温度計からできており，**乾球温度計は気温を示す**。≫ 基本操作❸

## 基本操作❸ 湿度の求め方

❶ 乾湿計は風通しのよい日陰(ひかげ)❷に置き，球部（感温部）が地上約1.5mの高さにくるようにする。

❷ 乾湿計の乾球温度計の示す温度（示度(しど)）を読み取る。
（右図の場合は15.0℃）

❸ 乾球温度計と湿球温度計の示度の差を読み取る。
（右図の場合は3.0℃
…湿球温度計の示度は12.0℃
→示度の差は，
15.0－12.0＝3.0〔℃〕）

❹ 下図のように湿度表で，❷の値の行と，❸の値の列の交点の値を読み取る。（この場合は68%）

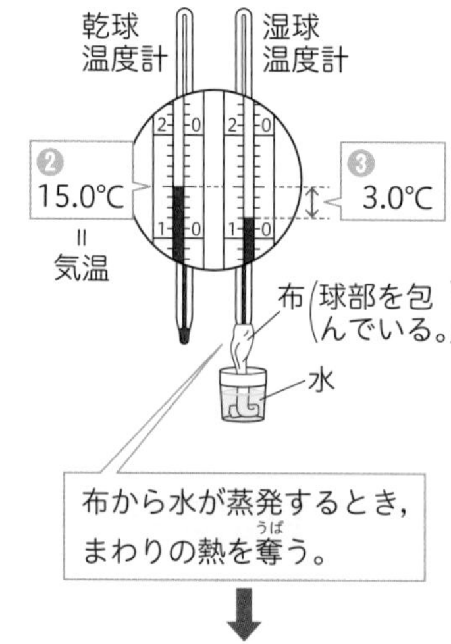


湿球の示度は，乾球の示度より低くなる。

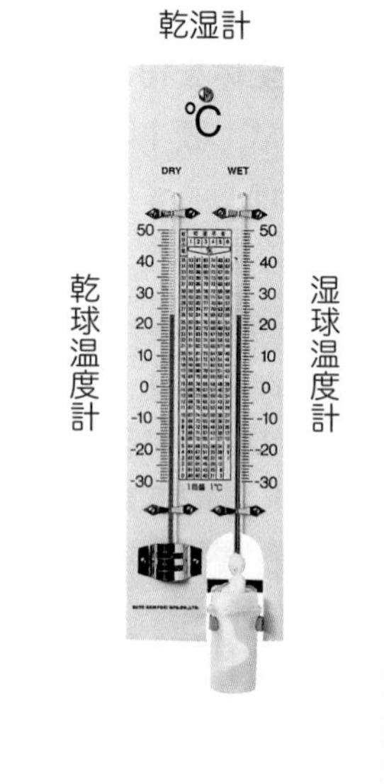


湿度表の一部

| 乾球の示度〔℃〕 | 乾球と湿球の示度の差〔℃〕 | | | | | | | | | | | |
|---|---|---|---|---|---|---|---|---|---|---|---|---|
| | 0.0 | 0.5 | 1.0 | 1.5 | 2.0 | 2.5 | 3.0 ❸ | 3.5 | 4.0 | 4.5 | 5.0 | 5.5 |
| 19 | 100 | 95 | 90 | 85 | 81 | 76 | 72 | 67 | 63 | 59 | 54 | 50 |
| 18 | 100 | 95 | 90 | 85 | 80 | 75 | 71 | 66 | 62 | 57 | 53 | 49 |
| 17 | 100 | 95 | 90 | 85 | 80 | 75 | 70 | 65 | 61 | 56 | 51 | 47 |
| 16 | 100 | 95 | 89 | 84 | 79 | 74 | 69 | 64 | 59 | 55 | 50 | 45 |
| ❷ 15 | 100 | 94 | 89 | 84 | 78 | 73 | 68 ❹ | 63 | 58 | 53 | 48 | 44 |
| 14 | 100 | 94 | 89 | 83 | 78 | 72 | 67 | 62 | 57 | 51 | 46 | 42 |
| 13 | 100 | 94 | 88 | 82 | 77 | 71 | 66 | 60 | 55 | 50 | 45 | 39 |

読み取り方をマスターしよう！

## (4) 気圧

**気圧**は，アネロイド気圧計(**図2**)や水銀気圧計で測定する。単位は，**ヘクトパスカル**(記号**hPa**)を使う。>>p. 116

図2 アネロイド気圧計

## (5) 風向と風速(風力)

風は，建物などの障害物がない開けた場所で，風向風速計(**図3**)などを用いて観測する。**風向**は，**観測地点に吹いてくる風の方向**を16方位(**図4**)で表す。風向計や，煙(けむり)のたなびく向きなどでも調べられる。また，**風速**(**空気が1秒当たりに進む距離(きょり)**)や，周辺のようすから，**表3**の風力階級表を用いて，**風力**を0～12の13段階で判断する。

各地の天気と風向・風力は，**図5**のような記号で表すことができる。

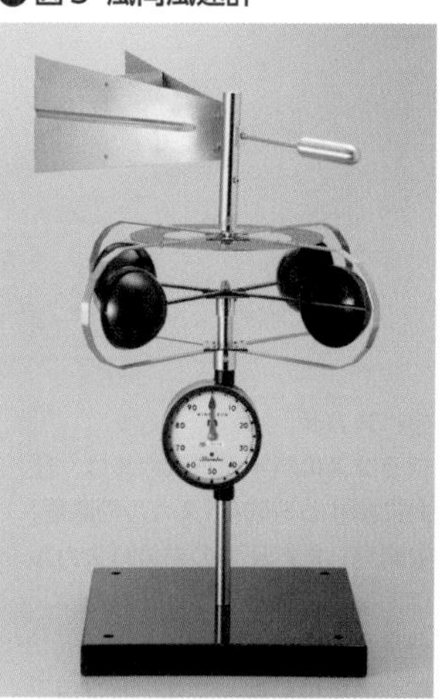
図3 風向風速計

図4 16方位

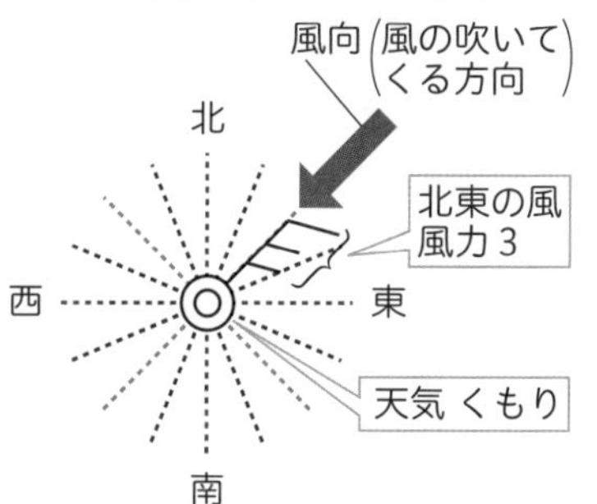

図5 天気と風向・風力の記号

表3 風力階級表

| 風力 | 記号 | 風速〔m/s〕 | 陸上・海上のようす |
|---|---|---|---|
| 0 | ○ | 0～0.3未満 | 静かで，煙がまっすぐにのぼる。鏡のような海面。 |
| 1 | ○ー | 0.3～1.6未満 | 煙がたなびくが，風向計には感じない。うろこのようなさざ波ができる。 |
| 2 | ○ー | 1.6～3.4未満 | 顔に風を感じ，木の葉が動く。風向計も動きだす。小波の波がしらはくだけていない。 |
| 3 | ○ー | 3.4～5.5未満 | 木の葉や細い小枝がたえず動く。小波の波がしらがくだけ始め，白波が立つ。 |
| 4 | ○ー | 5.5～8.0未満 | 砂ほこりが立ち，紙片(しへん)がまい上がる。小枝が動く。白波が多くなる。 |
| 5 | ○ー | 8.0～10.8未満 | 葉のある低木がゆれ始める。白波がたくさん現れる(しぶきを生じることもある)。 |
| 6 | ○ー | 10.8～13.9未満 | 大枝が動き，電線がなる。かさはさしにくい。波の大きいものができ始める。 |
| 7 | ○ー | 13.9～17.2未満 | 樹木全体がゆれ，風に向かって歩きにくい。白波が高くなる。 |
| 8 | ○ー | 17.2～20.8未満 | 小枝が折れ，風に向かって歩けない。白波がくだけて水煙(すいえん)となり始める。 |
| 9 | ○ー | 20.8～24.5未満 | 人家にわずかの損害が出る(煙突(えんとつ)が倒(たお)れ，かわらがはがれる)。大波が立つ。 |
| 10 | ○ー | 24.5～28.5未満 | 樹木が根こそぎ，人家に大損害が起こる。非常に高い大波が立つ。 |
| 11 | ○ー | 28.5～32.7未満 | 陸上ではめったに起こらないが，広い範囲(はんい)の破壊(はかい)が起こる。山のように高い大波が立つ。 |
| 12 | ○ー | 32.7以上 | 海では船がくつがえされるおそれがある。 |

## ❷ 圧力と気圧

気象要素の１つである**気圧**は，**空気中ではたらく圧力**のことである。

### (1) 圧力

**一定の面積**（１ m²や１ cm²）**当たりに垂直にはたらく力の大きさ**を，**圧力**という。**図６**のようにすると，力がはたらく面積と圧力の関係を調べることができる。

中１の復習
- 力の大きさの単位はニュートン（記号N）である。
- 約100 g の物体にはたらく重力の大きさ（重さ）は１Nである。

▼図６ 力がはたらく面積とスポンジのへこみ方の関係を調べる実験

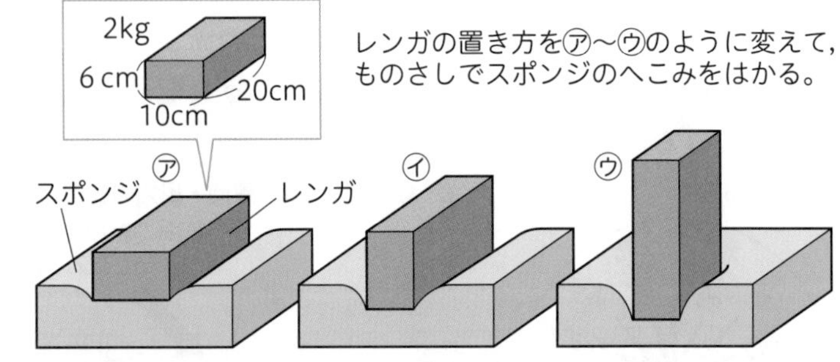


結果

| | ㋐ | ㋑ | ㋒ |
|---|---|---|---|
| レンガの質量〔g〕 | 2000 | 2000 | 2000 |
| レンガがスポンジを押（お）す力〔N〕 | 20 | 20 | 20 |
| レンガの底面積〔cm²〕 | 200 | 120 | 60 |
| スポンジのへこみ〔mm〕 | 4 | 10 | 32 |

**図６**の実験から，押す力が同じでも，底面積（力がはたらく面積）が小さいほど，スポンジのへこみ方が大きくなることがわかる。これは，同じ面積当たりにはたらく力の大きさ（圧力）が大きくなるからである。

### (2) 圧力を求める式

圧力の単位は，**パスカル**❸（記号Pa）を使い，❹圧力を求める式は，次のように表される。

$$\text{圧力〔Pa〕} = \frac{\text{力の大きさ〔N〕}}{\text{力がはたらく面積〔m}^2\text{〕}}$$ ❺

**❸パスカル**
フランスの科学者パスカルは，圧力に関する法則「パスカルの原理」を発見した。圧力の単位パスカルは，彼（かれ）にちなんでつけられた。

**❹圧力の単位**
圧力の単位には，ニュートン毎平方メートル（記号N/m²）や，ニュートン毎平方センチメートル（記号N/cm²）も使われる。

$1\text{ Pa} = 1\text{ N/m}^2$

$1\text{ m}^2 = 1\text{ m} \times 1\text{ m}$
$= 100\text{cm} \times 100\text{cm}$
$= 10000\text{cm}^2$ より，

$1\text{ N/m}^2 = \frac{1\text{ N}}{10000\text{cm}^2}$
$= 0.0001\text{ N/cm}^2$

**❺圧力の大きさと面積・力**
力の大きさが一定のとき，圧力は力がはたらく面積に反比例する。一方，力がはたらく面積が一定のときは，圧力は力の大きさに比例する。

**例題④ 《計算》 圧力**

図のように，2 kgのレンガを水平な机の上に置いた。このとき，レンガが机に加える圧力の大きさは何Paか。ただし，100 gの物体にはたらく重力の大きさを1 Nとする。

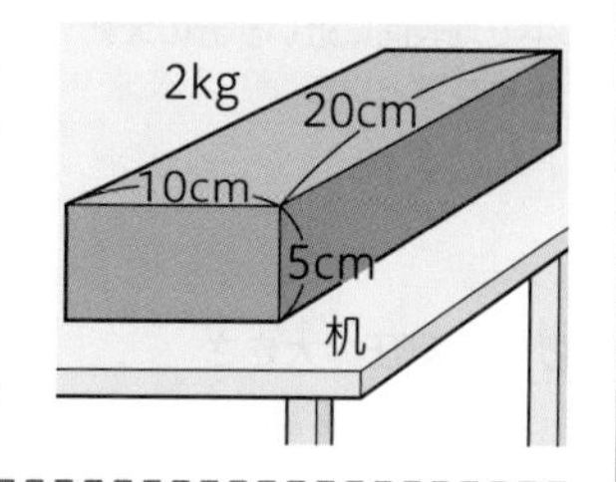


ヒント　圧力の単位にPaを使うとき，面積の単位は$m^2$なので，cmをmに直してから計算しよう。

解き方

レンガが机を押す力は，レンガにはたらく重力と同じである。100 gの物体にはたらく重力が1 Nだから，レンガにはたらく重力は，2 kg＝2000g より，$1〔N〕\times\frac{2000〔g〕}{100〔g〕}=20〔N〕$

また，力がはたらく面積は，レンガの底面積と同じである。レンガの底面積は，100cm＝1 m より，$0.1〔m〕\times0.2〔m〕=0.02〔m^2〕$

よって，圧力の公式 $圧力=\frac{力}{面積}$ より，$\frac{20〔N〕}{0.02〔m^2〕}=1000〔Pa〕$

**解答** 1000Pa

## (3) 大気圧(気圧)

図7のように，ペットボトル内の空気を抜(ぬ)いていくと，ペットボトルはしだいにへこんでいく。これは，ペットボトル内の空気を抜いていくにつれ，中の圧力が小さくなり，まわりの空気の圧力で押されたからである。このような，**空気(大気)による圧力**を**大気圧**(または**気圧**)という。

▼図7 大気による圧力

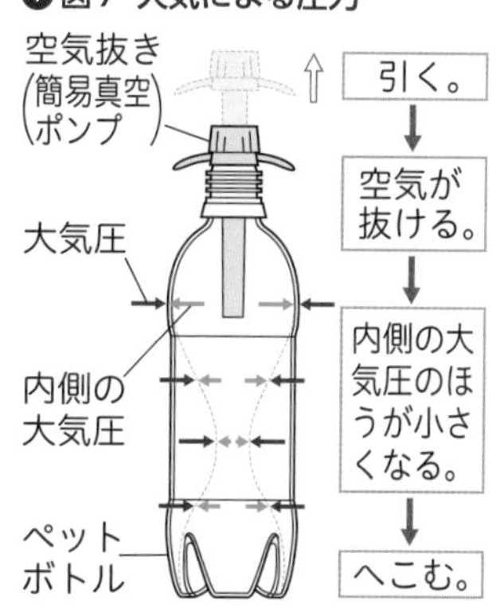


## (4) 大気圧(気圧)の大きさ

### ①空気に質量があるか

図8のようにして調べると，空気にもわずかながら質量があることがわかる。

▼図8 空気に質量があるかどうかを調べる実験

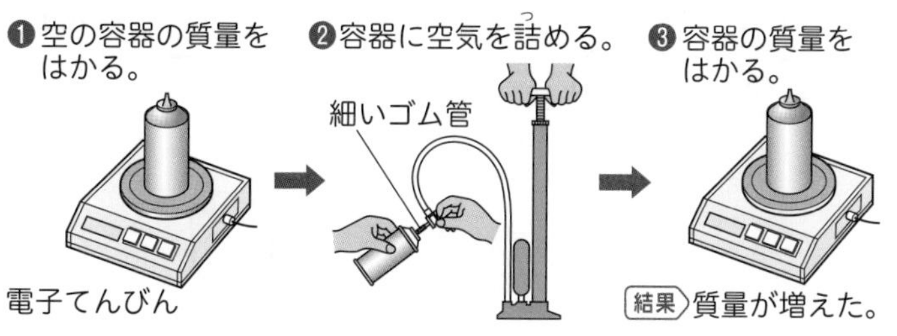

**❻大気と空気**
地球を取り巻く気体を大気といい，その中で地表面に近い部分の大気を一般に空気という。

### ②大気圧が生じるわけ

地球は，厚い空気の層(大気)に包まれていて，私たちは大気の底に当たる地表に住んでいる。❻ 上空まで考えると，大気にはたらく重力はかなりの大きさになる。**大気圧は，この大気にはたらく重力によって生じている。**

### ③大気圧の大きさ

地表付近での大気圧は約10万Paと大きいため，大気圧の単位は**ヘクトパスカル**(記号**hPa**)で表す。

1 hPa = 100Pa = 100 N/m$^2$

大気圧の大きさは，海面と同じ高さのところでは平均約1013hPaであり，この大きさを1気圧という(**図9**)。標高が高くなるほど，その上空にある大気の量が少なくなるので，大気圧は小さくなる。

1気圧 = 約1013hPa
　　　 = 約100000 N/m$^2$

▼図9 大気圧の大きさ

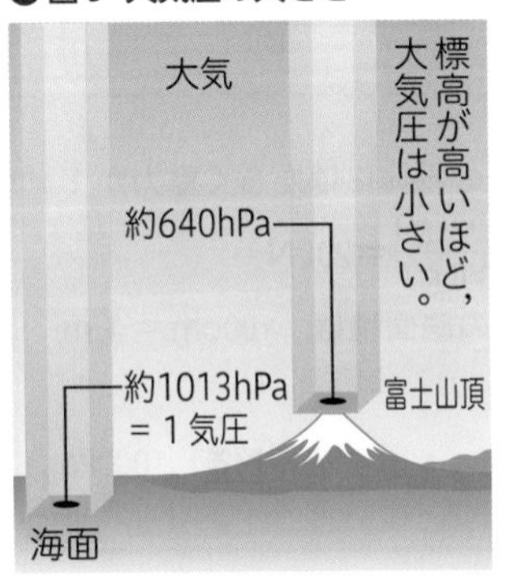


## (5) 大気圧(気圧)のはたらき方

大気圧は，物体の表面に，あらゆる方向から垂直にはたらく。また，どの方向からも同じ大きさではたらく。

大気圧を利用した身近な道具には，**図10**のようなものがある。

▼図10 大気圧を利用した道具

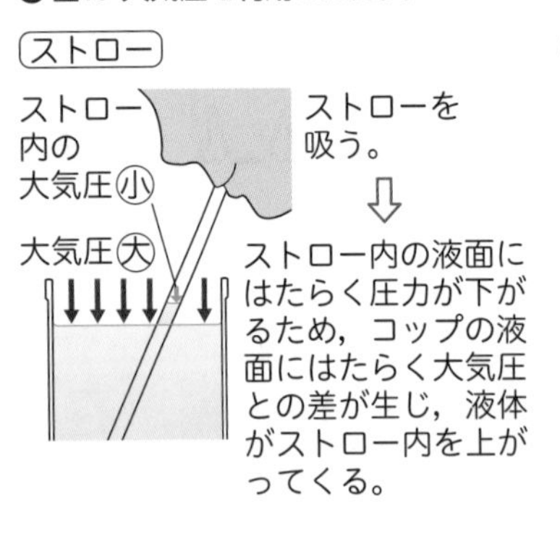


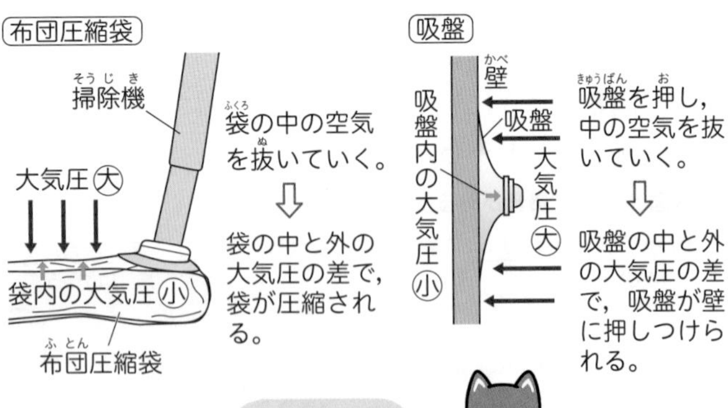

# 2 継続的な気象観測

## ① 1日の天気と気象要素の変化

気象要素を継続的に観測すると，**図11**のように，気象要素はそれぞれ時間とともにたえず変化していることがわかる。

**図11 継続的な気象観測の結果の例**

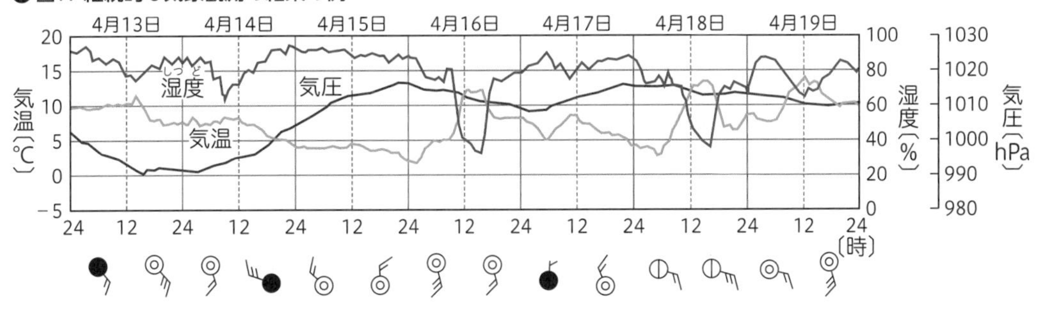


### (1) 晴れの日の気温の変化

晴れの日の夜は，**図12**のように，地面は熱の一部を宇宙空間へ放射するため，地面の温度も気温もしだいに低くなり，日の出のころに最低になる。これを**放射冷却**という。

また，気温は地面の温度と深く関係している。晴れの日は，日の出とともに地面の温度が上昇し，その地面によって空気もあたためられて気温が上昇する。太陽からのエネルギーが最も強くなるのは正午ごろであるが，地面があたたまるのが少し遅れるため，気温が最高になる時刻も遅れて，午後2時ごろになる。

**小学校の復習**

- 1日の気温は，日中は高く，夜は低いことが多い。
- 晴れの日は，気温の変わり方が大きく，太陽がさえぎられるくもりの日や雨の日は，気温の変わり方が小さい。

**図12 放射冷却**

## (2) 晴れの日の気温・湿度・気圧

晴れの日は，**図13**のⓐのように，気温が上がると湿度は下がり，気温が下がると湿度は上がる。また，晴れの日は，気圧が高くなることが多い。

## (3) くもりや雨の日の気温・湿度・気圧

くもりや雨の日は，**図13**のⓑのように，気温・湿度とも変化が少なく，湿度は高い。また，くもりや雨の日は，気圧が低くなることが多い。

▼図13 1日の天気と気温・湿度

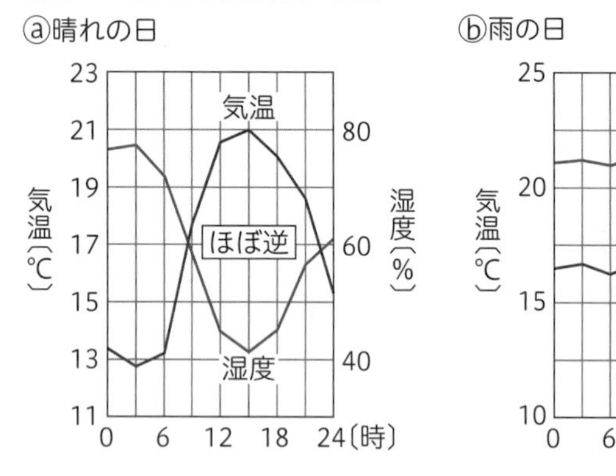


## (4) 観測データの活用

気象観測を継続的に行えなかった場合は，自記温度計，自記湿度計，自記気圧計などのデータや，アメダス[7]（**図14**）などの気象情報を活用するとよい。

▼図14 アメダス観測所（北海道・上札内観測所）

**❼アメダス**
アメダス（AMeDAS）は，Automated Meteorological Data Acquisition System（地域気象観測システム）の略称である。気温，湿度，風などの観測を，全国約1300か所にある無人の観測所で自動的に行い，気象状況のデータを集めるシステムである。

## 要点チェック

### 1 気象要素

解答

□ (1) 空全体を10としたときの，雲が占(し)める割合を何というか。 >>p. 111

(1) 雲量

□ (2) 雨などが降っておらず，雲が空全体の５割を占めているときの天気は何か。 >>p. 111

(2) 晴れ

□ (3) 空気中に水蒸気が含(ふく)まれている度合いを何というか。 >>p. 112

(3) 湿度

□ (4) ①風向は，風が吹(ふ)いてくる方向，風が吹いていく方向のどちらか。また，②風が南西から北東へ吹いているときの風向は何か。 >>p. 113

(4) ① 風が吹いてくる方向
② 南西

□ (5) 空気が１秒当たりに進む距離(きょり)を何というか。 >>p. 113

(5) 風速

□ (6) 風速や周辺のようすから，０～12の13段階で表すものを何というか。 >>p. 113

(6) 風力

□ (7) 一定の面積当たりに垂直にはたらく力の大きさを何というか。 >>p. 114

(7) 圧力

□ (8) 次の式の①，②に当てはまる単位やことばは何か。 >>p. 114

$$\text{圧力〔 ① 〕} = \frac{\text{力の大きさ〔N〕}}{\text{力がはたらく〔　②　〕〔m}^2\text{〕}}$$

(8) ① Pa
② 面積

□ (9) 大気にはたらく重力によって生じる圧力を何というか。 >>p. 115, 116

(9) 大気圧（気圧）

□ (10) 大気圧の単位hPaは何と読むか。 >>p. 116

(10) ヘクトパスカル

### 2 継続的な気象観測

□ (11) 夜に，地面から熱が逃(に)げていって冷えこむのは，晴れの日か，くもりの日か。 >>p. 117

(11) 晴れの日

□ (12) 晴れの日はふつう，①気温が上がると湿度は上がるか，下がるか。また，②気温が下がると湿度は上がるか，下がるか。 >>p. 118

(12) ① 下がる。
② 上がる。

□ (13) 雨の日はふつう，湿度は高いか，低いか。 >>p. 118

(13) 高い。

# 定期試験対策問題

解答➡p.230

## 1 湿度の求め方 >>p. 112

図は，あるときの乾湿計の日盛りを表したものである。あとの問いに答えなさい。

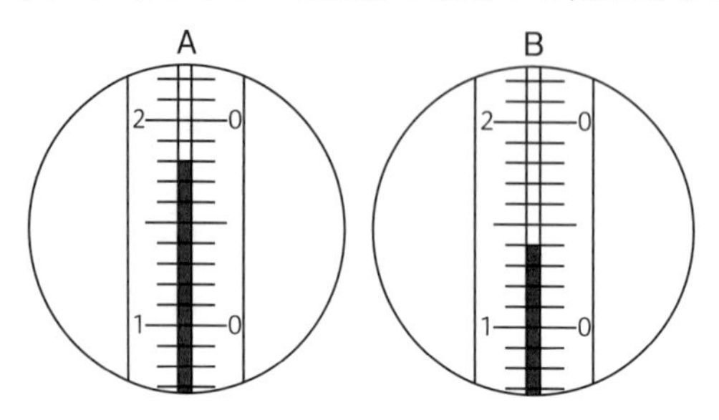


| 乾球の示度〔℃〕 | 乾球と湿球の示度の差〔℃〕 | | | | | |
|---|---|---|---|---|---|---|
| | 0 | 1 | 2 | 3 | 4 | 5 |
| 19 | 100 | 90 | 81 | 72 | 63 | 54 |
| 18 | 100 | 90 | 80 | 71 | 62 | 53 |
| 17 | 100 | 90 | 80 | 70 | 61 | 51 |
| 16 | 100 | 89 | 79 | 69 | 59 | 50 |
| 15 | 100 | 89 | 78 | 68 | 58 | 48 |
| 14 | 100 | 89 | 78 | 67 | 56 | 46 |
| 13 | 100 | 88 | 77 | 66 | 55 | 45 |

⑴　図のA，Bのうち，湿球温度計の目盛りを表しているのはどちらか。

⑵　乾湿計の目盛りが図のA，Bのようであった場合，湿度は何％か。上の湿度表をもとに求めなさい。

> **ヒント**
> ⑴　湿球温度計の球部は，水でぬらした布で包まれている。

⑶　乾湿計を置く場所として正しいものは，次の**ア**～**エ**のどれか。

**ア**　地上1.5mくらいの風通しのよい日なたに置く。
**イ**　地上1.5mくらいの風通しのよい日陰に置く。
**ウ**　地上0.5mくらいの風通しのよい日なたに置く。
**エ**　地上0.5mくらいの風通しのよい日陰に置く。

## 2 天気と風向・風力 >>p. 111, 113

図は，あるときの天気，風向，風力を天気図の記号で表そうとしたものであるが，風力の記号は完成していない。次の問いに答えなさい。

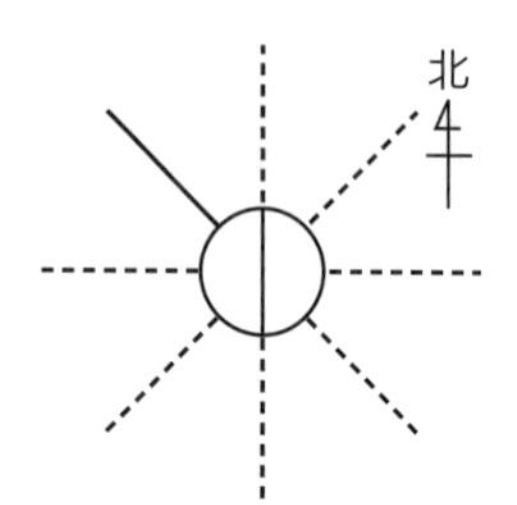


⑴　このときの天気，風向を答えなさい。

⑵　このときの風力は3であった。この風力を表す記号を，図にかきなさい。

⑶　雲量が9のときの天気を表す記号は，次の**ア**～**エ**のどれか。

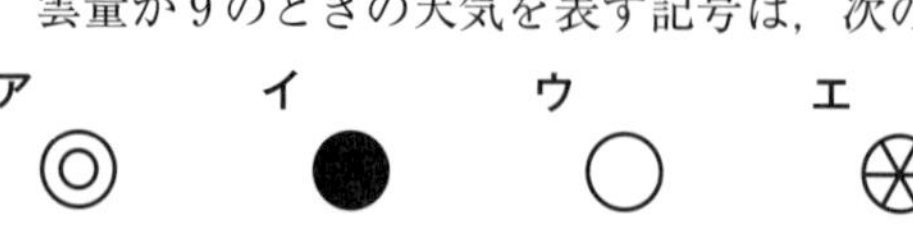

## 3 圧力 >>p. 114〜116

図のように，150gの直方体の物体を，接する面や個数を変えてスポンジの上にのせ，スポンジのへこむ深さを調べた。次の問いに答えなさい。ただし，図では，スポンジのへこむようすは表していない。

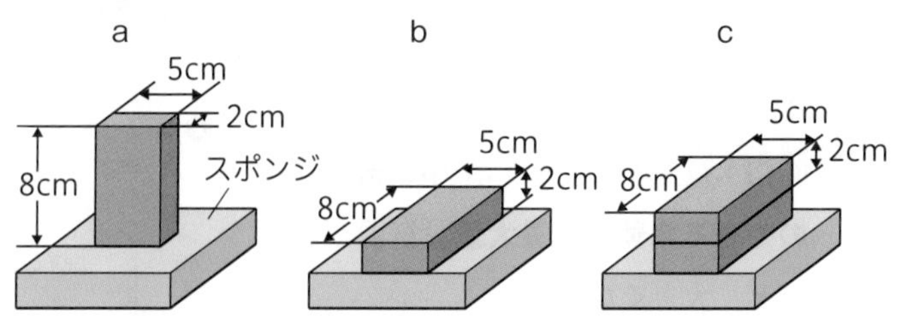


(1) 図のaのとき，物体がスポンジに加える圧力の大きさは何Paか。ただし，100gの物体にはたらく重力の大きさを1Nとする。

(2) 図のaとbで，スポンジのへこむ深さを比べるとどうなっているか。簡単に答えなさい。

(3) 図のbとcのときを比べて述べた次の文の，(　　)に当てはまることばや記号はそれぞれ何か。

bとcでは，スポンジと物体の(①)が同じで，cのときのほうがスポンジにはたらく力が(②)ので，物体がスポンジに加える圧力は(③)のときのほうが大きい。

(4) 圧力は，大気にはたらく重力によっても生じる。この大気による圧力を何というか。

## 4 1日の天気と気温・湿度 >>p. 118

**図1**と**図2**は，ある2日間について，気温と湿度，天気を3時間ごとに測定し，その結果をまとめたものである。次の問いに答えなさい。

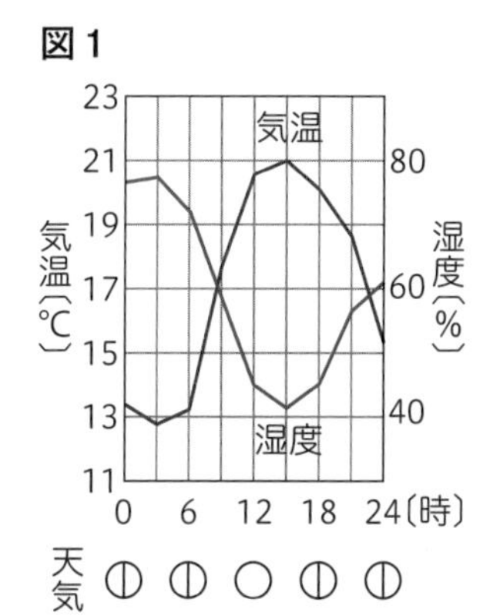


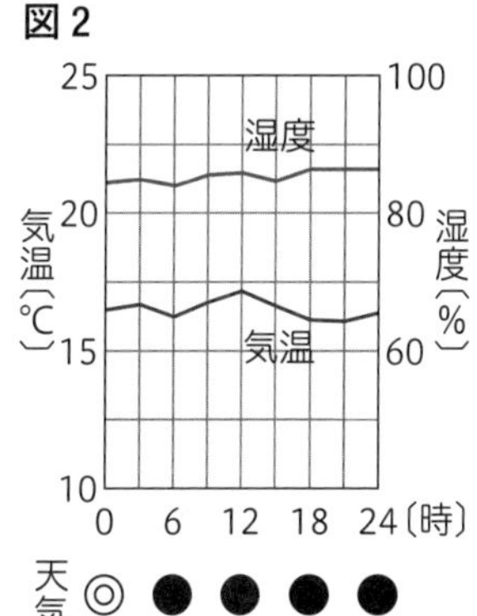


(1) **図1**より，この日の最高気温は何℃か。

(2) **図1**より，この日の湿度が最低になった時刻は何時か。

(3) **図1**と**図2**の気温，湿度の説明として正しいものは，次の**ア**〜**エ**のどれか。

**ア** 晴れの日は，一日中気温も湿度も高い。

**イ** 雨の日は，特に朝の気温と湿度が低くなる。

**ウ** 晴れの日は，気温は日中に高くなり，湿度は日中に低くなる。

**エ** 雨の日は，一日中気温も湿度も低い。

# 第11章 大気中の水蒸気と雲のでき方

要点のまとめ

## 1 大気中の水蒸気の変化 >>p.123

□ **飽和水蒸気量**：**空気1m³中に含むことのできる水蒸気の最大量**。気温が高いほど，大きくなる。

□ **凝結**：空気中に含まれる水蒸気が水滴になること。

□ **露点**：**空気中の水蒸気が凝結し始める温度**。この温度が高いほど，空気中の水蒸気量が大きい。

□ **湿度**：空気中に水蒸気が含まれている度合いを百分率で表したもの。

▼気温と水蒸気量の関係

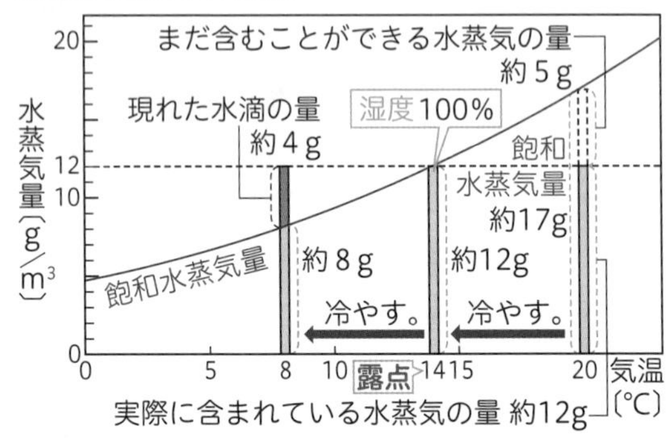


▼湿度を求める式

$$\text{湿度〔\%〕}=\frac{\text{空気1m}^3\text{中の水蒸気量〔g/m}^3\text{〕}}{\text{その気温での飽和水蒸気量〔g/m}^3\text{〕}}\times 100$$

## 2 雲のでき方と水の循環 >>p.128

□ **雲や霧のでき方**：空気が上昇すると，**膨張**して温度が下がり，**露点**より低くなると，空気中の水蒸気が水滴や氷の粒となって雲ができる。また，地表付近にできた雲を霧という。

□ **上昇気流と下降気流**：空気はあたためられると上昇し，冷やされると下降する。上昇する空気の流れを**上昇気流**といい，下降する空気の流れを**下降気流**という。

□ **降水**：雲をつくる水滴や氷の粒が大きくなり，地表に落ちてきたものが**雨**や**雪**である。雨や雪などをまとめて**降水**という。

□ **水の循環**：地球上の水は，太陽のエネルギーによって，すがたを変えながら循環している。

▼雲のでき方

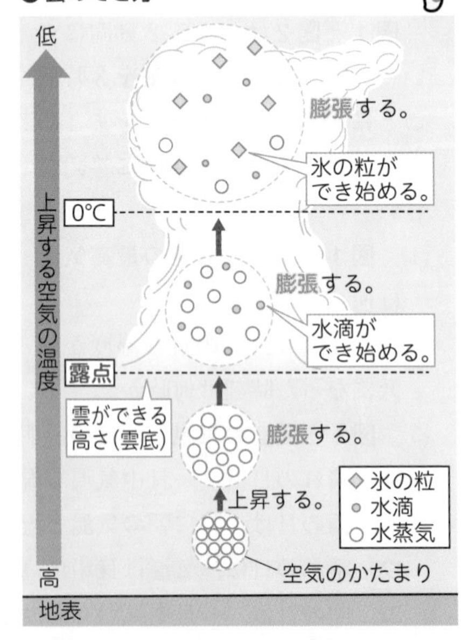

# 1 大気中の水蒸気の変化

## ① 飽和水蒸気量と露点

夜や早朝など気温が下がったとき，**図1**のような**霧**(>>p. 131)が発生することがある。霧が発生するのは，目に見えない空気中の水蒸気の一部が，気温の変化によって水滴に変わるからである。このような水蒸気から水滴への変化には，気温だけでなく，その空気中に含まれる水蒸気の量が関係している。

### (1) 飽和水蒸気量

一定の体積の空気が含むことのできる水蒸気の質量(水蒸気量)には限度がある。水蒸気を限度まで含んだ状態(水蒸気をそれ以上含むことができない状態)の空気は，水蒸気で**飽和**しているという。また，**空気 1 m³中に含むことのできる水蒸気の最大量**を**飽和水蒸気量**(単位は g/m³)という。**表1**，**図2**のように，飽和水蒸気量は，気温によって決まっており，気温が高くなると大きくなり，気温が低くなると小さくなる。

▼表1 気温と飽和水蒸気量

| 気温〔℃〕 | 飽和水蒸気量〔g/m³〕 | 気温〔℃〕 | 飽和水蒸気量〔g/m³〕 |
|---|---|---|---|
| 0 | 4.8 | 20 | 17.3 |
| 5 | 6.8 | 25 | 23.1 |
| 10 | 9.4 | 30 | 30.4 |
| 15 | 12.8 | 35 | 39.6 |

▼図2 気温と飽和水蒸気量

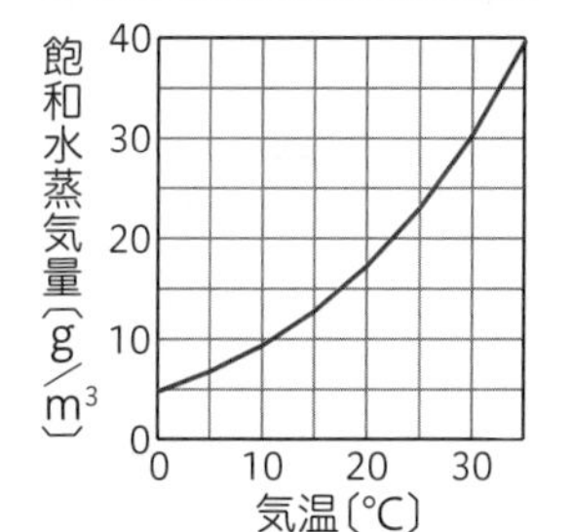


### (2) 露点

水蒸気を含む空気の温度が下がると，ある温度で，含んでいる水蒸気の量と飽和水蒸気量が等しくなる。さらに温度が下がると，飽和水蒸気量をこえた分の水蒸気が，空気中に気体としてとどまることができなくなり，水滴に変わる。この現象を**凝結**という。また，**空気中に含まれる水蒸気が凝結し始める温度**を**露点**という。

▲図1 川面(かわも)に発生した霧
(京都府亀岡市(かめおかし)・保津川(ほづがわ))

**小学校の復習**

- 水は沸騰(ふっとう)しなくても，蒸発して水蒸気になり，空気中に出ていく。また，空気中の水蒸気は，冷やされると再び水滴(液体の水)に変わる。

**中1の復習**

- 水の状態変化では，液体の水を加熱すると気体の水蒸気になり，液体の水を冷却(れいきゃく)すると固体の氷になる。
- 100 g の水に溶(と)かすことのできる物質の質量には限度があり，その限度の質量を溶解度(ようかいど)という。溶解度は物質の種類によって決まっており，温度によって変化する。下図のように，硝酸(しょうさん)カリウムの飽和水溶液の温度を下げると，溶けきれなくなった硝酸カリウムの結晶(けっしょう)が出てくる。

〈硝酸カリウムの溶解度曲線〉

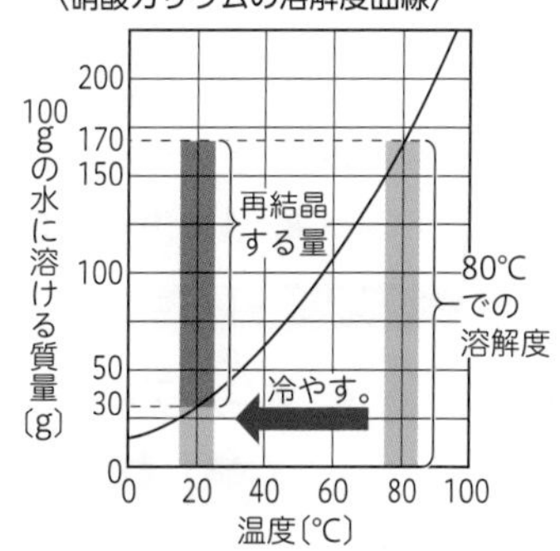

## (3) 露点の測定

露点を測定すれば，その空気中に含まれている水蒸気の量を知ることができる。》重要実験⑬

## 重要実験⑬ 露点の測定と空気中の水蒸気量の推定

❶ 気温（室温）をはかった後，金属製のコップにくみ置きの水を入れて水温をはかり，気温と水温がほぼ同じになっていることを確かめる。

結果 （例） 20℃

❷ 急激に水温が下がらないように，コップの中の水をかき混ぜながら，氷水を少しずつ加えて水温を下げ，コップの表面のようすを観察する。

★水温を下げるには，氷を入れた試験管を金属製のコップの中に入れて動かす方法もある。

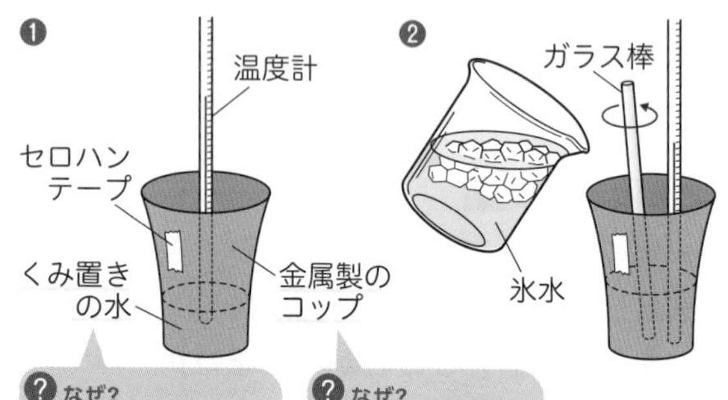


なぜ？ 水温を気温とほぼ同じにするため。

なぜ？ 金属は熱を伝えやすいため。

くわしく この実験では，水蒸気が水滴に変わり始める温度を「水温」ではかる。熱を伝えやすい金属のコップを使っているので，水温を下げていっても，コップをはさんだ水と空気の温度はほぼ同じになっていると考えてよい。

❸ コップの表面（セロハンテープとの境目付近）がくもり始めたときの水温をはかる。

ポイント コップの表面がくもり始めたときの水温が，空気中の水蒸気が凝結し始めた温度（露点）である。

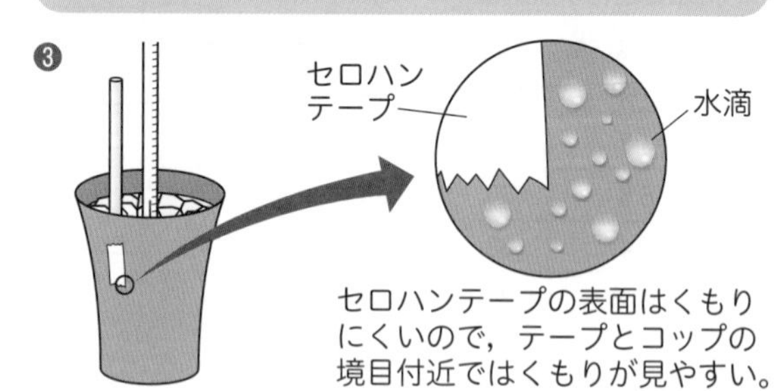


セロハンテープの表面はくもりにくいので，テープとコップの境目付近ではくもりが見やすい。

結果 （例） 14℃

➡このときの**空気の露点は14℃**

➡**空気1 $m^3$中に含まれる水蒸気量は約12 g**（p.123の図1より）

### 結果のまとめ

- コップの表面が **くもり始めたときの水温** ＝ そのときの空気の **露点**
- **露点での飽和水蒸気量** ＝ その空気1 $m^3$中に含まれる **水蒸気量**

## (4) 気温と水蒸気量の関係

**重要実験⑬**で，❶の20℃の空気（コップの表面に触(ふ)れた空気）の温度を下げていき，❸の14℃で水滴ができ始めたとき，気温と空気中の水蒸気量の関係は，**図3**の㋐→㋑のように表される。さらに温度を下げていき，例えば8℃に達すると，㋒のように，空気中に含みきれない水蒸気（飽和水蒸気量をこえる水蒸気）が水滴となって現れる。

**▼図3 気温と水蒸気量の関係**（1 m³中に約12 g の水蒸気を含んだ20℃の空気が冷やされたとき）

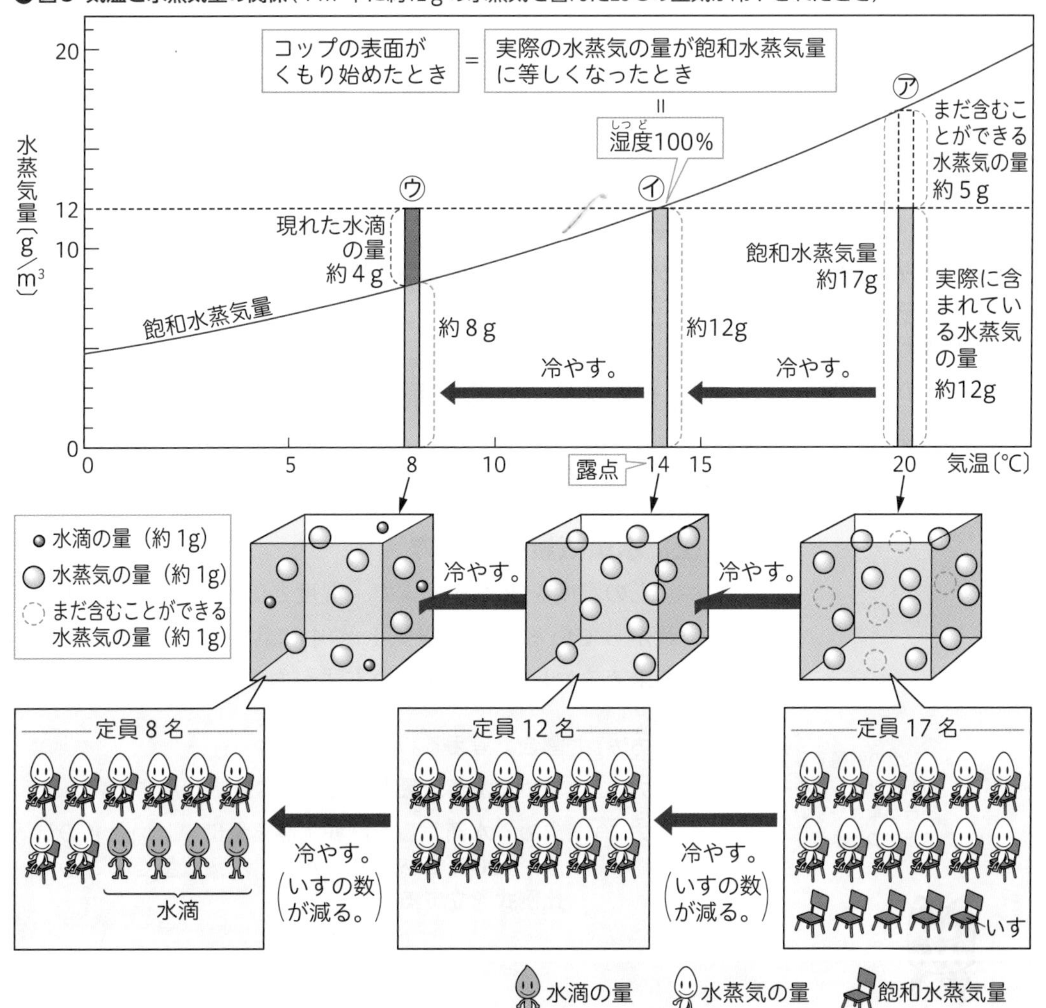

## ② 湿度

### (1) 湿度とその求め方

湿度(>>p. 112)は，空気中に水蒸気が含まれている度合いを数値で表したものである。**空気 1 $m^3$ 中に含まれる水蒸気量が，その気温での飽和水蒸気量に対してどれくらいの割合になるかを百分率(%：パーセント)で表したもので，**式で表すと次のようになる。

$$\text{湿度〔\%〕}=\frac{\text{空気 1 m}^3\text{中に含まれる水蒸気量〔g/m}^3\text{〕}}{\text{その気温での飽和水蒸気量〔g/m}^3\text{〕}}\times 100$$

小学校の算数の復習

● %で表した割合を，百分率という。

$\text{百分率〔\%〕}=\frac{\text{比べられる量}}{\text{もとにする量}}\times 100$

**例題⑤ 《計算》湿度**

空気 1 $m^3$ 中に含まれている水蒸気量が12.1g で，その気温での飽和水蒸気量が17.3g/$m^3$のとき，湿度は何%か。小数第１位を四捨五入して，整数で答えなさい。

解き方

湿度の公式 $\text{湿度}=\frac{\text{水蒸気量}}{\text{飽和水蒸気量}}\times 100$ より，$\frac{12.1\text{〔g/m}^3\text{〕}}{17.3\text{〔g/m}^3\text{〕}}\times 100=69.9\cdots\text{〔\%〕}$ 小数第１位を四捨五入して，整数で答える。

解答 70%

### (2) 水蒸気量の求め方

上の湿度を求める公式で，湿度と気温(飽和水蒸気量)がわかっているとき，空気 1 $m^3$ 中に含まれている水蒸気量を求めるには，次の３つの方法がある。

方法① 割合で考える。

方法② 求める水蒸気量を $x$ とし，公式を利用する。

方法③ 求める水蒸気量が飽和水蒸気量に等しいときの湿度が100%であることから，水蒸気量を $x$ とし，比例式を立てる。

p.127の例題で３つの方法を試してみて，自分が考えやすい方法を見つけよう。

## 例題❻ 《計算》 空気1m³中に含まれている水蒸気量

気温15℃，湿度50％の空気１m³中に含まれている水蒸気量は何ｇか。ただし，15℃の空気の飽和水蒸気量は12.8g/m³である。

**解き方**

次の３つの方法で求められる。

方法① 割合で考える。➡ $12.8〔g/m^3〕\times\frac{50}{100}=6.4〔g/m^3〕$

方法② 水蒸気量を $x$ とし，公式を利用する。

➡ $\frac{x〔g/m^3〕}{12.8〔g/m^3〕}\times100=50〔\%〕$ より，$x=12.8〔g/m^3〕\times\frac{50}{100}=6.4〔g/m^3〕$

方法③ 水蒸気量を $x$ とし，比例式を立てる。

➡ $12.8〔g/m^3〕:100〔\%〕=x〔g/m^3〕:50〔\%〕$ という比例式が成りたつ。比例式には，

$a:b=c:d$ のとき $ad=bc$ という性質があるから，

$100〔\%〕\times x〔g/m^3〕=12.8〔g/m^3〕\times50〔\%〕$ より，$x=12.8〔g/m^3〕\times\frac{50}{100}=6.4〔g/m^3〕$

**解答** 6.4g/m³

### (3) 水蒸気量と湿度・露点の関係

**①空気中の水蒸気量が一定(露点が一定)のとき**

図４のⓐのように，空気中の水蒸気量が変化しなければ，気温が下がるほど湿度は高くなり，露点に達すると湿度は100％になる。つまり，気温が高いほど湿度は低くなり，気温が低いほど湿度は高くなる。晴れの日に，気温と湿度の変化が逆になる（>>p. 118）のは，このためである。

**②気温が一定のとき**

図４のⓐとⓑを比べると，気温が同じときは，空気中の水蒸気量が多いほど湿度は高く，露点も高いことがわかる。

空気中の水蒸気量が多いほど，飽和に達するまでに含むことのできる水蒸気量は少なく，水が蒸発しにくい。湿度が高いと洗濯物が乾きにくいのは，このためである。

▼図４ 水蒸気量と湿度・露点

ⓐ

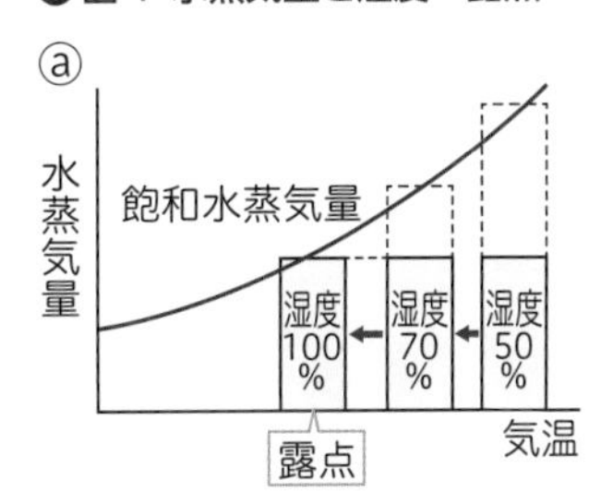


ⓑ（空気中の水蒸気量がⓐより少ないとき）

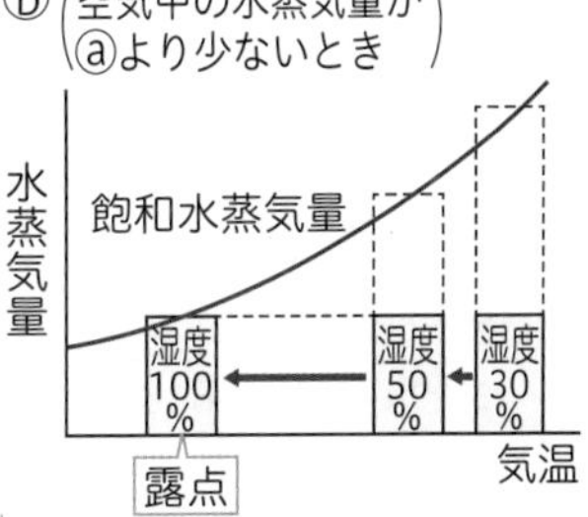

知識を広げよう

# 応用 気温と飽和水蒸気量のグラフの利用

## ① いろいろな空気の湿度の大小

気温や1 m³中に含まれる水蒸気量が異なるいろいろな空気について，それらの湿度の大小を比較するには，気温と飽和水蒸気量の関係のグラフを利用すると考えやすい。

例 A～Eの空気の湿度を比較する。

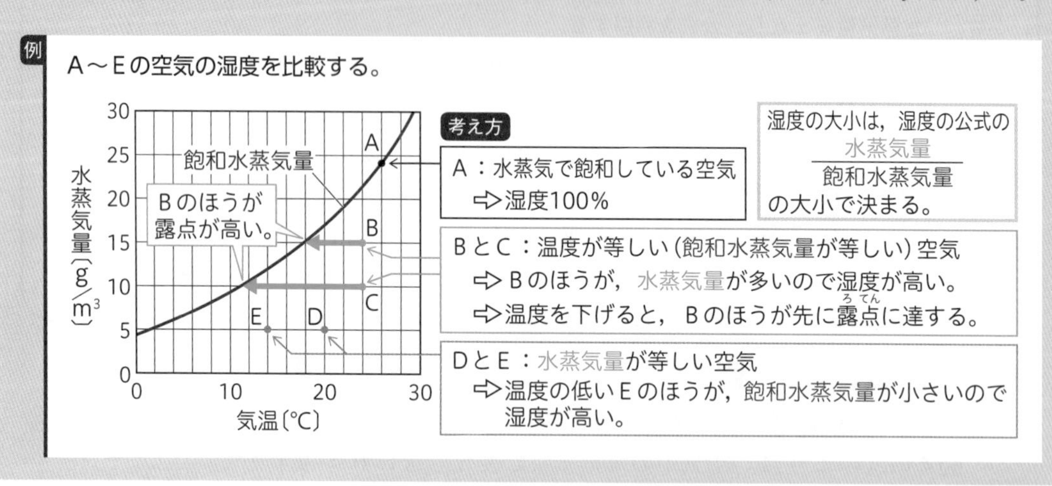


# 2 雲のでき方と水の循環

## ① 雲のでき方と降水

### (1) 上空の気圧と気温

**図5**のように，地表面からの高度が上がるほど，気圧は低くなる。これは，その場所より上にある大気の量が少なくなるからである。>>p. 116

密閉された菓子の袋を持って高い山に登ると，袋がふくらむのは，まわりの気圧が低くなって袋の中の気体が膨張するからである。

また，気圧と同じように，高度に伴って気温も変化する。高度が100m高くなるごとに，気温はおよそ0.6℃下がる。

▼図5 高度による気圧の変化

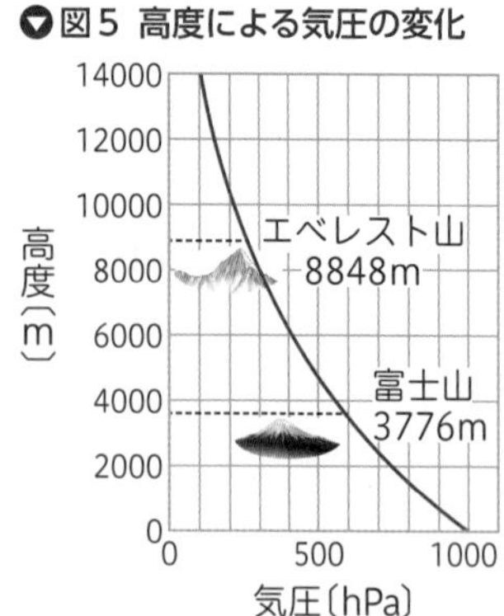

### (2) 雲のでき方を調べる

菓子の袋がふくらむのと同じように，地表付近の空気のかたまりも，上昇すると膨張する。このとき，空気中に小さな水滴や氷の粒❶ができ，それが集まって**雲**ができる。

雲のでき方は，実験で調べることができる。» 重要実験⑭

**❶雲粒**
雲をつくる水滴や氷の粒を雲粒という。

## 重要実験⑭ 空気の体積変化と雲のでき方

❶ フラスコの内部をぬるま湯でぬらし，フラスコ内に線香の煙を入れる。

❷ 注射器のピストンを押しこんだ状態で，図のような装置を組みたてる。

❸ ピストンをすばやく引いたときの，フラスコ内のようすや温度変化を調べる。

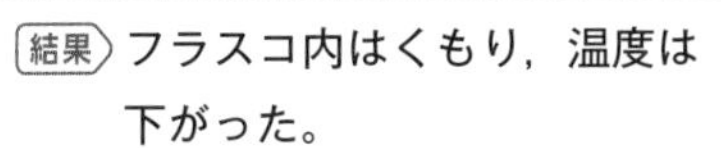

ポイント ピストンを引いた分だけ，フラスコ内にある空気の体積が大きくなる（空気が膨張する）。

結果 フラスコ内はくもり，温度は下がった。
➡**空気が膨張**すると，温度が下がり，**くもり（小さな水滴）ができた**。

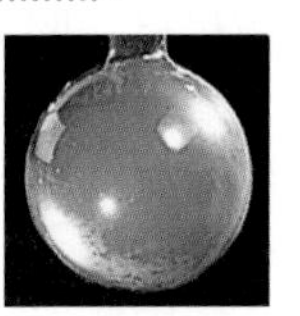

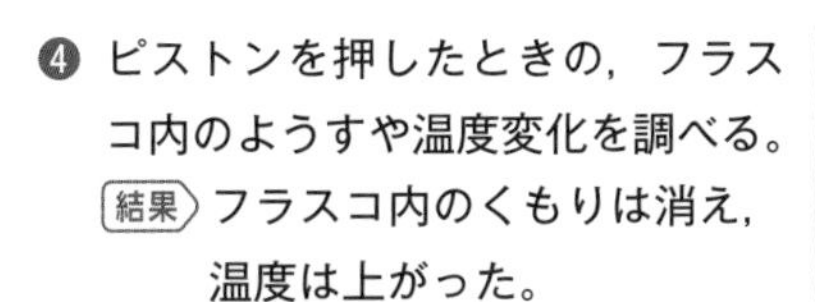

❹ ピストンを押したときの，フラスコ内のようすや温度変化を調べる。
結果 フラスコ内のくもりは消え，温度は上がった。

サーミスタ温度計（デジタル温度計）
注射器
ピストン
丸底フラスコ
引く。 押す。
ぬるま湯でぬらしておく。
線香の煙を入れておく。

? なぜ？ **フラスコ内の空気中の水蒸気量を増やすため。**

? なぜ？ **水蒸気が水滴になるときの核にするため。**

くわしく 水蒸気量を増やし，凝結核になるものを入れておくことで，雲ができやすくなる。

### 結果のまとめ

| | |
|---|---|
| ピストンを引いたとき | フラスコ内の **空気が膨張** して，**温度が下がる**。<br>➡ 温度が **露点より低く** なり，**水蒸気が水滴に** なる。（フラスコ内が **くもる**。） |
| ピストンを押したとき | フラスコ内の空気が圧縮されて，温度が上がる。<br>➡ 温度が露点より高くなり，水滴が水蒸気になる。（フラスコ内の **くもりが消える**。） |

## (3) 自然界での雲のでき方

地表付近の空気のかたまりが上昇すると，上空にいくほどまわりの気圧が低くなり，膨張して温度が下がる❷ため，ある高度で露点に達する。さらに上昇すると，空気中に含みきれなくなった水蒸気は，空気中に漂っている目に見えない小さなちりを**凝結核**❸として，無数の細かい水滴となる。このような水滴が集まって，**雲**をつくっている。水滴のまわりの温度が低いと，水滴は氷の粒となる(**図6**)。

## (4) 空気が上昇・下降するしくみと雲のでき方

空気は，あたためられると上昇し，冷やされると下降する。また，あたたかい空気(暖気)と冷たい空気(寒気)がぶつかると，暖気は寒気より軽い(密度が小さい)ために，寒気の上にはい上がる。このような**上昇する空気の流れ**を**上昇気流**という。一方，**下降する空気の流れ**は**下降気流**という。

上昇気流があるところでは，雲が発生しやすい。上昇気流のでき方には，**図7**のようなものがある。❹❺

**発展 ❷膨張する空気の温度**
空気をあたためると，体積が大きくなる。しかし，熱を与えないで体積を大きくすると，体積が大きくなるために必要な分の熱エネルギーが減るため，温度が下がる。

**❸凝結核**
水蒸気が凝結するときに，しんとなる微粒子のことを凝結核という。凝結核には，土壌粒子，火山灰，工場の煙などがある。
p.129の重要実験⑭では，線香の煙が凝結核になっている。

**❹下降気流と雲**
空気が下降すると，まわりの気圧が高くなり，圧縮されて温度が上がる。そのため，下降気流があるところでは，雲が発生しにくい。

**❺上昇気流・下降気流と天気**
上昇気流があるところでは，雲が発生しやすいので，天気はくもりや雨になりやすい。一方，下降気流があるところでは，雲が発生しにくいので，天気は晴れになることが多い。

▼図6 雲のでき方

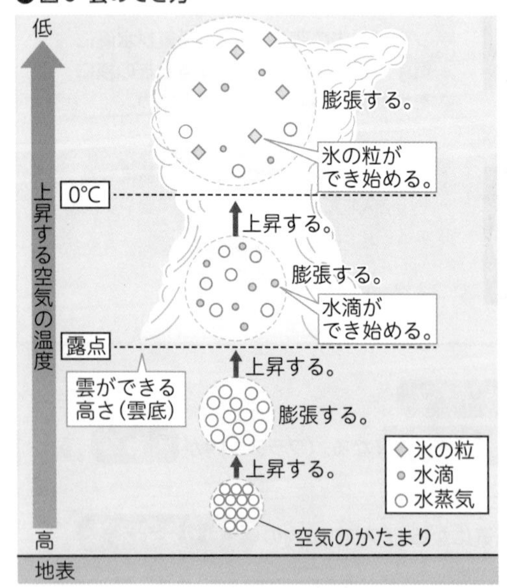


▼図7 上昇気流のでき方

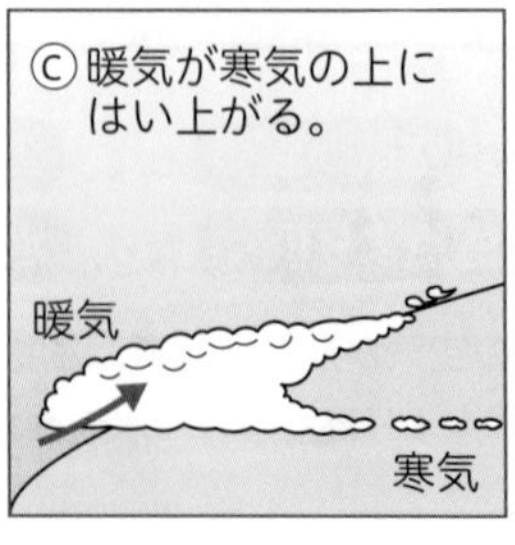

## (5) 霧のできかた

**地表付近にできた雲を霧**(>>p. 123)という。空気が上昇せずに冷やされたとき，空気中の水蒸気の一部が細かい水滴となって地表付近に浮かび，霧が発生する。[6]

上空に雲がない晴れた夜や早朝などは，地面から熱が逃げていき，地表の温度が大きく下がって気温も下がるので，霧が発生しやすい。しかし，太陽が出て気温が上がると，水滴が再び水蒸気になり，霧は消える。

## (6) 雨や雪のでき方

雲をつくる水滴や氷の粒は非常に小さいため，上昇気流に支えられて落ちてこない。しかし，それらがまわりの水蒸気を取りこんだり，ぶつかりあったりして大きくなると，落ちてくる。こうして，水滴がそのまま落ちてきたり，氷の粒が途中でとけて落ちてきたりしたものが，**雨**である。また，氷の粒が成長して雪の結晶になったものが落ちてくると，**雪**になる(図8)。[7]

▼図8 雨や雪の降り方

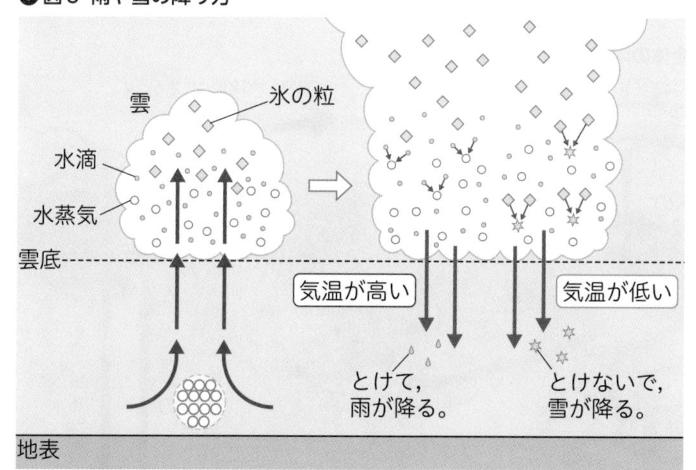


## (7) 降水

雨や雪などをまとめて**降水**という。降水をもたらす雲は厚い雲で，おもに**積乱雲**と**乱層雲**である。>>p. 142, 143

**❻露・霜のでき方**

露や霜も，霧と同じように，地表付近で空気が露点以下に冷やされ，空気中の水蒸気の一部が凝結してできるものである。

露：凝結した水滴が，地面や木の葉など，地上の物体についたもの。

霜：露点が0℃以下になり，水蒸気が直接氷の結晶となって，地上の物体についたもの。

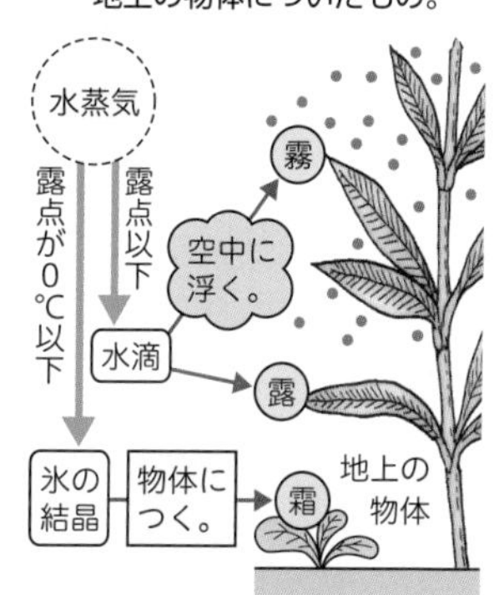


**❼雲粒や雨粒の大きさ**

凝結核に水蒸気が凝結して雲粒(水滴や氷の粒)ができ，それらが上昇気流の中で合体をくり返すと，より大きい水滴(霧粒)になる。さらに大きい雨粒に成長すると，地表に落ちてくる。

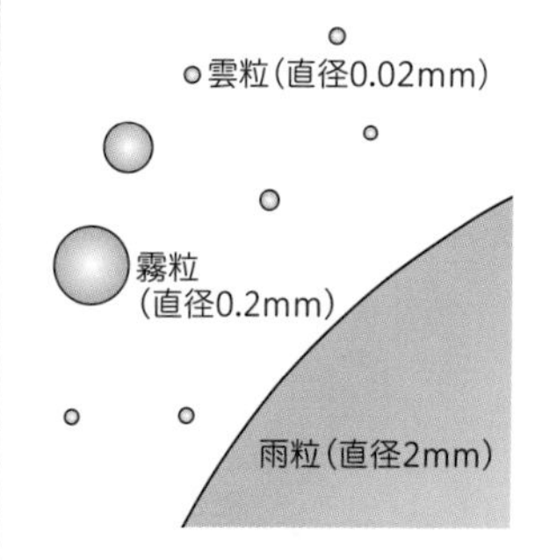

小学校の復習

- 水は，水面や地面などから蒸発し，水蒸気になって空気中に含まれていく。また，空気中の水蒸気は，結露して再び水になって現れる。

## ② 水の循環

### (1) 水の循環

地球上の水は，気体，液体，固体とすがたを変えながら，海，陸地，大気の間を循環している(図9)。これを**水の循環**という。水の循環をもたらしているのは，太陽のエネルギー(太陽放射)である。

**①地球表面の水**

地球表面の約70%は海でおおわれ，陸地にも湖や河川に水が存在する。これらの水は蒸発し，水蒸気となって大気中に移動する。

**②大気中の水蒸気**

大気中の水蒸気は，冷やされて水滴や氷の粒に変化し，雲になる。雲の一部は，雨や雪となって地球表面にもどる。

**③陸地に降った雨や雪**

陸地に降った雨や雪の多くは，河川を通って海にもどったり，陸地から蒸発したりする。

図9 水の循環(図中の数字は地球全体の降水量を100としたときの値)

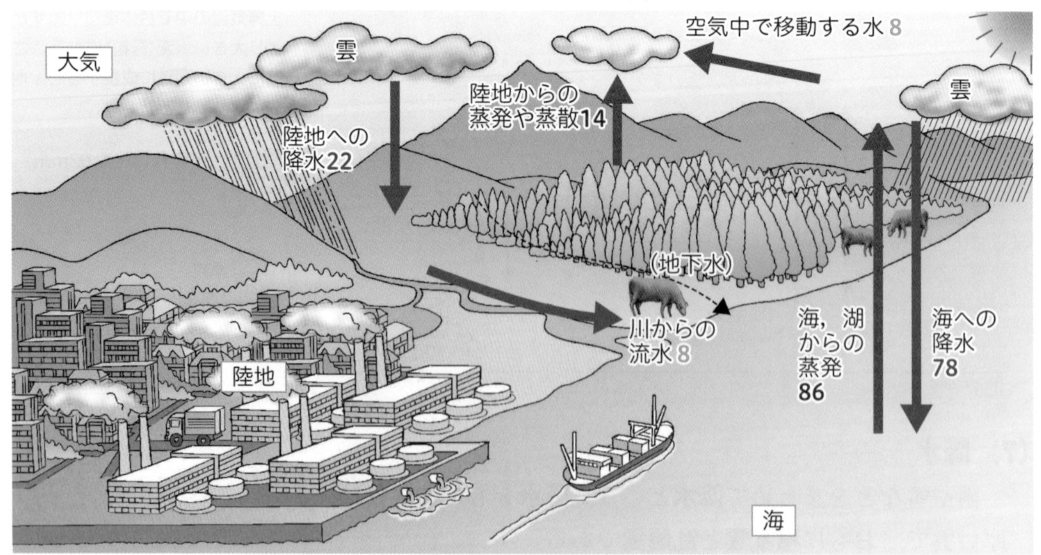

# 要点チェック

## 1 大気中の水蒸気の変化

☐ (1) 空気1 $m^3$中に含(ふく)むことのできる水蒸気の最大量を何というか。>>p. 123

☐ (2) 空気1 $m^3$中に含むことのできる水蒸気の最大量は，気温が高くなると，大きくなるか，小さくなるか。>>p. 123

☐ (3) 空気中に含まれる水蒸気が水滴になることを何というか。>>p. 123

☐ (4) 空気中の水蒸気が水滴になり始める温度を何というか。>>p. 123

☐ (5) 空気中に含まれている水蒸気量は，露点(ろてん)が高いほど，大きいか，小さいか。>>p. 124

☐ (6) 空気中に水蒸気が含まれている度合いを百分率で表したものを何というか。>>p. 126

☐ (7) 次の式の①，②に当てはまる単位やことばは何か。>>p. 126

湿度(しつど)〔%〕＝ 空気1 $m^3$中の水蒸気量〔 ① 〕×100 / その気温での〔 ② 〕〔$g/m^3$〕

## 2 雲のでき方と水の循環

☐ (8) 空気のかたまりが上昇(じょうしょう)すると，①空気は膨張(ぼうちょう)するか，圧縮されるか。また，②空気の温度は上がるか，下がるか。>>p. 130

☐ (9) 空気中の水蒸気が水滴や氷の粒になって，上空に浮(う)かんでいるものを何というか。>>p. 130

☐ (10) あたためられた空気は，上昇するか，下降するか。>>p. 130

☐ (11) ①上昇する空気の流れを何というか。また，②下降する空気の流れを何というか。>>p. 130

☐ (12) 空気中の水蒸気が水滴になって，地表付近に浮かんでいるものを何というか。>>p. 131

☐ (13) 雨や雪をまとめて何というか。>>p. 131

☐ (14) 地球上の水の循環は，何のエネルギーがもとになっているか。>>p. 132

### 解答

(1) 飽和水蒸気量

(2) 大きくなる。

(3) 凝結

(4) 露点

(5) 大きい。

(6) 湿度

(7) ① $g/m^3$　② 飽和水蒸気量

(8) ① 膨張する。　② 下がる。

(9) 雲

(10) 上昇する。

(11) ① 上昇気流　② 下降気流

(12) 霧

(13) 降水

(14) 太陽(のエネルギー)

# 定期試験対策問題 解答➡p.231

## 1 露点の測定 >>p. 124

実験室で，図のように，くみ置きの水を入れた金属製のコップに少しずつ氷水を入れてよくかき混ぜ，水温を下げていった。その結果，水温が20℃になったとき，コップの表面に水滴がつき始めた。このとき，室温は25℃であった。次の問いに答えなさい。

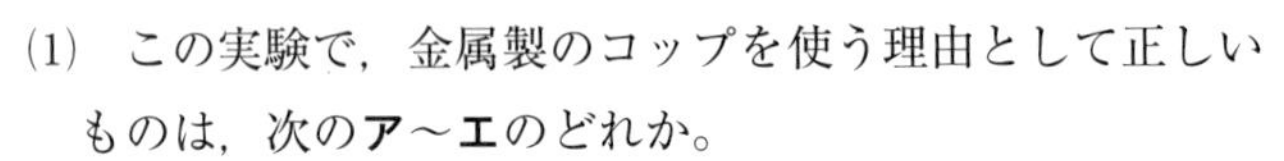


(1) この実験で，金属製のコップを使う理由として正しいものは，次の**ア**～**エ**のどれか。

**ア** 光を通さないから。　**イ** 水より密度が大きいから。

**ウ** 熱を伝えやすいから。　**エ** かたくて丈夫だから。

(2) この実験で，くみ置きの水を使う理由を，簡単に答えなさい。

(3) 表は，気温と飽和水蒸気量の関係を示したものである。この実験を行ったとき，空気1 m³に含まれる水蒸気量は何gか。また，このときの室内の湿度は何%か。小数第1位を四捨五入して答えなさい。

| 気温〔℃〕 | 20 | 21 | 22 | 23 | 24 | 25 | 26 |
|---|---|---|---|---|---|---|---|
| 飽和水蒸気量〔g/m³〕 | 17.3 | 18.3 | 19.4 | 20.6 | 21.8 | 23.1 | 24.4 |

**ヒント**
(3) 水温が20℃のとき，コップの周囲の空気の温度も20℃と考えられる。

## 2 気温と水蒸気量・湿度の関係 >>p. 125～128

図は，気温と飽和水蒸気量の関係のグラフと，いろいろな湿度の空気A～Cを表したものである。次の問いに答えなさい。

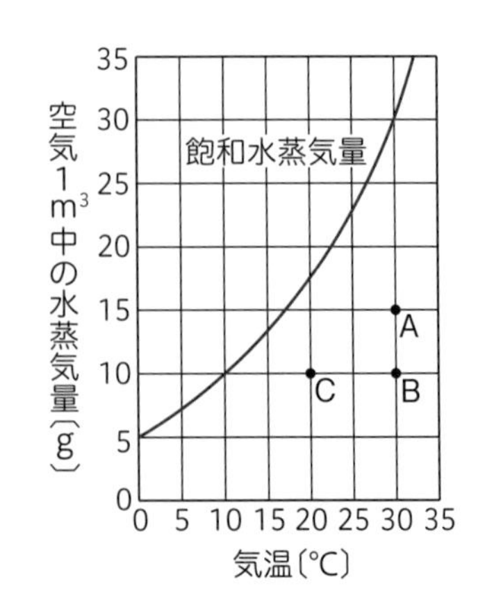


(1) 空気Aの湿度は何%か。ただし，30℃のときの飽和水蒸気量を30g/m³とする。

(2) 空気Aの露点は何℃か。整数で答えなさい。

(3) 空気Aの温度を10℃まで下げたとき，できる水滴の量は空気1 m³当たり何gか。

**応用** (4) 空気Aと空気Bを比べると，湿度が高いのはどちらか。

**応用** (5) 空気Bと空気Cを比べると，湿度が高いのはどちらか。

## 3 雲のでき方を調べる実験 >>p. 129

雲のでき方を調べるために，次のような実験を行った。あとの問いに答えなさい。

〔実験〕

1．丸底フラスコの内部をぬるま湯でぬらし，内部に線香の煙を入れる。

2．注射器のピストンを押しこんだ状態で，図のような装置を組みたてる。

3．注射器のピストンを引いたり押したりしたときの，丸底フラスコ内のようすや温度変化を調べる。

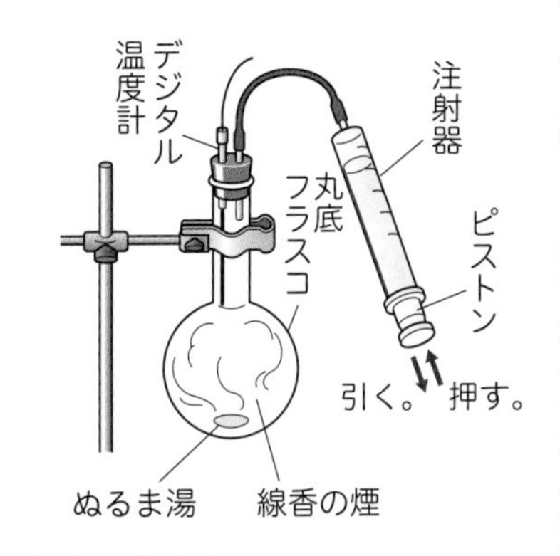


(1) 丸底フラスコの内部をぬるま湯でぬらしたのはなぜか。簡単に答えなさい。

(2) 丸底フラスコの内部に線香の煙を入れたのはなぜか。簡単に答えなさい。

(3) 丸底フラスコ内がくもったのは，ピストンをどのように動かしたときか。

(4) ピストンを押したとき，丸底フラスコ内の温度はどうなったか。

## 4 雲のでき方と降水 >>p. 130, 131

次の文は，雲のでき方について説明したものである。あとの問いに答えなさい。

空気のかたまりが上昇すると，上空ほどまわりの気圧が①〔**ア** 低い **イ** 高い〕ため，空気が②〔**ア** 膨張して **イ** 圧縮されて〕，その温度が③〔**ア** 上がる **イ** 下がる〕。その結果，ある高度で④空気中の水蒸気の一部は目に見えない小さなちりを凝結核として水滴になる。このような小さな水滴が集まって⑤雲ができている。

(1) 文中の①～③に当てはまる語句は，それぞれ**ア**，**イ**のどちらか。

(2) 文中の下線部④で，水蒸気が水滴になる温度を何というか。

(3) 文中の下線部⑤について，雲ができにくいのは，次の**ア**～**ウ**のどの場合か。

**ア** 地表付近の空気が太陽の光であたためられる場合

**イ** 山頂から空気が斜面にそって下降する場合

**ウ** 冷たい空気があたたかい空気の下にもぐりこむ場合

(4) 雲をつくっている小さな水滴は，ふつうは落ちてこない。

① 小さな水滴が落ちてこないのは，何という気流に支えられているからか。

② 小さな水滴がぶつかりあって大きくなり，水滴のまま地表に落ちてきたものを何というか。

# 第12章 前線と天気の変化

## 要点のまとめ

### 1 気圧配置と風 >>p.137

□ **等圧線**：気圧の値の等しい地点を結んだ曲線。

□ **高気圧と低気圧**：**等圧線**が丸く閉じていて，**まわりより気圧が高いところ**を高気圧といい，**まわりより気圧が低いところ**を低気圧という。

□ **風**：気圧の差によって生じる大気の動き。風は，気圧の高いほうから低いほうに向かって吹き，**等圧線の間隔が狭いところほど強い**。

▼高気圧・低気圧と風・天気（北半球）

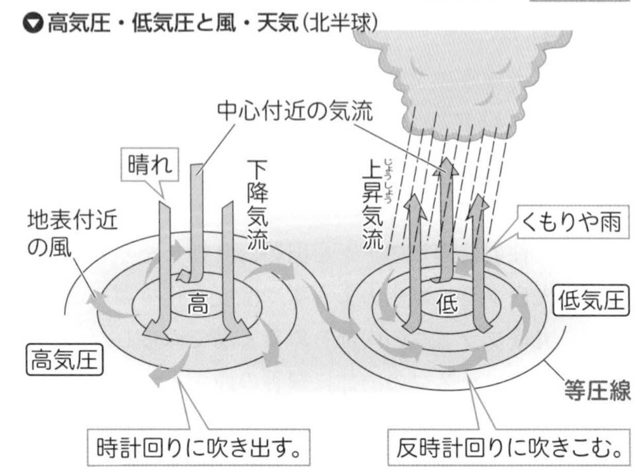


### 2 前線と天気の変化 >>p.139

□ **気団**：気温や湿度が一様な空気のかたまり。冷たい空気をもつ**寒気団**と，あたたかい空気をもつ**暖気団**がある。

□ **前線面と前線**：性質の異なる気団が接した境界面を**前線面**といい，前線面が地表面と交わってできる線を**前線**という。前線には，**寒冷前線**，**温暖前線**，**閉塞前線**，**停滞前線**がある。

□ **寒冷前線と天気の変化**：**寒冷前線**付近では**積乱雲**が発達し，**強い雨が狭い範囲に短い時間**降る。前線の通過後は，**北寄りの風**が吹き，**気温は下がる**。

▼寒冷前線・温暖前線と雲のようす

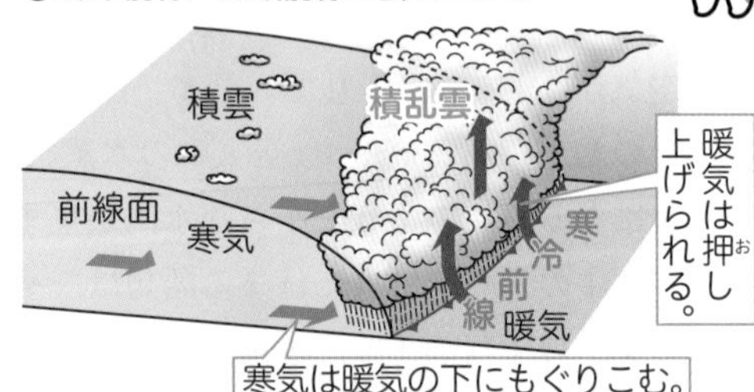

□ **温暖前線と天気の変化**：**温暖前線**付近では**乱層雲**などができ，**弱い雨が広い範囲に長い時間**降り続く。前線の通過後は，**南寄りの風**が吹き，**気温は上がる**。

# 1 気圧配置と風

## ① 気圧配置

### (1) 場所による気圧の違い

気圧は，海面からの高さによって異なる。そのため，いろいろな場所で同時刻に測定した気圧を比較するときには，その場所の高さの違いによって生じる気圧の差をなくすために，海面と同じ高さでの気圧に直す。❶

**❶海面更正**
測定した気圧を，海面（海抜０m）と同じ高さでの気圧（海面気圧）に直すことを海面更正という。海面更正では，測定場所が海面から10m高くなるごとに，測定値に約1.2hPaずつ加える。
例 海面からの高さが200mの場所で観測された気圧が1000hPaの場合，海面気圧は，
$1000+1.2\times\frac{200}{10}=1024$〔hPa〕

### (2) 等圧線と気圧配置

**図１**は，海面と同じ高さに直した同時刻の気圧を地図上に記入し，気圧が等しい地点をなめらかな曲線で結んだものである。このような**気圧の値の等しい地点を結んだ曲線**を**等圧線**という。等圧線のようすから，気圧の分布（**気圧配置**）がわかる。

▼図１ 各地の気圧と気圧配置

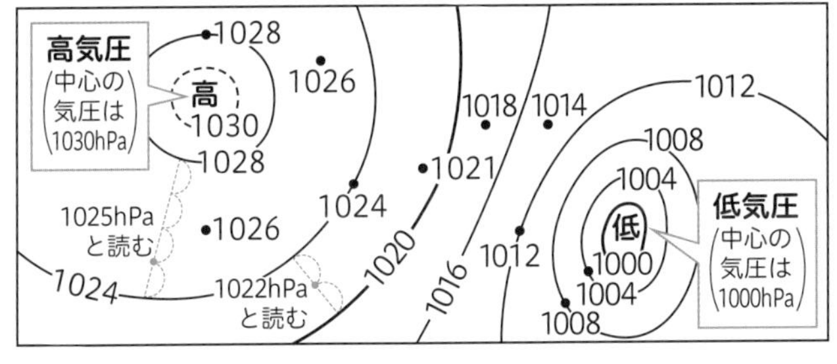


**等圧線**
- 1000hPaを基準に，4hPaごとに細い実線で結ぶ。
- 20hPaごとに太い実線で結ぶ。
- 2hPaごとに点線で結ぶこともある。

### (3) 高気圧と低気圧

等圧線は，丸く閉じた曲線になることもある。等圧線が丸く閉じていて，**まわりより気圧が高いところ**を**高気圧**といい，**まわりより気圧が低いところ**を**低気圧**という。**図１**で，「高」は高気圧を，「低」は低気圧を表しており，その近くの数値は中心の気圧の大きさを表している。

等圧線は，枝分かれしたり，交わったりしないね。

### (4) 天気図

気圧配置を表した地図に，各地で観測した気象要素を，図記号を使って記入したものを**天気図**という。

## ② 気圧配置と風や天気

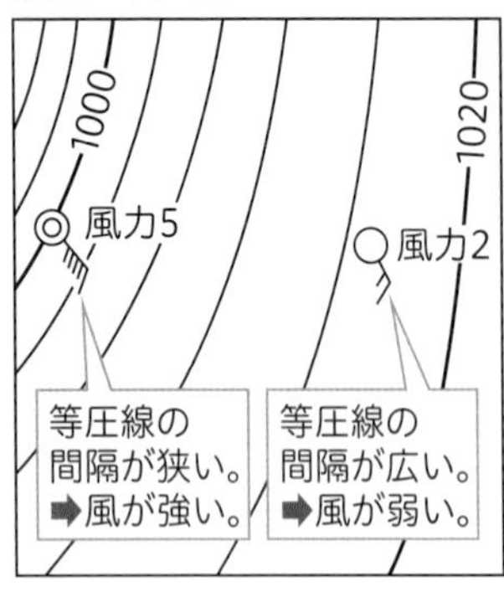

▼図2 風の強さ

### (1) 風の吹き方

気圧に差がある場所では，気圧の高いほうから低いほうへ，大気を動かそうとする力がはたらき，大気が移動する。この**大気が移動する現象**が**風**である。

天気図で**等圧線の間隔が狭いところほど**，気圧の差が大きいので，大気が速く移動し，**強い風が吹く**（図２）。

### (2) 高気圧・低気圧と風

**図３**の⒜のように，高気圧の地表付近では，まわりより中心の気圧が高いので，中心からまわりに向かって風が吹く。逆に，低気圧の地表付近では，まわりより中心の気圧が低いので，まわりから中心に向かって風が吹く。

北半球では，高気圧の中心から時計回りに風が吹き出し，低気圧の中心に向かって反時計回りに風が吹きこむ。❷❸

### (3) 高気圧・低気圧と天気

**図３**の⒝のように，低気圧の中心付近では，まわりから吹きこんだ風が上昇気流になるため，雲が発生しやすく，天気はくもりや雨になりやすい。逆に，高気圧の中心付近では，地表付近で吹き出した風を補うように下降気流が生じるため，雲が発生しにくく，天気は晴れになりやすい。

▼図3 高気圧・低気圧と風・天気（北半球）

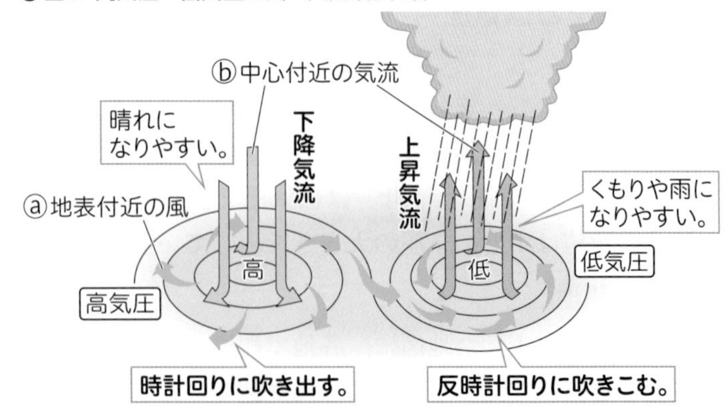


**❷南半球の風**
南半球では，時計回り，反時計回りの関係が北半球とは逆になる。つまり，高気圧の中心から反時計回りに風が吹き出し，低気圧の中心に向かって時計回りに風が吹きこむ。

**発展 ❸風向が等圧線に垂直にならないわけ**
地球が１日に１回転（自転）していることなどによって，風は等圧線に垂直な方向ではなく，下図のように，北半球では右にそれた方向に吹く。（南半球では逆に，左にそれた方向に吹く。）

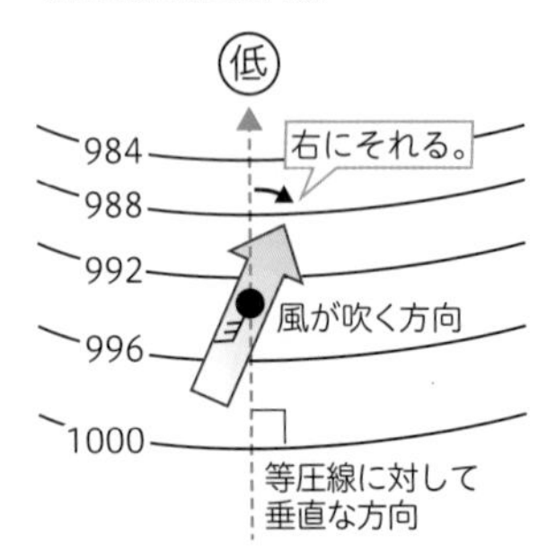

# 2 前線と天気の変化

## ① 気団と前線

### (1) 気団

空気は，広大な大陸上や海洋上に長期間とどまると，大陸や海洋などの影響を受けて，気温や湿度がほぼ一様なかたまりになる。このようにしてできる，**性質が一様で大規模な空気のかたまり**を**気団**という。

気団には，冷たい空気をもつ**寒気団**と，あたたかい空気をもつ**暖気団**がある。

日本付近の気団については，p.152で学習するよ。

### (2) 前線面と前線

**図4**のようにして，温度の異なる空気の動きを調べると，仕切り板を外しても冷たい空気とあたたかい空気はすぐには混じりあわず，冷たい空気のほうが密度が大きいため，あたたかい空気の下にもぐりこむように進む。

大気中でも同じように，寒気団と暖気団が接してもすぐには混じりあわず，気団の間に境界面ができる。この**境界面**を**前線面**といい，**前線面が地表面と交わってできる線**を**前線**という(**図5**)。

中1の復習

- 液体の中に固体を入れたとき，液体より固体のほうが密度が大きければ固体は沈み，固体のほうが密度が小さければ固体は浮く。(密度が異なる液体どうしの場合も同じ。)

▼図4 温度の異なる空気の動きを調べる実験

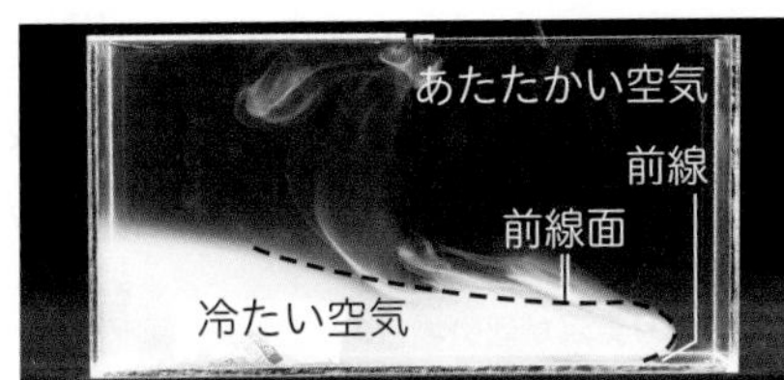


▼図5 前線面と前線

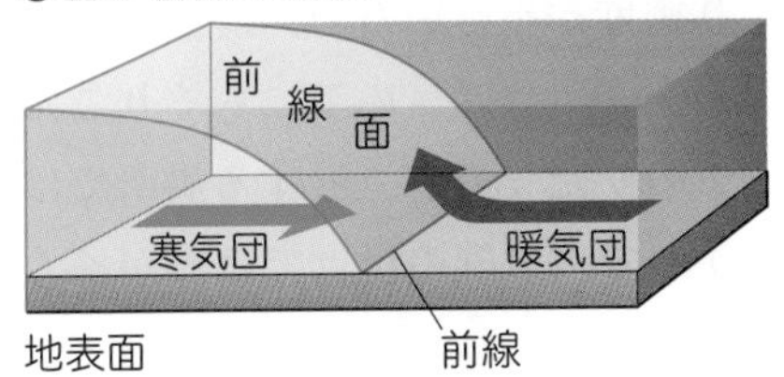


前線面や前線は目に見えないから，モデルで表しているんだね。

**図6 前線の記号**
前線の記号は，前線の進行方向にかく(矢印⬇は進行方向)。

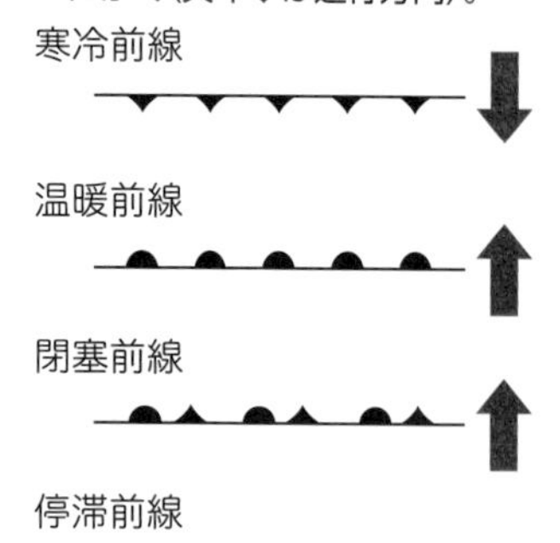


## (3) 前線の種類

前線には次のような種類があり，それぞれ**図6**のような記号で表される。

### ①寒冷前線

寒気(冷たい空気)が暖気(あたたかい空気)の下にもぐりこみ，暖気を押(お)し上げながら進んでいく前線を，**寒冷前線**という(**図7**のⓐ)。

### ②温暖前線

暖気が寒気の上にはい上がり，寒気を押しながら進んでいく前線を，**温暖前線**という(**図7**のⓑ)。

**図7 寒冷前線と温暖前線のようす**

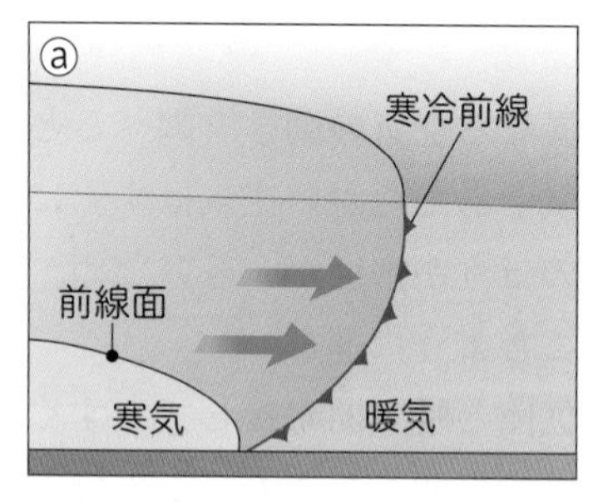


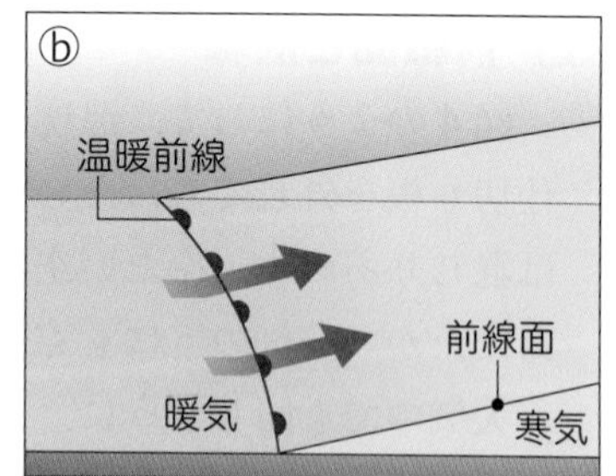


### ③閉塞(へいそく)前線

寒冷前線が温暖前線に追いついてできる前線を，**閉塞前線**という。[4]

### ④停滞(ていたい)前線

もぐりこもうとする寒気とはい上がろうとする暖気がぶつかりあって，ほとんど位置が動かない前線を，**停滞前線**という。

**[4]閉塞前線のようす**
閉塞前線の断面は，下図のように，2種類の寒気の上に暖気が乗り上げた状態になっている。
なお，下図は，寒冷前線側(左側)の寒気のほうが，温暖前線側(右側)の寒気より気温が低い場合のようすである。

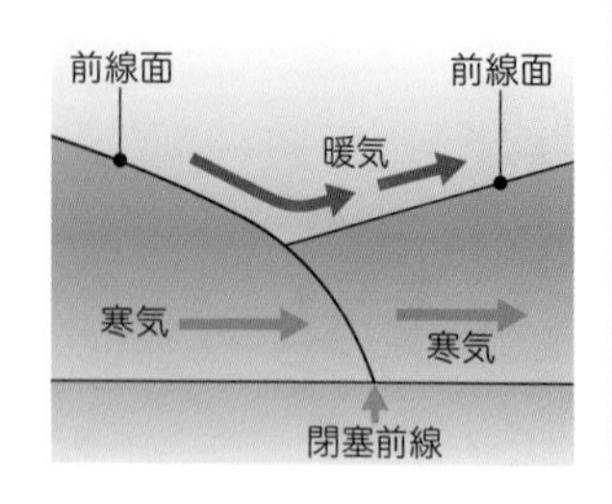


## (4) 前線と雲

暖気のほうが寒気より密度が小さいため，暖気は寒気の上にはい上がって上昇(じょうしょう)し，寒気は暖気の下にもぐりこんで暖気を押し上げる。空気のかたまりが上昇する場所では雲が発生しやすい(>>p. 130)ので，前線の付近では雲が多くなる。

## (5) 日本付近の低気圧(温帯低気圧)と前線

日本付近で，前線上に発生した低気圧は，西から東へ進みながら発達し，閉塞前線ができるとやがて消滅(しょうめつ)する。

❶勢力が同じくらいの寒気と暖気が接したところで，**停滞前線**ができる(図8の❶)。

❷前線が波打って大気の渦(うず)(低気圧)が発生すると，低気圧の中心から，前方(東側)に**温暖前線**が，後方(西側)に**寒冷前線**ができる(図8の❷)。このような，日本を含(ふく)む中緯度帯(ちゅういどたい)❺で発生し，前線を伴(ともな)う低気圧は，**温帯低気圧**とよばれる。日本付近では，温帯低気圧の南東側に温暖前線が，南西側に寒冷前線ができることが多い。

❸寒冷前線の移動する速さは温暖前線より速いことが多い。そのため，地表付近の暖気の範囲(はんい)はしだいに狭(せま)くなる(図8の❸)。

❹寒冷前線が温暖前線に追いついて重なりあい，**閉塞前線**ができる(図8の❹)。閉塞前線ができることによって，地表付近がすべて寒気におおわれる(>>p. 140の❹)と，上昇気流が発生しなくなり，やがて温帯低気圧は消滅してしまうことが多い。

▼図8 低気圧と前線のでき方

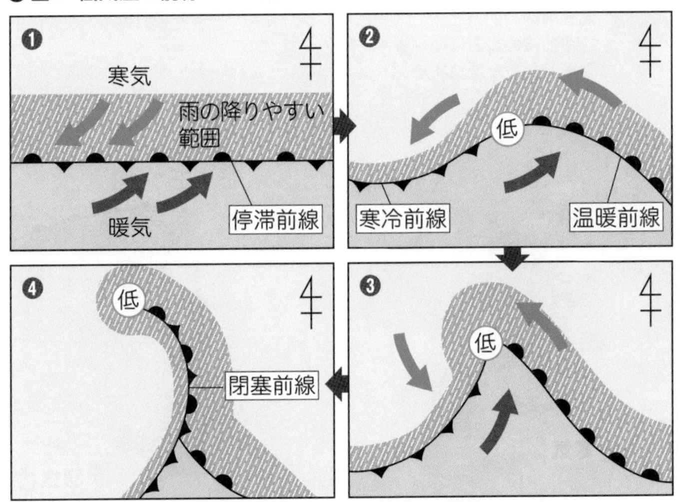


**❺中緯度帯**
北緯30〜60°の間の地域，および南緯30〜60°の間の地域を中緯度帯という。

**小学校の復習**
- 天気は，雲の量が増えたり減ったりすることや，雲が動くことによって，変化している。
- 雲にはいろいろな種類があり，雨を降らす雲もある。

## ② 前線と天気の変化

### (1) 寒冷前線と天気の変化

**図9**のように，寒冷前線では，寒気が暖気の下にもぐりこみ，暖気を**激しく押し上げる**ため**強い上昇気流**が生じる。➡上に伸びる**積乱雲が発達**する。そのため，寒冷前線が通過するとき，**強い雨が狭い範囲に短い時間**降り，雷や突風を伴うことが多い。寒冷前線の通過後は，**北寄りの風**が吹き，寒気に入るため**気温は下がる**。

**図10**は，低気圧と前線の構造を表したものである。

図9 寒冷前線と雲のようす[6]

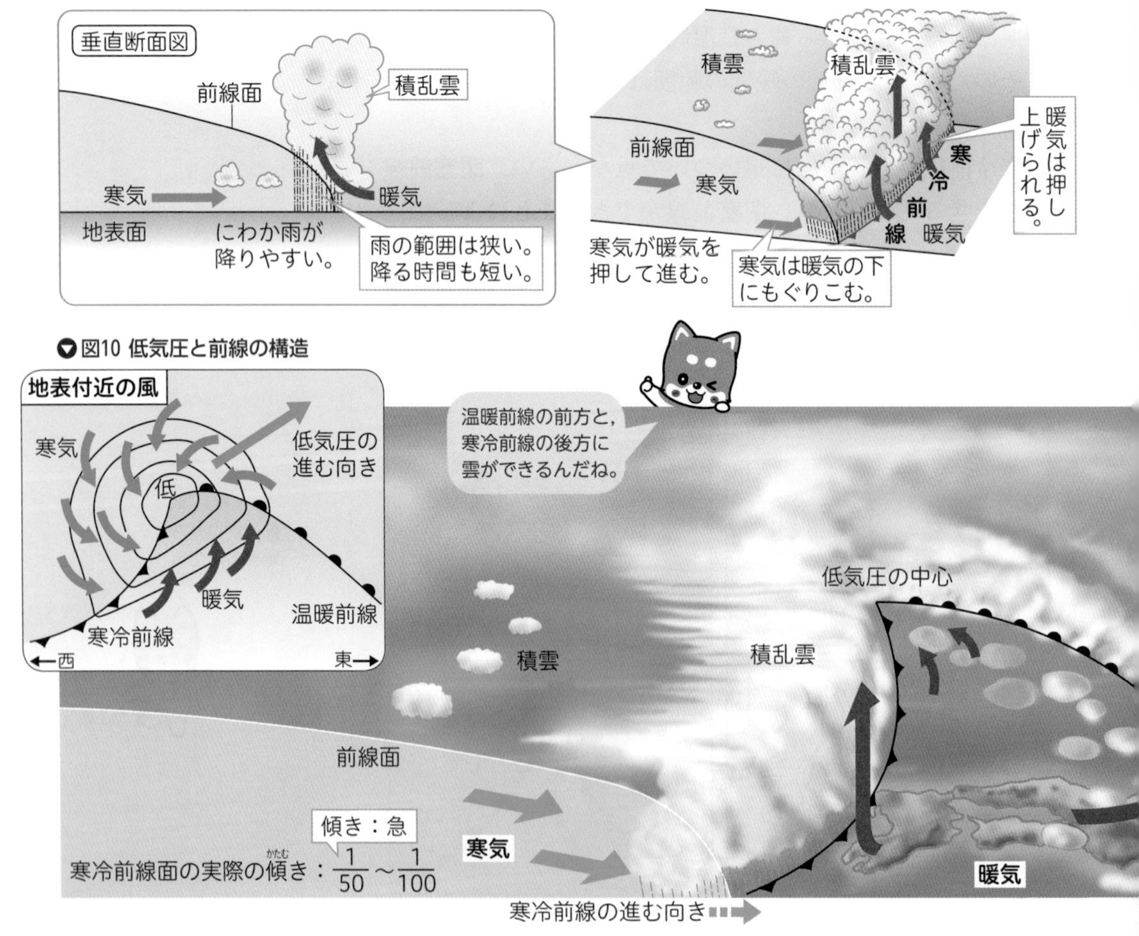


図10 低気圧と前線の構造

## (2) 温暖前線と天気の変化

**図11**のように，温暖前線では，暖気が寒気の上にはい上がり，**ゆるやかに上昇**していく。➡**広い範囲に乱層雲**や高層雲などの層状の雲ができる。そのため，温暖前線が近づくと，**弱い雨が広い範囲に長い時間**降り続く。温暖前線の通過後は，**南寄りの風**が吹き，暖気に入るため**気温は上がる**。

## (3) 停滞前線と天気

停滞前線付近では，幅の広い帯状の雲ができるため，長期間にわたって雨が降り続くことが多い。初夏の**梅雨前線**や，秋の**秋雨前線**は停滞前線である。[7] >>p. 154

▼図11 温暖前線と雲のようす[6]

巻雲
巻層雲
巻積雲
高層雲
高積雲
乱層雲
前線面
寒気
温暖前線面の実際の傾き：$\frac{1}{200}$～$\frac{1}{300}$ 傾き：ゆるやか
▭▭⇨温暖前線の進む向き

**❻雲の名称の漢字の意味**

雲の名称に使われる漢字にも意味がある。

積：かたまり状の雲。
層：空を層状または幕状におおう雲。
乱：雨や雪を降らせる雲。

**❼閉塞前線と天気**

閉塞前線では，寒冷前線が温暖前線に追いつき，このとき寒気が暖気を押し上げるので，厚い雲ができ，強い雨が降る。

傾き$\frac{1}{200}$は，水平に200mいく間に，垂直に1m上がる傾きだね。

**中2の数学の復習**

**一次関数と傾き**

- 坂などの傾き具合いは，$\frac{垂直距離}{水平距離}$の値で表すことができる。
- $y = ax + b$ の $a$ を，直線の傾きという。

小学校の復習

- 日本付近では，雲はおもに西から東のほうへ動き，天気もおよそ西から東へ変化していく。

日本付近の低気圧が西から東へ進む理由については，p.150で学習するよ。

### (4) 前線の通過と天気の変化

▼図12 低気圧の移動

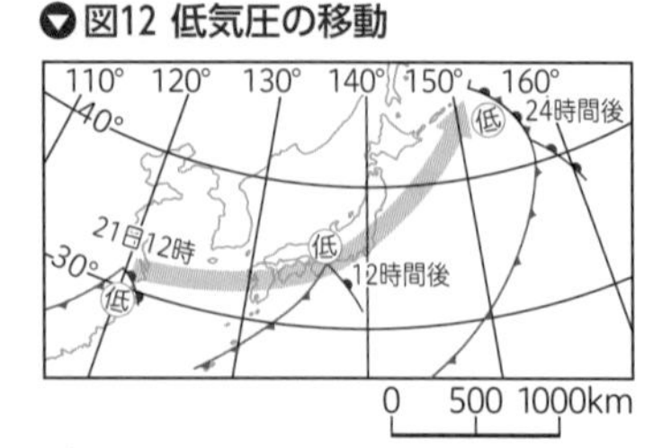


**図12**のように，日本付近の低気圧は，西から東へ移動することが多い。そのため，低気圧が近づくと，天気は西から崩(くず)れ，前線の通過に伴(ともな)って変化する。

日本のある地点Aを，温暖前線や寒冷前線が通過すると，地点Aでの気温，風向，気圧などの気象要素にはっきりとした変化がみられることが多い。**図13**は，その気象要素の変化の一例である。

▼図13 前線の通過と天気の変化（地点Aでの例）

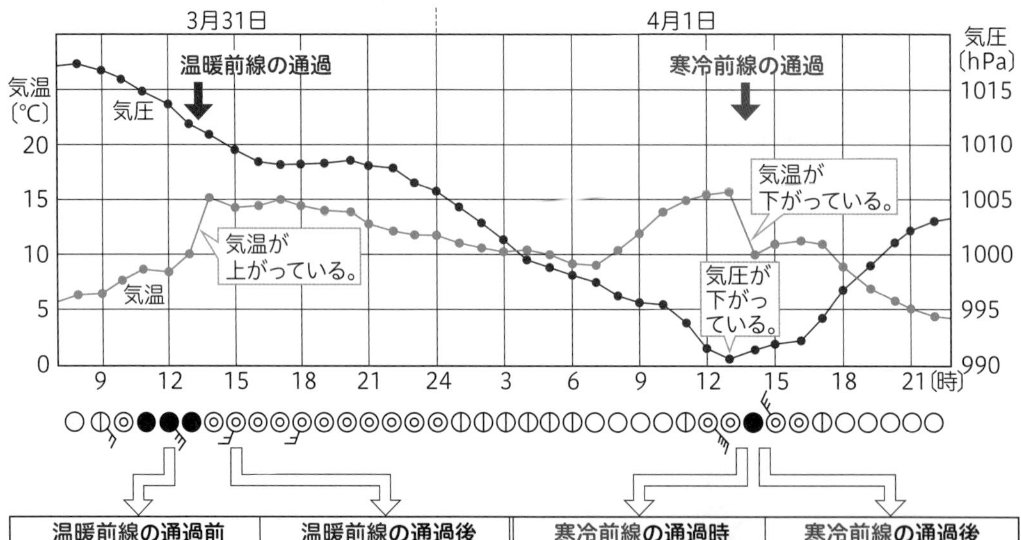


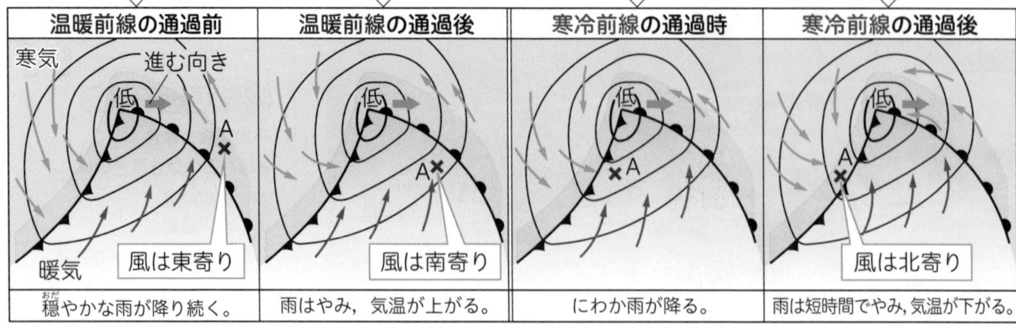

# ☑ 要点チェック

## 1 気圧配置と風

□ (1) 気圧の値（あたい）の等しい地点を結んだ曲線を何というか。 >>p. 137

□ (2) 等圧線が丸く閉じていて，①まわりより気圧が高いところを何というか。また，②まわりより気圧が低いところを何というか。 >>p. 137

□ (3) ①風は，何の高いほうから低いほうに向かって吹（ふ）くか。また，②風の強さは，等圧線の間隔（かんかく）が狭（せま）いところほど，強いか，弱いか。 >>p. 138

□ (4) ①中心から風が吹き出しているのは，高気圧か，低気圧か。また，②中心付近で上昇（じょうしょう）気流が生じているのは，高気圧か，低気圧か。 >>p. 138

## 2 前線と天気の変化

□ (5) 気温や湿度（しつど）が一様な空気のかたまりを何というか。 >>p. 139

□ (6) 性質の異なる気団が接した境界面を何というか。 >>p. 139

□ (7) 性質の異なる気団が接した境界面が，地表面と交わってできる線を何というか。 >>p. 139

□ (8) 寒気が暖気を押（お）し上げながら進む前線を何というか。 >>p. 140

□ (9) 暖気が寒気の上にはい上がり，寒気を押しながら進む前線を何というか。 >>p. 140

□ (10) 寒冷前線が温暖前線に追いついてできる前線を何というか。 >>p. 140

□ (11) 寒気と暖気がぶつかりあい，ほとんど位置が動かない前線を何というか。 >>p. 140

□ (12) 日本を含（ふく）む中緯度帯（ちゅういどたい）で発生し，前線を伴う低気圧を何というか。 >>p. 141

□ (13) 前線が通過するとき，強い雨が狭い範囲（はんい）に短い時間降るのは，寒冷前線か，温暖前線か。 >> p.142, 143

### 解答

(1) 等圧線
(2) ① 高気圧 ② 低気圧
(3) ① 気圧 ② 強い。
(4) ① 高気圧 ② 低気圧
(5) 気団
(6) 前線面
(7) 前線
(8) 寒冷前線
(9) 温暖前線
(10) 閉塞前線
(11) 停滞前線
(12) 温帯低気圧
(13) 寒冷前線

# 定期試験対策問題 解答➡p.233

## 1 気圧配置と風 >>p. 137, 138

**図1**は，ある日の気圧配置を表している。また，**図2**は，**図1**の点A，B間における空気の流れを表している。次の問いに答えなさい。

図1

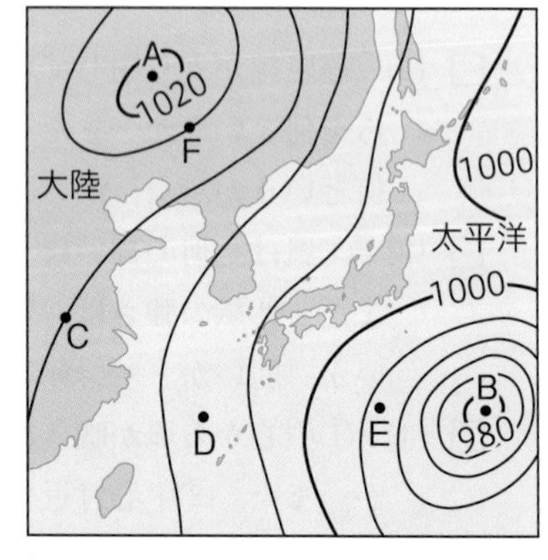


(1) **図1**で，点Cの気圧を単位をつけて答えなさい。

(2) **図2**の点A，B，および点X(点Bの上空)を，気圧の高い順に並べたものとして正しいものは，次の**ア**～**エ**のどれか。

**ア** A＞B＞X　　**イ** A＞X＞B

**ウ** X＞A＞B　　**エ** X＞B＞A

図2

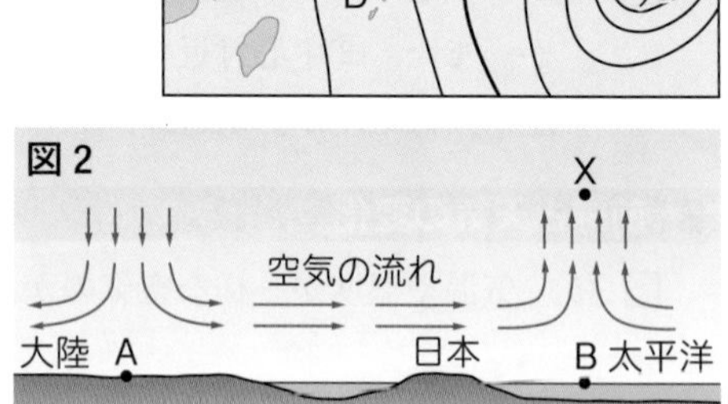


(3) **図3**の**ア**～**エ**のうち，**図1**の点B付近での風の吹(ふ)き方を表しているのはどれか。

(4) **図1**の点A，Bで，上空に雲が発生しやすいのはどちらか。

(5) **図1**の点D，Eで，より強い風が吹いているのはどちらか。

図3

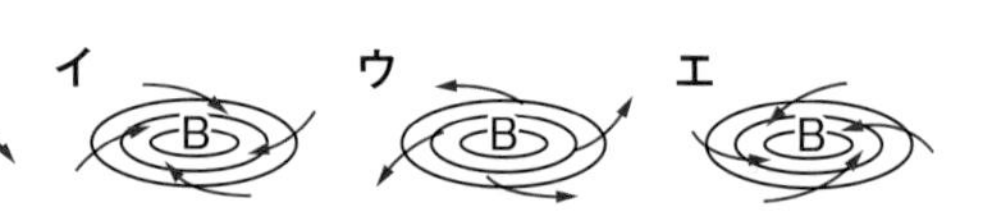


(6) **図1**の点F付近の風向に最も近いものは，次の**ア**～**エ**のどれか。

**ア** 北　**イ** 南　**ウ** 東　**エ** 西

ヒント
(5) 等圧線の間隔(かんかく)に注目する。

## 2 低気圧と前線 >>p. 140, 141

**図1**は，日本付近の温帯低気圧に伴(ともな)う2種類の前線のつくりを表したものである。次の問いに答えなさい。

(1) **図1**のA，Bの前線をそれぞれ何というか。

図1

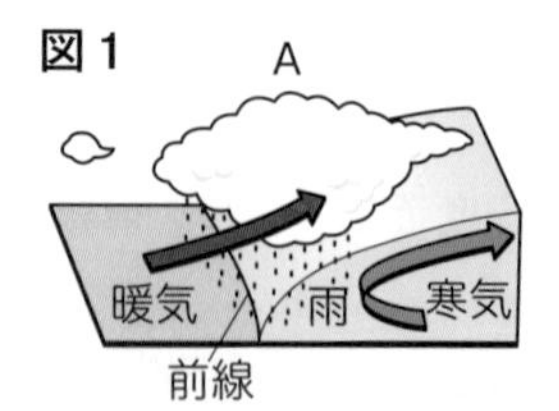


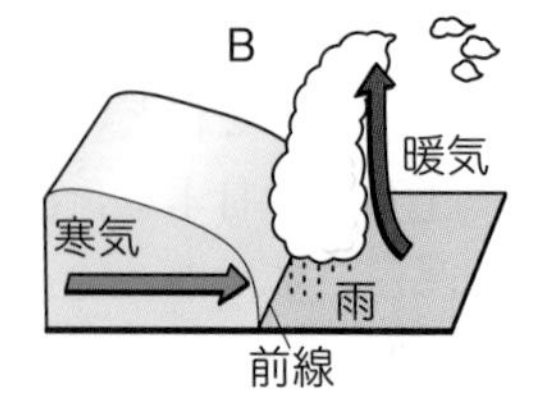

(2) **図2**は，日本付近の温帯低気圧に伴う前線と等圧線を表したものである。**図1**のA，Bの前線の記号を，**図2**にかきなさい。

(3) **図3**のa～dは，日本付近の温帯低気圧と前線のでき方を表したものである。a～dを，そのでき方の順に並べかえなさい。

**図2**

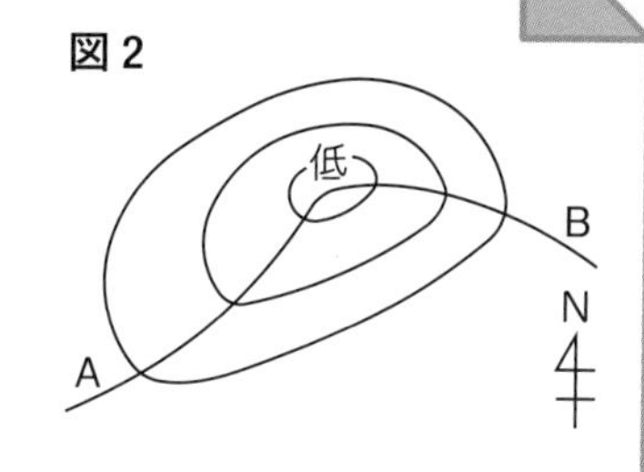


**図3**

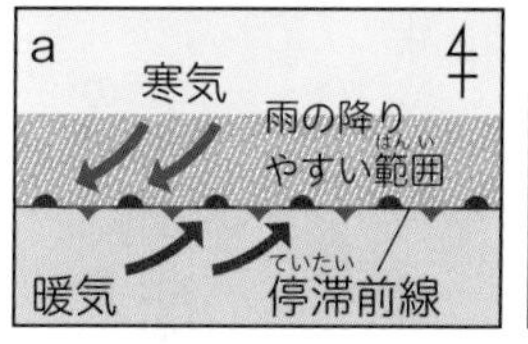


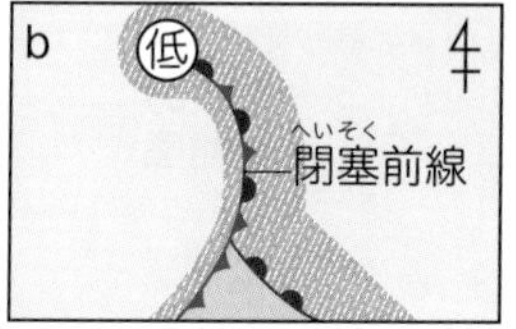


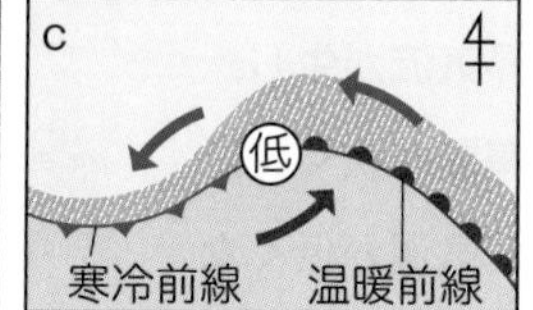


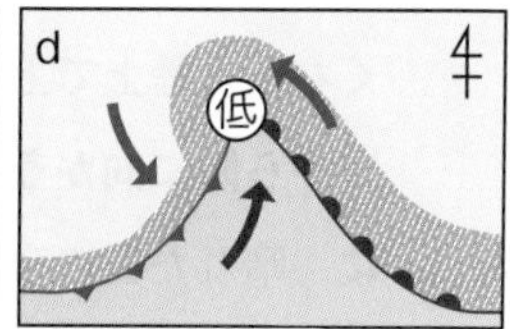


## 3 前線の通過と天気の変化 >>p. 142～144

**図1**は，**図2**の地点Pで，ある日の18時から翌日の8時にかけて気象観測を行った記録の一部である。また，**図2**は，この観測中の21時における日本付近の天気図であるが，前線の記号は省略してある。次の問いに答えなさい。

(1) 観測中に，**図2**の地点Pを2種類の前線A，Bが通過した。

① 前線Aが通過した後，地点Pの気温はどうなるか。

② 地点Pを前線Bが通過した時刻として最も近いものは，次の**ア**～**エ**のどれか。

**ア** 19時　**イ** 24時

**ウ** 3時　**エ** 5時

**図1**

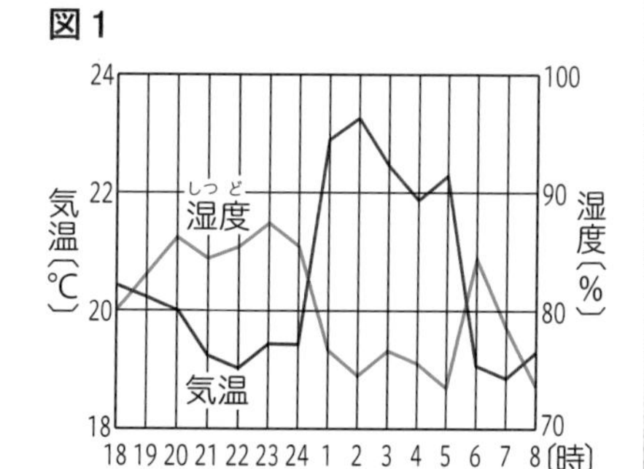


**図2**

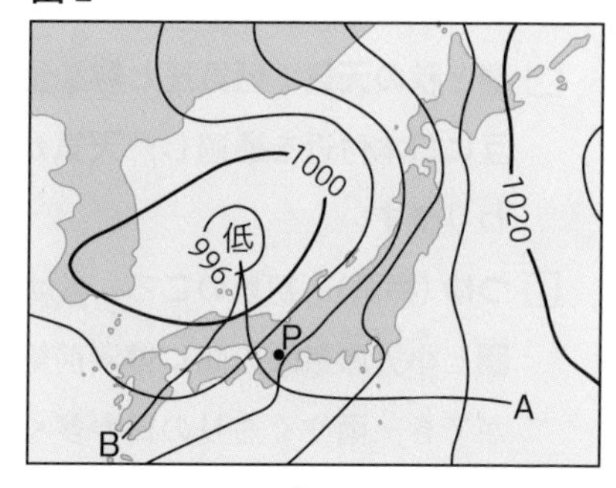


(2) 前線B付近の雲や雨のようすについて説明した次の文の①～③に当てはまる語句は，それぞれ**ア**，**イ**のどちらか。

前線B付近では，寒気が暖気を①〔**ア** 急激に　**イ** ゆっくりと〕押し上げている。そのため，②〔**ア** 乱層雲　**イ** 積乱雲〕が発生しやすく，③〔**ア** 穏やかな雨　**イ** にわか雨〕が降りやすい。

(3) 前線Bが通過する前後で，地点Pの風向はどのように変わるか。簡単に答えなさい。

# 第13章 大気の動きと日本の天気

## 要点のまとめ

### 1 大気の動き ≫p.149

□ **偏西風**：中緯度帯の上空で，西から東へ吹いている風。

□ **海陸風**：晴れた日の昼，気温が高くなった陸上で上昇気流が生じ，**海から陸に向かう海風**が吹く。逆に，晴れた日の夜，気温が低くなった陸上で下降気流が生じ，**陸から海に向かう陸風**が吹く。

□ **季節風**：季節に特徴的な風。夏は海洋から**南東**の風が，冬は大陸から**北西**の風が吹く。

▼季節風

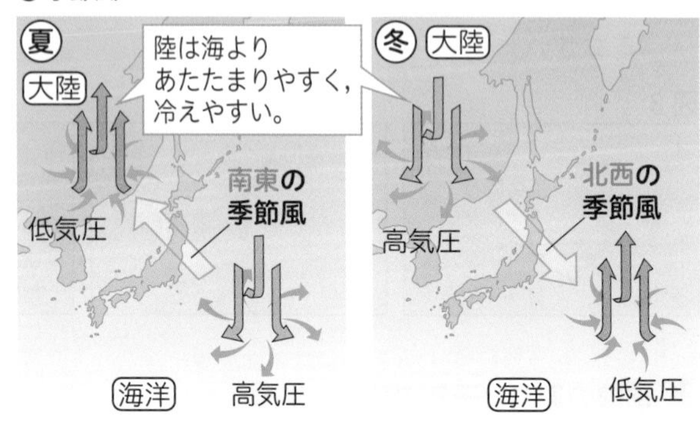


### 2 日本の天気 ≫p.152

□ **冬の天気**：**シベリア気団**が発達し，**西高東低**の気圧配置になる。**冷たく乾燥した北西の季節風**が吹く。日本海側では雪が降りやすく，太平洋側では晴れて乾燥しやすい。

□ **春と秋の天気**：低気圧と**移動性高気圧**が交互に日本付近を通過し，天気が周期的に変わりやすい。

□ **つゆ(梅雨)**：初夏のころ，**オホーツク海気団**と**小笠原気団**の間に停滞前線(**梅雨前線**)ができ，雨やくもりの日が多くなる。

□ **夏の天気**：**小笠原気団**が発達し，**南高北低**の気圧配置になる。**あたたかく湿った南東の季節風**が吹く。蒸し暑い晴れの日が多くなる。

□ **台風**：**熱帯低気圧**のうち，最大風速が17.2km/s以上のもの。大量の雨と強い風を伴う。

▼日本付近の高気圧と気団

# 1 大気の動き

## ① 地球規模での大気の動き

### (1) 大気の動きが起こる範囲

地球の大きさに比べると，大気の厚さはとてもうすい。そして，大気が動いて雲ができるなどの気象現象が起こるのは，大気の底のきわめてうすい範囲である（**図1**）。[❶]

△図1 地球の大気と雲のようす

### (2) 地球規模での大気の動き

地球上では，**図2**のように，低緯度，中緯度，高緯度などの場所（緯度帯）ごとに，特徴的な大気の動きがある。このような大気の動きが合わさって，大気は地球規模で循環している。大気を常に動かしているのは，太陽のエネルギーなどである。

### (3) 気温の差と大気の動き

大気は，あたためられると膨張して密度が小さくなるので，気温が高いところでは上昇気流が起こり，地表付近の気圧が低くなる。逆に，大気は，冷やされると収縮して密度が大きくなるので，気温が低いところでは下降気流が起こり，地表付近の気圧が高くなる。このように，気温の差によって気圧の差が生じると，大気が動いて風になる。[❷]

▽図2 地球規模での大気の動き

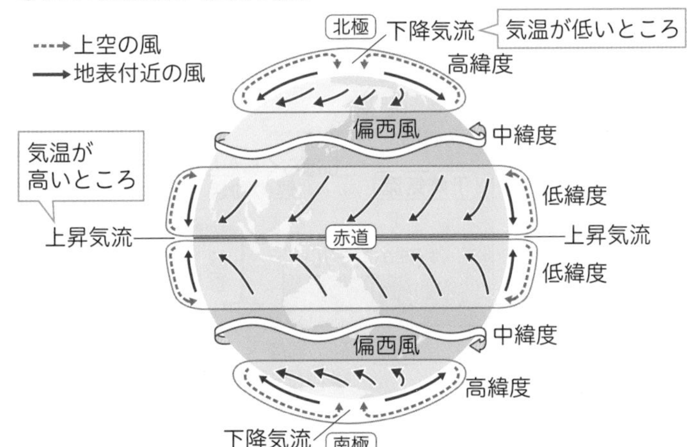


**❶大気の厚さと気象現象が起こる範囲の厚さ**
地球の半径が約6400kmであるのに対して，大気の厚さは地表から約400～800kmで，そのうち気象現象が起こるのは，大気の底のわずか10km程度の範囲である。

**❷地表が太陽から受ける光の量**
地球規模で見ると，同じ面積の地表が太陽から受ける光の量は，下図のように，低緯度のほうが多くなる。そのため，緯度によって気温に違いが生じて，大気が動く原因になる。

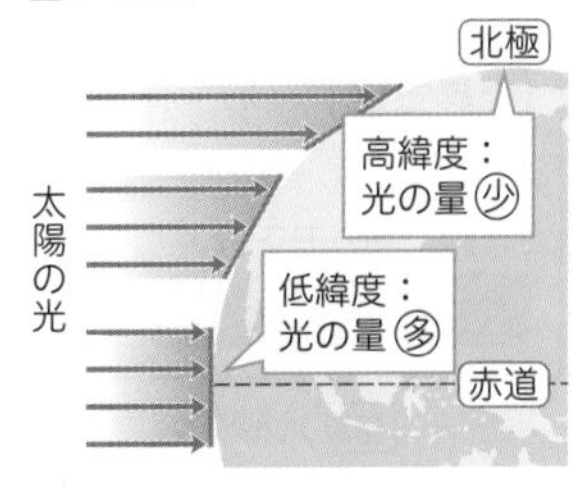

小学校の復習

- 雲は西から東へ動き，天気も西から東へ変わっていくことが多い。

### (4) 偏西風

日本列島は，中緯度帯に位置している。前ページの**図2**からわかるように，中緯度帯の上空には，大気の動きの1つである**偏西風**が吹いている。偏西風は，北半球と南半球の**中緯度帯の上空を，南北に蛇行しながら，西から東へ向かって地球を一周**している。日本付近の低気圧が西から東へ移動するのは，この偏西風に押し流されるためである。

## 2 陸と海の間の大気の動き

▼図3 ある晴れた日の地面と海面の温度変化

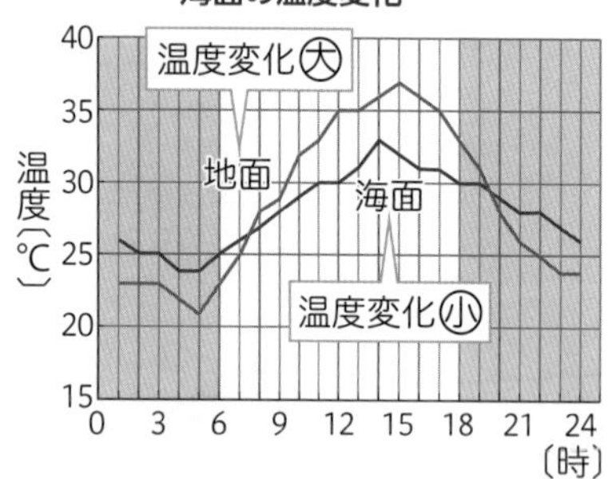


### (1) 地面と海面のあたたまり方の違い

**図3**のように，晴れた日は，地面の温度変化のほうが，海面の温度変化より大きい。これは，地面と海面のあたたまり方に違いがあるためである。地面は，太陽の光が当たると，海面より温度が上がりやすく，太陽の光が当たらないと，海面より温度が下がりやすい。つまり，**地面は海面より，あたたまりやすく，冷えやすい。**

### (2) 陸上と海上の大気の動き

陸上と海上の大気の動きは，太陽の光が当たる昼と，太陽の光が当たらない夜で異なる。このことは，**図4**のような，砂と水を使って線香の煙の動きを調べるモデル実験で確かめることができる。

▼図4 大気の動きを調べるモデル実験

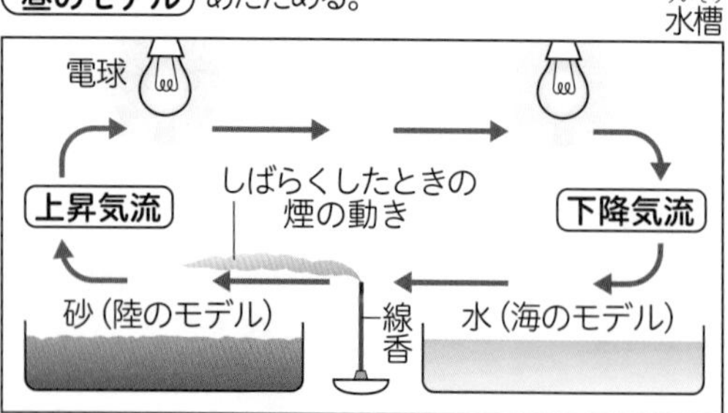


結果 砂の温度 > 水の温度
➡砂は水よりあたたまりやすい。

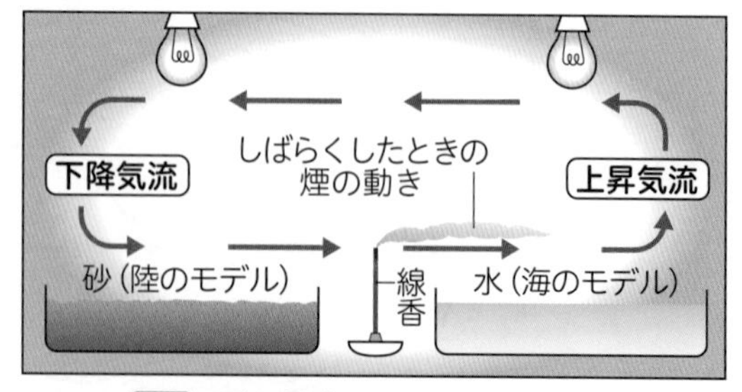


結果 砂の温度 < 水の温度
➡砂は水より冷えやすい。

## (3) 海陸風

陸は海よりあたたまりやすく，冷えやすいため，海岸付近で陸上と海上の空気に温度差が生じて，**海陸風**(**海風**と**陸風**)が吹くことがある。❸

**図5**の⒜のように，晴れた日の昼は，陸のほうが海より先にあたたまるため，陸上の気温が海上より高くなる。その結果，陸上で上昇気流ができて気圧が低くなり，**海から陸に向かう風**(**海風**)が吹く。

逆に，**図5**の⒝のように，晴れた日の夜は，陸のほうが海より先に冷えるため，陸上の気温が海上より低くなる。その結果，陸上で下降気流ができて気圧が高くなり，**陸から海に向かう風**(**陸風**)が吹く。

▼図5 海陸風

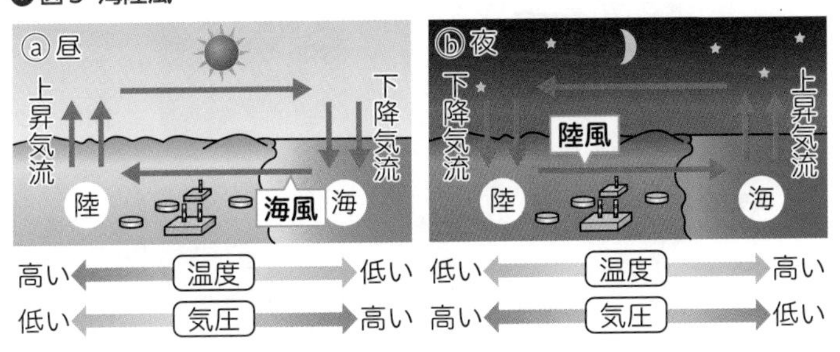


## (4) 季節風

海陸風と似た現象は，より広範囲の大陸と海洋の間でも起こる。夏は，大陸上の気温が海洋上の気温より高くなる。その結果，大陸上で上昇気流ができて気圧が低くなり，海洋から大陸に向かう風が吹く(**図6**の⒜)。逆に，冬は，大陸上の気温が海洋上の気温より低くなる。その結果，大陸上で下降気流ができて気圧が高くなり，大陸から海洋に向かう風が吹く(**図6**の⒝)。このような，**季節に特徴的な風**を**季節風**という。

日本列島はユーラシア大陸と太平洋にはさまれているため，日本列島に吹く季節風の風向は，夏にはおもに南東，冬にはおもに北西となる。>>p. 152, 155

**❸朝なぎと夕なぎ**
海陸風は，風の向きが1日のうちで入れかわる。海風と陸風が入れかわる朝方と夕方には，風がとまる時間帯があり，それぞれ朝なぎ，夕なぎという。

**小学校の社会科の復習**
- 季節によって風向きが違うことで，さまざまな気候の変化をもたらす。冬には北西の季節風が吹き，夏には南東の季節風が吹く。

▼図6 季節風

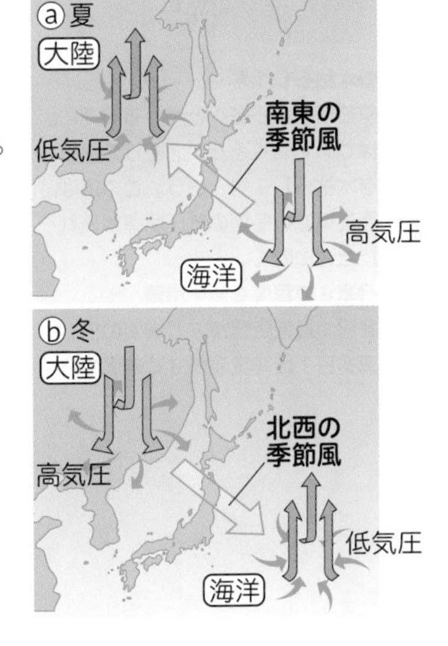

# 2 日本の天気

## ① 日本の四季の天気

### (1) 日本付近の高気圧と気団

広大な大陸上や海洋上に大規模な高気圧ができると，その中の大気はあまり動かないため，性質がほぼ一様な大気のかたまり(**気団**)ができやすい。

日本付近では，**図7**のように，季節ごとに性質の異なる気団が発達する。北のほうの気団は冷たく，南のほうの気団はあたたかい。また，大陸上の気団は乾燥しており，海洋上の気団は湿っている。

▼図7 日本付近の高気圧と気団

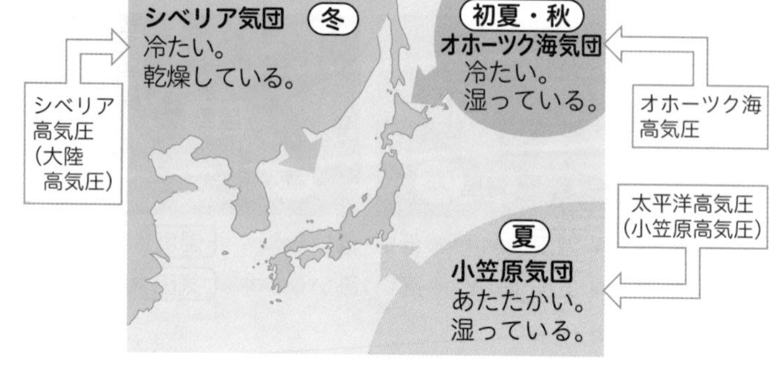


### (2) 冬の天気

冬は，ユーラシア大陸が冷え，大陸上に**シベリア高気圧**が発達し，その中心付近に**冷たく乾燥したシベリア気団**ができる。このとき，日本列島の東の海上には低気圧があることが多い。天気図を見ると，**等圧線が縦(南北方向)に並び**，東西の気圧の差が大きいため，**等圧線の間隔が狭い**(図8)。冬に特徴的なこの気圧配置を「**西高東低**の冬型の気圧配置」という。

シベリア気団からは，**冷たく乾燥した北西の季節風**が吹き，日本各地で寒くなる。雲画像を見ると，北西の季節風にそった**すじ状の雲**が日本海上に見られる(**図9**)。[4,5]

**❹木枯らし1号**
季節が秋から冬へと変わる時期に，はじめて吹く冷たい北寄りの強風を木枯らし1号という。この風は，西高東低の冬型の気圧配置が現れたときに吹く。

**❺寒さの程度を表す用語**
冬日：最低気温が0℃未満の日。
真冬日：最高気温が0℃未満の日。

▼図8 冬の天気図

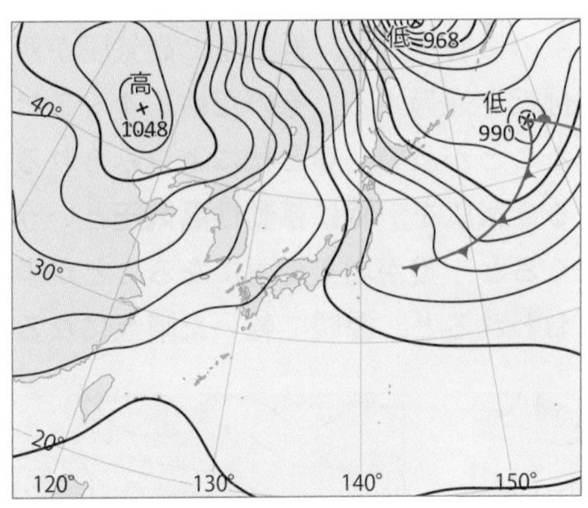


▼図9 冬の雲画像

①**日本海側の天気**(図10)

シベリア気団から吹く風はもともと乾燥しているが，南からのあたたかい海流(暖流)が流れる日本海の上を通過する間に，大量の水蒸気を含(ふく)んで上昇(じょうしょう)し，日本海上にすじ状の雲をつくる。この空気が日本列島の山脈にぶつかって上昇すると，雲がさらに発達するので，日本海側では**大雪が降りやすい**。

②**太平洋側の天気**(図10)

日本海側で雪を降らせて水蒸気が少なくなった空気は，山脈をこえ，冷たく乾燥した風となって太平洋側に吹き下りる。そのため，太平洋側では**晴れて乾燥しやすい**。

この乾燥した空気は，暖流が流れる太平洋の上を通過する間に再び水蒸気を含み，すじ状の雲をつくる。

▼図10 冬の季節風と日本の天気

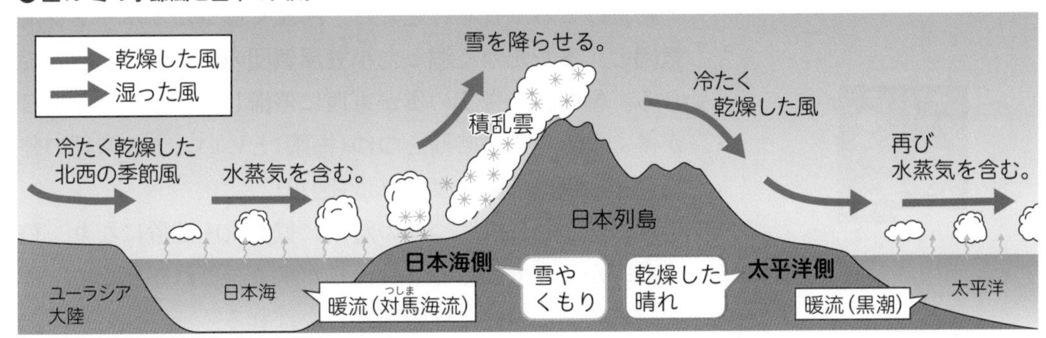

## (3) 春と秋の天気(図11)

春と秋は，偏西風の影響を受け，低気圧と高気圧が西から東へ交互に日本付近を通過する。そのため，4～7日の周期で天気が変わることが多い。春と秋によくみられる，このような移動する高気圧を，特に**移動性高気圧**という。低気圧が近づいてくると，雲が増えて雨になることが多く，移動性高気圧におおわれると，温暖で乾いた晴天になる。[6]

**❻春一番**
立春(2月4日ごろ)から春分にかけて，初めて吹く南寄りの強い風を春一番という。低気圧が日本海上を通るときに吹く。

▼図11 春の天気図と雲画像

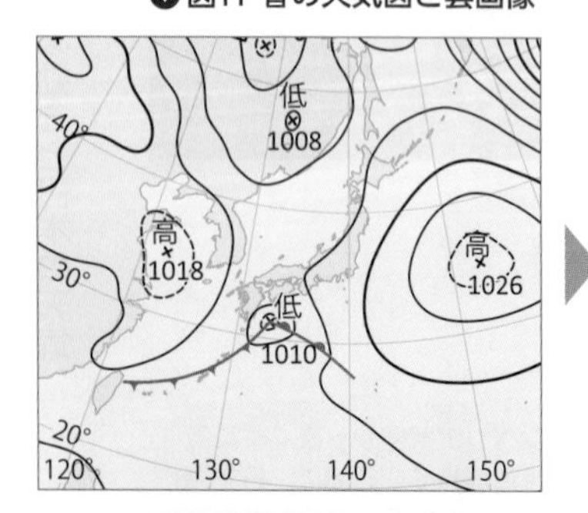


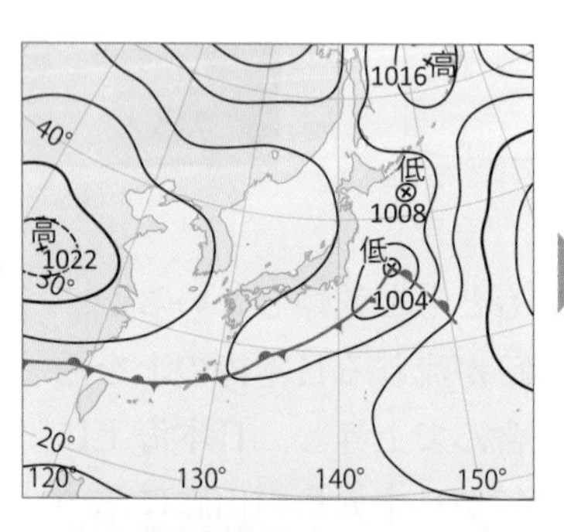


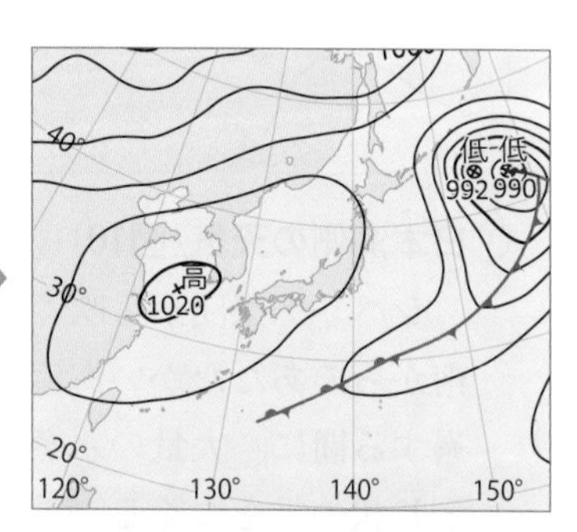


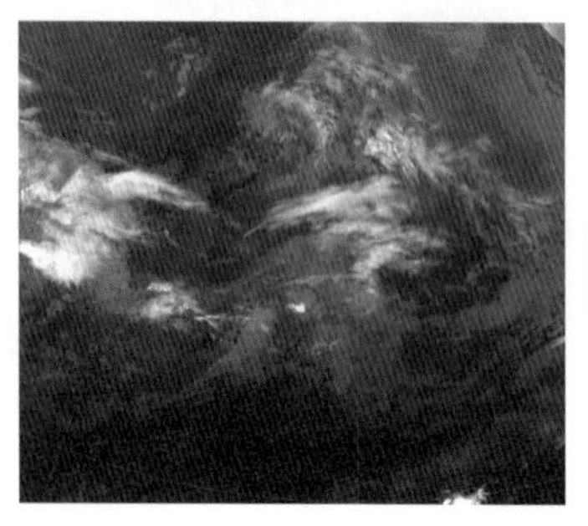

## (4) つゆ(梅雨)と秋雨

初夏のころ，日本付近では，**冷たく湿ったオホーツク海気団**と，**あたたかく湿った小笠原気団**の間に**停滞前線**ができる。幅の広い帯状の雲が東西に停滞し，雨やくもりの日が多くなる。この時期を**つゆ**(**梅雨**)といい，この時期の停滞前線は**梅雨前線**とよばれる(図12)。

夏の終わりにも，つゆの時期に似た気圧配置になり，停滞前線ができて雨やくもりの日が続く。これが**秋雨**で，この時期の停滞前線は**秋雨前線**とよばれる。

▼図12 つゆ(梅雨)の天気図と雲画像

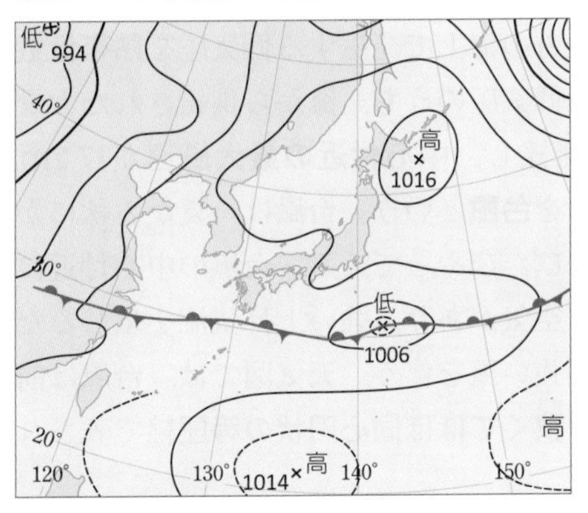

## (5) 夏の天気(図13)

**太平洋高気圧(小笠原高気圧)**がさらに発達し，**あたたかく湿った小笠原気団**が日本列島をおおうようになると，梅雨前線が北に移動してつゆが明け，本格的な夏がくる。[7]

日本の南側に高気圧，北側に低気圧がある**南高北低**の気圧配置になりやすく，**あたたかく湿った南東の季節風**が吹(ふ)いて，**蒸(む)し暑い晴れ**の日が多くなる。また，強い日差しのため，急激な上昇(じょうしょう)気流を生じて**積乱雲**が発達し，**にわか雨や雷(かみなり)**が発生しやすい。[8]

**❼冷夏**
夏の間もオホーツク海気団の勢力が弱まらず，小笠原気団の勢力も強まらないことがある。このような場合は，日本列島付近は雨雲におおわれ続け，夏の平均気温が低い冷夏になる。

**❽暑さの程度を表す用語**
猛暑日(もうしょび)：最高気温が35℃以上の日。
真夏日：最高気温が30℃以上の日。
夏日：最高気温が25℃以上の日。
熱帯夜：夜の最低気温が25℃以上。

▼図13 夏の天気図と雲画像

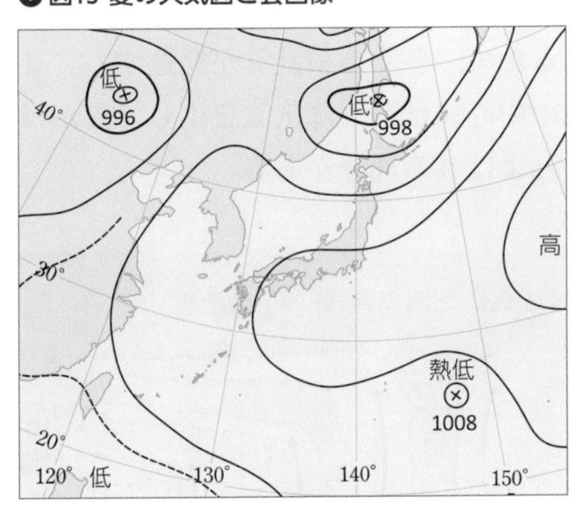

▲図14 宇宙から見た台風

## (6) 台風(図14, 図15)

低緯度(ていいど)の熱帯地方の海上で発生する低気圧を**熱帯低気圧**という。この熱帯低気圧のうち，海から供給された大量の水蒸気をもとに発達し，**中心付近の最大風速が17.2m/s以上になったもの**を**台風**という。台風は，夏から秋にかけて，日本付近にたびたびやってくる。台風の中心付近にはあたたかく湿(しめ)った空気があり，強い上昇(じょうしょう)気流を生じるため，台風は大量の雨と強い風を伴(ともな)う。天気図では，台風は**前線を伴わず，間隔(かんかく)が狭(せま)くてほぼ同心円状の等圧線**で表される。

▼図15 台風の天気図と雲画像

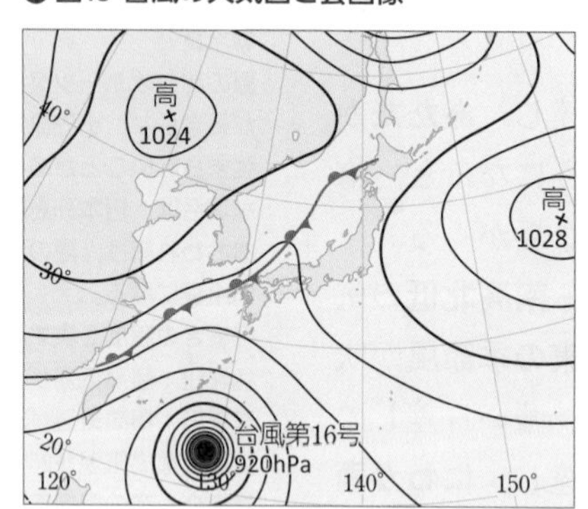

### ①台風の構造(図16)

台風では，中心に向かって強い風が吹(ふ)きこみ，激しい上昇気流を生じるため，多くの積乱雲が発達する。また，勢力の強い台風の中心には，下降気流を生じて雲がほとんどない「目」とよばれる部分がある。

▼図16 台風の構造[9]

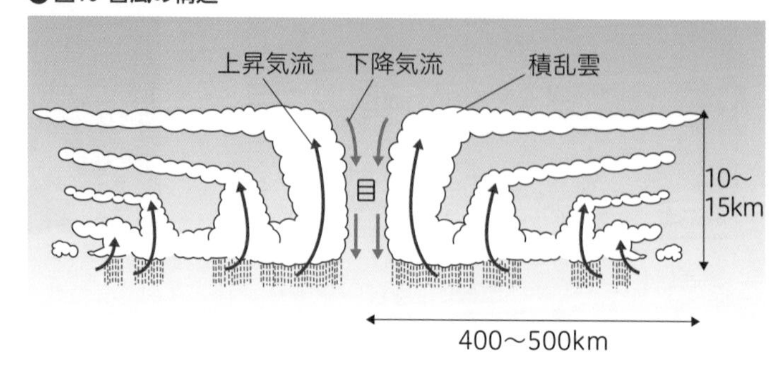


**小学校の復習**

- 台風は，日本のはるか南の海上で発生し，しだいに北のほうへ動くことが多い。
- 台風が近づくと，強い風が吹き，大量の雨が降る。

**❾台風の大きさ**
台風の直径は1000kmをこえることもある。台風の横の広がりと高さの比は，CDやDVDを２枚重ねたものとほぼ同じである。

### ②台風の進路(図17)

台風の進路は，**太平洋高気圧や偏西風の影響を受ける**。夏は太平洋高気圧の南を通ってユーラシア大陸に進むが，秋が近くなって太平洋高気圧が弱まると，高気圧のふちにそうように，日本列島付近に北上することが多くなる。北上した台風は，偏西風によって北東に進路を変える。[10]

北上した台風は，勢力のもとになる海からの熱や水蒸気の供給が減るなどして，熱帯低気圧に弱まったり，温帯低気圧に変わったりする。

▼図17 台風のおもな進路

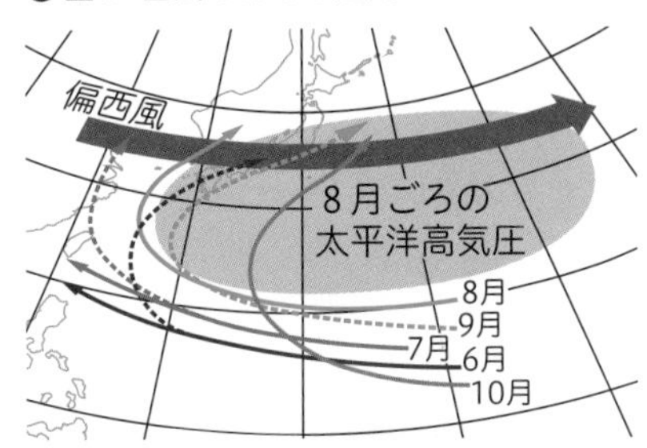


## 2 気象がもたらす恵みと災害

### (1) 気象がもたらす恵み

つゆ(梅雨)や台風がもたらす降水[11]は，生活用水や農業用水，工業用水のほか，水力発電などに利用される。また，豊かな森林を育み，四季折々の美しい景観をつくる。

### (2) 気象がもたらす災害

前線や台風がもたらす大雨，強風[12]によって，洪水や浸水，土砂崩れ，建物の倒壊などの災害が発生する。また，台風や発達した低気圧の中心付近では，気圧が低いために海面が異常に上昇する**高潮**が発生し，海水が堤防をこえることがある。冬の日本海側や北日本では，大雪や雪崩などの災害が発生する。夏は，水不足や熱中症などの被害が出る。

### (3) 災害への備え

大雨や強風による災害の発生が予想される場合は，気象庁から特別警報や警報，注意報が発表され，それをもとに各自治体は避難勧告や避難指示を出している。

**⑩フェーン現象**
湿った風が山をこえて吹くとき，風下側の山のふもとで急に気温が上がり，乾燥することがある。これをフェーン現象という。日本では，台風や低気圧が発達しながら日本海を通過するとき，太平洋側から湿った空気が山脈をこえて日本海側に吹き下りると発生しやすい。

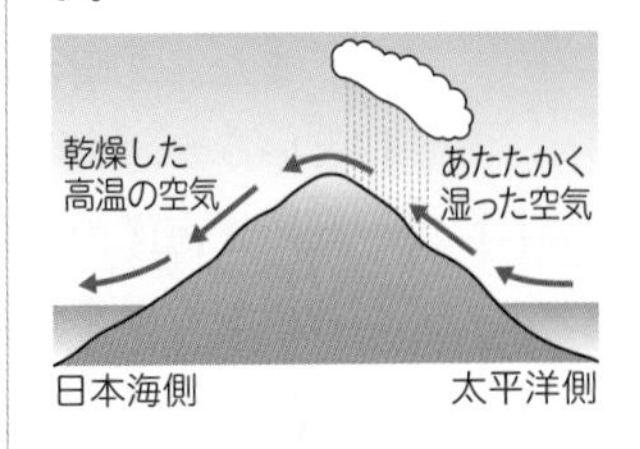


**⑪日本の年間降水量**
日本の降水量は年間を通して多く，1700mmに達する。これは，世界の平均降水量の2倍近くある。

「水力発電」は3年生で学習するよ。

**⑫台風の進路と風**
台風の被害は，進路に対する位置関係によって異なってくる。一般に，台風の進行方向に向かって右側では，台風の風と台風を移動させる風が同じ方向に吹くため，風が強くなることが多い。

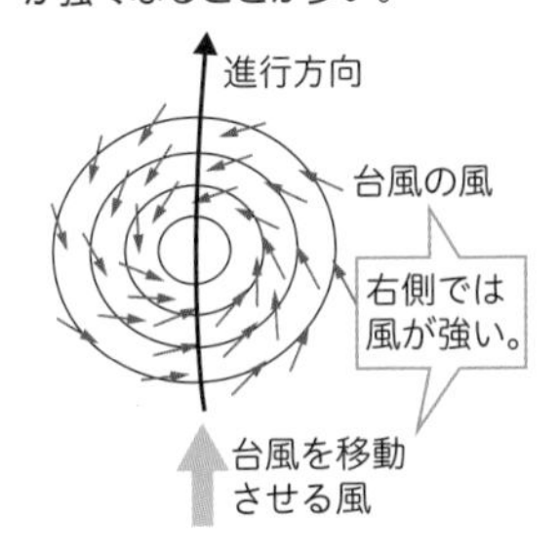

# ☑ 要点チェック

## 1 大気の動き

□ (1) 中緯度帯の上空を，西から東へ向かって吹いている風を何というか。>>p. 150

□ (2) 陸と海で，①あたたまりやすいのはどちらか。また，②冷えやすいのはどちらか。>>p. 150

□ (3) ①晴れた日の昼，海から陸に向かって吹く風を何というか。また，②晴れた日の夜，陸から海に向かって吹く風を何というか。>>p. 151

□ (4) 大陸と海洋のあたたまり方の違いによって生じる，季節に特徴的な風を何というか。>>p. 151

## 2 日本の天気

□ (5) 大陸上の気団と海洋上の気団で，湿っているのはどちらか。>>p. 152

□ (6) 冬に，ユーラシア大陸上で発達する気団を何というか。>>p. 152

□ (7) 日本で，冬に雪が降りやすいのは，日本海側か，太平洋側か。>>p. 153

□ (8) 春と秋によく見られる，移動する高気圧を何というか。>>p. 154

□ (9) 初夏のころ，オホーツク海気団と小笠原気団の間にできる停滞前線は，何とよばれるか。>>p. 154

□ (10) 夏の終わりに，つゆの時期に似た気圧配置になってできる停滞前線は，何とよばれるか。>>p. 154

□ (11) 夏に，日本列島の南東の海上で発達する高気圧を何というか。>>p. 155

□ (12) 日本付近の気圧配置が西高東低になりやすいのは，夏か，冬か。>>p. 152, 155

□ (13) 熱帯低気圧のうち，中心付近の最大風速が17.2m/s以上になったものを何というか。>>p. 156

### 解答

(1) 偏西風

(2) ① 陸
② 陸

(3) ① 海風
② 陸風

(4) 季節風

(5) 海洋上の気団

(6) シベリア気団

(7) 日本海側

(8) 移動性高気圧

(9) 梅雨前線

(10) 秋雨前線

(11) 太平洋高気圧
(小笠原高気圧)

(12) 冬

(13) 台風

# 定期試験対策問題 解答➡p.234



## 1 大気の動き >>p. 149〜151

地球規模での大気の動きについて，次の問いに答えなさい。

(1) 中緯度地域の上空で，西から東へ吹く風を何というか。

(2) (1)の風のほかにも，地球規模での大気の動きが見られる。それを図に表したものは，次の**ア**〜**エ**のどれか。

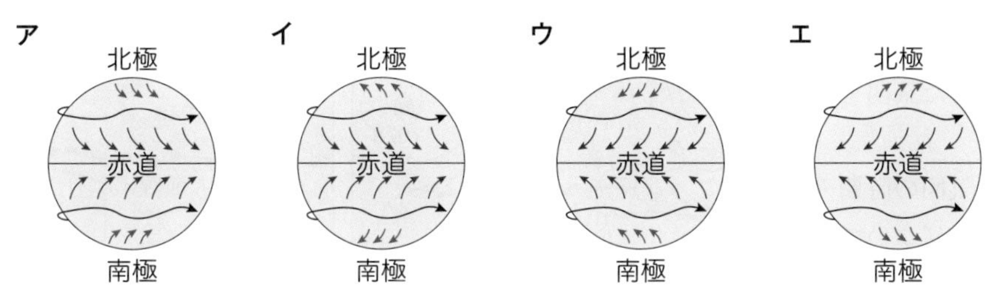


(3) 陸と海の間の大気の動きについて説明した次の文の①〜⑤に当てはまる語句は，それぞれ**ア**，**イ**のどちらか。

大気はあたためられると膨張して，密度が①〔**ア** 大きく **イ** 小さく〕なるので，気温が高いところでは②〔**ア** 上昇 **イ** 下降〕気流が起こり，地表付近の気圧が③〔**ア** 高く **イ** 低く〕なる。このような大気の動きは比較的狭い範囲でも起こっており，晴れた日の日中は海に比べて陸のほうが④〔**ア** あたたまり **イ** 冷え〕やすいため，⑤〔**ア** 海から陸 **イ** 陸から海〕に向かって風が吹く。

## 2 冬の天気 >>p. 153

図は，冬に日本付近に吹く季節風のようすを表したものである。次の問いに答えなさい。

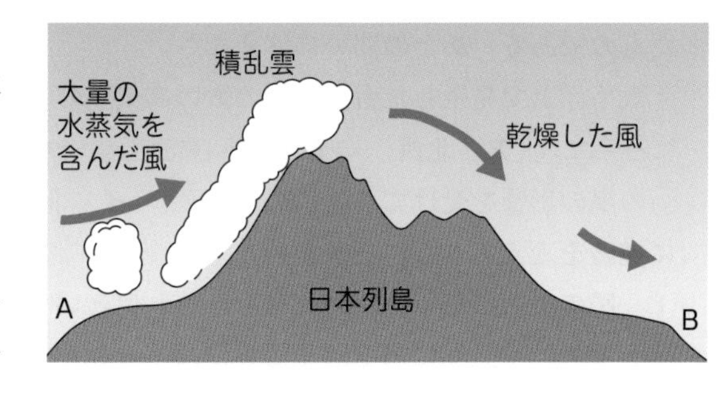


(1) 図のA，Bのうち，太平洋側はどちらか。

(2) 日本列島に吹きこむ風が大量の水蒸気を含んでいるのはなぜか。簡単に答えなさい。

(3) 日本列島をこえた風が乾燥しているのはなぜか。簡単に書きなさい。

## 3 いろいろな季節の天気図 >>p. 152～205

図は，春，つゆ，夏，冬の時期の日本付近の天気図である。次の問いに答えなさい。

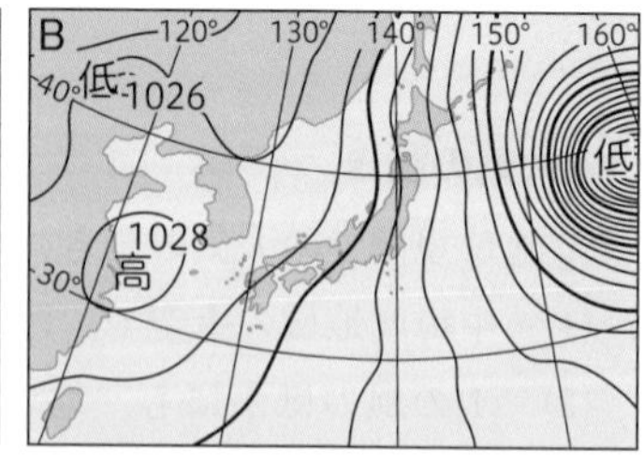


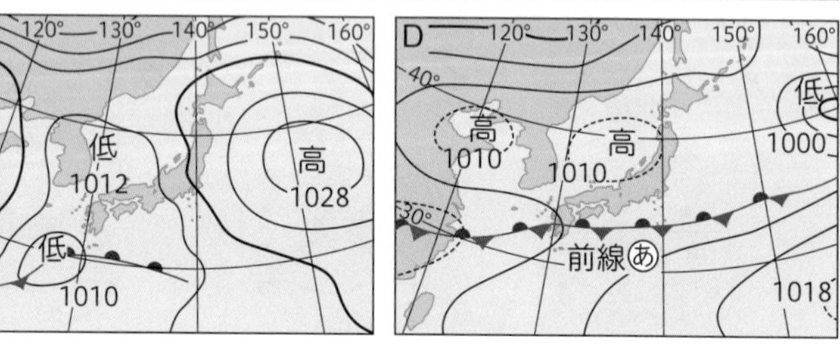


(1)　A～Dのうち，冬の天気図はどれか。

(2)　Aの天気図の時期に，太平洋上に発達するあたたかく湿った気団を何というか。

(3)　Cの天気図の時期の天気のようすについて説明したものは，次の**ア**～**ウ**のどれか。

**ア**　大陸上でシベリア高気圧が発達し，北西の冷たい季節風が吹く。

**イ**　冷たい気団とあたたかい気団の間に前線が発達し，くもりや雨の日が多くなる。

**ウ**　低気圧と高気圧が交互に通過し，周期的に天気が変わる。

(4)　Dの天気図にある前線㋐を何というか。

## 4 台風 >>p. 156, 157

図は，台風の月別の代表的な進路を表したものである。また，次の文は，台風の進路について説明したものである。あとの問いに答えなさい。

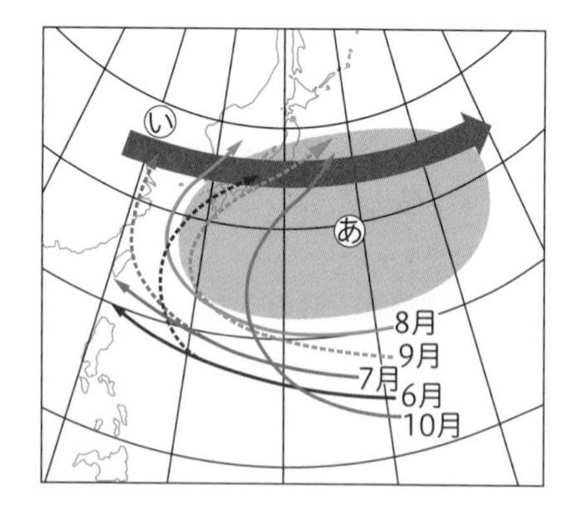


太平洋上で発生した台風は図の㋐の高気圧のふちにそって①〔**ア**　北西　　**イ**　北東〕に進む。その後，㋑の風の影響を受けて，②〔**ア**　北西　　**イ**　北東〕に進路を変えて進むことが多い。

(1)　図の㋐の高気圧，㋑の風をそれぞれ何というか。

(2)　文中の①，②に当てはまる方位は，それぞれ**ア**，**イ**のどちらか。

(3)　台風の中心付近で，気圧が低いために海面が異常に上昇する現象を何というか。

# 第4編

# 電流とその利用


第14章
回路と電流・電圧 …… 162
1 回路を流れる電流
2 回路に加わる電圧
●定期試験対策問題 …… 172

第15章
オームの法則と電気エネルギー …… 174
1 オームの法則
2 電気エネルギー
●定期試験対策問題 …… 186

第16章
電流の正体 …… 188
1 静電気
2 静電気と電流
●定期試験対策問題 …… 196

第17章
電流と磁界 …… 198
1 電流がつくる磁界
2 モーターと発電機のしくみ
●定期試験対策問題 …… 209

# 第14章 回路と電流・電圧

## 要点のまとめ

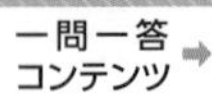

## 1 回路を流れる電流 >>p.163

- □ **電流**：電気の流れ。
- □ **回路**：電流が流れる道すじ。
- □ **電流の向き**：電源の＋極から出て，導線などを通って－極に入る向き。
- □ **直列回路**：電流の流れる道すじが1本道の回路。
- □ **並列回路**：電流の流れる道すじが途中で枝分かれしている回路。
- □ **回路図**：電気用図記号で回路を表した図。
- □ **アンペア（記号A），ミリアンペア（記号mA）**：電流の大きさを表す単位。**1A＝1000mA，1mA＝0.001A**
- □ **電流計**：電流をはかりたいところに**直列につなぐ**。
- □ **直列回路の電流**：回路のどの点でも同じである。
- □ **並列回路の電流**：途中で枝分かれした電流の大きさの和は，分かれる前の電流の大きさや，合流した後の電流の大きさに等しい。

**直列回路・並列回路と電流**

直列回路

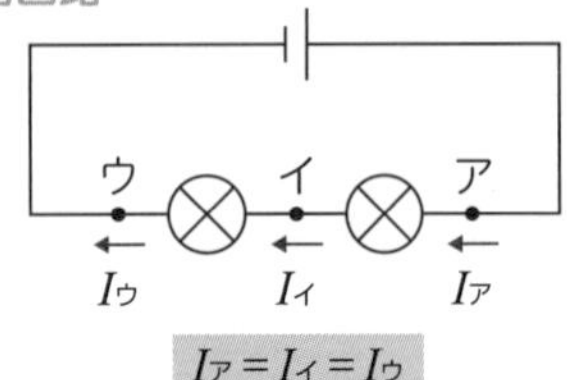


$I_ア = I_イ = I_ウ$

並列回路

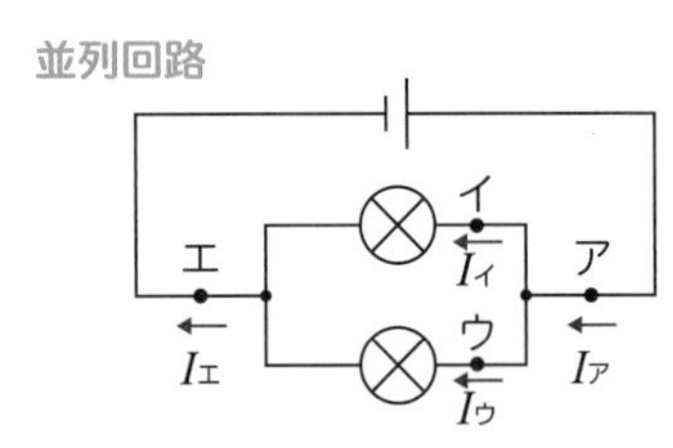


$I_ア = I_イ + I_ウ = I_エ$

## 2 回路に加わる電圧 >>p.168

- □ **電圧**：回路に電流を流そうとするはたらき。
- □ **ボルト（記号V）**：電圧の大きさを表す単位。
- □ **電圧計**：電圧をはかりたいところに**並列につなぐ**。
- □ **直列回路の電圧**：各豆電球に加わる電圧の大きさの和が，電源や回路全体の電圧の大きさに等しい。
- □ **並列回路の電圧**：各豆電球に加わる電圧の大きさは同じで，それらは電源や回路全体の電圧の大きさに等しい。

**直列回路・並列回路と電圧**

直列回路

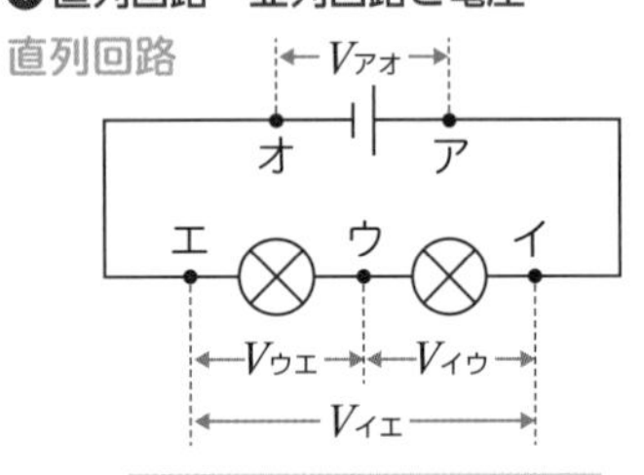


$V_{アオ} = V_{イウ} + V_{ウエ} = V_{イエ}$

並列回路

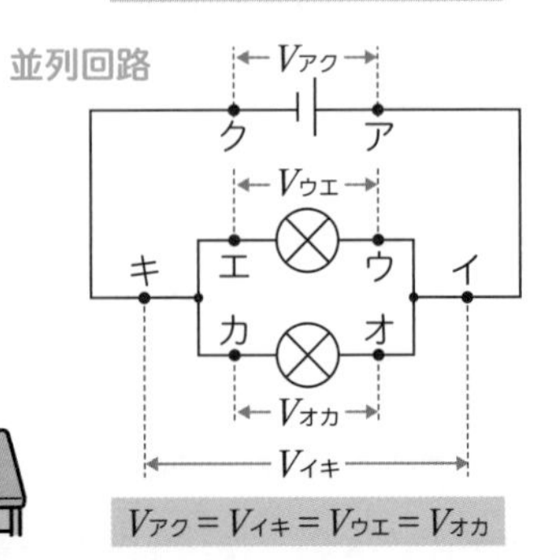


$V_{アク} = V_{イキ} = V_{ウエ} = V_{オカ}$

# 1 回路を流れる電流

## ① 回路

### (1) 電流と回路

電気器具の中には電気が流れている。この**電気の流れ**を**電流**という。また，**電流が流れる道すじ**を**回路**という。❶

### (2) 電流の向き

**図1**のⓐで，乾電池を逆向きにつなぐと，モーターの回転は逆になり，ⓑのように，発光ダイオード(LED)❷のつなぎ方を逆にすると，発光ダイオードは光らなくなる。これは，電流に向きがあるからである。

電流の向きは，**電源の＋極から出て，導線などを通って－極に入る**向きと決められている。

▼図1 電流の向き

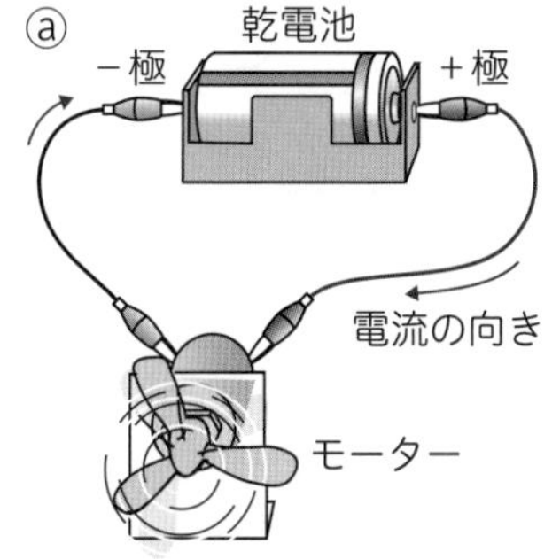


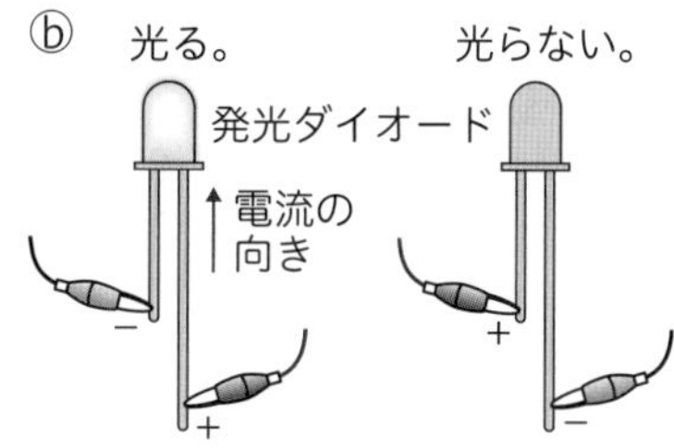


### (3) 直列回路と並列回路

豆電球などが2個ある場合，回路は2通りできる。**図2**のⓐのように，**電流の流れる道すじが1本で分かれ道がない回路**を**直列回路**といい，ⓑのように，**電流の流れる道すじが途中で枝分かれする回路**を**並列回路**という。

直列回路では，一方の豆電球を外すと，回路が途切れるため，もう一方の豆電球の明かりは消える。並列回路では，一方の豆電球を外しても，もう一方の豆電球の回路はつながったままのため，その明かりは変わらずついている。

小学校の復習

- 豆電球と乾電池を導線でつなぐと，電気が流れて豆電球の明かりがつく。
- 乾電池をつなぐ向きを逆にすると，モーターの回る向きも逆になる。
- 乾電池2個のつなぎ方には，直列つなぎと並列つなぎの2通りがある。

**❶回路の成りたち**
回路は，次の3つのもので成りたっている。
- 電流を流すはたらきをする電源
- 電流ではたらく豆電球など
- 電流を通す導線など

**❷LED**
LEDは，light emitting diode(発光ダイオード)の略である。

▼図2 直列回路と並列回路

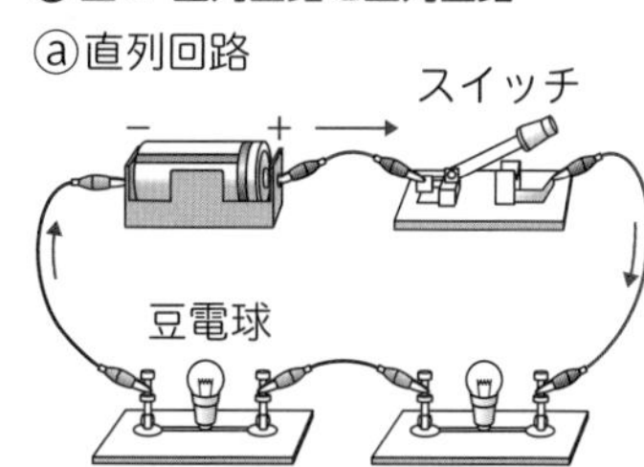


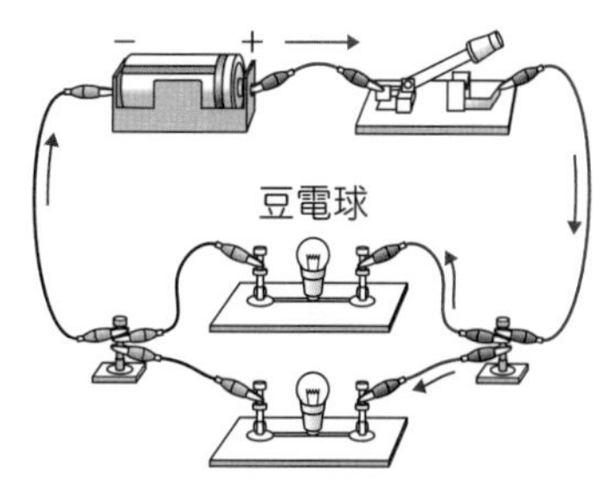

## (4) 回路図

回路のようすを図に表すときには，**電気用図記号**が用いられる。**電気用図記号で回路を表した図**を**回路図**という。これに対して，回路のようすを実際の形に近い状態で表した図を**実体配線図**という。≫ 基本操作❹

## 基本操作❹ 電気用図記号と回路図のかき方

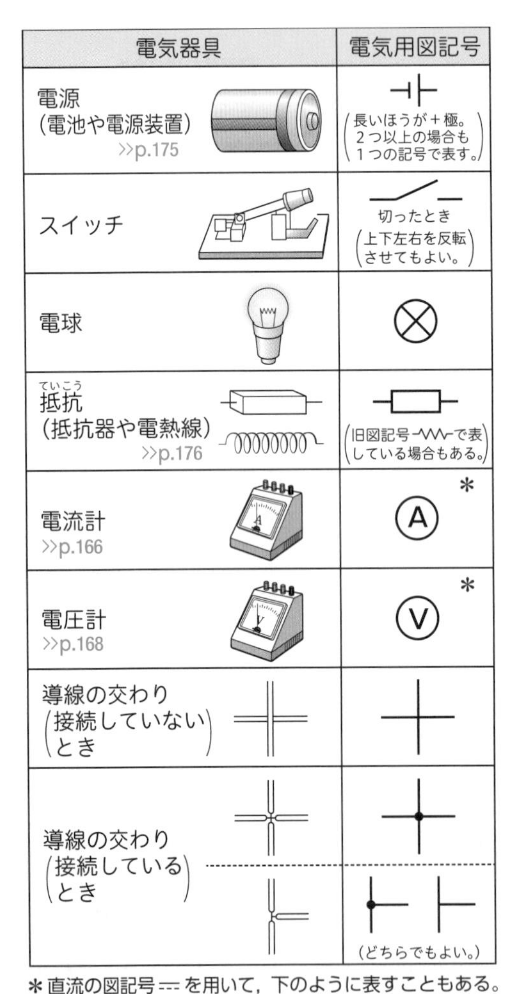

| 電気器具 | 電気用図記号 |
|---|---|
| 電源（電池や電源装置）≫p.175 | （長いほうが＋極。2つ以上の場合も1つの記号で表す。） |
| スイッチ | 切ったとき（上下左右を反転させてもよい。） |
| 電球 | ⊗ |
| 抵抗（抵抗器や電熱線）≫p.176 | （旧図記号 -WW- で表している場合もある。） |
| 電流計 ≫p.166 | Ⓐ ＊ |
| 電圧計 ≫p.168 | Ⓥ ＊ |
| 導線の交わり（接続していないとき） | |
| 導線の交わり（接続しているとき） | （どちらでもよい。） |

＊直流の図記号 ⎓ を用いて，下のように表すこともある。（直流 ≫p.206）
電流計 Ⓐ　電圧計 Ⓥ

下の実体配線図の回路図をかく

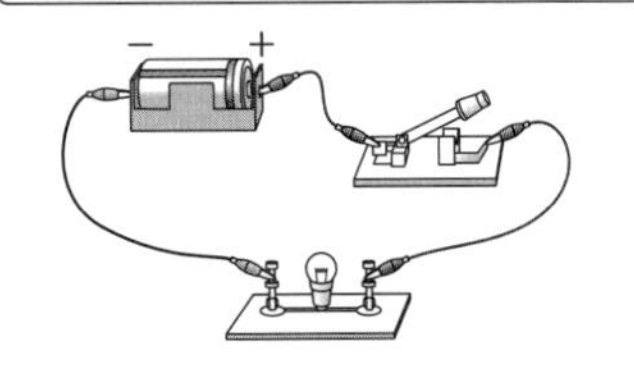


❶ 電気器具の配置を考え，それらの電気用図記号をかく。

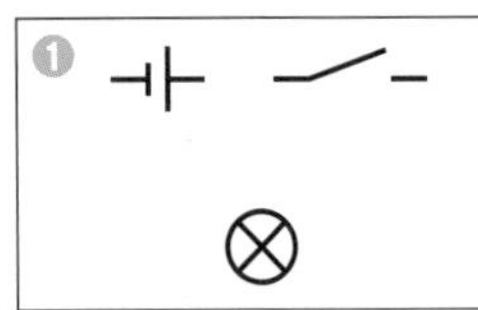


❷ 導線をかく。（❶の電気用図記号を線で結ぶ。）

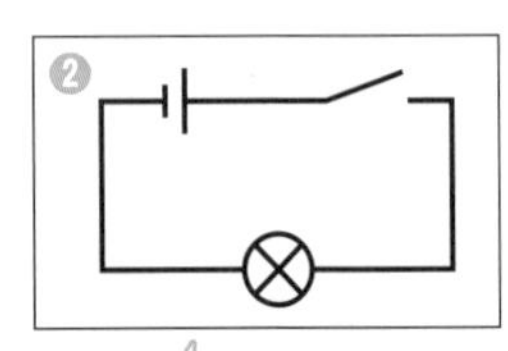


★乾電池→導線→豆電球→導線→…のように，回路を順にたどってかく方法もある。

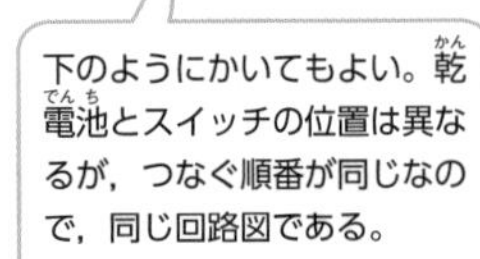

下のようにかいてもよい。乾電池とスイッチの位置は異なるが，つなぐ順番が同じなので，同じ回路図である。

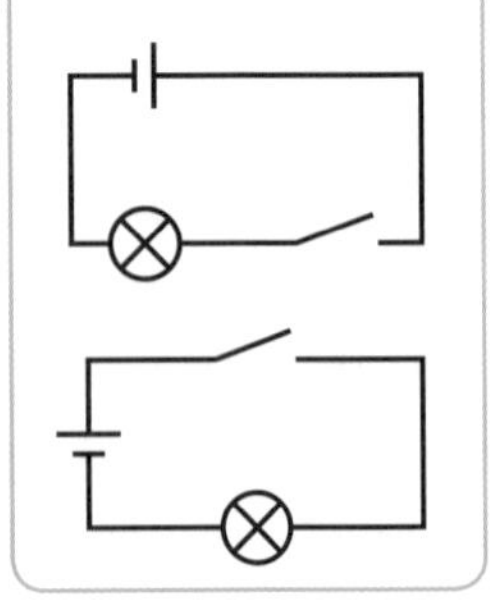

導線をまっすぐにして，回路が四角くなるようにかくんだね！

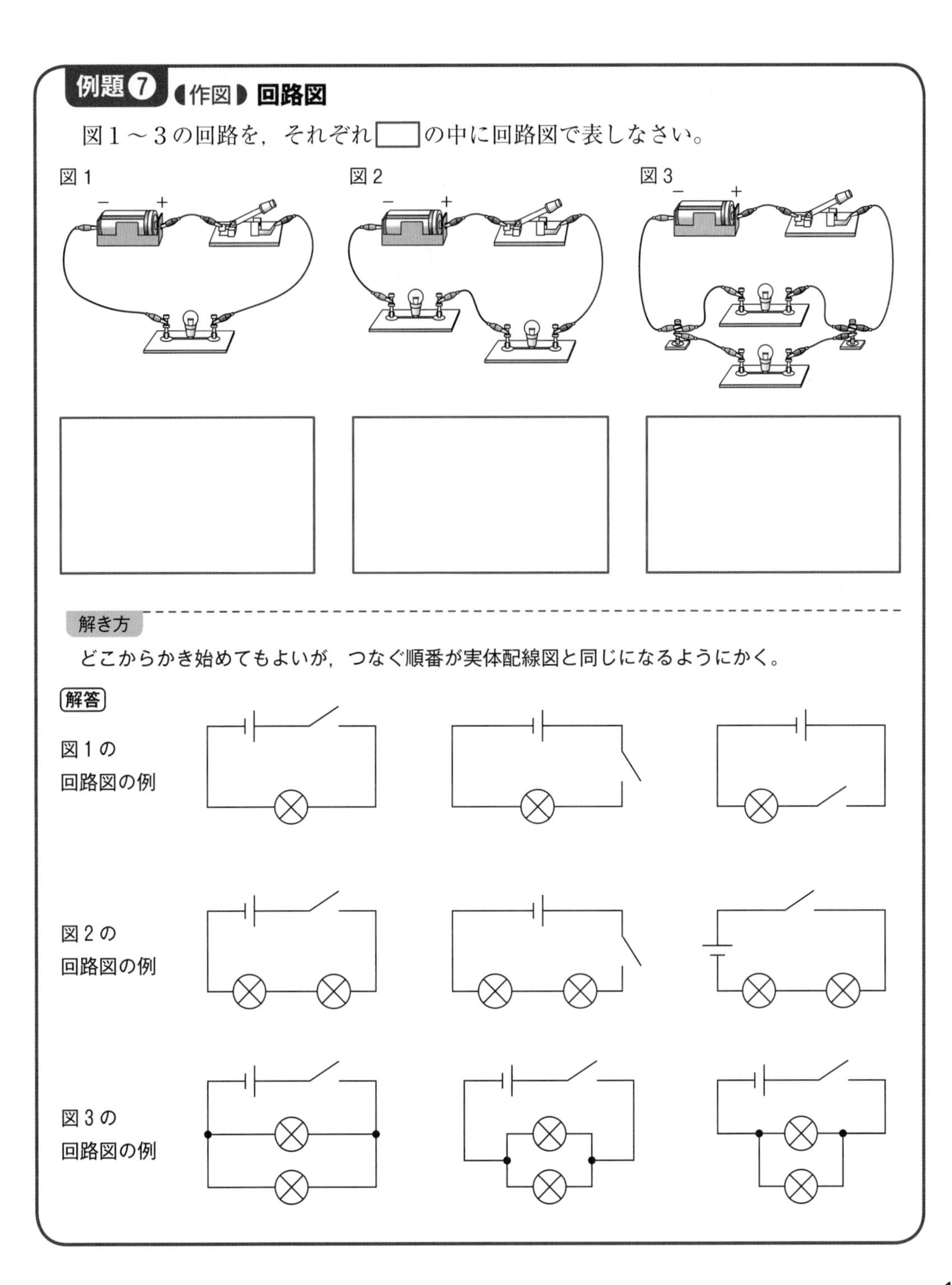

## 例題 7 ◀作図▶ 回路図

図１～３の回路を，それぞれ□の中に回路図で表しなさい。



解き方

どこからかき始めてもよいが，つなぐ順番が実体配線図と同じになるようにかく。

解答

図 1 の回路図の例

図 2 の回路図の例

図 3 の回路図の例

小学校の復習

- 回路を流れる電流の向きや大きさを調べるには，検流計や電流計を使う。

**❸アンペール**
フランスの科学者アンペールは，電流のはたらきについての多くの研究を行った。電流の単位アンペアは，アンペールにちなんでつけられた。

## ② 回路を流れる電流

### (1) 電流の大きさ

電流の単位には**アンペア**(記号**A**)を使う。[❸] 1アンペアの1000分の1を，1**ミリアンペア**(記号**mA**)という。

$$1\ \mathrm{mA}=\frac{1}{1000}\mathrm{A}=0.001\mathrm{A}\quad 1\ \mathrm{A}=1000\mathrm{mA}$$

また，回路を流れる電流の大きさは，**電流計**ではかることができる。≫基本操作❺

## 基本操作❺ 電流計の使い方

❶ 電流計をつなぐ。

▶電流をはかりたいところに直列につなぐ。

**注意!** 電流計だけを電源につないだり，電流計を回路に並列(へいれつ)につないだりすると，大きな電流が流れて電流計が壊(こわ)れることがあるので，してはいけない。

▶電流計の＋端子(たんし)を電源の＋極側に，電流計の5Aの−端子を電源の−極側につなぐ。

★電流の大きさが予想できるときは，最初から電流の大きさに合わせた−端子につないでもよい。

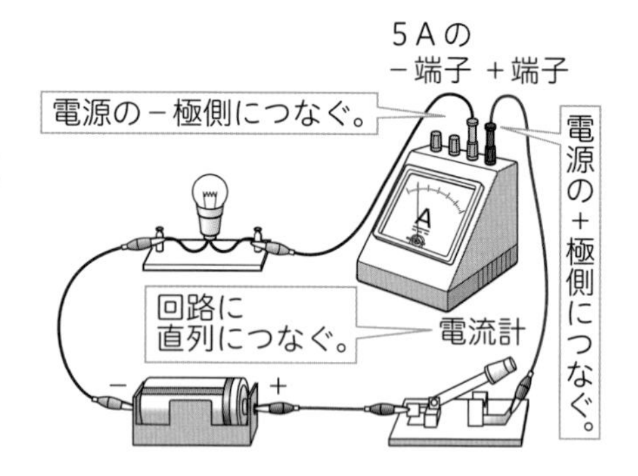


❷ −端子を選ぶ。

▶スイッチを入れ，針の振(ふ)れを確認(かくにん)する。

▶針の振れが小さすぎるときは，スイッチを切ってから，−端子につないだ導線を500mA，50mAの順につなぎかえ，目盛りを読みやすくする。

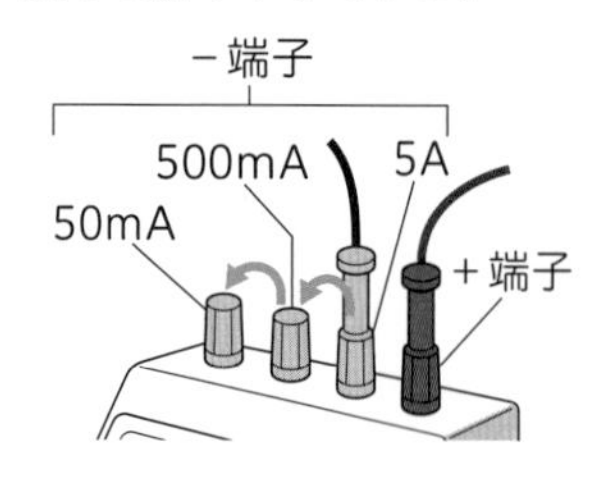


❸ 目盛りを読む。

▶目盛り板の正面から見て，つないだ−端子に合った数値を利用し，最小目盛りの$\frac{1}{10}$まで読み取る。

★つないだ−端子によって，目盛りの単位や値(あたい)が異なる。

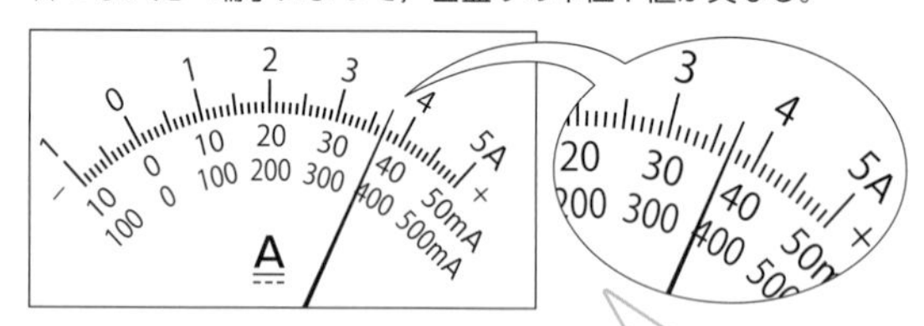


**目盛りの読み方**

| つないだ−端子 | 50mA端子(50mAまではかれる) | 500mA端子(500mAまではかれる) | 5A端子(5Aまではかれる) |
|---|---|---|---|
| 最小目盛り | 1mA | 10mA | 0.1A |
| 図のとき | 37.0mA | 370mA | 3.70A |

## (2) 回路を流れる電流

### ①豆電球1個の回路

図3のような豆電球1個の回路で，豆電球に流れこむ電流の大きさと，豆電球から流れ出る電流の大きさは同じである。[4]

図3で，記号 $I$ は電流の大きさを表している。[5]

### ②豆電球2個の直列回路

図4のような直列回路では，**電流の大きさは回路のどの点でも同じ**である。

### ③豆電球2個の並列回路

図5のような並列回路では，**途中**（とちゅう）**で枝分かれした電流の大きさの和は，分かれる前の電流の大きさや，合流した後の電流の大きさに等しい。**

**❹豆電球を流れる電流**
乾電池（かんでんち）から出た電流は，豆電球の明かりをつけるはたらきをしても，そこでなくなったり，小さくなったりすることはなく，同じ大きさのまま乾電池にもどってくる。

**❺電流を表す記号 $I$**
電流の記号 $I$ は，電流の強さという意味の英語 Intensity of an electric current の頭文字（かしらもじ）I からきている。本書では，回路の点アを流れる電流を $I_ア$ と表している。

▼図3 豆電球1個の回路

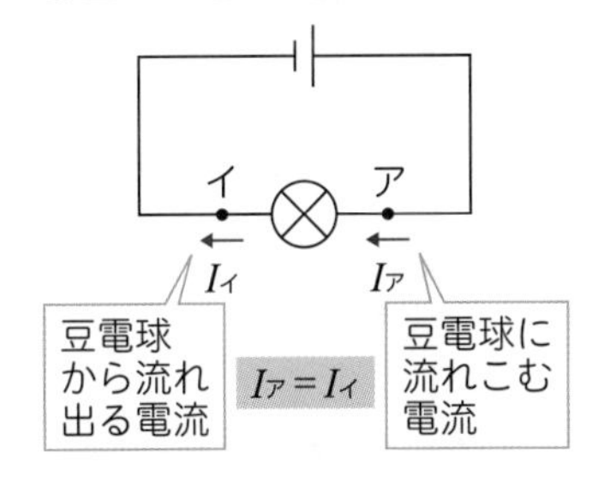


▼図4 豆電球2個の直列回路

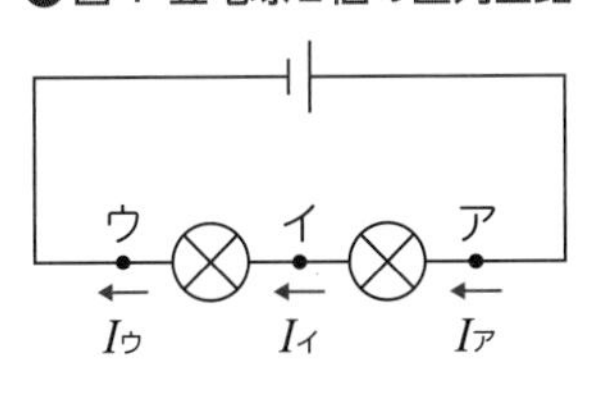


$I_ア=I_イ=I_ウ$

▼図5 豆電球2個の並列回路

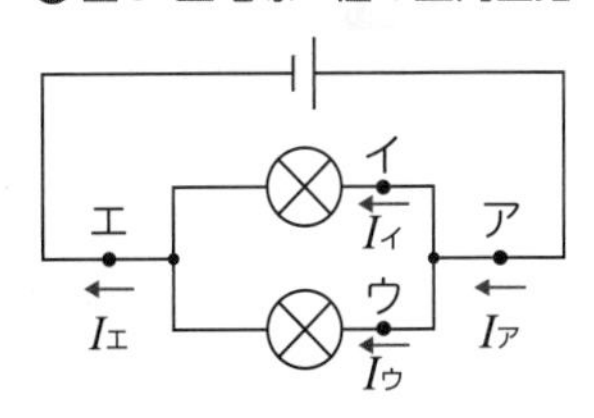


$I_ア=I_イ+I_ウ=I_エ$

**例題❽ 《計算》 直列回路・並列回路の電流**

図1，2の回路で，点ア～エを流れる電流の大きさはそれぞれ何Aか。

図1

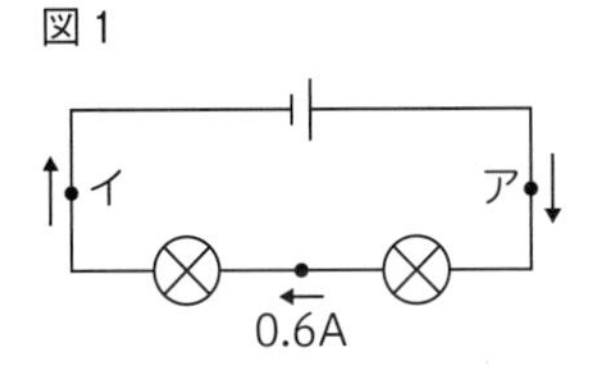


図2

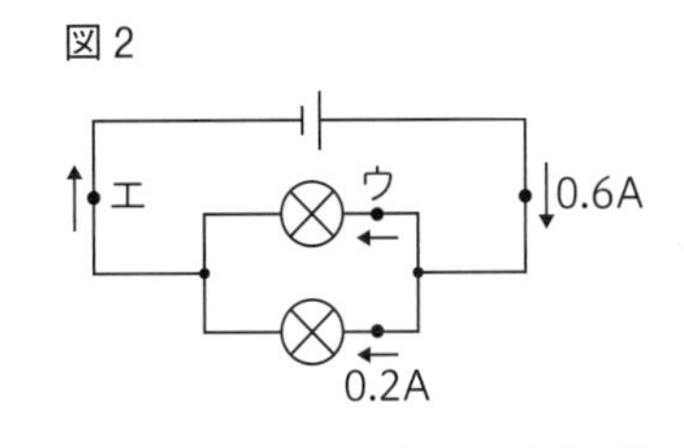


**解き方**

アとイ…図1の直列回路では，回路のどの点でも電流の大きさは同じである。ウとエ…図2の並列回路では，枝分かれした後の電流の和も，合流した後の電流も，枝分かれする前の電流の大きさに等しい。ウは，0.6−0.2＝0.4〔A〕

**解答** ア…0.6A　イ…0.6A　ウ…0.4A　エ…0.6A

# 2 回路に加わる電圧

## ① 回路に加わる電圧

### (1) 電圧の大きさ

乾電池(かんでんち)に書かれている1.5Vなどは，回路に電流を流そうとするはたらきの大きさを表している。**回路に電流を流そうとするはたらき**の大きさを**電圧**という。

電圧の単位には**ボルト**(記号**V**)を使う。[6] また，電圧の大きさは，**電圧計**ではかることができる。≫基本操作❻

**❻ボルタ**
イタリアの科学者ボルタは，電池を発明し，電気に関する研究を大きく発展させた(ボルタの電池については３年生で学習する)。電圧の単位ボルトは，ボルタにちなんでつけられた。

## 基本操作❻ 電圧計の使い方

❶ 電圧計をつなぐ。

▶電圧をはかりたいところに並列(へいれつ)につなぐ。

**注意!** 電圧計を回路に直列につなぐと，回路に電流がほとんど流れなくなる。

▶電圧計の＋端子(たんし)を電源の＋極側に，電圧計の300Vの－端子を電源の－極側につなぐ。

★電圧の大きさが予想できるときは，最初から電圧の大きさに合わせた－端子につないでもよい。

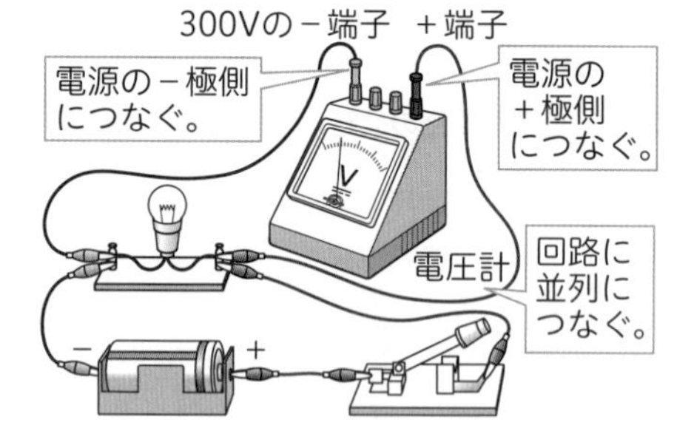


❷ －端子を選ぶ。

▶スイッチを入れ，針の振(ふ)れを確認(かくにん)する。

▶針の振れが小さすぎるときは，スイッチを切ってから，－端子につないだ導線を15V，３Vの順につなぎかえ，目盛りを読みやすくする。

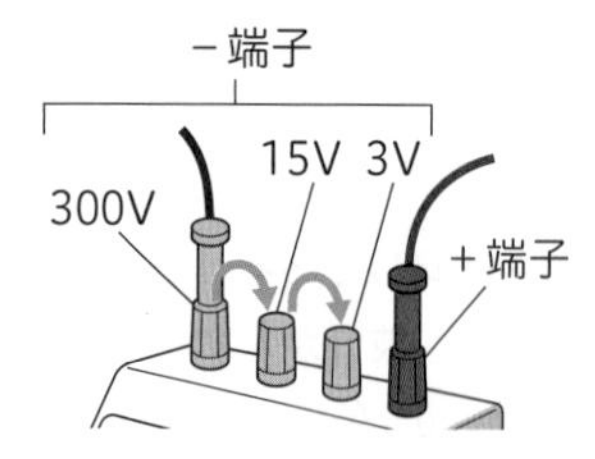


❸ 目盛りを読む。

▶目盛り板の正面から見て，つないだ－端子に合った数値を利用し，最小目盛りの$\frac{1}{10}$まで読み取る。

★つないだ－端子によって，目盛りの単位や値(あたい)が異なる。

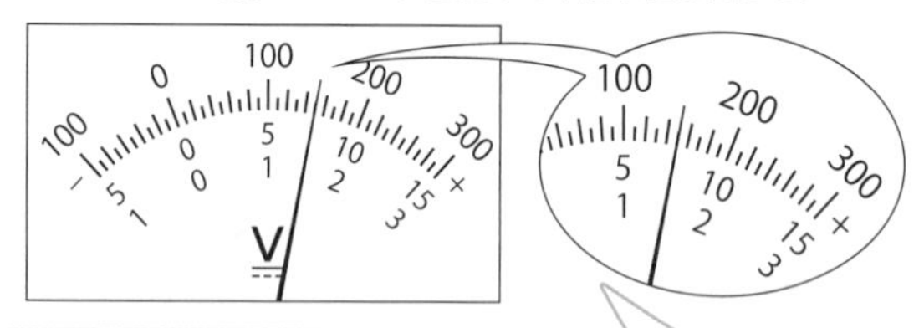


**目盛りの読み方**

| つないだ－端子 | 300V端子(300Vまではかれる) | 15V端子(15Vまではかれる) | 3V端子(3Vまではかれる) |
|---|---|---|---|
| 最小目盛り | 10V | 0.5V | 0.1V |
| 図のとき | 150V | 7.50V | 1.50V |

## (2) 回路に加わる電圧

### ①豆電球1個の回路

図6のような豆電球1個の回路で，乾電池の両端(りょうたん)の電圧の大きさと，豆電球の両端の電圧の大きさはほぼ等しい。[7]

図6で，記号$V$は電圧の大きさを表している。[8]

### ②豆電球2個の直列回路

図7のような直列回路では，**各豆電球に加わる電圧の大きさの和が，電源や回路全体の電圧の大きさに等しい。**

### ③豆電球2個の並列回路

図8のような並列回路では，**各豆電球に加わる電圧の大きさは同じ**で，それらは**電源や回路全体の電圧の大きさに等しい。**

**❼豆電球に加わる電圧**
図6の回路で，導線やスイッチの両端の電圧はほぼ0Vである。つまり，乾電池の電圧は，すべて豆電球に加わると考えてよい。

**❽電圧を表す記号$V$**
電圧の記号$V$は，電圧という意味の英語 Voltage の頭文字(かしらもじ)Vからきている。本書では，回路のア〜イの区間に加わる電圧を$V_{アイ}$と表している。

⚠
電圧の記号V(ブイ)も電圧の単位V(ボルト)も同じアルファベットだが，読み方も意味も違(ちが)うので注意。

▼図6 豆電球1個の回路

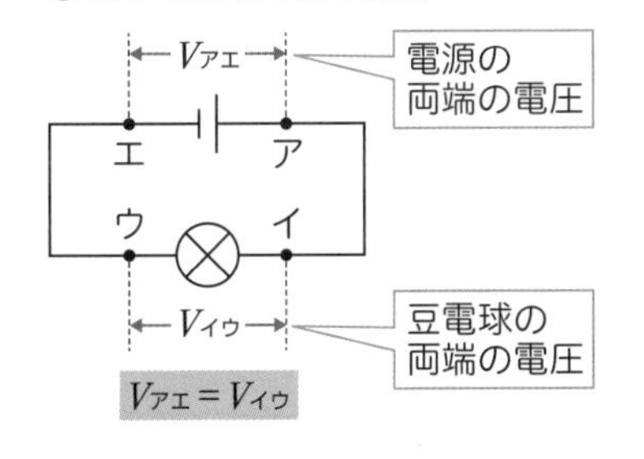


▼図7 豆電球2個の直列回路

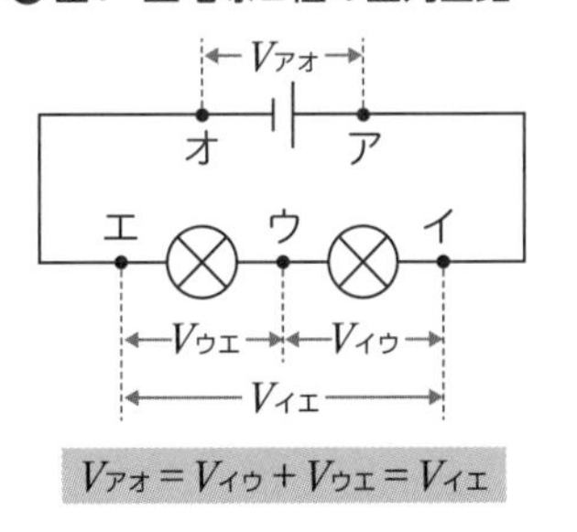


▼図8 豆電球2個の並列回路

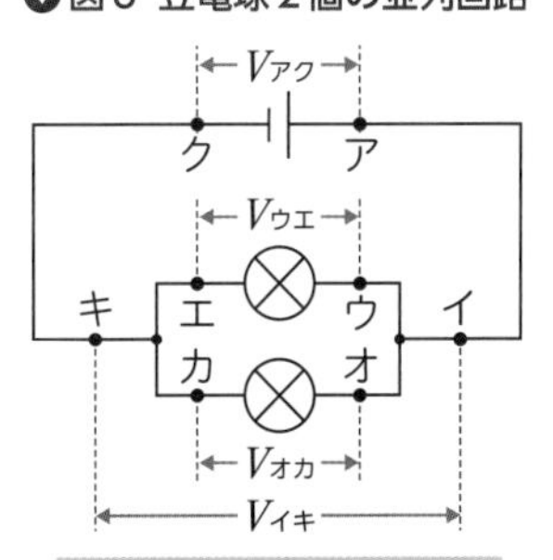


**例題❾ 《計算》 直列回路・並列回路の電圧**

図1，2の回路で，アイ間，ウエ間に加わる電圧の大きさはそれぞれ何Vか。

図1

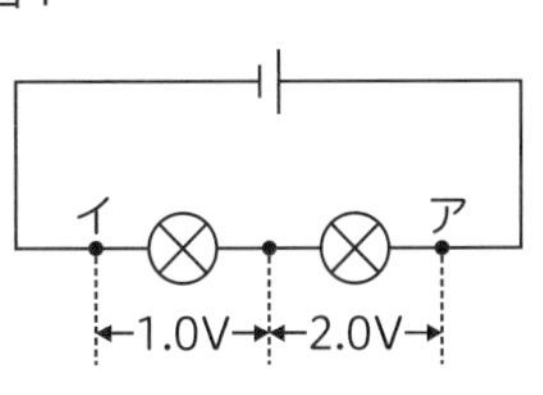


図2

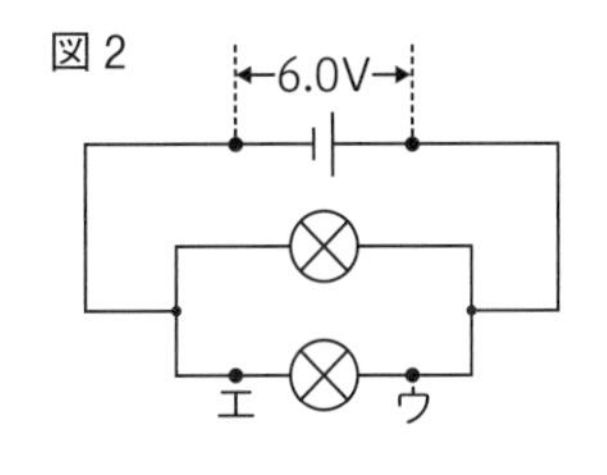


**解き方**

アイ間…図1の直列回路では，各区間に加わる電圧の大きさの和は，全体に加わる電圧の大きさに等しい。よって，2.0＋1.0＝3.0〔V〕　ウエ間…図2の並列回路では，各豆電球に加わる電圧の大きさは，電源の電圧の大きさに等しい。

**解答** アイ間…3.0V　ウエ間…6.0V

## 例題⑩ 《作図》 電流計・電圧計のつなぎ方と回路図

(1) 図の • をつないで導線をかき加え，豆電球に流れこむ電流の大きさを電流計ではかる回路を完成させなさい。また，その回路を，□の中に回路図で表しなさい。

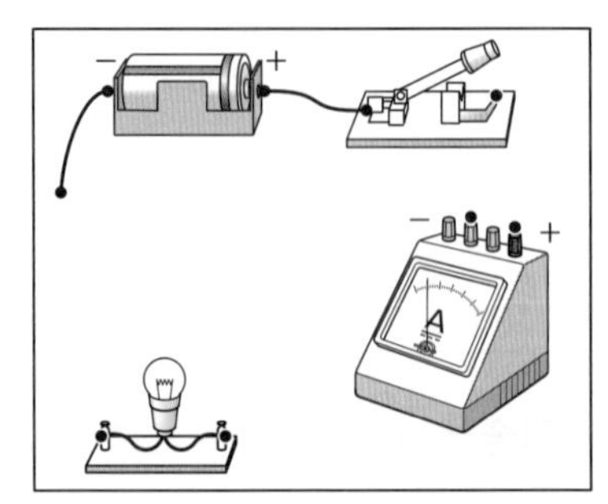

(2) 図の • をつないで導線をかき加え，豆電球に加わる電圧の大きさを電圧計ではかる回路を完成させなさい。また，その回路を，□の中に回路図で表しなさい。

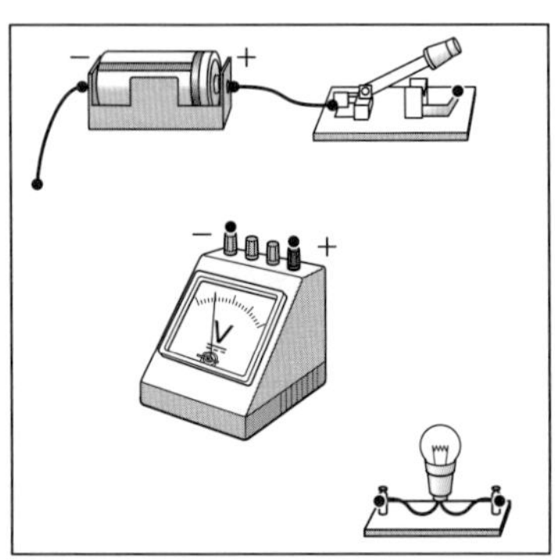

**解き方**

(1) 電流計はスイッチと豆電球の間に入れ，回路に直列につなぐ。また，電流計の＋端子(たんし)には，電源の＋極側の導線をつなぐ。

**解答** 右図

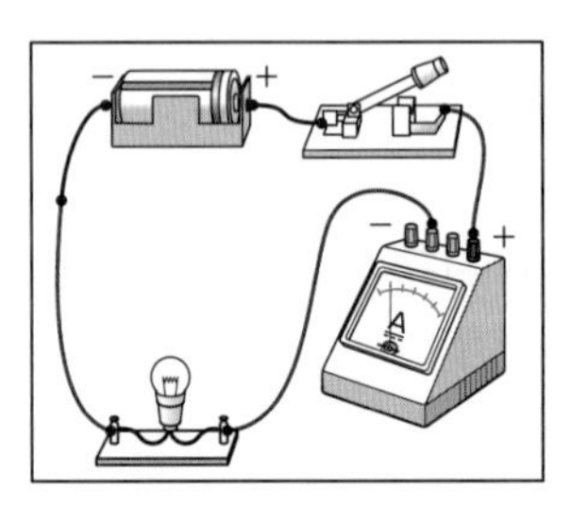


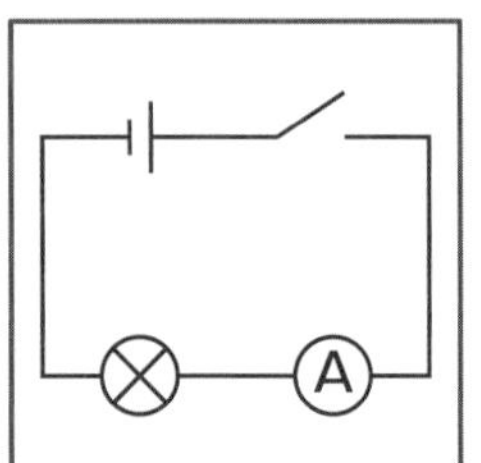


(2) 豆電球に加わる電圧の大きさをはかるので，電圧計は豆電球に並列(へいれつ)につなぐ。また，電圧計の＋端子には，電源の＋極側の導線をつなぐ。

**解答** 右図

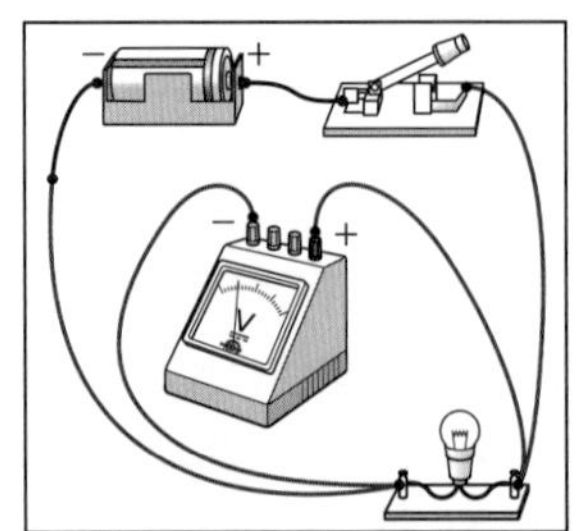


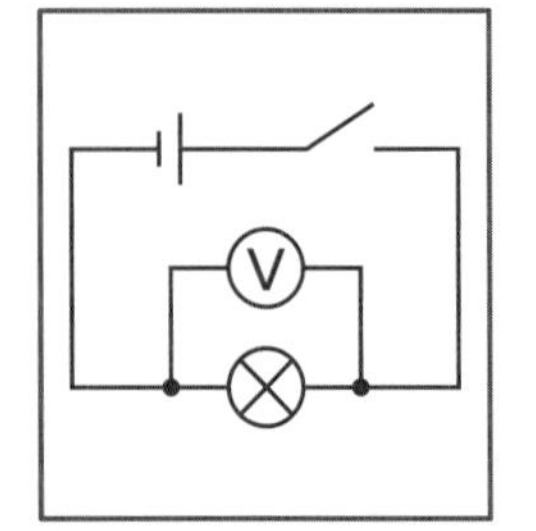

# 要点チェック

## 1 回路を流れる電流

□ (1) 電流が流れる道すじを何というか。>>p. 163

□ (2) 電流の向きは，電源の＋極，－極のどちらから出る向きと決められているか。>>p. 163

□ (3) 電流の流れる道すじが，①1本道の回路を何というか。また，②途中(とちゅう)で枝分かれする回路を何というか。>>p. 163

□ (4) 電気用図記号で回路を表した図を何というか。>>p. 164

□ (5) 電流の大きさを表す記号には，アンペアと何があるか。>>p. 166

□ (6) 電流計を回路につなぐとき，電流計は，電流をはかりたいところに直列につなぐか，並列につなぐか。>>p. 166

□ (7) 電流計を回路につなぐとき，電流計の＋端子は，電源の＋極側につなぐか，－極側につなぐか。>>p. 166

□ (8) 電流計を回路につなぐとき，電流の大きさが予測できなければ，電流計の－端子は50mA，500mA，５Aのどれを使うか。>>p. 166

□ (9) 電流の大きさが回路のどの点でも同じであるのは，直列回路か，並列回路か。>>p. 167

## 2 回路に加わる電圧

□ (10) 回路に電流を流そうとするはたらきの大きさを何というか。>>p. 168

□ (11) 電圧の大きさを表す単位は何か。>>p. 168

□ (12) 電圧計を回路につなぐとき，電圧計は，電圧をはかりたいところに直列につなぐか，並列につなぐか。>>p. 168

□ (13) 電圧計を回路につなぐとき，電圧の大きさが予測できなければ，電圧計の－端子は３V，15V，300Vのどれを使うか。>>p. 168

□ (14) 豆電球２個の直列回路と並列回路で，各豆電球に加わる電圧の大きさが電源の電圧に等しいのはどちらか。>>p. 169

**解答**

(1) 回路
(2) ＋極
(3) ① 直列回路　② 並列回路
(4) 回路図
(5) ミリアンペア(mA)
(6) 直列につなぐ。
(7) ＋極側につなぐ。
(8) ５A
(9) 直列回路
(10) 電圧
(11) ボルト(V)
(12) 並列につなぐ。
(13) 300V
(14) 並列回路

# 定期試験対策問題

解答➡p.235

## 1 電流の向き >>p. 163

**図1**は乾電池(かんでんち)につないだモーターが回転しているようすを，**図2**は発光ダイオード(LED)が光っているようすを表している。次の問いに答えなさい。

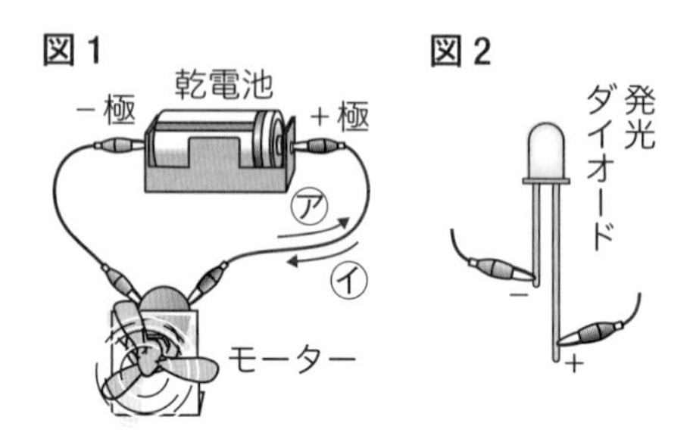


(1) **図1**で，回路を流れる電流の向きは，㋐，㋑のどちらか。

(2) **図1**で，乾電池を逆向きにつなぐと，モーターの回転のようすはどうなるか。簡単に答えなさい。

(3) **図2**で，LEDのつなぎ方を逆にすると，LEDはどうなるか。簡単に答えなさい。

## 2 回路図 >>p. 163～165

**図1**，**図2**のように，乾電池，スイッチ，2つの豆電球を導線でつないだ。次の問いに答えなさい。

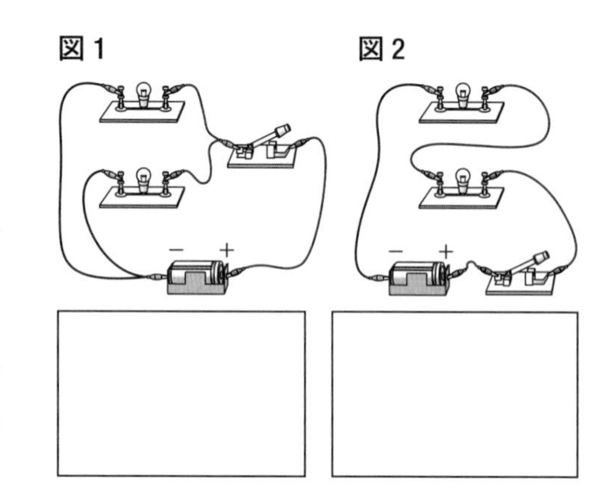


(1) **図1**，**図2**の回路を，右下の□内にそれぞれ回路図で表しなさい。

(2) **図1**，**図2**の回路のスイッチを入れ，2つある豆電球の一方を外したとき，もう一方の豆電球の明かりはどうなるか。それぞれ簡単に答えなさい。

## 3 電流計・電圧計の使い方 >>p. 166, 168

豆電球に流れる電流，加わる電圧の大きさを測定した。**図1**は電流計への接続と針の振(ふ)れを，**図2**は電圧計への接続と針の振れを表したものである。次の問いに答えなさい。

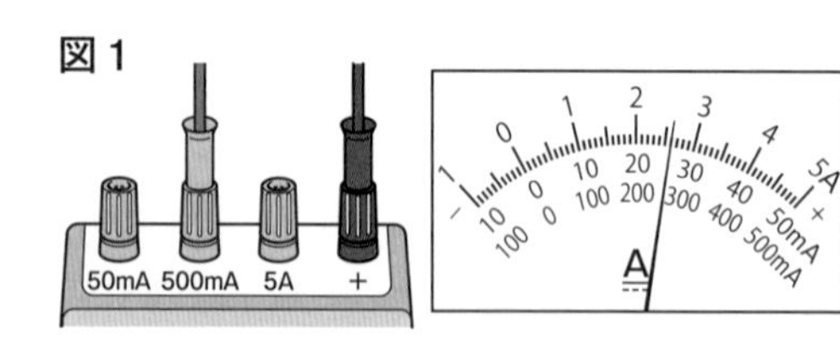


(1) 豆電球に流れる電流の大きさがわからない場合は，電流計のどの－端子(たんし)につなぐか。

(2) **図1**のとき，豆電球に流れている電流の大きさは何Aか。

(3) 豆電球に加わる電圧の大きさがわからない場合は，電圧計のどの－端子につなぐか。

(4)　**図2**のとき，豆電球に加わる電圧の大きさは何Vか。

(5)　電流計と電圧計のつなぎ方について正しく説明したものは，次の**ア**～**エ**のどれか。

**図2**

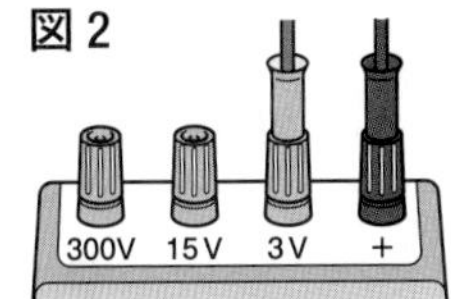


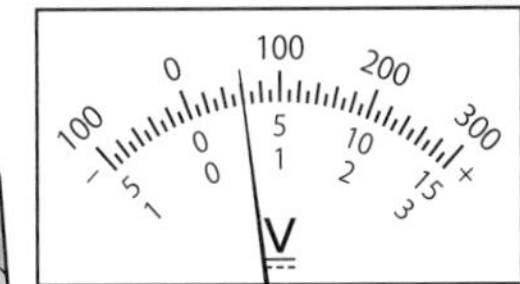


**ア**　電流計は豆電球に直列に，電圧計は豆電球に並列(へいれつ)につなぐ。

**イ**　電流計は豆電球に並列に，電圧計は豆電球に直列につなぐ。

**ウ**　電流計も電圧計も，豆電球に直列につなぐ。

**エ**　電流計も電圧計も，豆電球に並列につなぐ。

**ヒント**
(2)・(4)　最小目盛りの値(あたい)を確認(かくにん)し，読み取り方に注意する。

第14章　回路と電流・電圧

## 4　直列回路の電流と電圧 >>p. 167, 169, 170

図は，２個の豆電球をつないだ回路で，各点を流れる電流や各区間に加わる電圧の大きさを示したものである。次の問いに答えなさい。

(1)　点㋐，㋓を流れる電流の大きさは，それぞれ何Aか。

(2)　㋑㋒間に加わる電圧の大きさは何Vか。

(3)　点㋓を流れる電流，豆電球Pに加わる電圧の大きさを測定するために電流計，電圧計をつないだ回路を，右の□内に回路図で表しなさい。

## 5　並列回路の電流と電圧 >>p. 167, 169, 170

図は，２個の豆電球をつないだ回路で，電源の電圧や各点を流れる電流の大きさを示したものである。次の問いに答えなさい。

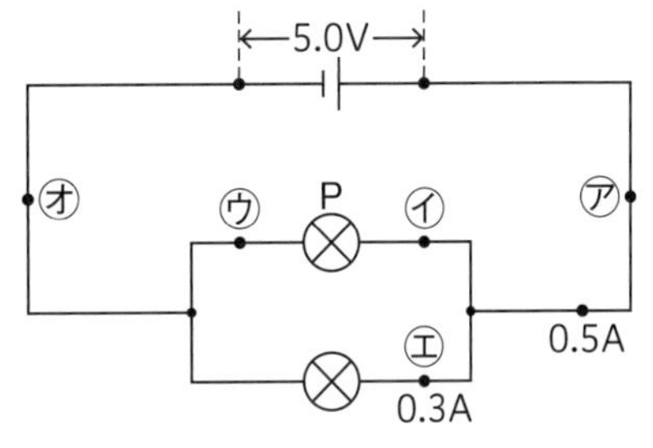


(1)　点㋑，㋔を流れる電流の大きさは，それぞれ何Aか。

(2)　㋑㋒間に加わる電圧の大きさは何Vか。

(3)　点㋐を流れる電流，豆電球Pに加わる電圧の大きさを測定するために電流計，電圧計をつないだ回路を，右の□内に回路図で表しなさい。

# 第15章 オームの法則と電気エネルギー

## 要点のまとめ

一問一答コンテンツ ➡

### 1 オームの法則 >>p.175

□ **オームの法則**：電熱線や抵抗器(ていこうき)に流れる電流の大きさは，それらに加わる電圧の大きさに比例する，という関係。

□ **電気抵抗**（**抵抗**）：電流の流れにくさ。

□ **オーム**（**記号Ω**）：**抵抗**の大きさを表す単位。

□ **導体**：**抵抗**が小さく，電流が流れやすい物質。

□ **不導体**（**絶縁体**(ぜつえんたい)）：**抵抗**が非常に大きく，電流がほとんど流れない物質。

□ **直列回路の全体の抵抗**：それぞれの**抵抗**の和になる。

□ **並列回路**(へいれつかいろ)**の全体の抵抗**：それぞれの**抵抗**より小さくなる。

▼オームの法則を表す式

抵抗〔Ω〕＝電圧〔V〕／電流〔A〕　$R=\frac{V}{I}$

電圧〔V〕＝抵抗〔Ω〕×電流〔A〕　$V=R\times I$

電流〔A〕＝電圧〔V〕／抵抗〔Ω〕　$I=\frac{V}{R}$

▼直列回路・並列回路の全体の抵抗

直列回路

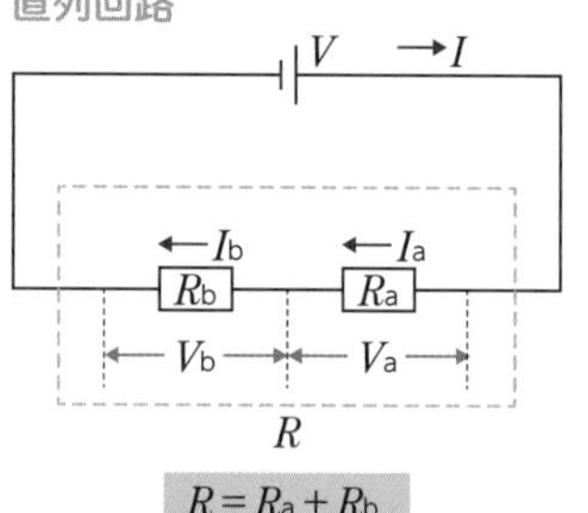


$R=R_a+R_b$

並列回路

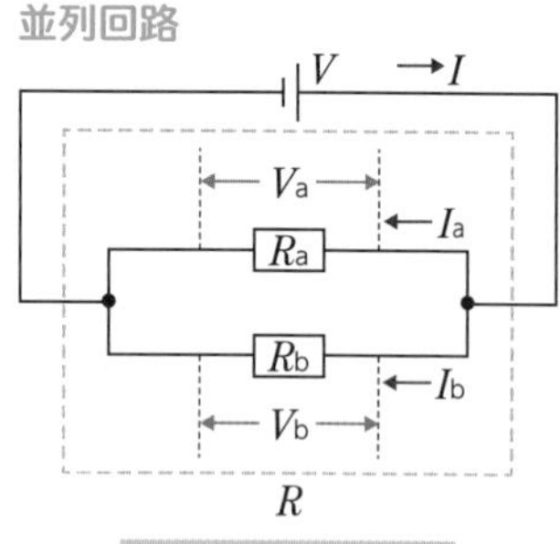


$\frac{1}{R}=\frac{1}{R_a}+\frac{1}{R_b}$
$(R<R_a,\ R<R_b)$

### 2 電気エネルギー >>p.180

□ **電気エネルギー**：電気がもついろいろなはたらきをする能力。

□ **電力**：１秒間当たりに消費する電気エネルギーの大きさ。**消費電力**ともいう。

□ **ワット**（**記号W**）：電力の大きさを表す単位。

□ **熱量**：物質に出入りする熱の量。

□ **電力量**：消費した電気エネルギーの量。

□ **ジュール**（**記号Ｊ**）：熱量，電力量の大きさを表す単位。

□ **ワット時**（**記号Wh**），**キロワット時**（**記号kWh**）：電力量の大きさを表す単位。

▼電力・熱量・電力量を求める式

電力〔W〕＝電圧〔V〕×電流〔A〕
熱量〔J〕＝電力〔W〕×時間〔s〕
電力量〔J〕＝電力〔W〕×時間〔s〕

# 1 オームの法則

## ① 電圧と電流の関係

### (1) 電圧と電流の関係を調べる実験

電圧と電流の関係を調べる実験では，次のような実験器具を使うとよい。

・乾電池のかわりに，電圧を自由に変えることができる**電源装置**(図１)。

・豆電球やモーターのかわりに，大きい電圧を加えても壊れにくい**電熱線**や**抵抗器**。❶

▼図１ 電源装置

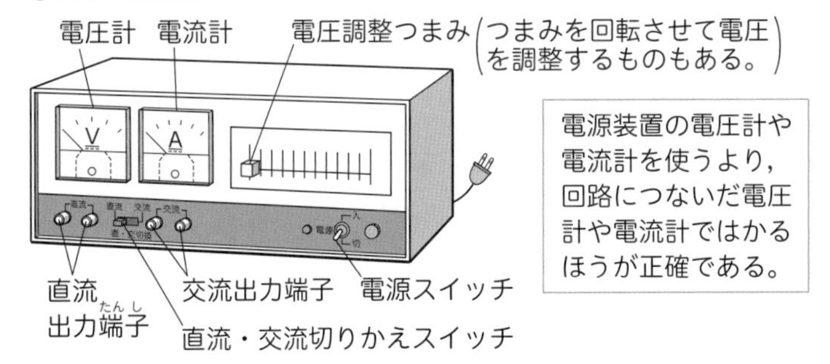


電圧と電流の関係を調べるには，**図２**のようにして，電熱線に加える電圧を変化させたときの，電流の大きさの変化を調べるとよい。

▼図２ 電圧と電流の関係を調べる実験

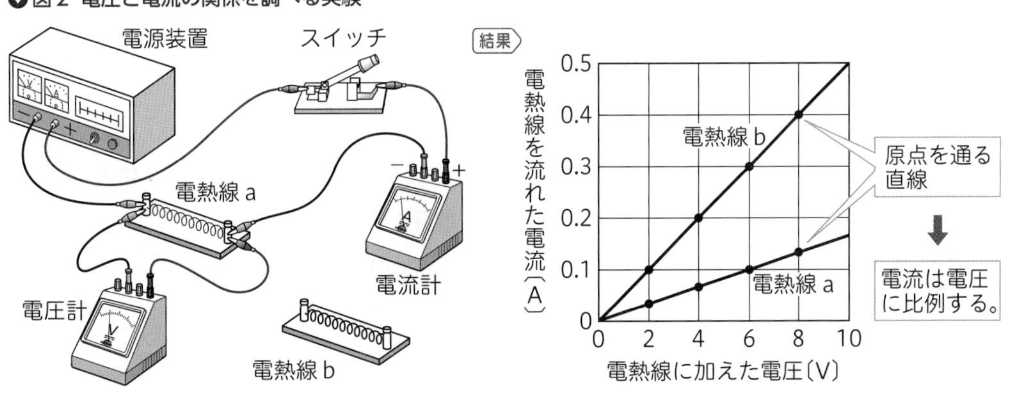


❶**電熱線や抵抗器の図記号**
回路図では，電熱線も抵抗器も，p.164の抵抗の電気用図記号で表す。

**小学校の算数の復習**
● ○の値が２倍，３倍，…になると，それに伴って□の値も２倍，３倍，…になるとき，□は○に比例するという。

**中１の数学の復習**
● 伴って変わる量$x$，$y$の関係が，
$y=ax$　$a$は定数
と表されるとき，$y$は$x$に比例するといい，定数$a$を比例定数という。
● 比例のグラフは，原点を通る直線になる。

◆図3 同じ電圧を加えたときの電流の大きさの比較

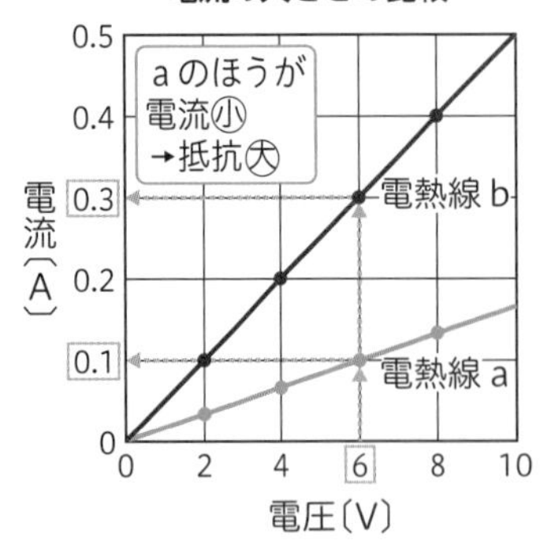


## (2) オームの法則

図2の実験の結果から，**電熱線や抵抗器に流れる電流の大きさは，それらに加わる電圧の大きさに比例する**ことがわかる。この関係を**オームの法則**という。

## (3) 抵抗(電気抵抗)

**図2**の実験の結果で，同じ大きさの電圧を加えたときを比べると，電熱線aに流れる電流は，電熱線bに流れる電流より小さい(**図3**)。つまり，電熱線aは電熱線bより電流が流れにくいことがわかる。

この**電流の流れにくさ**を**電気抵抗**，または**抵抗**という。[2]抵抗の単位には**オーム**[3](記号**Ω**)を使い，抵抗の大きさは記号$R$で表す。[4]

## (4) 抵抗を求める式

1Aの電流を流すために，1Vの電圧が必要であるときの抵抗の大きさを1Ωと決めている。また，1000Ωを1キロオーム(記号kΩ)という。

電圧を$V$〔V〕，電流を$I$〔A〕，抵抗を$R$〔Ω〕とすると，抵抗の大きさは，次の式で表される。

$$抵抗〔Ω〕= \frac{電圧〔V〕}{電流〔A〕} \qquad R = \frac{V}{I}$$

## (5) オームの法則を表す式

電圧を$V$〔V〕，電流を$I$〔A〕，抵抗を$R$〔Ω〕とすると，これらの関係は，次の式で表される。

$$電圧〔V〕= 抵抗〔Ω〕\times 電流〔A〕 \qquad V = R \times I$$

$$電流〔A〕= \frac{電圧〔V〕}{抵抗〔Ω〕} \qquad I = \frac{V}{R}$$

この2つの式と，上の抵抗を求める式は，どれもオームの法則を表している。[5]

**❷流れやすさと流れにくさ**
図3のグラフの傾き(かたむ)である$\frac{電流}{電圧}$は電流の流れやすさを表し，その逆数の$\frac{電圧}{電流}$は電流の流れにくさ(抵抗)を表している。

**❸オーム**
ドイツの科学者オームは，オームの法則を発見した。抵抗の単位オームは，彼(かれ)にちなんでつけられた。

**❹抵抗を表す記号$R$**
抵抗の記号$R$は，抵抗という意味の英語 Resistance の頭文字(かしらもじ) R からきている。本書では，電熱線aの抵抗を$R_a$と表している。

**❺1つの関係式を覚えておく**
$V$，$I$，$R$の3つの関係式のうち，1つを覚えておけば，その式を変形して他の式を導くことができる。

$V = RI$

両辺を$R$でわる。 $I = \frac{V}{R}$

両辺を$I$でわる。 $R = \frac{V}{I}$

## 例題⑪ 【計算】オームの法則

(1) 6Vの電圧を加えて，0.3Aの電流が流れる電熱線の抵抗の大きさは何Ωか。

(2) 抵抗が10Ωの電熱線に300mAの電流が流れているとき，電熱線に加わっている電圧の大きさは何Vか。

(3) 抵抗が30Ωの電熱線に6Vの電圧を加えたとき，電熱線に流れる電流の大きさは何Aか。

ヒント (2) オームの法則を表す式で，電流の単位はAなので，mAをAに直してから計算しよう。

**解き方**

(1) オームの法則 $R=\frac{V}{I}$ より，$\frac{6〔V〕}{0.3〔A〕}=\frac{60〔V〕}{3〔A〕}=20〔Ω〕$　　**解答** 20Ω

(2) 1A＝1000mA だから，300mA＝0.3A

オームの法則 $V=RI$ より，10〔Ω〕×0.3〔A〕＝3〔V〕　　**解答** 3V

(3) オームの法則 $I=\frac{V}{R}$ より，$\frac{6〔V〕}{30〔Ω〕}=0.2〔A〕$　　**解答** 0.2A

## (6) 物質の種類と抵抗の大きさ

抵抗の大きさは，物質の種類によって異なる(**表1**)。

### ①導体

金属は**抵抗が小さく，電流が流れやすい**。このような物質を**導体**という。実験に用いる導線には，抵抗が非常に小さい銅が使われることが多い。また，電熱線の材料には，銅よりも抵抗がずっと大きいニクロム(ニッケルとクロムなどの合金)が使われている。銅の抵抗は電熱線(ニクロム)の抵抗の約$\frac{1}{70}$しかないため，実験に用いる導線の抵抗の大きさは無視している。

### ②不導体(絶縁体(ぜつえんたい))

ガラスやゴムなどは**抵抗が非常に大きく，電流がほとんど流れない**。このような物質を**不導体**，または**絶縁体**という。導線の外側は，不導体であるポリ塩化ビニルなどでおおわれている。

### ③半導体

導体と不導体の中間の性質をもつ物質を，**半導体**という。[6]

**表1 いろいろな物質の抵抗**
(長さ1m，断面積1 $mm^2$)
$10^9$とは，10を9回かけた数を表す。

| | 物質 | 抵抗〔Ω〕 |
|---|---|---|
| 導体 | 金 | 0.021 |
| | 銀 | 0.015 |
| | 銅 | 0.016 |
| | アルミニウム | 0.025 |
| | 鉄 | 0.089 |
| | ニクロム | 1.1 |
| 半導体 | ケイ素(シリコン) | 約$2.3\times10^9$ |
| | ゲルマニウム | 約$4.6\times10^5$ |
| 不導体 | ガラス | $10^{15}$～$10^{17}$ |
| | ゴム | $10^{16}$～$10^{21}$ |
| | ポリ塩化ビニル | $10^{12}$～$10^{18}$ |

**❻半導体**
半導体は，電気製品の主要部品であるIC(集積回路)や，発光ダイオード，太陽電池などに用いられ，私たちの生活を支えている。

## ② 回路全体の抵抗

❼合成抵抗
回路全体の抵抗を合成抵抗ということがある。

### (1) 回路全体の抵抗❼

2個の抵抗器(電熱線)を直列や並列につないだときの回路全体の抵抗の大きさは，**図4**のように，回路全体の電圧と電流をはかり，その結果から計算によって求めることができる。

図4のⓐのように，**2個の抵抗器を直列につなぐと，回路全体の抵抗はそれぞれの抵抗より大きくなり，2個の抵抗の和になる**。また，ⓑのように，**2個の抵抗器を並列につなぐと**，電流の通り道が増えるので電流が流れやすくなり，**回路全体の抵抗はそれぞれの抵抗より小さくなる**。

▼図4 回路全体の抵抗

ⓐ抵抗器の直列つなぎ

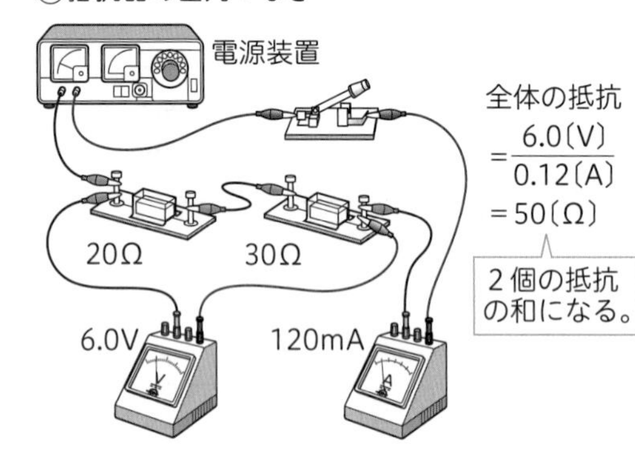


ⓑ抵抗器の並列つなぎ

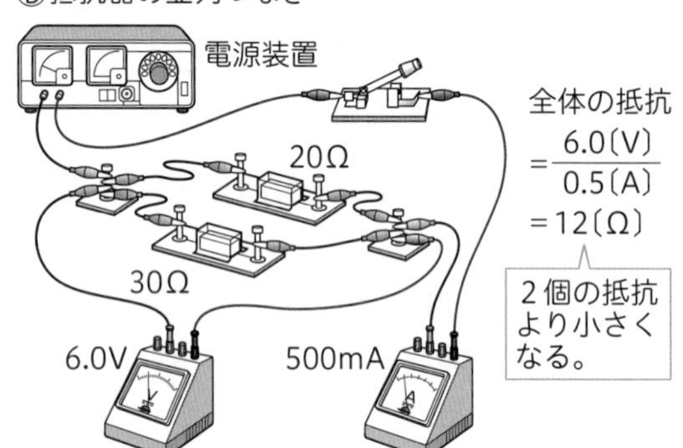


### (2) 直列回路の全体の抵抗

直列回路全体の抵抗の大きさと1個1個の抵抗の大きさとの関係は，次のようにして求めることができる。

▼図5 直列回路の全体の抵抗

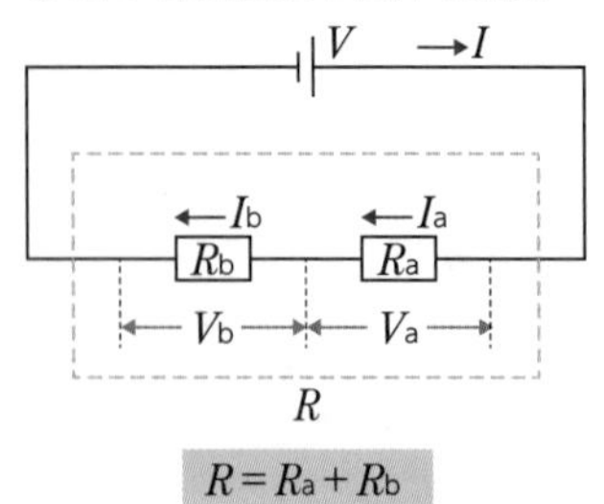


$R=R_a+R_b$

図5のような抵抗器aと抵抗器bの直列回路では，

**電流** $I=I_a=I_b$ ……①

**電圧** $V=V_a+V_b$ ……②

全体の抵抗を$R$とすると，オームの法則と①より，

$V=RI$　　$V_a=R_aI$　　$V_b=R_bI$

これらを②に代入すると，$RI=R_aI+R_bI$

両辺を$I$でわると，$R=R_a+R_b$

## (3) 並列回路の全体の抵抗

並列回路全体の抵抗の大きさと1個1個の抵抗の大きさとの関係は，次のようにして求めることができる。

図6のような抵抗器aと抵抗器bの並列回路では，

**電流** $I = I_a + I_b$ ……①

**電圧** $V = V_a = V_b$ ……②

全体の抵抗を$R$とすると，オームの法則と②より，

$$I = \frac{V}{R} \qquad I_a = \frac{V}{R_a} \qquad I_b = \frac{V}{R_b}$$

これらを①に代入すると，$\dfrac{V}{R} = \dfrac{V}{R_a} + \dfrac{V}{R_b}$

両辺を$V$でわると，$\dfrac{1}{R} = \dfrac{1}{R_a} + \dfrac{1}{R_b}$

図6 並列回路の全体の抵抗

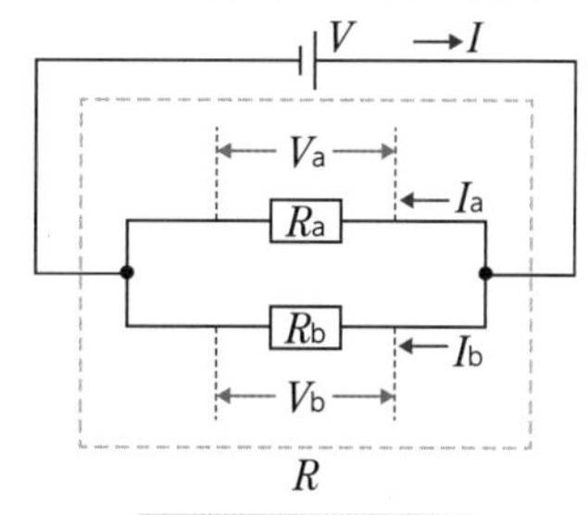


$\dfrac{1}{R} = \dfrac{1}{R_a} + \dfrac{1}{R_b}$
($R < R_a$，$R < R_b$)

### 例題⑫ 《計算》 直列回路・並列回路の全体の抵抗

(1) 抵抗が15Ωの電熱線と30Ωの電熱線を直列につないだときの，回路全体の抵抗の大きさを求めなさい。

(2) 図のように，抵抗が15Ωの電熱線aと30Ωの電熱線bを並列につないだときの，回路全体の抵抗の大きさを求めなさい。

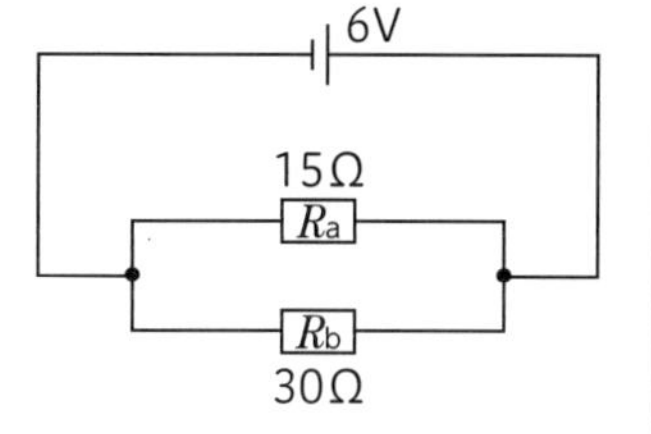


ヒント (2) $\dfrac{1}{R} = \dfrac{1}{R_a} + \dfrac{1}{R_b}$ の式を使って求めるか，オームの法則を利用して求めよう。

**解き方**

(1) 直列回路の全体の抵抗は，各電熱線の抵抗の和だから，15＋30＝45〔Ω〕 **解答** 45Ω

(2) 回路全体，電熱線a，電熱線bの抵抗をそれぞれ$R$，$R_a$，$R_b$とすると，$\dfrac{1}{R} = \dfrac{1}{R_a} + \dfrac{1}{R_b}$ だから，

$\dfrac{1}{R} = \dfrac{1}{15} + \dfrac{1}{30} = \dfrac{2+1}{30} = \dfrac{3}{30} = \dfrac{1}{10}$ よって，$R$＝10〔Ω〕 **解答** 10Ω

別解 オームの法則 $I = \dfrac{V}{R}$ より，電熱線aに流れる電流は，$\dfrac{6〔V〕}{15〔Ω〕}$＝0.4〔A〕，電熱線bに流れる電流は，$\dfrac{6〔V〕}{30〔Ω〕}$＝0.2〔A〕だから，回路全体に流れる電流は，0.4＋0.2＝0.6〔A〕

よって，回路全体の抵抗は，$R = \dfrac{V}{I}$ より，$\dfrac{6〔V〕}{0.6〔A〕}$＝10〔Ω〕 **解答** 10Ω

# 2 電気エネルギー

## ① 電気エネルギーと電力

### (1) 電気エネルギー

電気器具は，電気を使って光や熱，音を発生させたり，物体を動かしたりしている。このような，**電気がもついろいろなはたらきをする能力**を**電気エネルギー**という(図7)。

◆図7 電気エネルギーの利用例

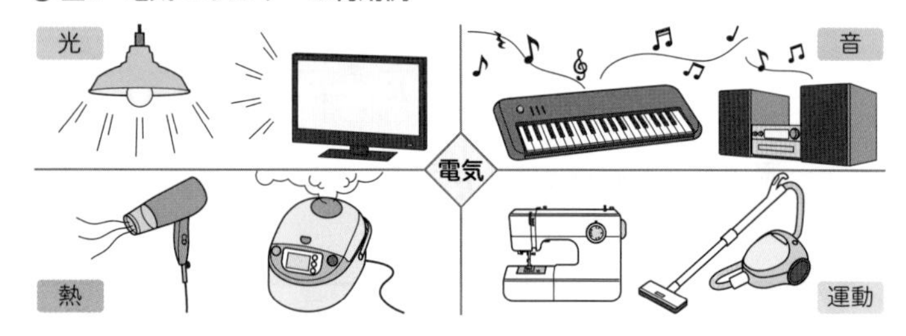


**小学校の復習**

● 電気は，光や音，熱，動き(運動)に変えられ，利用されている。

### (2) 電力

電気器具などで，**1秒間当たりに消費する電気エネルギーの大きさ**を**電力**という。[8] 電力の単位には**ワット**[9](記号**W**)を使い，電気器具に1Vの電圧を加えて1Aの電流が流れたときの電力を1Wという。また，1000Wを1キロワット(記号kW)という。電力の大きさは，次の式のように電圧と電流の積で表される。

**電力〔W〕＝ 電圧〔V〕× 電流〔A〕**

**❽電力を表す記号 *P***
電力は，力や能力という意味の英語 Power の頭文字(かしらもじ) P を使って，*P* と表すことがある。

**❾ワット**
イギリスの科学者ワットは，蒸気機関の改良を行い，産業革命の進展に貢献(こうけん)した。電力の単位ワットは，彼(かれ)にちなんでつけられた。

### (3) 消費電力

電力が大きいほど，光や熱，音の発生量や，物体を動かす力が大きくなるので，電気器具のはたらきが大きくなる。

電気器具に表示されているWの数字(W数)は，その器具が消費する電力を意味する。例えば，「100V　1000W」と表示されている場合，100Vの電圧で使用したときに消費する電力が1000Wであることを表している。このような電力の表し方を**消費電力**ともいう(**表2**)。

◆表2 電気器具の消費電力

| 電気器具 | 消費電力〔W〕 |
| --- | --- |
| LED 電球 | 2〜15 |
| 蛍光灯(けいこうとう)スタンド | 10〜30 |
| テレビ | 12〜300 |
| 電気ポット | 400〜1400 |
| ヘアドライヤー | 800〜1400 |
| エアコン | 400〜1800 |

## 例題⑬ 《計算》電力

(1) 100Vの電源につなぐと4Aの電流が流れる電気器具が消費する電力は何Wか。

(2) 100Vの電圧で600Wの電気器具を使うとき，何Aの電流が流れるか。

(3) 30Wの電気器具と250Wの電気器具を同時に使うとき，消費する電力は全体で何Wになるか。

ヒント (2) 電力を求める式を変形して利用しよう。

解き方

(1) 電力の公式 電力〔W〕＝電圧〔V〕×電流〔A〕より，
100〔V〕×4〔A〕＝400〔W〕 解答 400W

(2) 電力〔W〕＝電圧〔V〕×電流〔A〕を変形すると，電流〔A〕$=\dfrac{電力〔W〕}{電圧〔V〕}$
よって，$\dfrac{600〔W〕}{100〔V〕}=6〔A〕$ 解答 6A

(3) 2個以上の電気器具を同時に使うと，全体で消費する電力はそれぞれの電力の和になる。
よって，30＋250＝280〔W〕 解答 280W

## 2 熱量と電力量

### (1) 熱

電熱線を水の中に入れて電流を流すと，水の温度が上昇(じょうしょう)する。物体の温度を変化させる原因となるものを**熱**という。

### (2) 熱量

電熱線に電流を流すと，電力の大きさに応じて熱が発生する。電流を流したときに発生する熱のように，物質に出入りする熱の量を**熱量**という。

電熱線から発生する熱で水をあたためる場合，発生した熱は水に移動する。このとき，**水の質量が一定であれば，水の上昇温度は水が得た熱量に比例する。**

### (3) 電流による発熱量

電熱線から発生する熱量は，電流を流す時間と電力の大きさに関係している。≫p. 182 重要実験⑮

小学校の復習

● 電熱線に電流を流すと熱が発生し，発泡(はっぽう)ポリスチレンの板を切ることができる。

## 重要実験⑮ 電流による発熱量

❶ 発泡（はっぽう）ポリスチレンの容器に水100gを入れ，水温が室温と同じくらいになるまで放置して，水温をはかる。

**なぜ？**

**水温の誤差を小さくするため。**

くわしく まわりの空気によっても水温は変化するため，実験前に水温を室温と同じにしておく（くみ置きの水を使う）ことで，実験による水温の変化を正確にはかることができる。

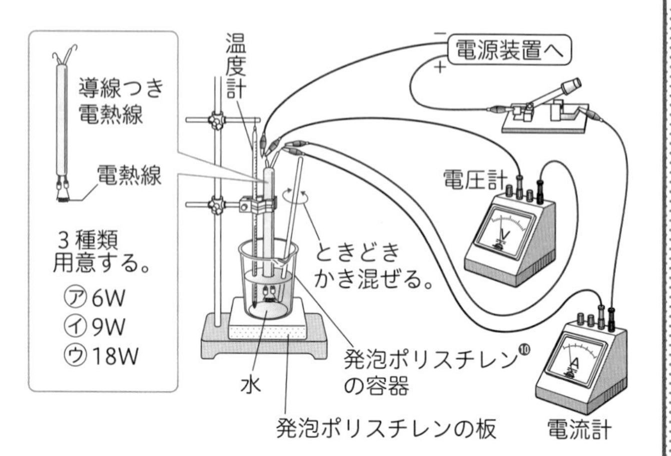


❷ 電熱線㋐を使って図のような回路をつくり，6.0Vの電圧を加え，電流の大きさをはかる。

❸ 水をかき混ぜながら，1分ごとに5分間，水温をはかる。

**なぜ？**

**水温を均一にするため。**

❹ 電熱線を㋑，㋒に取りかえて同様にし，結果をグラフに表す。

結果

| 時間〔分〕 | | 1 | 2 | 3 | 4 | 5 |
|---|---|---|---|---|---|---|
| 水の上昇（じょうしょう）温度〔℃〕 | 電熱線㋐(6W) | 0.6 | 1.3 | 1.9 | 2.5 | 3.1 |
| | 電熱線㋑(9W) | 1.0 | 1.9 | 3.0 | 4.1 | 5.1 |
| | 電熱線㋒(18W) | 1.8 | 3.5 | 5.4 | 7.3 | 9.1 |

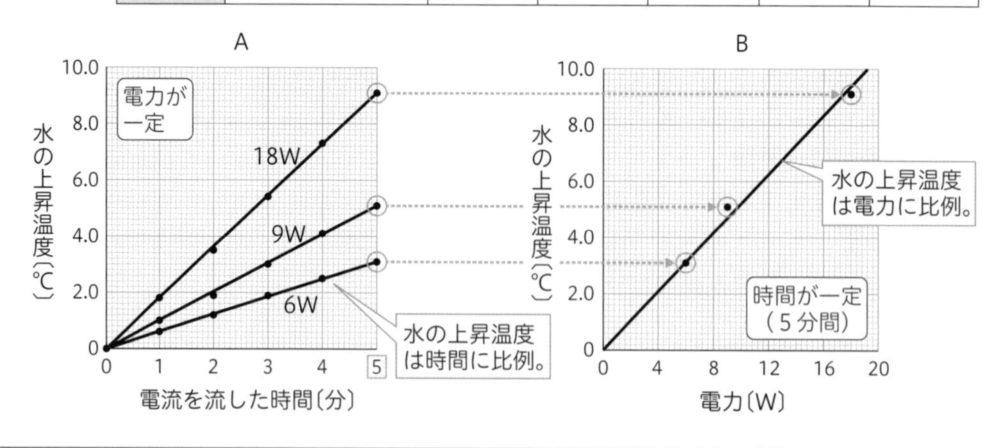

①電流を流す時間と熱量の関係

重要実験⑮の〈結果〉のAのグラフより，それぞれの電力で，水の上昇温度は電流を流した時間に比例している。よって，**電力が一定のとき，電熱線から発生する熱量は，電流を流した時間に比例する**といえる。

②電力の大きさと熱量の関係

重要実験⑮の〈結果〉のBのグラフより，5分後の水の上昇温度は電力の大きさに比例している。よって，**電流を流す時間が一定のとき，電熱線から発生する熱量は，電力の大きさに比例する**といえる。

## (4) 電流によって発生する熱量

重要実験⑮の結果から，**電流によって発生する熱量は，電力の大きさと電流を流した時間に比例する。**

発生した熱量や消費した電気エネルギーの量は，**ジュール**[11](記号**J**)という単位を使って，次の式で表される。1Wの電力で1秒間電流を流したときに発生する熱量(あるいは消費した電気エネルギー)を1Jという。

**熱量〔J〕＝電力〔W〕×時間〔s[12]〕**

## (5) 水が得た熱量と上昇温度の関係

1Jの熱は，水1gの温度を約0.24℃上昇させることができる。つまり，水1gの温度を1℃上昇させるには，約4.2Jの熱量が必要である[13]。

## (6) 電力量

熱を利用しない電気器具でも，電流が流れると電気エネルギーを消費する。このとき消費した電気エネルギーの量も，熱量と同じように，電気器具の電力や電流を流す時間に比例する。**消費した電気エネルギーの量**を**電力量**といい，熱量と同じ単位を使って，次の式で表される。

**電力量〔J〕＝電力〔W〕×時間〔s〕**

**⑩逃(に)げてしまう熱**
水が得る熱量は，電熱線から発生する熱量よりも小さくなる。これは，電熱線から発生した熱の一部が，容器や温度計などの実験装置をあたためるのに使われたり，空気中に逃げたりするからである。実験では，逃げる熱量を少なくするために，熱を伝えにくい発泡ポリスチレンを使っている。

**⑪ジュール**
イギリスの科学者ジュールは，電流によって熱が発生することを発見し，熱がエネルギーの一種であることを明らかにした。熱量の単位ジュールは，彼(かれ)にちなんでつけられた。

**⑫「秒」を表す文字s**
時間の単位の「秒」を表す文字には，s（secondの頭文字(かしらもじ)s）が使われる。

**⑬カロリー**
熱量の単位には，水の温度変化を基準にしたカロリー（記号cal）が使われることもある。水1gの温度を1℃上昇させるのに必要な熱量が1calである。

1cal≒4.2J

（「≒」は，ほぼ等しいことを表す記号である。）

日常生活では，カロリーで熱量を表示することが多い。特に，食品の栄養成分の表示では，食品が体内で発生する熱量をキロカロリー（記号kcal）の単位を使って表している。1kcal＝1000cal

**⑭「時」を表す文字h**
時間の単位の「時」を表す文字には，h（hourの頭文字h）が使われる。

**⑮電気料金の算出**
電力会社は，キロワット時の単位で電力量を測定し，それをもとに電気料金を算出している。

## (7) 日常生活で使われる電力量の単位

日常生活では，電力量の単位に**ワット時**（記号**Wh**）[14]や**キロワット時**（記号**kWh**）が使われることが多い。[15] 1Wの電力を1時間使い続けたときの電力量を1Wh，その1000倍を1kWhと表す。

$$1\,\mathrm{Wh} = 1\,\mathrm{W}\times 1\,\mathrm{h} = 1\,\mathrm{W}\times(60\times60)\,\mathrm{s} = 3600\,\mathrm{Ws} = 3600\,\mathrm{J}$$

$$1000\,\mathrm{Wh} = 1\,\mathrm{kWh}$$

### 例題⑭ 《計算》 熱量・電力量

(1) 4Wの電熱線に電流を2分間流したときに発生する熱量は何Jか。

(2) 60Wの電気器具を5分間使ったときの電力量は何Jか。

(3) 600Wの電気器具を3時間使ったときの電力量は何kWhか。

ヒント (1)・(2) 時間の単位「分」を「秒」に直して計算しよう。

**解き方**

(1) 1分は60秒だから，熱量の公式 熱量〔J〕＝電力〔W〕×時間〔s〕より，
4〔W〕×(2×60)〔s〕＝4〔W〕×120〔s〕＝480〔J〕 **解答** 480J

(2) 電力量の公式 電力量〔J〕＝電力〔W〕×時間〔s〕より，
60〔W〕×(5×60)〔s〕＝60〔W〕×300〔s〕＝18000〔J〕 **解答** 18000J

(3) 600〔W〕×3〔h〕＝1800〔Wh〕 1000Wh＝1kWh だから，1800Wh＝1.8kWh **解答** 1.8kWh

## 家庭の配線は並列つなぎ

家庭の配線は並列つなぎになっている。そのため，すべての電気器具に同じ電圧（100V）が加わる。また，どれかの電気器具のスイッチを切っても，他の電気器具には影響がない。

気をつけなければならないのは，1つのコンセントに複数の電気器具をつなぐこと（たこ足配線という）である。並列回路全体に流れる電流の大きさは，それぞれの電気器具に流れる電流の和になるので，たこ足配線をするとコンセントに大きな電流が流れて発熱し，発火することがある。

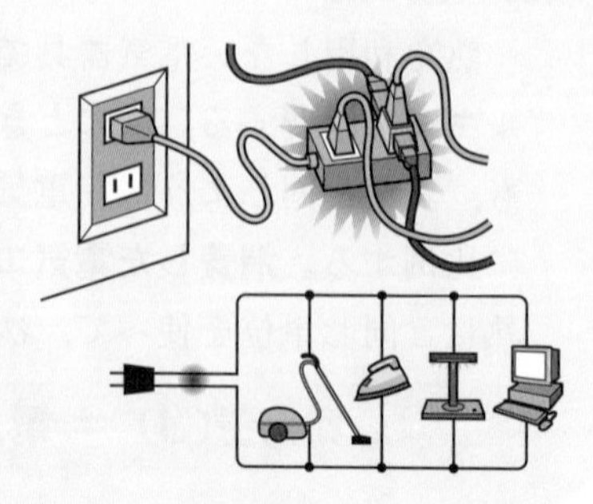

# 要点チェック

## 1 オームの法則

□ (1) 電熱線や抵抗器(ていこうき)に流れる電流の大きさは，それらに加わる電圧の大きさに比例する，という関係を何というか。 >>p. 176

□ (2) 電流の流れにくさを何というか。>>p. 176

□ (3) 次の式の①～⑥に当てはまる単位やことばは何か。 >>p. 176

抵抗〔 ① 〕＝ $\dfrac{〔\ ②\ 〕〔V〕}{電流〔A〕}$

電圧〔V〕＝〔 ③ 〕〔Ω〕×電流〔 ④ 〕

〔 ⑤ 〕〔A〕＝ $\dfrac{電圧〔\ ⑥\ 〕}{抵抗〔Ω〕}$

□ (4) ①金属のように，抵抗が小さく，電流が流れやすい物質を何というか。また，②ガラスやゴムのように，抵抗が非常に大きく，電流がほとんど流れない物質を何というか。 >>p. 177

□ (5) 抵抗器２個の直列回路と並列回路で，全体の抵抗が各抵抗の和になるのはどちらか。>>p. 178

## 2 電気エネルギー

□ (6) 電気がもついろいろなはたらきをする能力を何というか。 >>p. 180

□ (7) 電気器具などで，１秒間当たりに消費する電気エネルギーの大きさを何というか。>>p. 180

□ (8) 水の質量が一定であれば，水の上昇(じょうしょう)温度は水が得た何に比例するか。>>p. 181

□ (9) 消費した電気エネルギーの量を何というか。>>p. 183

□ (10) 次の式の①～⑤に当てはまる単位やことばは何か。 >>p. 180, 183

電力〔 ① 〕＝電圧〔V〕×電流〔A〕

熱量〔 ② 〕＝〔 ③ 〕〔W〕×時間〔 ④ 〕

電力量〔J〕＝電力〔W〕×〔 ⑤ 〕〔s〕

**解答**

(1) オームの法則

(2) 抵抗

(3) ① Ω
② 電圧
③ 抵抗
④ A
⑤ 電流
⑥ V

(4) ① 導体
② 不導体（絶縁体）

(5) 直列回路

(6) 電気エネルギー

(7) 電力

(8) 熱量（熱の量）

(9) 電力量

(10) ① W
② J
③ 電力
④ s
⑤ 時間

# 定期試験対策問題 解答➡p.236

## 1 電圧と電流の関係 >>p. 175〜177

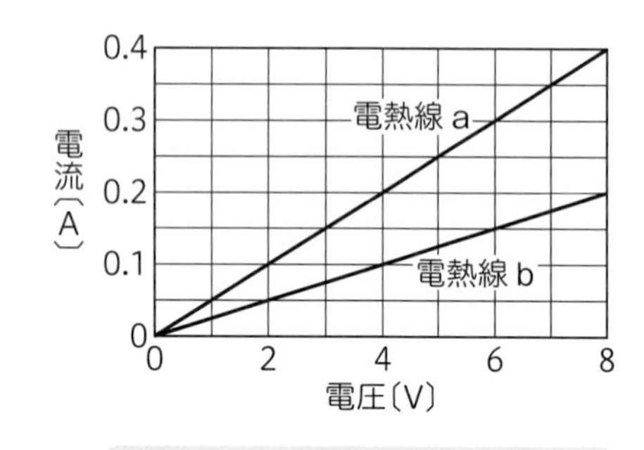


図は，電熱線a，bについて，電熱線に加わる電圧と流れる電流の大きさの関係をグラフに表したものである。次の問いに答えなさい。

(1) 次の文の①，②に当てはまることばは，それぞれ**ア**，**イ**のどちらか。

電熱線aに流れる電流の大きさは，電熱線aに加わる電圧の大きさに①〔**ア** 比例 **イ** 反比例〕する。また，電熱線a，bの抵抗(ていこう)の大きさを比べると，②〔**ア** 電熱線a **イ** 電熱線b〕のほうが大きい。

(2) 電熱線a，bの抵抗の大きさは，それぞれ何Ωか。

(3) 電熱線aに1.2Aの電流を流すには，何Vの電圧を加えればよいか。

(4) 電熱線bに16Vの電圧を加えたとき，流れる電流の大きさは何Aか。

**ヒント**
(2) グラフより，電熱線aの場合，例えば4Vの電圧が加わると0.2Aの電流が流れることがわかる。

## 2 直列回路・並列(へいれつ)回路の全体の抵抗とオームの法則 >>p. 178, 179

抵抗の大きさがそれぞれ5Ω，20Ωの電熱線P，Qを用いて，**図1**，**図2**のような回路をつくった。次の問いに答えなさい。

**図1**

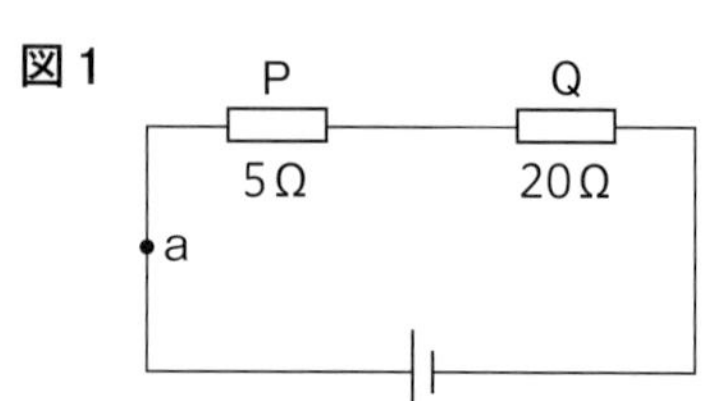


**図2**

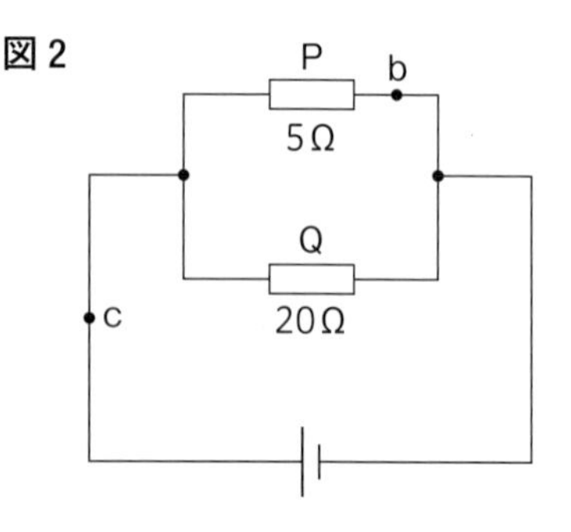


(1) **図1**の回路において，電熱線Qに加わる電圧を8Vにした。

① 点aを流れる電流の大きさは何Aか。

② 電熱線Pに加わる電圧は何Vか。

③ 電源の電圧は何Vか。

④ 回路全体の抵抗の大きさは何Ωか。

(2) **図2**の回路において，電熱線Qを流れる電流の大きさを0.3Aにした。

① 電源の電圧は何Vか。

② 点b，cを流れる電流の大きさはそれぞれ何Aか。

③ 回路全体の抵抗の大きさは何Ωか。

## 3 電流による発熱量 >>p. 180〜183

図1のような装置で，発泡ポリスチレンのコップに水100 gを入れて水温をはかった後，電熱線に6.0 Vの電圧を加えて1分ごとの水温をはかった。**表1**は，その結果である。また，この電熱線に6.0 Vの電圧を加えたとき，1.0 Aの電流が流れた。あとの問いに答えなさい。

**表1**

| 時間〔分〕 | 0 | 1 | 2 | 3 | 4 | 5 |
|---|---|---|---|---|---|---|
| 水温〔℃〕 | 20.0 | 21.0 | 22.0 | 23.0 | 24.0 | 25.0 |
| 上昇温度〔℃〕 | 0 | 1.0 | 2.0 | 3.0 | 4.0 | 5.0 |

**図1**



**図2**



(1) この電熱線の電力は何Wか。

(2) **表1**をもとに，電流を流した時間と水の上昇温度の関係をグラフに表すと，**図2**のようになる。このグラフから，電流を流した時間と水の上昇温度の間にはどのような関係があるといえるか。

(3) 5分間にこの電熱線から発生した熱量は何Jか。

(4) 別の電熱線を用いて，同様の実験を行った。**表2**は，その結果である。**表2**をもとに，電流を流した時間と水の上昇温度の関係を表すグラフを，**図2**にかきなさい。

**表2**

| 時間〔分〕 | 0 | 1 | 2 | 3 | 4 | 5 |
|---|---|---|---|---|---|---|
| 上昇温度〔℃〕 | 0 | 1.5 | 3.0 | 4.5 | 6.0 | 7.5 |

(5) 一般に，電熱線の電力が大きいほど，発生する熱量はどうなるか。

## 4 熱量・電力量 >>p. 183, 184

次の問いに答えなさい。

(1) 5 Wの電熱線に12分間電流を流したときに発生する熱量は何Jか。

(2) 80Wの電球を3分間点灯させたときの電力量は何Jか。

(3) 400Wの電気ストーブを5時間使ったときの電力量は何Whか。また，それは何kWhか。

# 第16章 電流の正体

## 要点のまとめ

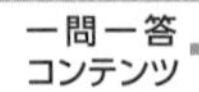

### 1 静電気 ≫p.189

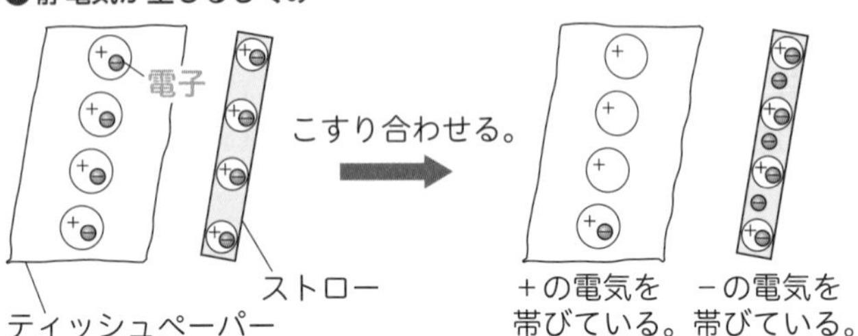


□ **静電気**：摩擦（まさつ）によって物質にたまった電気。

□ **電気の力（電気力）**：電気の間にはたらく力。同じ種類の電気の間には，しりぞけあう力がはたらき，異なる種類の電気の間には，引きあう力がはたらく。

□ **静電気が生じるしくみ**：異なる物質をこすり合わせると，一方の物質の中にある**－（マイナス）の電気をもつ小さな粒子（りゅうし）（電子）**が他方の物質に移動する。

### 2 静電気と電流 ≫p.191

□ **放電**：たまっていた静電気が流れ出たり，気体中を静電気が移動したりする現象。

□ **真空放電**：気圧を低くした気体の中を電流が流れる現象。

□ **陰極線（いんきょくせん）**：クルックス管の－極（陰極（いんきょく））から出ている電子の流れ。電子線ともいう。

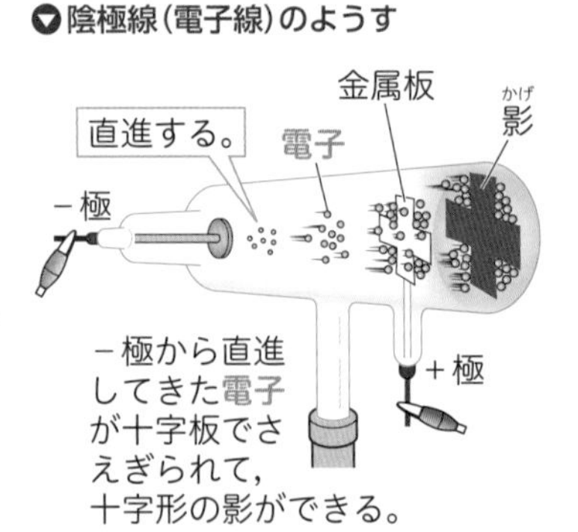


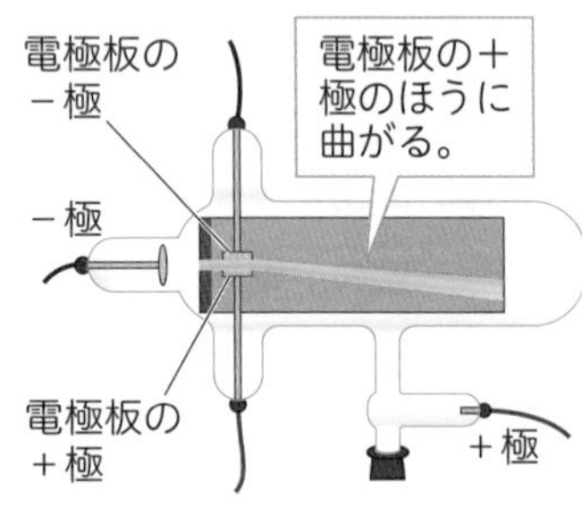


□ **電子**：－の電気をもち，質量をもった非常に小さな粒子。

□ **電子の移動と電流の向き**：電子の移動の向きは－極から＋極，電流の向きは＋極から－極。

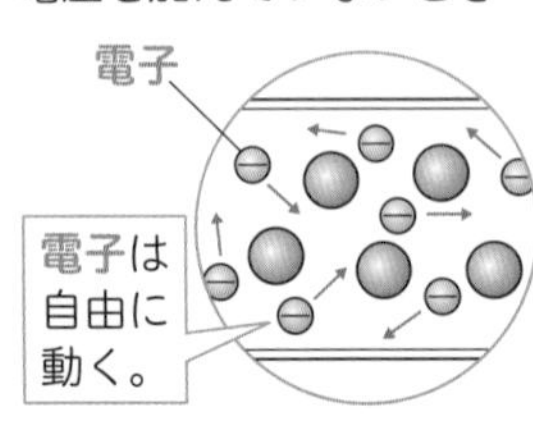


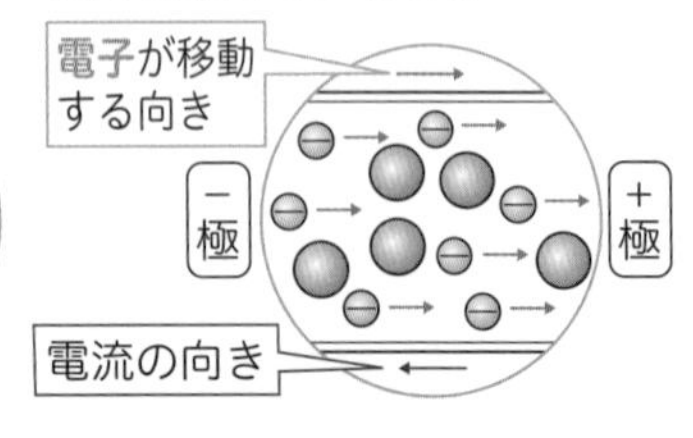


□ **放射線**：クルックス管から出ている X（エックス）線，α（アルファ）線，β（ベータ）線，γ（ガンマ）線など。

# 1 静電気

## ① 静電気と電気の力

### (1) 静電気

髪の毛をプラスチックの下敷きでこする(摩擦する)と，髪の毛が下敷きに引きつけられる。また，空気の乾燥した日に，衣服がからだにまとわりついたり，衣服を脱ぐときにパチパチと音がしたり，金属に手を近づけるとパチッと音がして指に痛みを感じたりすることがある。暗いところでは，音がすると同時に火花が見えることもある。

このような現象は，異なる種類の物質の摩擦によって生じた電気が，からだや衣服にたまることで起こる。**摩擦によって物質にたまった電気を静電気**(摩擦電気)という。

### (2) 電気の力

下敷きと髪の毛をこすり合わせると，生じた電気によって髪の毛が下敷きに引きつけられる。このことから，電気が生じると，力がはたらくことがわかる。電気の力については，**図1**のようにして調べることができる。

**図1 電気の力を調べる実験**

❶ ティッシュペーパーで2本のストローをよくこすった後，一方のストローを棒にとめて，自由に回転できるようにする。

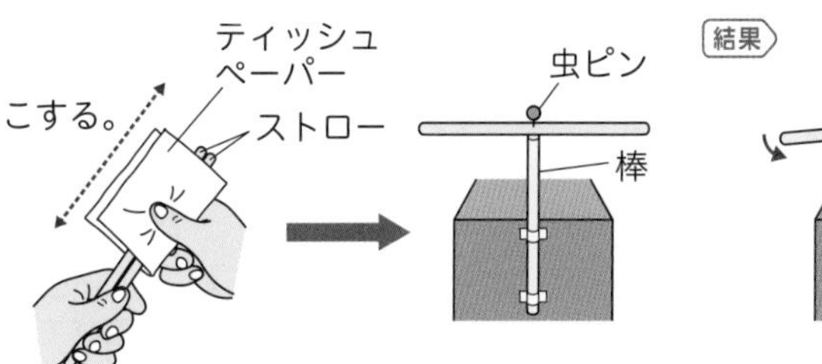


❷ ❶のストローに，もう一方のストローを近づける。

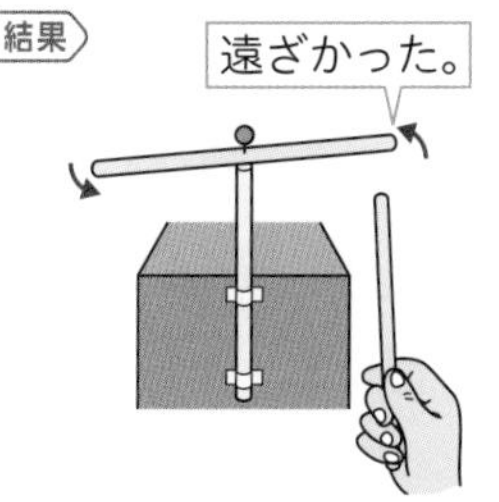


❸ ❶のストローに，❶のティッシュペーパーを近づける。

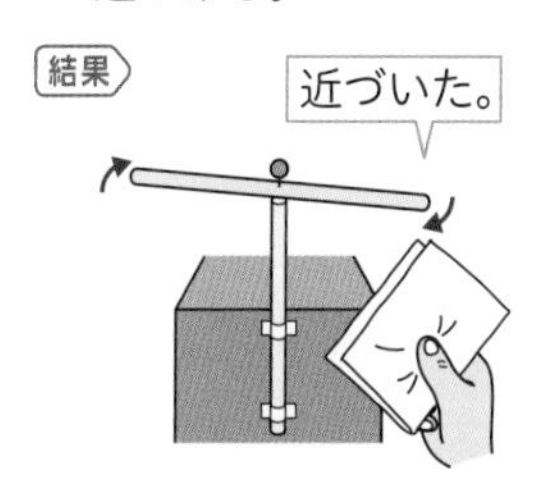


**図1**の実験から，摩擦したものの間では，しりぞけあう力や引きあう力がはたらくことがわかる。**電気の間にはたらく力を電気の力**(**電気力**)という。❶

**❶静電気による身近な現象**
静電気によって起こる下の現象のうち，ⓐとⓑは電気の力によるものである。また，ⓒとⓓは，衣服やからだにたまっていた静電気が移動して起こっている。>>p. 191

## (3) 電気の性質

電気には次の性質があり，磁石の性質と似ている。

- 電気には，＋(正)と－(負)の２種類がある。
- 同じ種類の電気(＋と＋，－と－)の間には，しりぞけあう力がはたらく。
- 異なる種類の電気(＋と－)の間には，引きあう力がはたらく。
- 電気の間にはたらく力は，離(はな)れていてもはたらく。

## (4) 静電気が生じるしくみ(図２)

物質は＋と－の電気を同じ量だけもっており，ふつうの状態では，それらが打ち消しあっているため電気を帯びていない。しかし，異なる物質どうしをこすり合わせると，一方の物質の中にある**－の電気をもつ小さな粒子(りゅうし)**(**電子**という >>p. 193)が，他方の物質に移動する。電子を受け取った物質は－の電気を帯び，電子を失った物質は＋の電気を帯びる。❷

このような電子の移動によって静電気が生じ，同じ種類の電気を帯びた物質どうしはしりぞけあい，異なる種類の電気を帯びた物質どうしは引きあう。

▼図２ 静電気が生じるしくみ

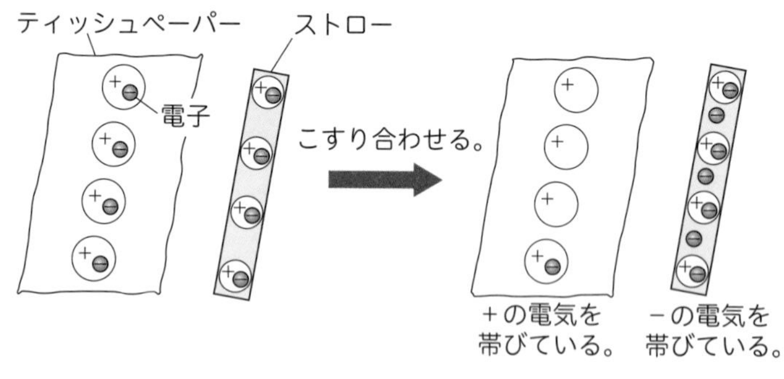


同じ物質でも，こすり合わせる物質によって，＋の電気を帯びたり－の電気を帯びたりするんだね。

**小学校の復習**

- ２つの磁石を近づけると，同じ極どうしはしりぞけあい，異なる極どうしは引きあう。

**中１の復習**

- 物体どうしをこすり合わせると電気がたまってはたらく，互(たが)いに引きあったり，しりぞけあったりする力を電気の力という。
- 物体どうしが離れていてもはたらく力には，重力，磁石の力(磁力)，電気の力がある。

**❷帯電**

物質に電気がたまっていることを，物質が電気を帯びる(帯電する)という。電子を受け取った物質を「－に帯電した」，電子を失った物質を「＋に帯電した」という。

物質の種類によって，帯電のしやすさに違(ちが)いがある。２種類の物質をこすり合わせたときに，どちらが＋や－の電気を帯びやすいかを示すと，下のようになる。

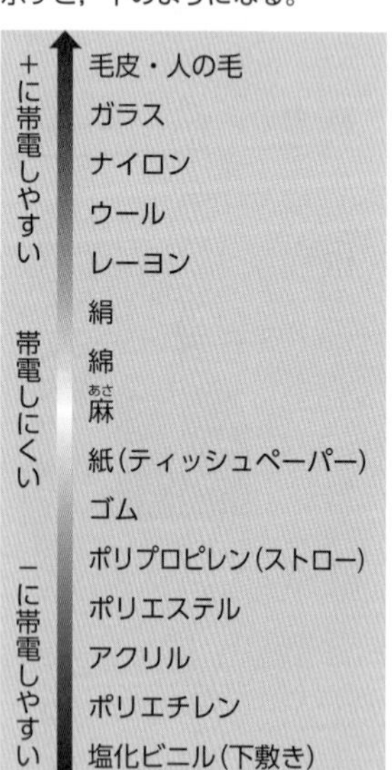

# 2 静電気と電流

## ① 静電気と放電

### (1) 静電気の移動と電流

静電気が移動すると，電流のはたらきをもつようになる。このことは，**図3**のようにして確かめることができる。

図3 静電気の移動

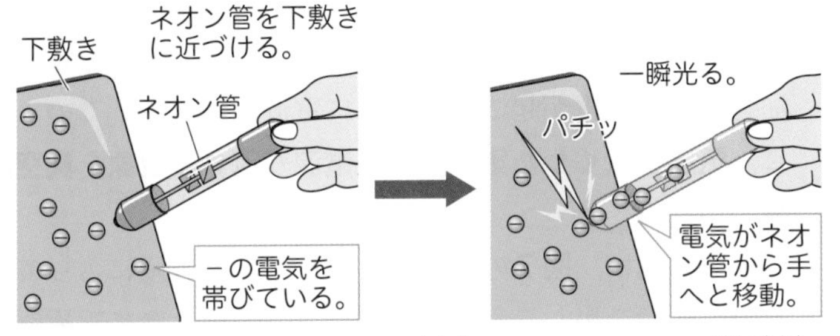


**図3**では，静電気をためた下敷き(したじ)きにネオン管(や蛍光灯(けいこうとう))を近づけると，パチッと音がしてネオン管が一瞬(いっしゅん)光る。これは，下敷きにたまっていた静電気がネオン管の中を移動し，電気の流れが生じた，つまり電流が流れたからである。このとき，たまっていた静電気はすぐに移動してなくなるので，ネオン管は一瞬しか光らない。

### (2) 放電

**たまっていた静電気が流れ出たり，空気などの気体中を静電気が移動したりする現象**を**放電**という。こすれ合って生じた電気は，放電するまで物質にとどまっていることから静電気とよばれる。

**図3**で，ネオン管が光ったのは，下敷きにたまっていた静電気が放電したためである。また，**図4**のような雷(かみなり)(いなずま)は，雲にたまった静電気が，ふつうは電気を流しにくい空気中を一気に流れる放電現象である。❸ ドアノブに手を近づけるとパチッと音がする現象(>>p. 189)も，からだにたまった静電気が空気中を一瞬で流れる放電である。❹

**❸雲にたまる静電気と雷**
雲は，上昇(じょうしょう)した空気に含(ふく)まれる水蒸気の一部が水滴(すいてき)や氷の粒(つぶ)になったものである(>>p. 130)。この氷の結晶がこすれ合って静電気が発生し，雲の中にたまる。このたまった静電気が限界量をこえると，雲と地面との間で放電が起こる。これが雷である。

**❹火花放電**
気体中の放電で，雷のように大きな音と光を伴(ともな)った現象を火花放電という。衣服を脱(ぬ)ぐときやドアノブに手を近づけたときに音がするのも，火花放電の例である。

図4 雷(いなずま)

## ② 電流と電子

### (1) 誘導コイルによる放電

図5のように，誘導コイルを使って離れた電極に大きな電圧を加えると，小さな雷のような放電が起こり，空気中を流れる電気のようすを見ることができる。

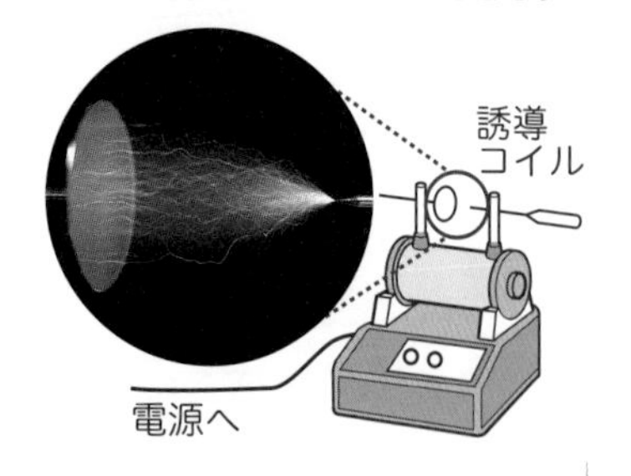

▼図5 誘導コイルによる放電
誘導コイルは，数万Vの電圧を発生させることができる。

### (2) 真空放電

図6のように，一対の電極が入った放電管❺に誘導コイルをつなぎ，管内の空気を真空ポンプで抜いて大きな電圧を加えると，放電が起こり，管内に電流が流れる。このように，**気圧❻を低くした気体の中を電流が流れる現象**を**真空放電**という。

真空放電は，**図7**のように，放電管内の気圧によって特有の色の光を出し，気圧が非常に小さくなると，＋極側のガラス壁が黄緑色に光るようになる。

**❺蛍光灯が光るしくみ**
蛍光灯やネオン管も放電管の一種である。蛍光灯では，管の内側に蛍光塗料が塗られており，真空放電が起こるとその塗料が明るく発光することを利用している。

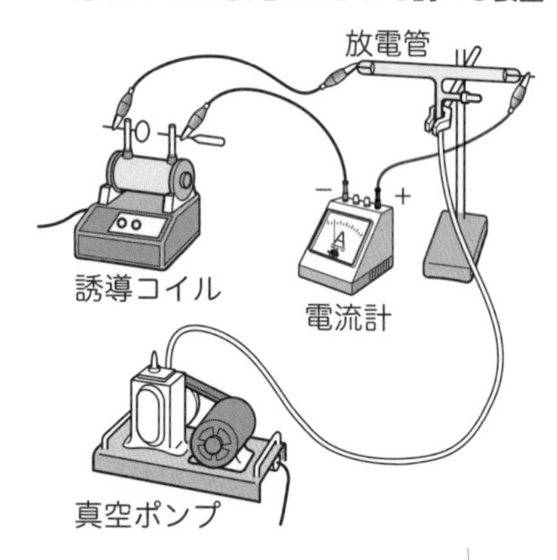

▼図6 真空放電のようすを調べる装置

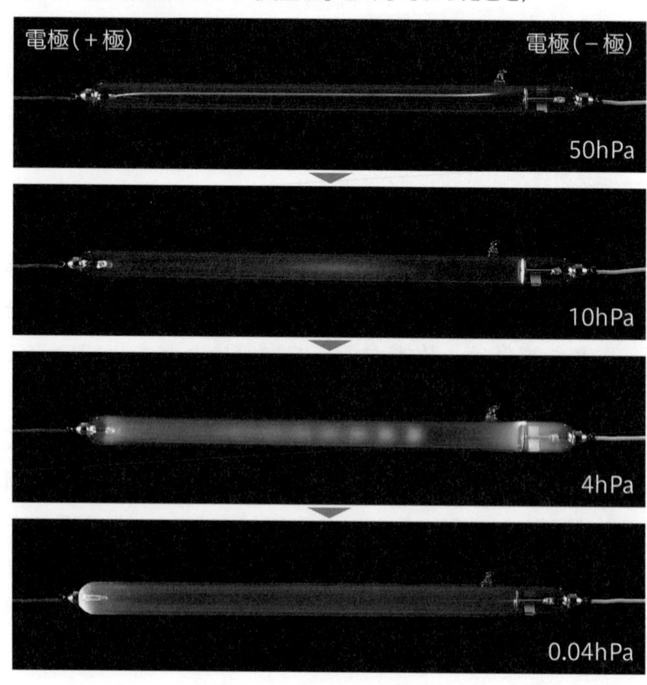

▼図7 真空放電のようす(気圧を小さくしていったとき)

**❻圧力と気圧**
面積1 m²当たりに垂直にはたらく力を圧力といい，大気にはたらく重力によって生じる圧力を気圧という。気圧の大きさは，ヘクトパスカル(記号hPa)という単位で表す。≫p. 116

## (3) 陰極線

クルックス管[7]という真空放電管を利用すると，電流のもとになるものを見ることができる。誘導コイルを使ってクルックス管の電極に大きな電圧を加えると，**図8**のように，＋極側のガラスに塗った蛍光物質が光り，このとき＋極の後ろに十字形の金属板の影ができる。これは，－極から＋極に向かって，目には見えない何かがまっすぐに出ていることを示している。この「何か」は，－極(陰極[8])から出ていることから**陰極線**と名づけられた。

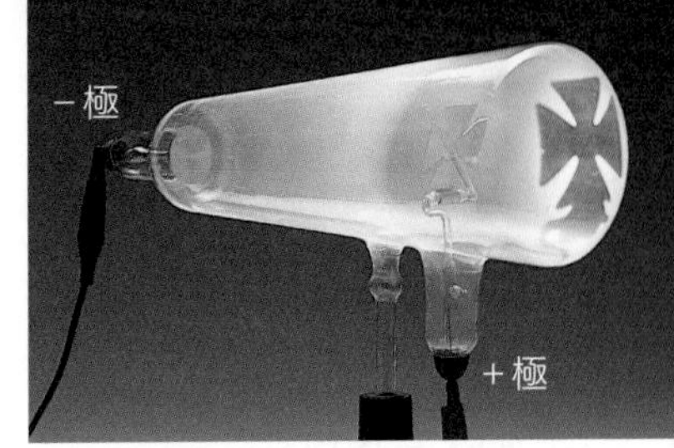


図8 電流のもとになるものを調べる

**❼クルックス管**
イギリスの物理学者ウィリアム・クルックスによって発明された。

**❽陰極と陽極**
電源の－極につないだ電極を陰極，＋極につないだ電極を陽極という。

第16章 電流の正体

## (4) 陰極線の性質

**図9**のⓐのように，蛍光板入りクルックス管では，陰極線の道すじにそって蛍光板が光るので，陰極線は直進することがわかる。また，ⓑのように，上下の電極板を電源につなぐと，陰極線が電極板の＋極のほうに曲がるので，陰極線は－の電気をもったものの流れであることがわかる。

図9 陰極線の進み方

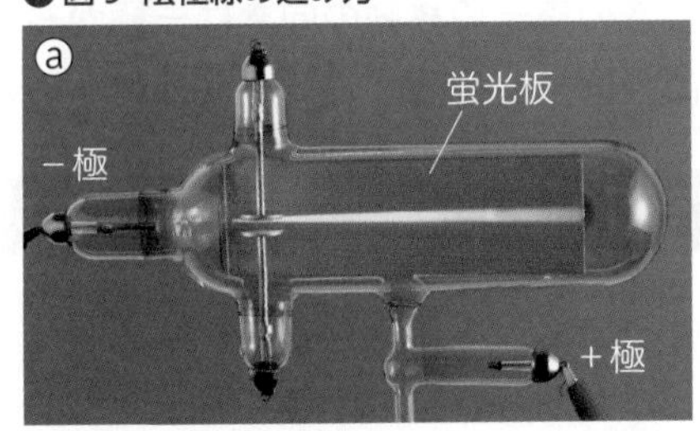


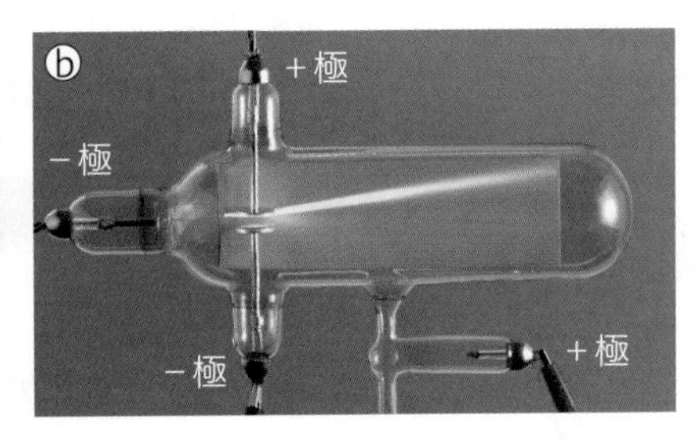


## (5) 電子と電子線

かつて多くの人々が研究した結果，陰極線は，**－の電気をもち，質量をもった非常に小さな粒子**の流れであることがわかった。この小さな粒子を**電子**という。陰極線は電子の流れであるため，現在では陰極線のことを**電子線**とよぶことが多い。

**図8**では，－極側から出た電子が十字形の金属板に当たり，その後ろに影をつくる。ガラス壁に衝突した電子は，蛍光物質を光らせ，＋極側に移動していく(**図10**)。

図10 図8での電子のモデル

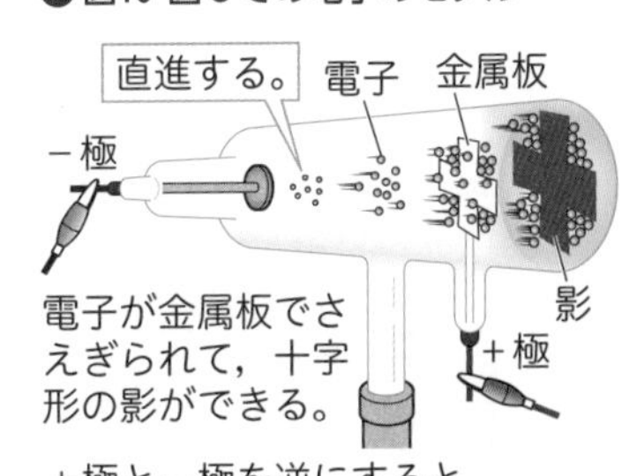

## (6) 金属と電子

**図11**のように，金属中には自由に動きまわれる**電子**が多く存在する。電子は－の電気をもっているが，金属中にはそれを打ち消す＋の電気も存在するので，金属全体では＋と－のどちらの電気も帯びていない。このような状態を**電気的に中性**という。

▼図11 導線中の金属と電子

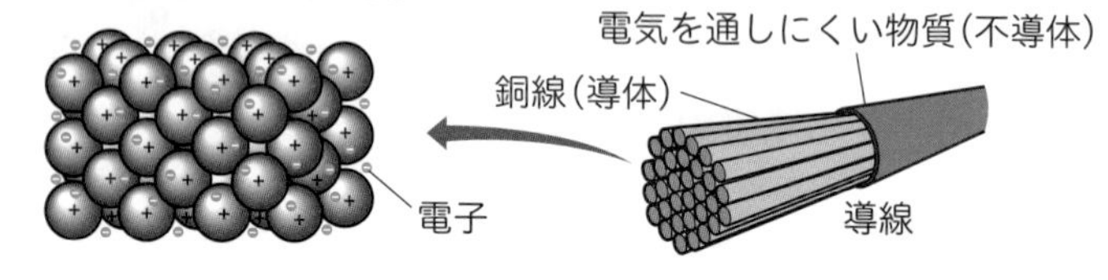


## (7) 電子の移動と電流の向き

**図12**のような回路で，電圧を加えると，自由に動きまわっていた電子は－の電気をもっているため，いっせいに電源の＋極のほうに引き寄せられて移動する。このような電子の移動が電流である。[9]

電流が流れているときの**電子の移動の向きは－極から＋極**の向きであり，電流の向き(＋極から－極)とは逆である。[10]

# 3 放射線

## (1) 放射線

ドイツのレントゲンは，真空放電の研究を通じて，クルックス管から出ている**X線**を発見した。その後，**α線**や**β線**，**γ線**なども発見された。これらをまとめて**放射線**といい，放射線を出す物質を**放射性物質**という。[11]

## (2) 放射線の性質とその利用

放射線は目に見えず，物質を通り抜ける性質(透過性)や，物質を変質させる性質がある。

放射線の透過性は，レントゲン検査や工業製品の検査などに利用され，物質を変質させる性質は，農作物の品種改良や工業製品の材料の改良などに利用されている。

**❾不導体に電流が流れにくいわけ**
金属などの導体とは違って，不導体(絶縁体)には，自由に動きまわれる電子が存在しない。そのため，不導体に電圧を加えても，電流はほとんど流れない。

**❿電流の向きと電子の移動の向きが逆になっているわけ**
電流の実験が始められた当時の科学者は，「電流の向きは＋極から－極へ流れる向き」とルールを決めた。その後，電流の正体が電子の移動だということがわかった。そのため，電流の向きと，電子の移動の向きは逆になっている。

▼図12 電子の移動と電流の向き

**電圧を加えていないとき**

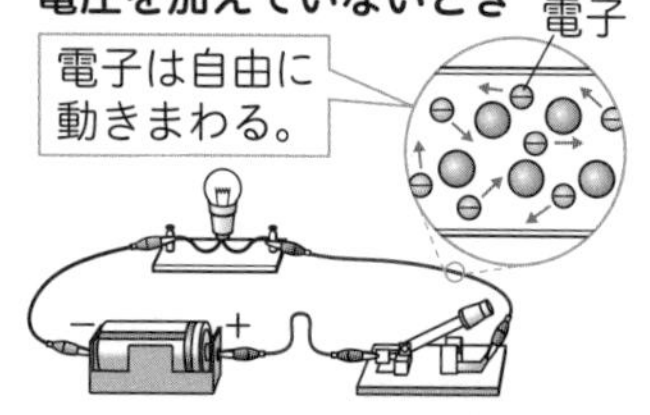


**電圧を加えているとき**

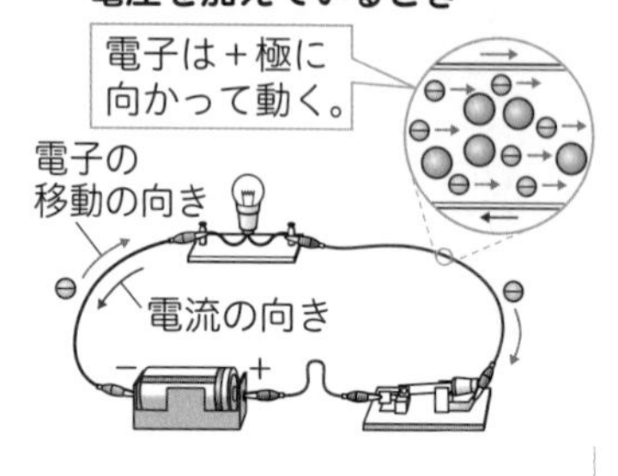


**⓫放射性物質と放射能**
放射性物質には，ウランやポロニウム，ラジウム，ラドンなどがある。放射性物質が放射線を出す能力を放射能という。

# 要点チェック

## 1 静電気

- □ (1) 摩擦(まさつ)によって物質にたまった電気を何というか。>>p. 189
- □ (2) 電気の間にはたらく力を何というか。>>p. 189
- □ (3) ①同じ種類の電気の間にはたらくのは，しりぞけあう力か，引きあう力か。また，②異なる種類の電気の間にはたらくのは，しりぞけあう力か，引きあう力か。>>p. 190
- □ (4) 異なる物質A，Bをこすり合わせ，物質Aの中にある－の電気をもつ小さな粒子(りゅうし)が物質Bに移動したとき，①物質Aは＋の電気を帯びるか，－の電気を帯びるか。また，②物質Bは＋の電気を帯びるか，－の電気を帯びるか。>>p. 190

## 2 静電気と電流

- □ (5) たまっていた静電気が流れ出たり，空気などの気体中を静電気が移動したりする現象を何というか。>>p. 191
- □ (6) 誘導(ゆうどう)コイルを使って，離れた電極に大きな電圧を加えると，何という現象が起こるか。>>p. 192
- □ (7) 気圧を低くした気体の中を電流が流れる現象を何というか。>>p. 192
- □ (8) クルックス管に入れた蛍光板(けいこうばん)を光らせる，－極(陰極(いんきょく))から出ている目に見えないものの流れを何というか。>>p. 193
- □ (9) 陰極線は，－の電気をもつ何という粒子の流れか。>>p. 193
- □ (10) 金属中に多く存在する，自由に動きまわっている粒子を何というか。>>p. 194
- □ (11) 回路に電圧を加えたとき，導線の金属中の電子は，電源の＋極，－極のどちらに引かれて移動するか。>>p. 194
- □ (12) 電流の向きと電子の移動の向きは，同じか，逆か。>>p. 194
- □ (13) X線，$\alpha$線，$\beta$線，$\gamma$線などをまとめて何というか。>>p. 194

### 解答

(1) 静電気(摩擦電気)
(2) 電気の力(電気力)
(3) ① しりぞけあう力　② 引きあう力
(4) ① ＋の電気を帯びる。　② －の電気を帯びる。
(5) 放電
(6) 放電
(7) 真空放電
(8) 陰極線(電子線)
(9) 電子
(10) 電子
(11) ＋極
(12) 逆
(13) 放射線

# 定期試験対策問題 解答➡p.237

## 1 電気の力 >>p. 189, 190

図は，ティッシュペーパーで２本のストローA，Bをこすった後，ストローAを自由に回転できるように棒に固定したようすを表したものである。次の問いに答えなさい。

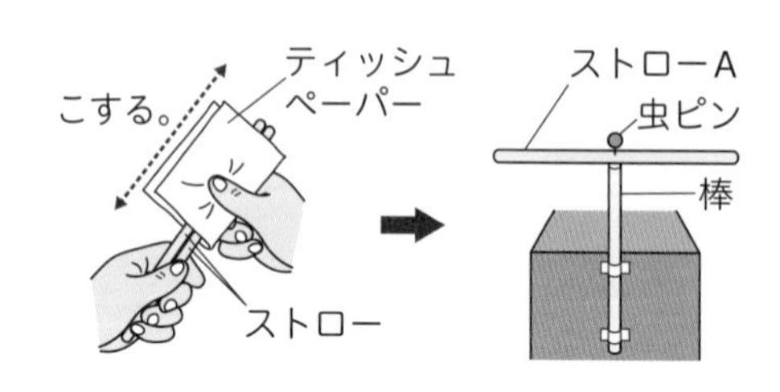


⑴　固定したストローAに，固定していないストローBを近づけると，ストローAはどうなるか。簡単に答えなさい。

⑵　固定したストローAに，ストローをこすったティッシュペーパーを近づけると，ストローAはどうなるか。簡単に答えなさい。

⑶　次の文の①，②の（　　）に当てはまるのは，それぞれ＋，－のどちらか。

> **ヒント**
> ⑶②　物質は，ふつうの状態では＋と－の電気を同量もっていることから考える。

異なる物質どうしをこすり合わせると，一方の物質（図の場合はティッシュペーパー）中にある（ ① ）の電気をもつ粒子が他方の物質（図の場合はストロー）に移動する。①の電気をもつ粒子を失った物質は，（ ② ）の電気を帯びる。

## 2 ネオン管を光らせる実験 >>p. 191, 192

図は，衣類などとこすり合わせて－の電気がたまっている下敷きに，ネオン管を近づけているところである。次の問いに答えなさい。

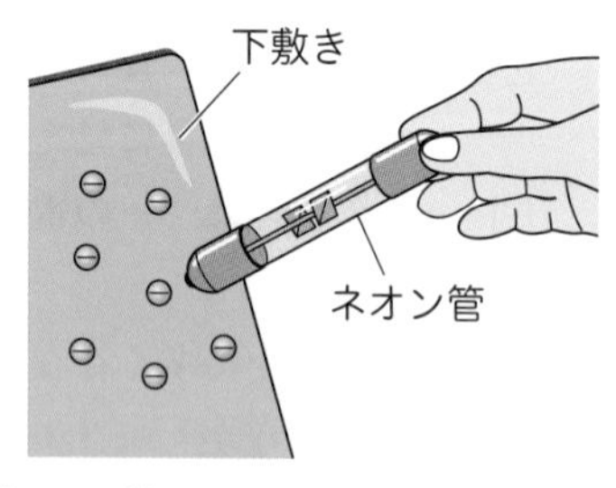


⑴　図のようにすると，ネオン管は一瞬光った。この理由について説明した次の文の□に当てはまることばは何か。漢字３文字で答えなさい。

ネオン管を近づけると，下敷きにたまっていた□がネオン管の中を移動して，電流が流れたため。

⑵　⑴の物質が流れ出て，気体中を移動する現象を何というか。

⑶　⑵の現象を利用したものは，次の**ア**～**エ**のどれか。

**ア**　コイル　　**イ**　豆電球　　**ウ**　電熱線　　**エ**　蛍光灯

## 3 クルックス管 »p. 193

**図 1** のクルックス管で，電極ＰＱ間に電圧を加えると，十字形の影ができた。また，**図 2** は，蛍光板に明るい線が見えているクルックス管の電極Ｒ，Ｓ間に電圧を加えたときのようすを表したものである。次の問いに答えなさい。

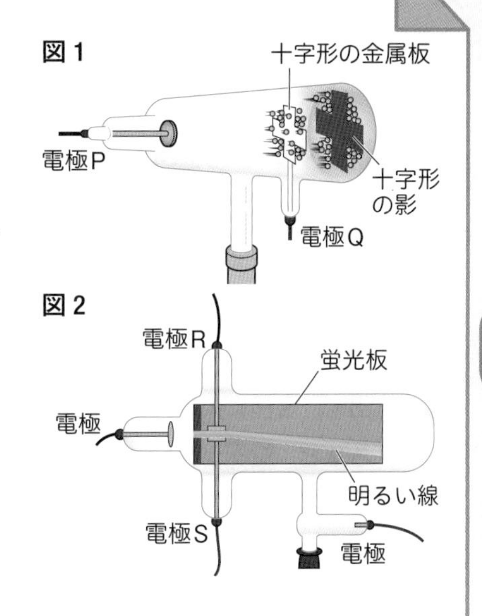


(1) **図 1** のように影ができたのは，クルックス管の中に，電極Ｐから電極Ｑへ向かう目に見えない粒子の流れができているからである。この粒子の流れを何というか。

(2) **図 1** の電極Ｐと電極Ｑで，＋極はどちらか。

(3) **図 2** の電極Ｒと電極Ｓで，－極はどちらか。

## 4 電流の正体 »p. 194

**図 1** は，回路の導線の中で粒子Ｐが自由に動きまわっているようすを，**図 2** は，回路の導線の中で粒子Ｐが図のＡからＢのほうへ移動しているようすを表したものである。次の問いに答えなさい。

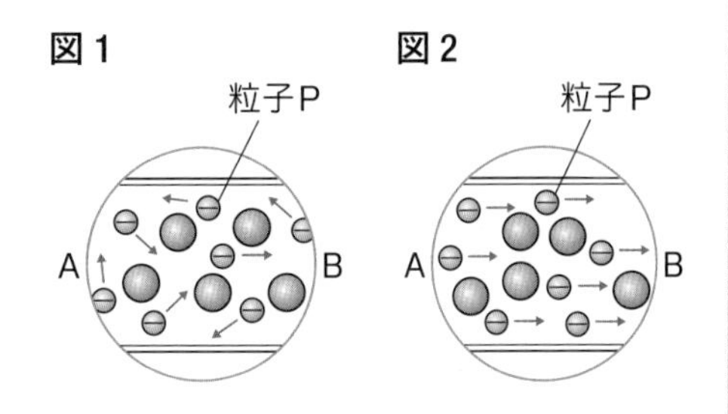


(1) **図 1**，**図 2** の粒子Ｐを何というか。

(2) 回路に電圧を加えているときのようすを表しているのは，**図 1**，**図 2** のどちらか。

(3) 回路に電圧を加えているとき，電流の向きは図のＡ→Ｂ，Ｂ→Ａのどちらか。

## 5 放射線 »p. 194

次の文を読んで，あとの問いに答えなさい。

クルックス管からは，放射線も放出されている。放射線には物質を通り抜ける性質（透過性）があり，この性質はさまざまなことに利用されている。

(1) 放射線にはどのような種類があるか。１つ答えなさい。

(2) 文中の下線部の例に当てはまるものは，次の**ア**～**エ**のどれか。

**ア** レントゲン検査　　**イ** 電球を使った照明

**ウ** 電気ストーブでの暖房　　**エ** 発電機を使った発電

# 第17章 電流と磁界

## 要点のまとめ

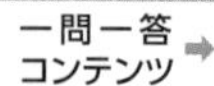

### 1 電流がつくる磁界 ≫p.199

□ **磁力と磁界**：磁石の力を**磁力**といい，磁力のはたらく空間を**磁界**という。

□ **磁界の向き**：方位磁針のN極がさす向き。

□ **磁力線**：磁界のようすを表した線。N極から出て，S極に入る。磁力線の間隔（かんかく）が狭（せま）いところほど，磁界が強い。

▼棒磁石のまわりの磁力線

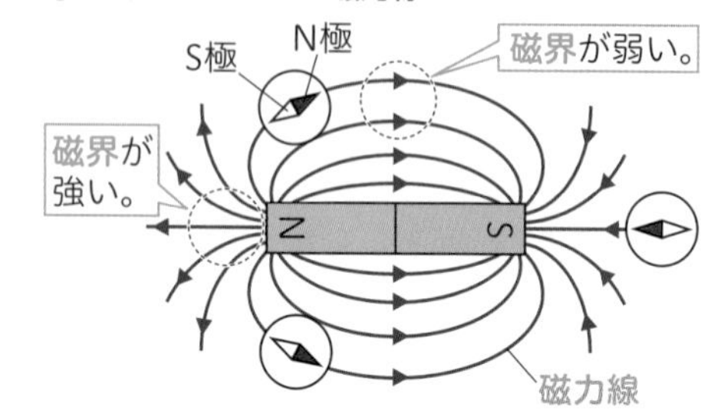


▼まっすぐな導線を流れる電流がつくる磁界

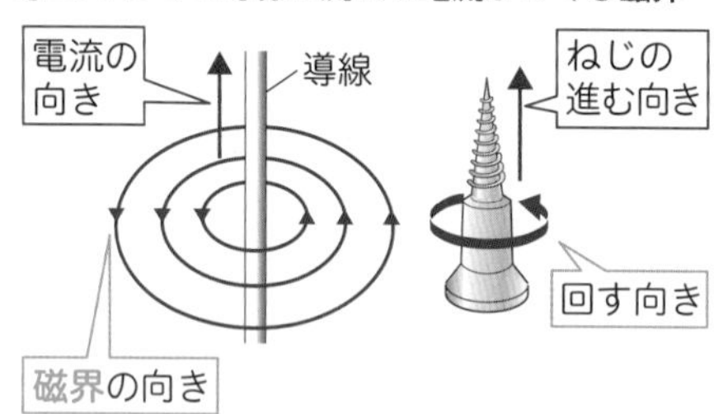


▼コイルを流れる電流がつくる磁界

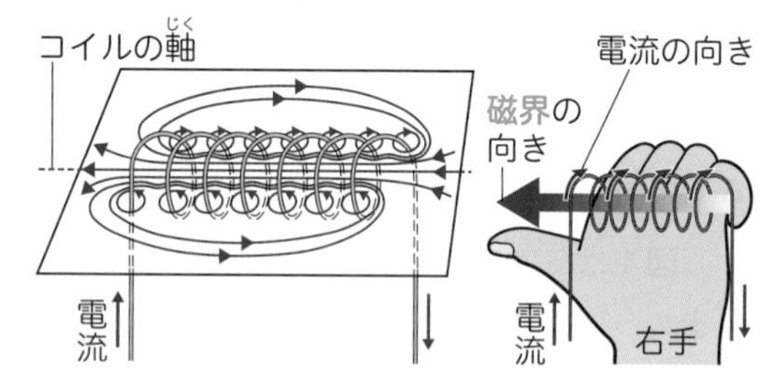


### 2 モーターと発電機のしくみ ≫p.202

□ **モーター**：電流が磁界から受ける**力**を利用して，コイルを連続的に回転させる装置。

□ **電磁誘導**（でんじゆうどう）：コイルの中の磁界が変化すると，コイルに電圧が生じて電流が流れる現象。

□ **誘導電流**：電磁誘導によって流れる電流。

□ **発電機**：電磁誘導を利用して，電流を連続的に発生させる装置。

□ **直流**：一定の向きに流れる電流。

□ **交流**：向きが周期的に変化する電流。

1秒間にくり返す電流の向きの変化の回数を**周波数**(記号Hz)という。

▼電流が磁界から受ける力

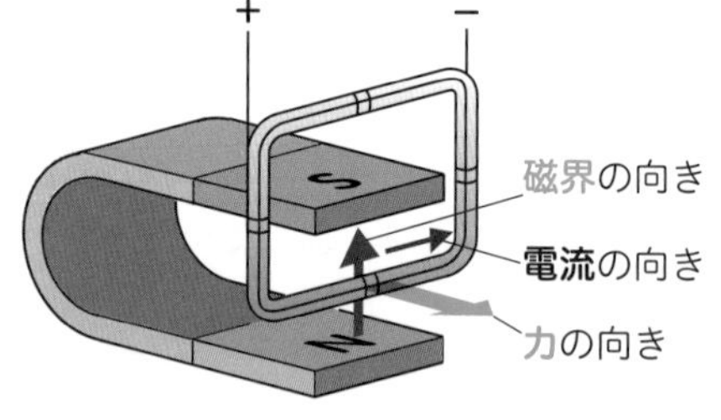

▼電磁誘導

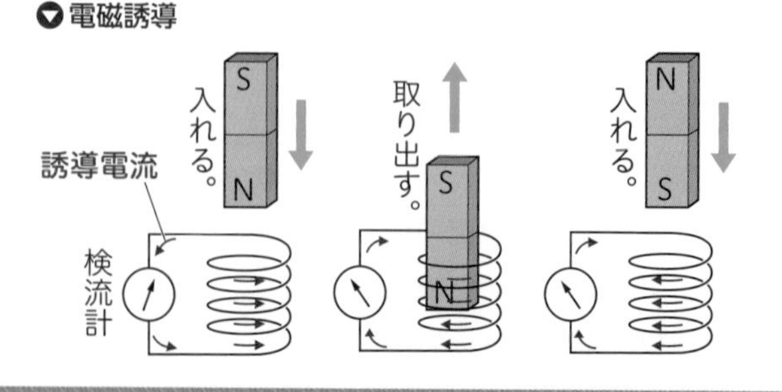

# 1 電流がつくる磁界

## ① 磁石・電磁石の磁界

### (1) 磁力と磁界

**図1**のようにすると，棒磁石のまわりでは，鉄粉の模様ができたり，方位磁針の向きが変わったりする。(電磁石でも同じような結果になる。) これは，磁石が鉄粉や方位磁針に力を及(およ)ぼしているからである。この**磁石の力**を**磁力**といい，**磁力のはたらく空間**を**磁界**(磁場)という。また，磁界の中の各点で**方位磁針のN極がさす向き**を**磁界の向き**という。磁力が大きいところは，磁界が強い。

**図1 磁石のまわりのようすを調べる実験**

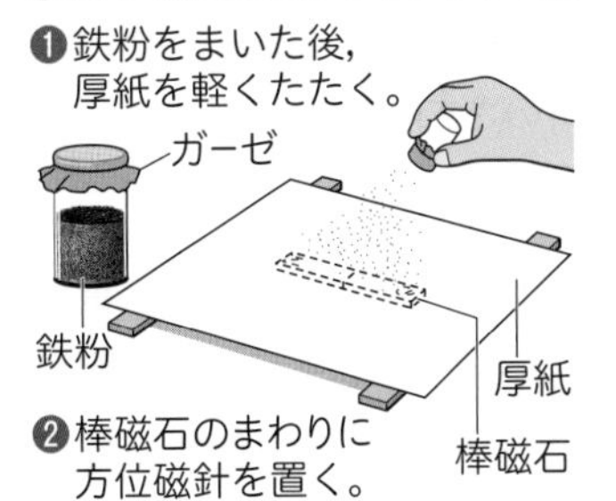


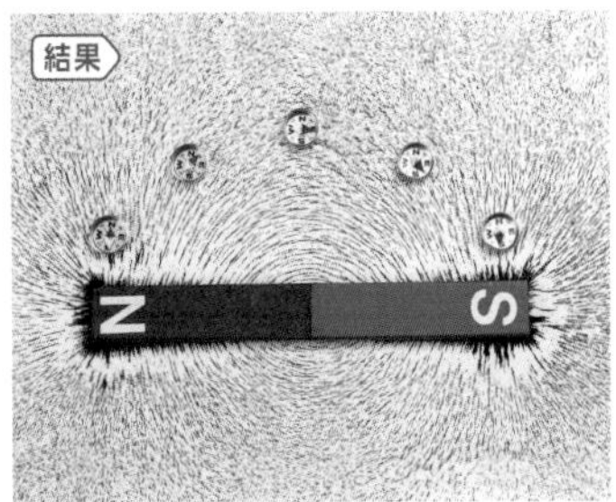


**小学校の復習**

- コイル(導線を巻いたもの)に鉄心を入れて電流を流すと，鉄心は磁石になる。このようなしくみを電磁石という。
- 電磁石にもN極やS極がある。電流の向きを逆にすると，電磁石の極も入れかわる。
- 電磁石が鉄を引きつける力を強くするには，電流を大きくするか，コイルの巻数を増やす。
- 棒磁石や電磁石の近くに方位磁針を置くと，下図のように，磁石のN極に方位磁針のS極が引き寄せられる。

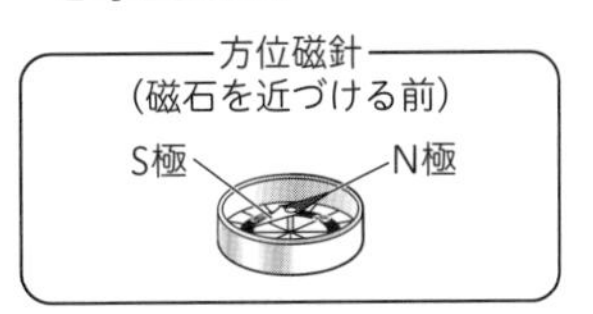


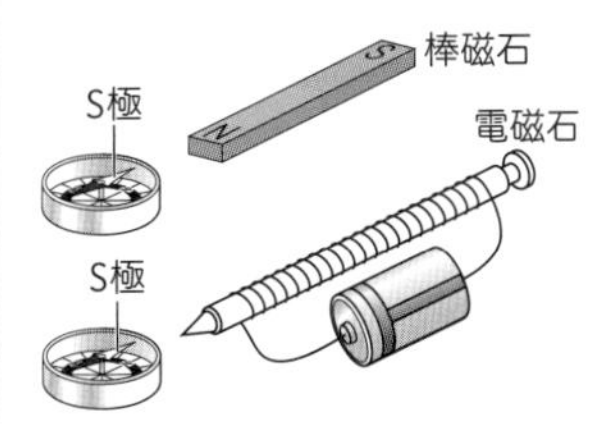


### (2) 磁力線

**図1**の実験でできた鉄粉の模様や方位磁針のさす向きを線でつなぐと，磁石のN極とS極を結ぶ曲線になる(**図2**)。このようにして**磁界のようすを表した線**を**磁力線**という。磁力線についてまとめると，次のようになる。

- N極から出て，S極に入る向きに矢印をつけて表す。
- 磁石の極の近くのように，磁力線の間隔が狭いところは磁界が強く，磁力も大きい。(逆に，極から遠く，磁力線の間隔が広いところは，磁界が弱く，磁力も小さい。)
- 磁力線は途中(とちゅう)で折れ曲がったり，枝分かれしたり，交わったりしない。

**図2 棒磁石のまわりの磁力線**
図1の実験で鉄粉の模様ができるのは，1つ1つの鉄粉が磁石になって磁力を受け，磁界の向きにそって並ぶからである。

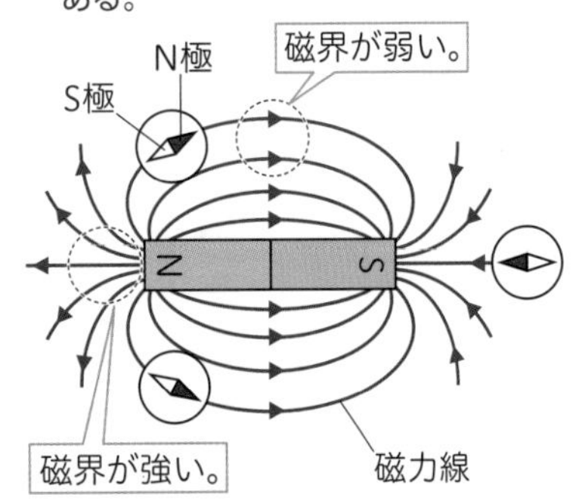


第17章 電流と磁界

## ② 電流がつくる磁界

### (1) 電流がつくる磁界

図3のように，鉄心がなくても，コイルに電流を流すと鉄粉の模様ができ，方位磁針の向きが変わる。これは，コイル(導線)を流れている電流が磁界をつくるからである。

◆図3 電流がつくる磁界のようすを調べる実験

❶鉄粉をまき，電流を流して厚紙を軽くたたく。

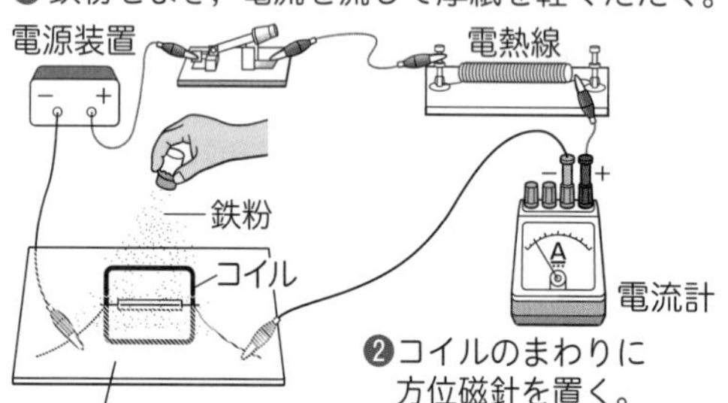

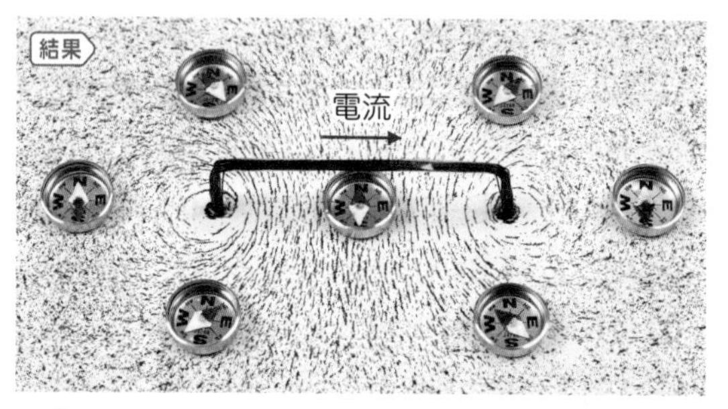


③では，方位磁針のさす向きも逆になる。

### (2) まっすぐな導線に電流が流れるとき

図3の実験からわかるように，まっすぐな導線に電流を流すと，図4のような磁界ができる。このとき，**電流の向きをねじの進む向きとすると，ねじを回す向きが磁界の向きになる**。電流がつくる磁界には，次のような性質がある。

- 導線を中心とした同心円❶状の磁界ができる。
- 磁界の向きは，電流の向きで決まる。
- 磁界の強さは，導線に近いほど，また電流が大きいほど，強くなる。

❶**同心円**
同心円とは，中心が同じで，半径が異なる円のことをいう。

◆図4 まっすぐな導線を流れる電流がつくる磁界

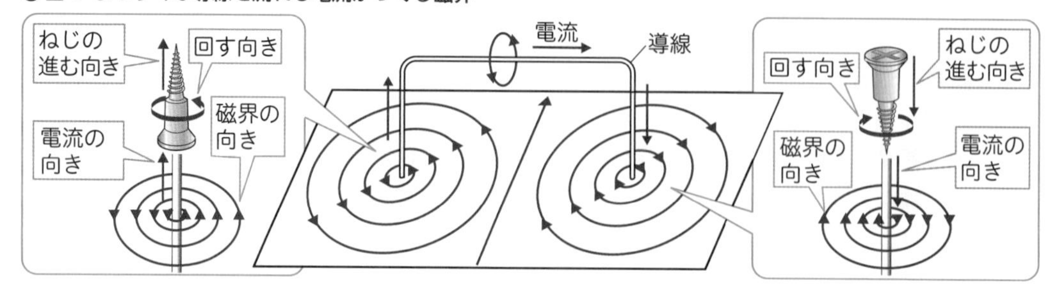

## (3) コイルに電流が流れるとき

導線を曲げて輪にして電流を流すと，**図5**のように，磁力線が輪の中心を通るような磁界ができる。コイルは，この導線の輪をいくつも重ねたものと考えることができる。導線を何回も巻いてつくったコイルに電流を流し，まわりの鉄粉の模様や方位磁針の向きを調べると，**図6**のようになる。

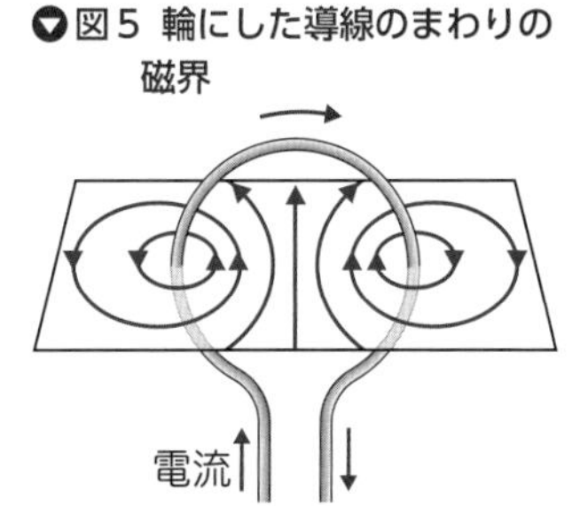

図5 輪にした導線のまわりの磁界

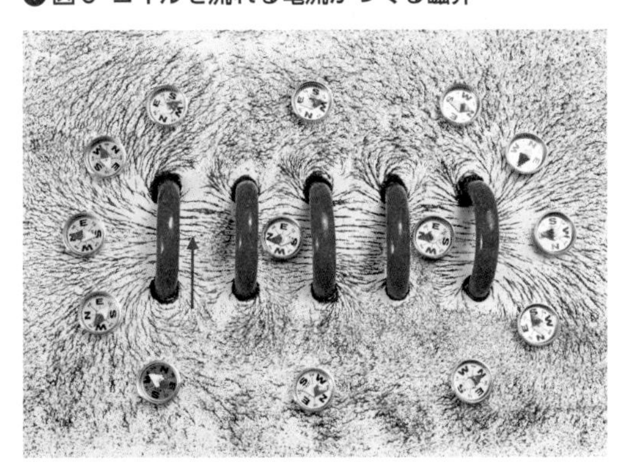
図6 コイルを流れる電流がつくる磁界

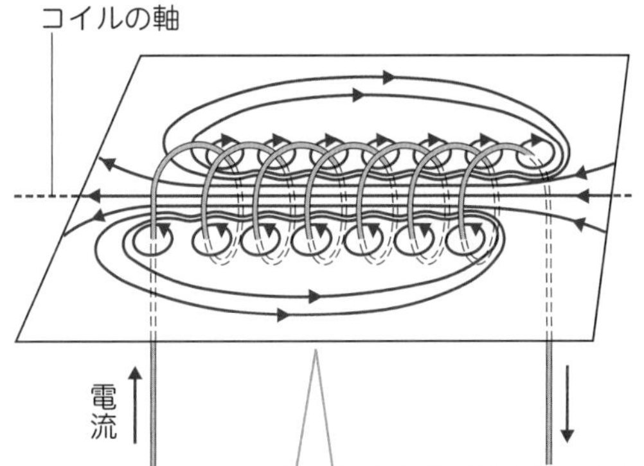

図7 コイルを流れる電流の向きと磁界の向き

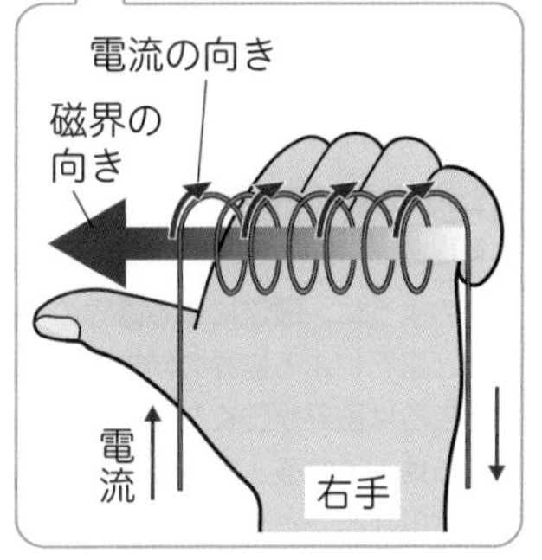


**図6**の磁界のようすを磁力線で表すと，**図7**のようになる。コイルの内側ではコイルの軸(じく)に平行な磁界ができ，コイルの外側では棒磁石と同じような磁界ができる。**右手の4本の指先を電流の向きに合わせたとき，伸(の)ばした親指の向きがコイルの内側の磁界の向きになる。**コイルのまわりにできる磁界は，導線1本1本の磁界が集まっているので，導線が1本の場合に比べて強い。

コイルを流れる電流がつくる磁界には，次のような性質がある。

- 磁界の向きは，電流の向きで決まる。
- 磁界の強さは，電流が大きいほど，またコイルの巻数が多いほど，強くなる。
- コイルに鉄心を入れると，磁界は強くなる。

右手を使うと考えやすいね。

# 2 モーターと発電機のしくみ

## ① モーターのしくみ

### (1) 電流が磁界から受ける力

磁石の磁界の中を流れる電流は，磁界から力を受ける。この力の向きや大きさが何によって決まるかは，図8のようにして調べることができる。

**図8 電流が磁界から受ける力を調べる実験**

❶コイルに電流を流す。

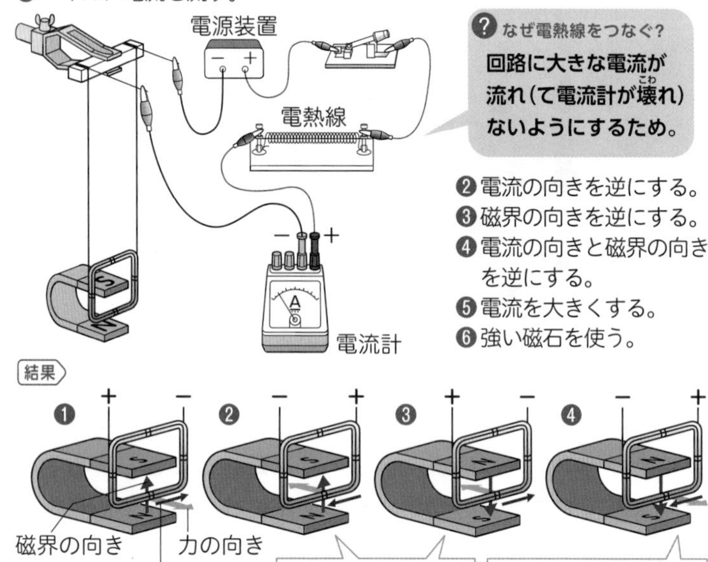


❺❻コイルは大きく動いた。

電流が磁界から受ける力には，次のような性質がある。

- **力の向きは，電流の向きと磁界の向きの両方に垂直である。❷❸**
- **電流の向きか，磁界の向きのどちらか一方を逆にすると，力の向きは逆になる。(両方を逆にすると，力の向きは変わらない。)**
- **電流を大きくしたり，磁界を強くしたりすると，力は大きくなる。**

**発展 ❷フレミングの左手の法則**

下図のように，左手の親指，人差し指，中指を互いに直角になるように開いたとき，中指を電流の向きに，人差し指を磁界の向きに合わせせると，親指の向きが力の向きになる。これをフレミングの左手の法則という。

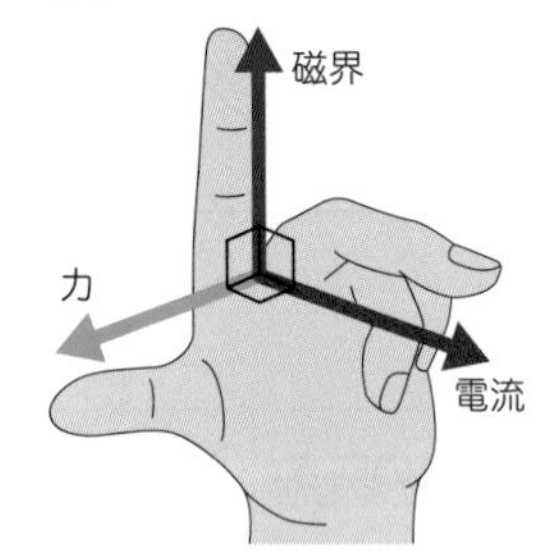


**発展 ❸電流が磁界から力を受ける理由**

下図のように，電流による磁界の向きと磁石による磁界の向きが同じところは磁界が強くなり，逆のところは弱くなる。混みあった磁力線は広がろうとする性質があるため，磁界の強いほうから弱いほうに力がはたらく。

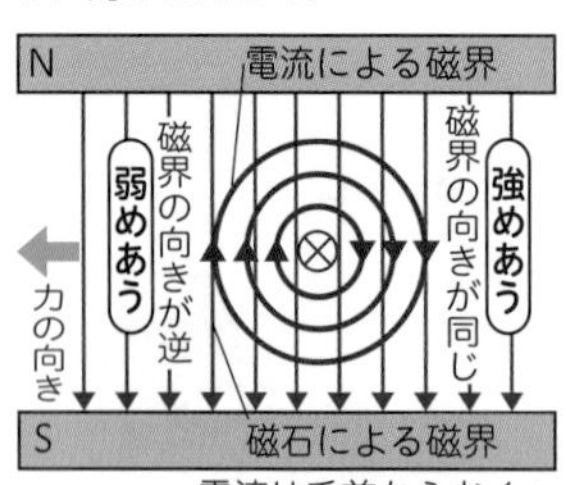


電流は手前からおくへ流れている。

## (2) モーターが回転するしくみ

**モーター**(電動機ともいう)は，コイルと磁石を組み合わせてできており，**コイルを流れる電流が磁石の磁界から受ける力を利用して，コイルが連続的に回転するようにした装置**である。モーターでは，**整流子**と**ブラシ**を使って，コイルが半回転するごとに電流の向きを切りかえ，コイルがいつも同じ方向に回転するようにしている(**図9**)。

▼図9 モーターが回転するしくみ

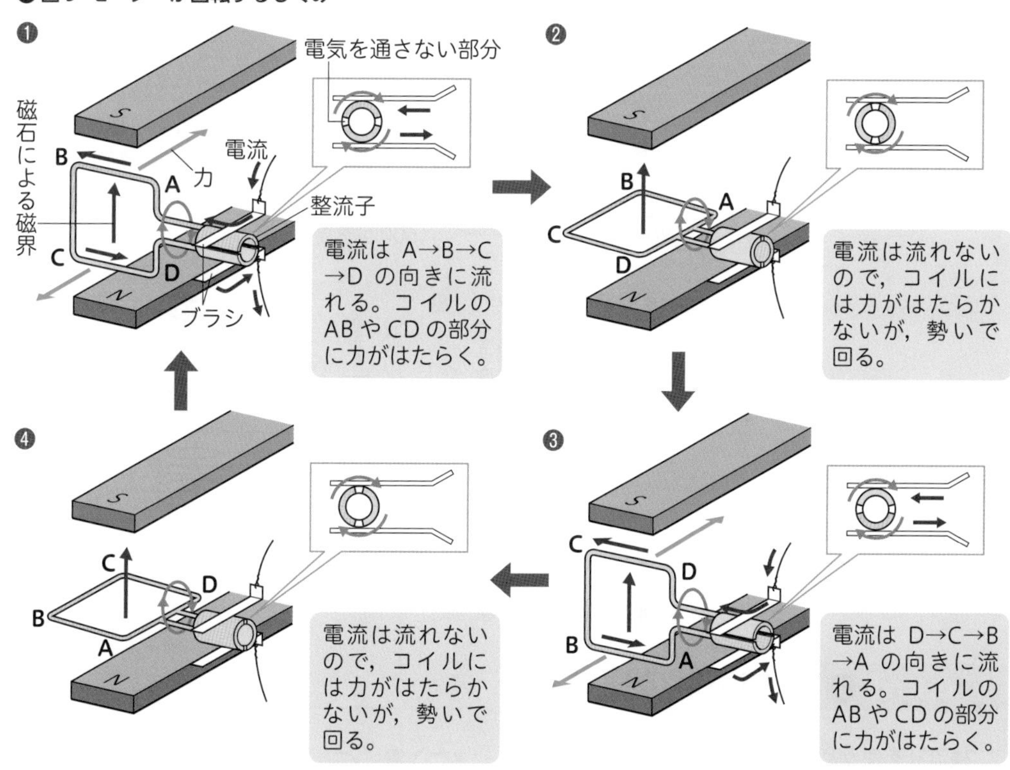


## (3) 磁界の中の電子線

図10のように，**電子線**(››p. 193)に磁石を近づけると，電子線は曲がる。磁石の極を逆にすると，電子線の曲がる向きも逆になる。このように，磁界の中の電子線も磁界から力を受ける。このことからも，電子の流れが電流であることがわかる。

▼図10 磁界の中の電子線

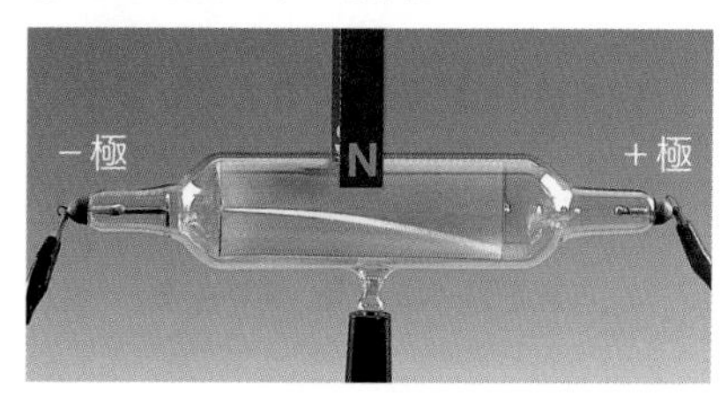

小学校の復習

●手回し発電機を使うと，電気をつくり出すことができる。

## ② 発電機のしくみ

### (1) 磁界の中で発生する電流

手回し発電機の中にはモーターがあり，モーターを回転させることで電流をつくり出している(**図11**)。モーターに使われているコイルと磁石で電流をつくり出す方法は，**図12**のようにして調べることができる。

図11 手回し発電機

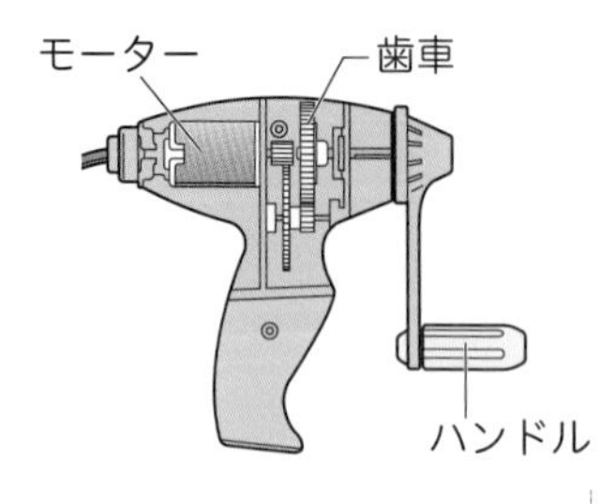


図12 コイルと磁石による電流の発生を調べる実験 ≫ 基本操作❼

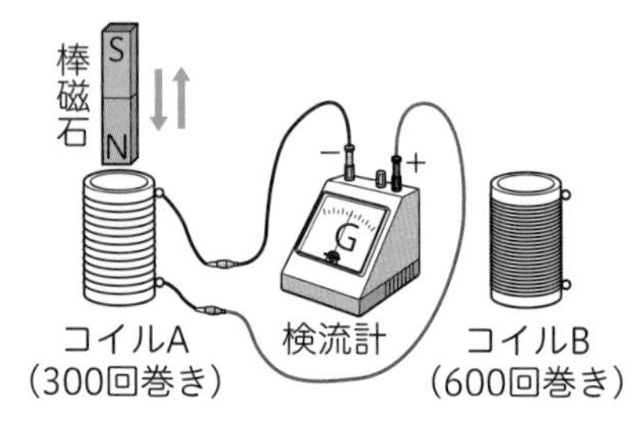


❶コイルにN極を入れる。
❷コイルからN極を取り出す。
❸コイルにS極を入れる。
❹コイルからS極を取り出す。
❺棒磁石を速く動かす。
❻巻数の多いコイルにかえる。

結果

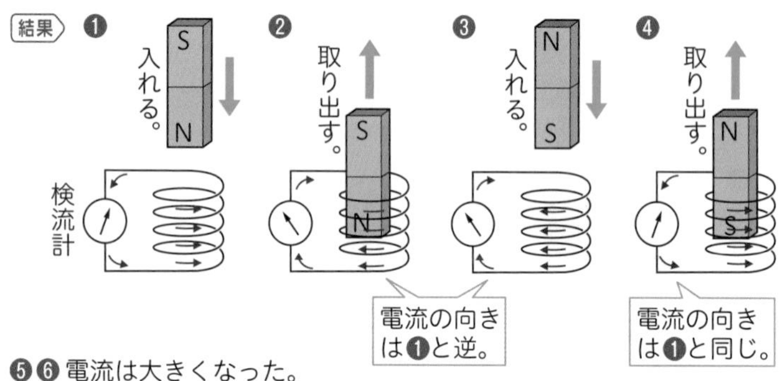


❺❻電流は大きくなった。

## 基本操作❼ 検流計の使い方

検流計を使うと，非常に小さい電流でも調べることができる。

電流が＋端子(たんし)から流れこむと針は右に，－端子から流れこむと針は左に振(ふ)れるので，針の振れで電流の向きを調べることができる。

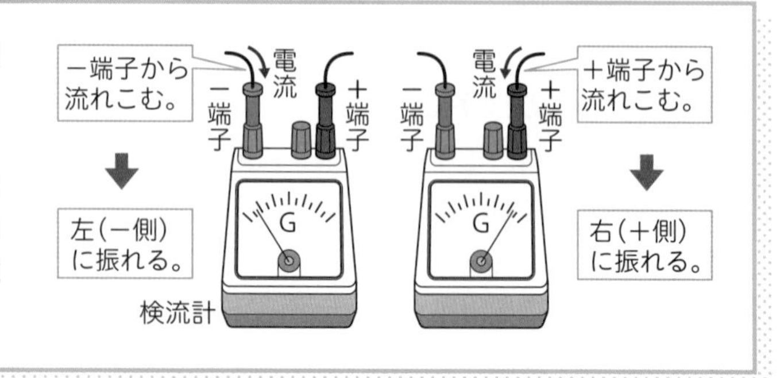

## (2) 電磁誘導

**図12**の実験からわかるように，コイルと磁石が近づいたり遠ざかったりして，**コイルの中の磁界が変化すると，その変化に応じた電圧がコイルに生じて，コイルに電流が流れる**。このような現象を**電磁誘導**といい，**電磁誘導によって流れる電流**を**誘導電流**という。

磁石を動かす(またはコイルを動かす)とコイルの中の磁界が変化するのは，**図13**のように，コイルの中の磁力線の数が変化するからである。

誘導電流の向きと大きさについてまとめると，次のようになる。

**誘導電流の向き**[4]

- 磁界の向き(磁石の極)を逆にすると，誘導電流の向きは逆になる。
- 磁石を動かす向きを逆にすると，誘導電流の向きは逆になる。(コイルを動かす場合も同様である。)

**誘導電流の大きさ**

- 磁石を速く動かす(コイルの中の磁界を速く変化させる)ほど，誘導電流は大きい。(コイルを動かす場合も同様である。)
- 磁石の磁界(磁力)が強いほど，誘導電流は大きい。
- コイルの巻数が多いほど，誘導電流は大きい。

## (3) 発電機

手回し発電機のハンドルを回すと，磁石に取り囲まれているコイルが磁界の中で回転し，発電する。このように，**電磁誘導を利用して，電流を連続的に発生させる装置が発電機**である。

発電機とモーターは構造が似ているため，発電機をモーターとして使ったり，モーターで発電したりできる。

図13 コイルの中の磁力線の変化と誘導電流

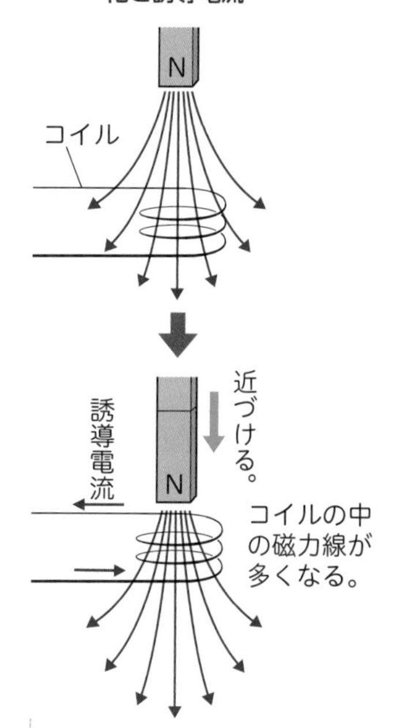


**発展** ❹レンツの法則

誘導電流は，コイルの中の磁界の変化を妨げるような磁界をつくる向きに流れる。これをレンツの法則という。例えば，下図のように，コイルに上からN極を近づけると，コイルの中の下向きの磁力線が多くなるので，それを打ち消す(上向きの磁力線ができる)ように，コイルに誘導電流が流れる。

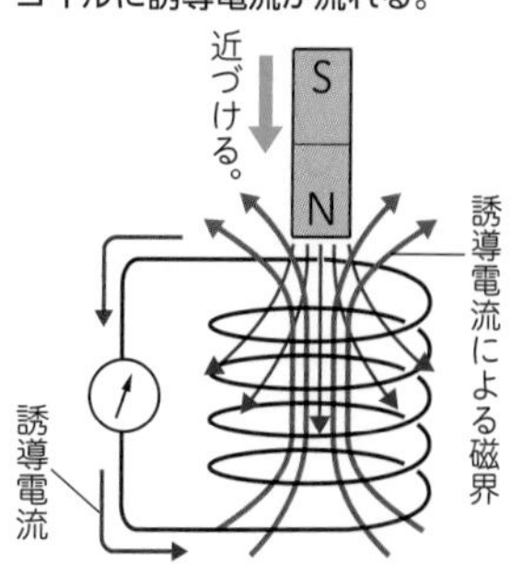


第17章 電流と磁界

基本操作

発電所での発電のしくみについては，3年生で学習するよ。

## ③ 直流と交流

家庭のコンセントから取り出している電流は，電磁誘導を利用して発電所の発電機でつくり出されている。また，家庭では，乾電池による電流も利用している。この2つの電源では，回路を流れる電流に違いがある。[5]

### (1) 直流

乾電池による電流は，＋極から回路を通って－極に流れ，電流の向きは変わらない。このように，**一定の向きに流れる電流**を**直流**という。[6]

### (2) 交流

発電所の発電機から得られる電流では，＋極と－極がたえず入れかわり，電流の向きが変化する。このように，**向きが周期的に変化している電流**を**交流**という。家庭のコンセントから取り出す電流が交流である。[6]

### (3) 直流と交流の違い

#### ①発光ダイオードの光り方の違い

**図14**のように，発光ダイオード（LED）を使って，直流と交流の違いを調べることができる。

❺**電源と＋極・－極**
コンセントの電源は，プラグをさす向きを変えても電気器具のはたらきは変わらない。一方，乾電池は，＋極と－極の接続を間違えると電気器具ははたらかない。

❻**DCとAC**
直流のことをDC，交流のことをACと表現することがある。直流のDCは英語の Direct Current，交流のACは Alternating Current からきている。

発光ダイオードについてはp.163で学習したね。

▼図14 発光ダイオードで直流と交流の違いを調べる実験

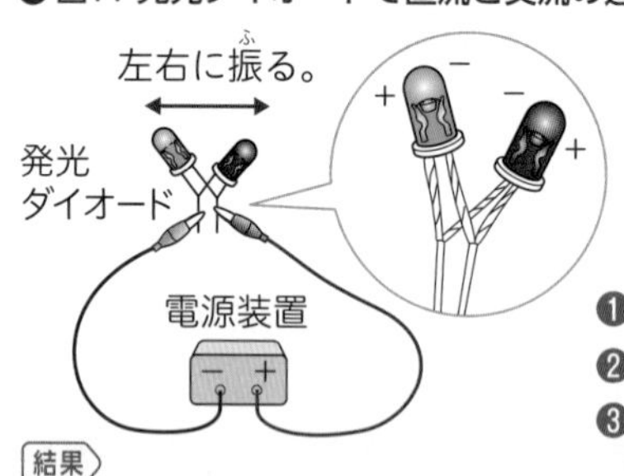


発光ダイオードは，あしの長いほうを＋極，短いほうを－極につなぐと点灯し，逆につなぐと点灯しない。

❶電源装置の直流電源につなぐ。
❷❶で，＋極と－極を逆につなぐ。
❸電源装置の交流電源につなぐ。

結果

❶
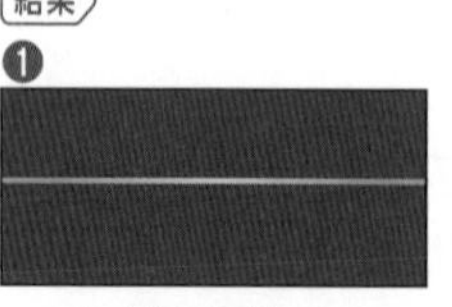
一方が光り続ける。

❷

もう一方が光り続ける。

❸
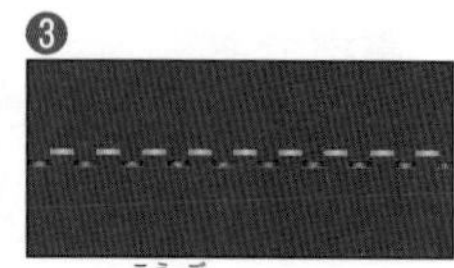
交互に光る。

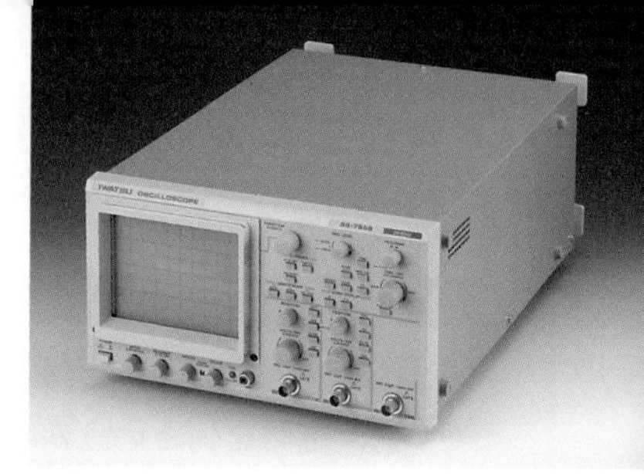

▲図15 オシロスコープ
電圧の時間変化を示す装置である。

②**オシロスコープで見た違い**

オシロスコープという装置(**図15**)を利用すると，直流と交流の違いがわかりやすい。交流は，時間とともに流れ方が変化するようすが，波の形で表される(**図16**)。

▼**図16 オシロスコープで見た直流と交流**
画面の横軸は時間，縦軸は電圧の大きさと向きを表している。

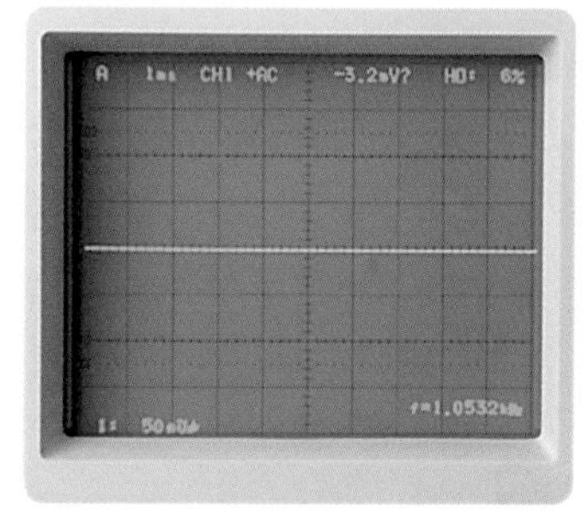


直流を測定した画面

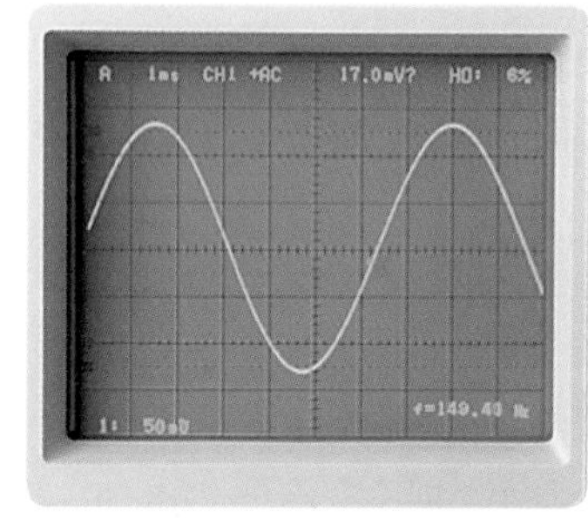


交流を測定した画面

## (4) 交流の周波数

交流で，**1秒間にくり返す電流の向きの変化の回数**を，その交流の**周波数**という。周波数の単位には，音の振動数(周波数)の単位と同じ**ヘルツ**(記号**Hz**)を使う。❼

**❼日本の交流の周波数**
日本では，西日本では60Hz，東日本では50Hzの交流が使われている。このような違いが生じたのは，明治の初めに，大阪はアメリカから，東京はドイツからそれぞれ発電機を輸入したためである。

## (5) 直流と交流の利用

①**交流の利用**

発電所から家庭に電気が送られるとき，送電線での発熱によって，電気エネルギーの一部は失われてしまう。そこで，発熱を減らすために，発電所からは高電圧の電気を送り出し，家庭に届くまでに100Vの電圧まで下げている。❽交流には，変圧器という装置を用いて電圧を簡単に変えられるという利点があるため，発電所では交流の電気を発電し，家庭の電源にも交流が利用されている。

**❽高電圧で送電すると発熱を減らせるわけ**
同じ電力の電気なら，電圧を高くすると電流を小さくすることができ，発熱を減らすことができる。

②**直流の利用**

電気器具には，コンセントから取り出す100Vの交流より低い電圧の直流で動くものも多い。そこで，適した電圧の直流にするために，ACアダプターなどが使われる。❾

**❾ACアダプター**
ACアダプターは，中に入っている変圧器で，電圧を電気器具に適した大きさにしてから，交流を直流に変換している。

# ☑ 要点チェック

## 1 電流がつくる磁界

- □ (1) ①磁石の力を何というか。また，②磁石の力がはたらく空間を何というか。>>p. 199
- □ (2) 磁界の向きは，方位磁針のＮ極，Ｓ極のどちらがさす向きか。>>p. 199
- □ (3) ①磁界のようすを表した線を何というか。また，②磁界のようすを表した線の間隔が狭いほど，磁界は強いか，弱いか。>>p. 199
- □ (4) 電流がつくる磁界の強さは，電流が大きいほど，強くなるか，弱くなるか。>>p. 200
- □ (5) コイルを流れる電流がつくる磁界の強さは，コイルの巻数が多いほど，強くなるか，弱くなるか。>>p. 201

## 2 モーターと発電機のしくみ

- □ (6) 電流が磁界から受ける力の向きは，①電流の向きを逆にすると，逆になるか，変わらないか。また，②電流の向きと磁石の磁界の向きの両方を逆にすると，逆になるか，変わらないか。>>p. 202
- □ (7) コイルの中の磁界が変化すると，コイルに電圧が生じて電流が流れる現象を何というか。>>p. 205
- □ (8) コイルの中の磁界が変化すると流れる電流を何というか。>>p. 205
- □ (9) 誘導電流の大きさは，磁石を速く動かすほど，大きいか，小さいか。>>p. 205
- □ (10) 乾電池による電流のように，一定の向きに流れる電流を何というか。>>p. 206
- □ (11) コンセントから取り出す電流のように，向きが周期的に変化する電流を何というか。>>p. 206
- □ (12) 交流で，１秒間にくり返す電流の向きの変化の回数を何というか。>>p. 207

### 解答

(1) ① 磁力　② 磁界（磁場）
(2) N極
(3) ① 磁力線　② 強い。
(4) 強くなる。
(5) 強くなる。
(6) ① 逆になる。　② 変わらない。
(7) 電磁誘導
(8) 誘導電流
(9) 大きい。
(10) 直流
(11) 交流
(12) 周波数

# 定期試験対策問題 解答➡p.238

## 1 磁石のまわりの磁界 >>p. 199

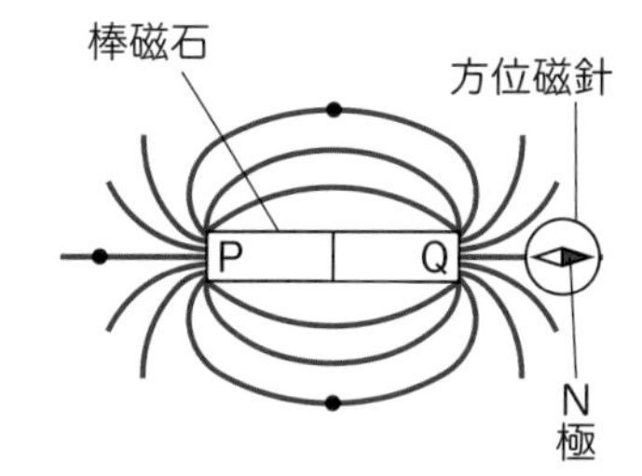


図は，棒磁石とそのまわりの磁界のようすを表したものである。次の問いに答えなさい。

(1) 図のような，磁界のようすを表した曲線を何というか。

(2) 棒磁石の両端（りょうたん）のP，Qのうち，S極はどちらか。

(3) (1)の曲線の向きについて正しいものは，次の**ア**，**イ**のどちらか。

**ア**　Pから出てQに入る向き　　　**イ**　Qから出てPに入る向き

## 2 まっすぐな導線を流れる電流がつくる磁界 >>p. 200

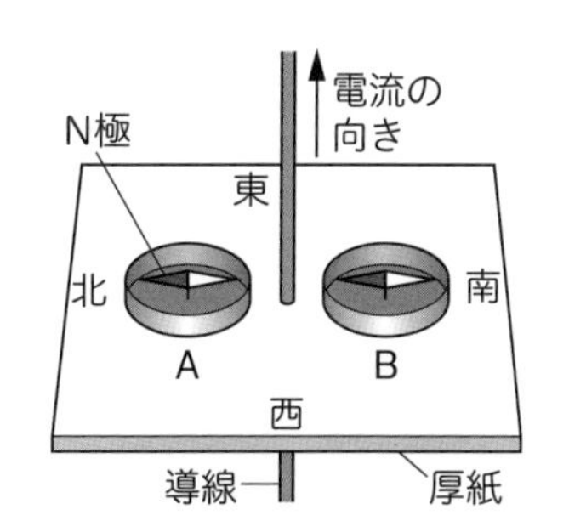


図のように，水平にした厚紙に導線を垂直に通し，厚紙の上に２つの方位磁針A，Bを置いた。この導線に，図の矢印の向きに電流を流すと，方位磁針A，Bの針が振（ふ）れた。次の問いに答えなさい。

(1) 図のように電流を流したとき，方位磁針A，Bを真上から見ると，N極はそれぞれ東西南北のどの方位をさすか。

(2) 電流の向きを図のときと逆にすると，方位磁針のN極がさす方位は，(1)と比べてどうなるか。簡単に答えなさい。

## 3 コイルを流れる電流がつくる磁界 >>p. 201

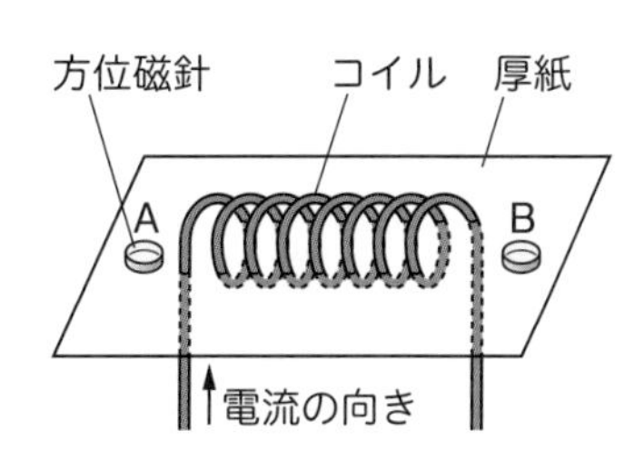


図のように，水平にした厚紙にコイルを通して電流を流し，方位磁針A，BのN極のさす向きを調べた。次の問いに答えなさい。

(1) 図のコイルと方位磁針A，Bを真上から見たようすは，次の**ア**～**エ**のどれか。

**ア**
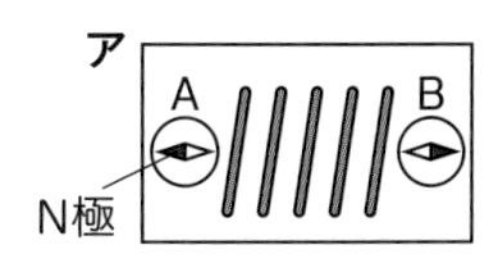


**イ**
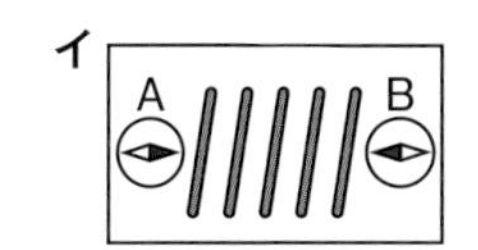


**ウ**
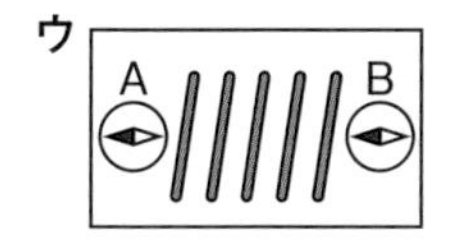


**エ**
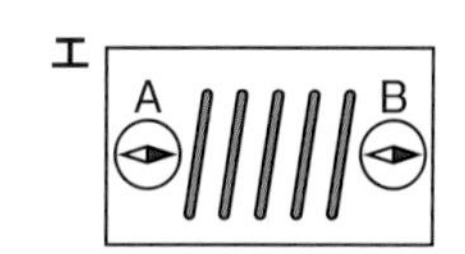

(2) 電流の向きを図のときと逆にすると，真上から見たようすは，(1)の**ア**～**エ**のどれになるか。

(3) 同じコイルを使い，磁界の強さを強くするにはどうすればよいか。簡単に答えなさい。

## 4 電流が磁界から受ける力 >>p. 202, 203

図のような装置で，スイッチを入れて電流を流すと，導線Xは矢印㋐の向きに動いた。次の問いに答えなさい。

(1) スイッチを切ると，導線Xは図の状態にもどった。回路に再び電流を流し，導線Xを矢印㋑の向きに動かすにはどうすればよいか。1つ簡単に答えなさい。

(2) 図の状態で，電熱線aのかわりに，これより抵抗の小さい電熱線bを使って電流を流すと，導線Xの振れ方は電熱線aを使ったときと比べてどうなるか。簡単に答えなさい。

(3) 電流が磁界の中で受ける力を利用したものは，次の**ア**～**エ**のどれか。

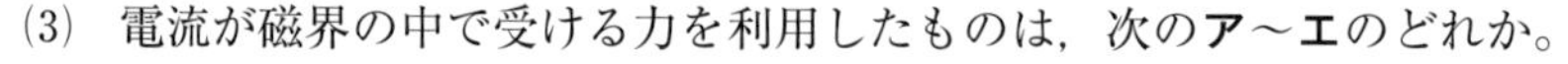

**ア** モーター　**イ** 方位磁針　**ウ** 電磁石　**エ** 電球

## 5 電磁誘導 >>p. 204, 205

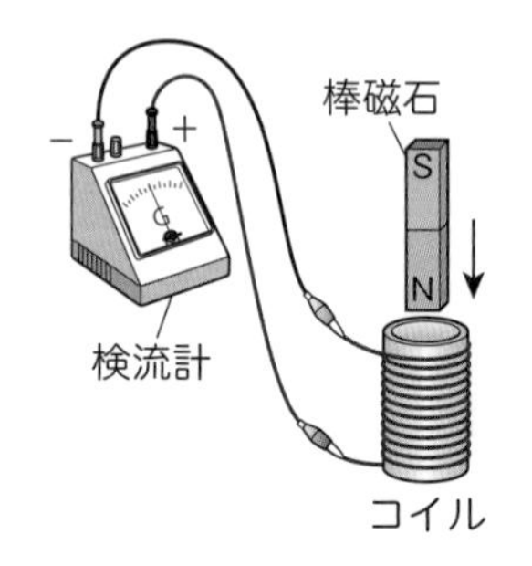


図のような装置を用いて，電流が取り出せるかを調べた。N極を下に向けた棒磁石を，図の向きに動かしてコイルの中に入れると，検流計の針は右(＋側)に振れた後，中央にもどった。

(1) 図の装置を用いて，次の**ア**～**エ**のような操作をしたとき，検流計の針の振れの向きが下線部と同じになるものを，すべて選びなさい。

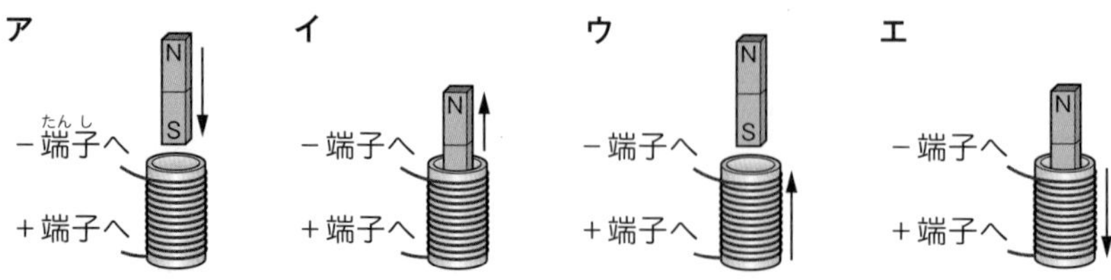


(2) 取り出す電流を大きくするには，どうすればよいか。1つ簡単に答えなさい。

(3) コイルの中の磁界を変化させることで，電流を連続的に発生させる装置を何というか。

# 入試対策編


**1** 炭酸水素ナトリウムの分解と塩酸との反応 …… 212
>> 気体が発生する反応での質量の関係

**2** 消化のはたらき …… 214
>> 教科書とは別の材料を使った実験

**3** いろいろな天気図とフェーン現象 …… 216
>> 空気中の水蒸気量と露点・湿度の応用

**4** 電流が磁界から受ける力，電磁誘導 …… 218
>> 教科書にない装置を使った実験


難しければ，
3年生の受験期に
取り組んでもいいよ！

入試では，長文を読ませたり，
複数の資料や知識を活用して考えさせたりする問題も
出題されますので，
そのような問題に慣れておくことも重要です。
ここでは，実際の入試問題を取り上げました。
最初は解けなくても心配ありません。
解き方のヒントを参考にしながら，まずは挑戦してみましょう。

# 入試対策問題 解答➡p.240〜243

## 1 炭酸水素ナトリウムの分解と塩酸との反応

≫ p. 9，10，24，44，46〜49

炭酸水素ナトリウム（$NaHCO_3$）は重そうとも呼ばれ，カルメ焼きを作るときには欠かせない物質である。この炭酸水素ナトリウムについて，**実験Ⅰ**，**実験Ⅱ**を行った。次の問１，問２に答えなさい。〔和歌山・改〕

問１　次の**実験Ⅰ**について，下の(1)，(2)に答えなさい。

**実験Ⅰ**　「炭酸水素ナトリウムの性質を調べる」

(i)　**図１**のように実験装置を組み立て，炭酸水素ナトリウムをガスバーナーで十分加熱したところ，気体Ａが発生し，石灰水は白くにごった。また，試験管中に固体Ｂが残り，試験管の口の部分には液体Ｃがたまった。

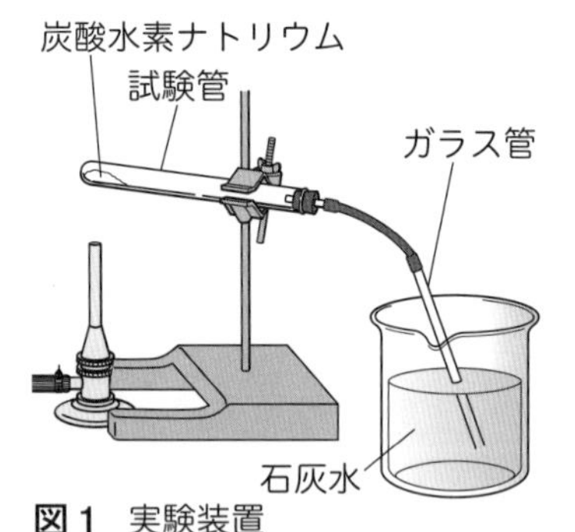


**図１**　実験装置

(ii)　液体Ｃに乾燥させた塩化コバルト紙をつけると色が変化した。

(iii)　水が５$cm^3$入った試験管を２本用意し，一方には炭酸水素ナトリウムを，もう一方には固体Ｂを0.5gずつ入れ，溶け方を観察した。その後，フェノールフタレイン溶液をそれぞれの試験管に２滴加え，色の変化を観察した。

(iv)　(iii)の結果を**表１**にまとめた。

**表１**　**実験Ⅰ**(iii)の結果

| | 炭酸水素ナトリウム | 固体B |
|---|---|---|
| 水への溶け方 | 試験管の底に溶け残りがあった。 | すべて溶けた。 |
| フェノールフタレイン溶液を加えたときの色の変化 | うすい赤色になった。 | 濃い赤色になった。 |

**解き方のヒント**

**●入試では**
炭酸水素ナトリウムは，教科書ではおもに，熱分解や，うすい塩酸との反応（気体が発生する化学変化での質量保存の法則）で扱（あつか）われている。入試では，教科書では扱われていない，うすい塩酸と炭酸水素ナトリウムが反応するときの質量の関係と，その反応で発生する二酸化炭素の質量の関係を問う問題もよく見られる。

**●化学の実験の問題では**
化学の実験の問題では，ある１種類の物質を用いた，複数の実験を組み合わせていることがある。
１つの実験の問題が解けなくてもあきらめずに，残りの実験の問題を解いてみよう。

(1)　この実験では，加熱をやめる前に，石灰水からガラス管を引きぬく必要がある。その理由を簡潔に書きなさい。

(2)　炭酸水素ナトリウムは加熱により，気体A，固体B，液体Cに分かれた。このときの化学変化を表す化学反応式を書きなさい。

問1(1)この問題のように，操作の理由を問われる場合と，操作自体を問われる場合がある。どちらでも答えられるようにしておこう。

問2　次の**実験Ⅱ**について，下の(1)に答えなさい。

**実験Ⅱ**　「炭酸水素ナトリウムと塩酸との反応を調べる」

(i)　**図2**のように，うすい塩酸40.0gが入ったビーカーに炭酸水素ナトリウム1.0gを加え，ガラス棒でかき混ぜ完全に反応させた。次に，発生した二酸化炭素を空気中に逃がしてから，ビーカー内の質量をはかった。

(ii)　うすい塩酸40.0gを入れたビーカーを5個用意し，それぞれに加える炭酸水素ナトリウムの質量を2.0g，3.0g，4.0g，5.0g，6.0gと変えて，(i)と同じ操作を行った。

(iii)　(i)，(ii)の測定結果を**表2**にまとめた。

(iv)　**表2**から，加えた炭酸水素ナトリウムの質量と発生した二酸化炭素の質量の関係を，**図3**のグラフにまとめた。

**図2**　実験のようす

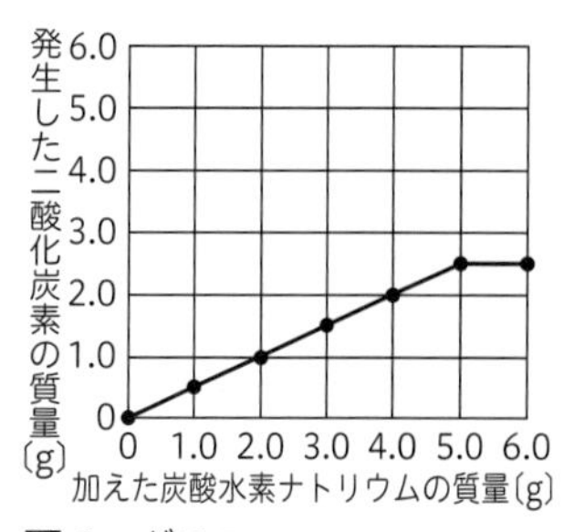


**図3**　グラフ

**表2**　**実験Ⅱ**(i)，(ii)の測定結果

| 加えた炭酸水素ナトリウムの質量〔g〕 | 0 | 1.0 | 2.0 | 3.0 | 4.0 | 5.0 | 6.0 |
|---|---|---|---|---|---|---|---|
| ビーカー内の質量〔g〕 | 40.0 | 40.5 | 41.0 | 41.5 | 42.0 | 42.5 | 43.5 |

(1)　**実験Ⅱ**について考察した文として正しいものを，次の**ア**～**エ**の中から2つ選んで，その記号を書きなさい。

**ア**　加える炭酸水素ナトリウム6.0gをすべて反応させるためには，同じ濃度のうすい塩酸が48.0g必要である。

**イ**　炭酸水素ナトリウムを5.0g以上加えたときに，はじめてビーカー内の水溶液に塩化ナトリウムが生じはじめる。

**ウ**　発生した二酸化炭素の質量は，加えた炭酸水素ナトリウムの質量に常に比例する。

**エ**　**図3**のグラフで，発生した二酸化炭素の質量が変わらなくなったとき，ビーカー内の塩酸はすべて反応している。

問2(1)図3のようなグラフをもとに，質量を計算させる問題や，表2のような結果をもとに，図3のようなグラフをかかせる問題もよく見られる。

## 2 消化のはたらき >>p. 77~79

太郎さんと花子さんは，植物のさまざまなはたらきに興味をもち，実験して調べることにしました。後の(1)，(2)の各問いに答えなさい。

〔滋賀・改〕

太郎さん：大根は消化を助けると聞くけれど，本当かな。もし本当なら，発芽したばかりのかいわれ大根はどうだろう。発芽したばかりのときから，消化を助けるはたらきはあるのかな。

花子さん：消化を助けるということは，消化液に似たはたらきをするのかな。消化液といえば，だ液のはたらきを調べる実験をしたね。

太郎さんと花子さんは，だ液のはたらきを調べる実験を振り返りました。次は，そのレポートの一部です。

【レポート】

<方法>

① 2本の試験管にデンプン溶液を3 $cm^3$ずつ入れる。

② 一方の試験管には水，もう一方には薄めただ液をそれぞれ3 $cm^3$加えてよく混ぜる。

③ 2本の試験管を，体温に近い36℃の湯に10分間つける。

④ ヨウ素液とベネジクト液の反応のようすを調べる。

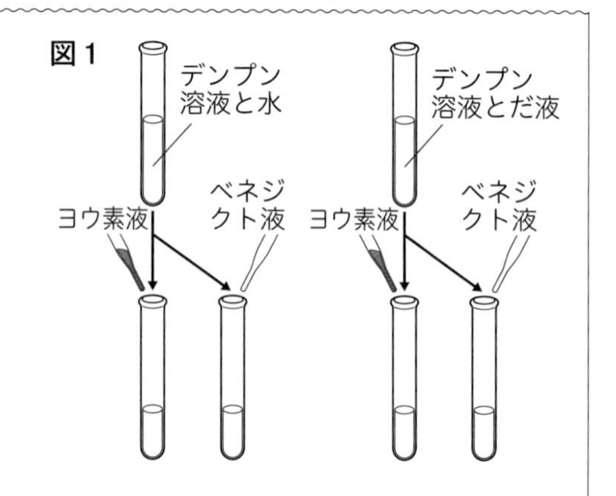


<結果>

表1は結果をまとめたものである。

表1

| | ヨウ素液 | ベネジクト液 |
|---|---|---|
| デンプン溶液と水 | 青紫色 | 変化なし |
| デンプン溶液とだ液 | 変化なし | 赤褐色の沈殿ができた |

【話し合い】

太郎さん：レポートを参考にして，デンプン溶液に大根やかいわれ大根のしぼり汁を加えて実験しよう。

花子さん：まずヨウ素液の色の変化から調べよう。

太郎さん：かいわれ大根は子葉以外の部分が大根になるから，子葉以外の部分を使って大根と比べよう。

解き方のヒント

●入試では

この問題の大根やかいわれ大根のように，入試問題の実験では，教科書の実験とは別の材料が使われていることがある。一見難しそうに見えるが，教科書の実験の応用なので，挑戦(ちょうせん)してみよう。

花子さん：私たちは食物から養分を得る生物だから，だ液はよくはたらくようだね。大根は食物から養分を得ることはない生物だから，時間がかかるかもしれないね。時間を長くして実験しよう。

太郎さん：デンプン溶液と水の試験管については，だ液のはたらきを調べる実験で調べているから，用意しなくてもよいね。

(1) 下線部について，大根やかいわれ大根のしぼり汁を使った実験のときに，デンプン溶液と水の試験管を用意しなくてもよいのは，だ液のはたらきを調べる実験で，どのようなことがわかっているからですか。

(1)水を使った実験は対照実験である。

太郎さんと花子さんは，次の**仮説**を立てて，**実験**を行いました。

**仮説**:「大根には消化を助けるはたらきがある。そのはたらきは，発芽したばかりのときからある。」

**【実験】**

**<予想>**

デンプン溶液に大根やかいわれ大根のしぼり汁を入れると，ヨウ素液の色は変化しない。

**<方法>**

① 大根をすりおろし，ガーゼでろ過して大根のしぼり汁をつくる。

② 子葉の部分を切りとった50本のかいわれ大根を乳鉢ですりつぶし，ガーゼでろ過してかいわれ大根のしぼり汁をつくる。

③ 試験管AとBにデンプン溶液を3 cm³ずつ入れる。

④ 試験管Aに大根のしぼり汁，試験管Bにかいわれ大根のしぼり汁をそれぞれ3 cm³加えて，よく混ぜる。

⑤ 試験管立てに，20分間置く。

⑥ 試験管の中の液を一部とり，ヨウ素液を加え，色の変化を調べる。

⑦ ヨウ素液の色が変化しなくなるまで，20分おきに⑥をくり返す。

⑧ ヨウ素液の色が変化しなくなったら，残りの液にベネジクト液を加え，沸とう石を入れてガスバーナーで加熱し，変化を調べる。

**<結果>**

**表2**は結果をまとめたものである。

**表2**

| | ヨウ素液 | ベネジクト液 |
|---|---|---|
| 試験管A | 40分後に変化しなくなった | 赤褐色の沈殿ができた |
| 試験管B | 3時間後に変化しなくなった | 赤褐色の沈殿ができた |

(2) 大根やかいわれ大根のしぼり汁のはたらきについて，**実験**の結果からいえることは何ですか。**仮説**をもとに，書きなさい。

## 3 いろいろな天気図とフェーン現象 >>p. 123～126，128～131，152～157

気象とその変化に関する(1)，(2)の問いに答えなさい。〔静岡〕

(1) 次の**ア**～**エ**は，それぞれ異なる時期の，特徴的な天気図である。**ア**～**エ**の中から，梅雨の時期の特徴的な天気図として，最も適切なものを1つ選び，記号で答えなさい。

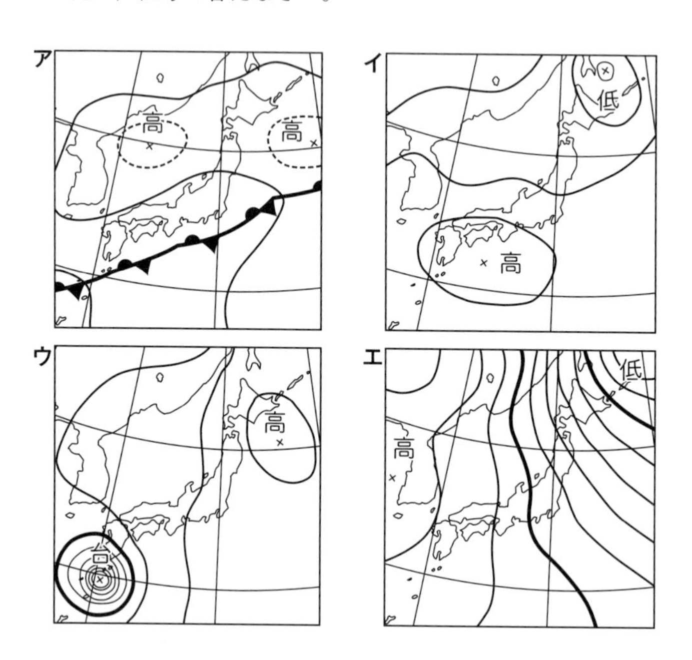


(2) 図は，空気のかたまりが，標高０ｍの地点Ａから斜面に沿って上昇し，ある標高で露点に達して雲ができ，標高1700ｍの山を越え，反対側の標高０ｍの地点Ｂに吹き下りるまでのようすを模式的に表したものである。次ページの表は，気温と飽和水蒸気量の関係を示したものである。

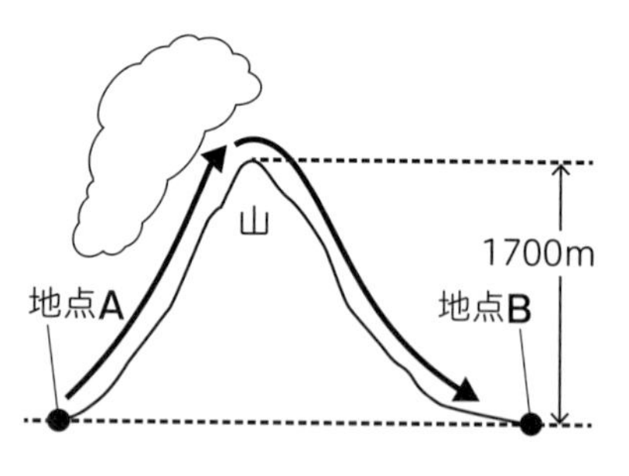


解き方のヒント

●日本の天気
各季節の特徴的な天気図を見比べると，気圧配置や前線に特徴が見られることがわかる。各季節に発達する高気圧や気団とあわせて，天気図の特徴を読み取れるようにしておこう。
また，入試では，冬の季節風と日本の天気のしくみもよく問われるので，確認しておこう。

●フェーン現象
湿った風が山をこえて吹くとき，風下側の山のふもとで急に気温が上がり，乾燥することがある。この現象をフェーン現象という。
フェーン現象は，教科書では読み物として扱われていることが多いが，入試では計算問題として出題されることがある。解いたことがないと難しいが，問われ方にはパターンがあるので，ここで挑戦して理解しておこう。

① 次の［ ］の中の文が，空気のかたまりが上昇すると，空気のかたまりの温度が下がる理由について適切に述べたものとなるように，文中の( ㋐ )，( ㋑ )のそれぞれに補う言葉の組み合わせとして，下の**ア**～**エ**の中から正しいものを１つ選び，記号で答えなさい。

> 上空ほど気圧が( ㋐ )くなり，空気のかたまりが( ㋑ )するから。

**ア** ㋐ 高 ㋑ 膨張　**イ** ㋐ 高 ㋑ 収縮
**ウ** ㋐ 低 ㋑ 膨張　**エ** ㋐ 低 ㋑ 収縮

② ある晴れた日の午前11時，地点Aの，気温は16℃，湿度は50％であった。この日，図のように，地点Aの空気のかたまりは，上昇して山頂に到達するまでに，露点に達して雨を降らせ，山を越えて地点Bに吹き下りた。表をもとにして，a，bの問いに答えなさい。ただし，雲が発生するまで，1 m³あたりの空気に含まれる水蒸気量は，空気が上昇しても下降しても変わらないものとする。

| 気温〔℃〕 | 飽和水蒸気量〔g/m³〕 |
|---|---|
| 1 | 5.2 |
| 2 | 5.6 |
| 3 | 6.0 |
| 4 | 6.4 |
| 5 | 6.8 |
| 6 | 7.3 |
| 7 | 7.8 |
| 8 | 8.3 |
| 9 | 8.8 |
| 10 | 9.4 |
| 11 | 10.0 |
| 12 | 10.7 |
| 13 | 11.4 |
| 14 | 12.1 |
| 15 | 12.8 |
| 16 | 13.6 |
| 17 | 14.5 |
| 18 | 15.4 |
| 19 | 16.3 |
| 20 | 17.3 |

a 地点Aの空気のかたまりが露点に達する地点の標高は何mか。また，地点Aの空気のかたまりが標高1700mの山頂に到達したときの，空気のかたまりの温度は何℃か。それぞれ計算して答えなさい。ただし，露点に達していない空気のかたまりは100m上昇するごとに温度が1℃下がり，露点に達した空気のかたまりは100m上昇するごとに温度が0.5℃下がるものとする。

b 山頂での水蒸気量のまま，空気のかたまりが山を吹き下りて地点Bに到達したときの，空気のかたまりの湿度は何％か。小数第２位を四捨五入して，小数第１位まで書きなさい。ただし，空気のかたまりが山頂から吹き下りるときには，雲は消えているものとし，空気のかたまりは100m下降するごとに温度が1℃上がるものとする。

**考え方**

(2)② a【標高を求める】
気温(飽和水蒸気量)と湿度から，空気中に含まれている水蒸気量を求める。
→露点を求める。
→「ただし」で始まる文中の「露点に達していない空気のかたまりは100m上昇するごとに温度が1℃下が」ることから，露点に達する地点の標高を求める。
【温度を求める】
「ただし」で始まる文中の「露点に達した空気のかたまりは100m上昇するごとに温度が0.5℃下が」ることから，山頂に到達したときの温度を求める。
② b「ただし」で始まる文中の「空気のかたまりは100m下降するごとに温度が1℃上が」ることから，標高0mまで下降した空気の温度を求める。
→山頂での空気中の水蒸気量と，標高0mでの飽和水蒸気量から，湿度を求める。

この問題のように，「ただし」で始まる文中に重要なことが書かれていることもあるので，読み落とさないようにしよう。

## 4 電流が磁界から受ける力，電磁誘導（でんじゆうどう） >>p. 202〜207

電流と磁界の関係を調べる実験について，次の各問に答えよ。

〔東京・改〕

**<実験１>**を行ったところ，**<結果１>**のようになった。

**<実験１>**

(1) 金属棒止めがついた金属のレール，金属棒，磁石，電流計，電圧計，抵抗の大きさが10Ωの抵抗器，スイッチ，導線，電源装置を用意した。

(2) **図１**のように，水平面上に２本のレールを平行に置き，上面がＮ極になるように磁石の向きをそろえて等間隔に並べて装置を作り，金属棒を向きがレールと直角になるように点Ｅに置き，回路を作った。

**図１**

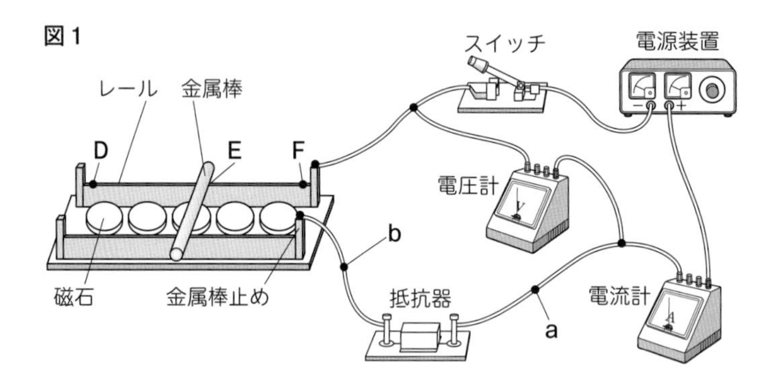


(3) 電源装置の電圧を６Ｖにし，スイッチを入れ，金属棒が点Ｄと点Ｆのどちらの方向へ動くかを調べた。

(4) スイッチを切り，金属棒を点Ｅにもどした。

(5) 電源装置の電圧を12Ｖにし，スイッチを入れ，金属棒の動きが(3)と比べ，どのように変わるかを調べた。

**<結果１>**

(1) **<実験１>**の(3)で調べた金属棒は，点Ｆの方向に動き，金属棒止めに衝突して静止した。金属棒が静止しているとき，電流計の値は0.2Ａであった。

(2) **<実験１>**の(5)で調べた金属棒は，点Ｆの方向に**<実験１>**の(3)と比べ速く動き，金属棒止めに衝突して静止した。金属棒が静止しているとき，電流計の値は0.4Ａであった。

---

**解き方のヒント**

**●電流が磁界から受ける力**
電流が磁界から受ける力を調べる実験は，教科書ではおもに，つるしたコイルをＵ字形磁石の磁界の中に置いた装置が使われている。
しかし入試では，教科書にある装置だけでなく，この問題のような金属棒を使ったものなど，見慣れない装置が使われることがある。装置が違（ちが）うと難しそうに見えるが，考え方はそれほど変わらないことが多い。

**●電磁誘導**
電磁誘導を調べる実験は，教科書ではおもに，棒磁石をコイルに入れたり（近づけたり），棒磁石をコイルから出したり（遠ざけたり）して調べる。
しかし入試では，棒磁石を落としてコイルの中を通過させたり，この問題のように，つるした棒磁石のまわりでコイルを動かしたりなど，見慣れない方法が出てくることがある。装置や方法が違っても，棒磁石とコイルの動き方の関係で誘導電流の向きが決まる。

問１　電源装置の電圧を12Ｖにしたまま，**図１**の回路上の点ａから点ｂまでの間に抵抗の大きさが10Ωの抵抗器を一つ追加することで，**＜結果１＞**の⑵より金属棒が速く動くようにしたい。二つの抵抗器を点ａから点ｂまでの間にどのようにつなげばよいか。右図の点ａから点ｂまでの間に電気用図記号を用いて二つの抵抗器のつなぎ方をかけ。また，右図にかいたつなぎ方で金属棒が速く動く理由を，「回路全体の抵抗」と「金属棒に流れる電流」という語句を用いて簡単に書け。

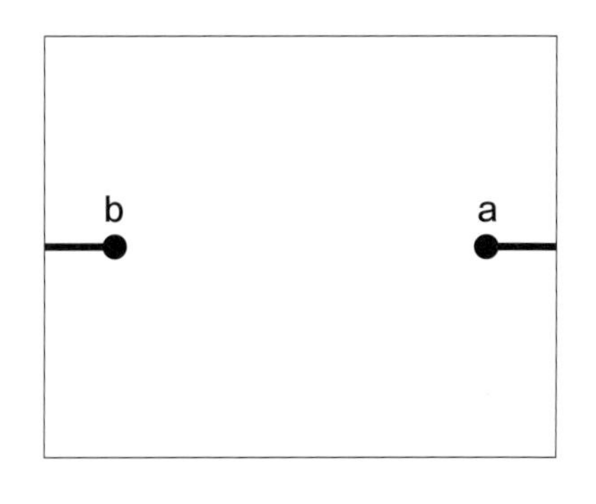


問２　**＜実験１＞**と**＜結果１＞**から，金属棒が金属棒止めに衝突して静止しているとき，磁石による磁界の向き（Ｘ），金属棒に流れている電流の向き（Ｙ），金属棒に流れる電流が磁界から受ける力の向き（Ｚ）のそれぞれを矢印で表したものとして適切なのは，下の**ア**～**エ**のうちではどれか。ただし，**ア**～**エ**の金属棒の向きは，**図１**と同じ向きである。

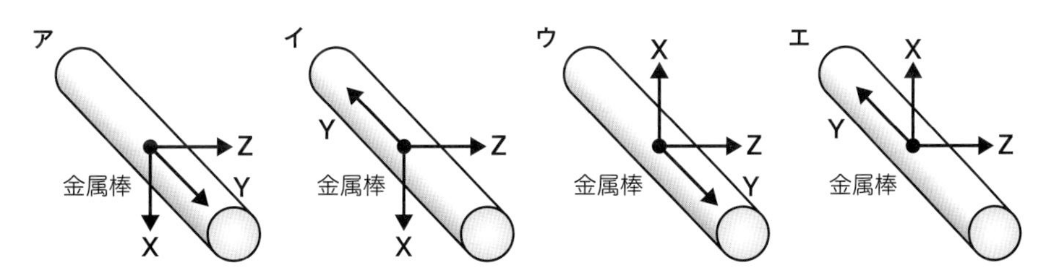


次に，**＜実験２＞**を行ったところ，**＜結果２＞**のようになった。

**＜実験２＞**

⑴　**図２**のように，スタンドに，上面がＮ極になるように棒磁石を糸でつるした。また，コイル，検流計，導線を用いて回路を作り，コイルの中心が，点Ｇから点Ｊまでの間を上下方向に動かせるようにした。

⑵　コイルを点Ｇから点Ｈまで動かしたときの検流計の針が振れる向きを調べた。

⑶　コイルを点Ｈから点Ｇまで動かしたときの検流計の針が振れる向きを調べた。

⑷　棒磁石の上面をＳ極になるように付け替え，⑵，⑶と同様の実験を行った。

**図２**

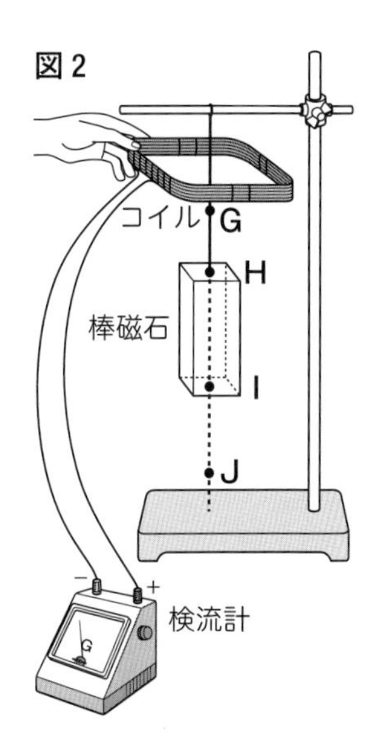

**<結果 2 >**

| 棒磁石の上面 | N極 | | S極 | |
|---|---|---|---|---|
| コイルの動き | 点Gから点Hまで動かしたとき | 点Hから点Gまで動かしたとき | 点Gから点Hまで動かしたとき | 点Hから点Gまで動かしたとき |
| 検流計の針が振れる向き | 右に振れた。 | 左に振れた。 | 左に振れた。 | 右に振れた。 |

問３　**<結果 2 >**から，コイルを点Gから点Hまでの間で連続して往復させたときに生じる電流のように，電流の大きさと向きが周期的に変わる電流の名称と，**<実験 2 >**の(4)の後，コイルを点Gから点Jの方向に動かすとき，コイルが点Ｉから点Jまで動いている間の検流計の針が振れる向きを組み合わせたものとして適切なのは，次の表の**ア**～**エ**のうちではどれか。

| | 電流の大きさと向きが周期的に変わる電流の名称 | コイルを点Gから点Jの方向に動かすとき，コイルが点Ｉから点Jまで動いている間の検流計の針が振れる向き |
|---|---|---|
| **ア** | 直流 | 右に振れる。 |
| **イ** | 直流 | 左に振れる。 |
| **ウ** | 交流 | 右に振れる。 |
| **エ** | 交流 | 左に振れる。 |

考え方

問３検流計の針が振れる向きは，コイルに対して，棒磁石のどちらの極が，どの向きに動いているか（または，棒磁石のどちらの極に対して，コイルがどの向きに動いているか）を考えて判断する。

頭の中だけで考えると混乱することがあるので，そのようなときは，図にかいて整理しながら考えてみよう。

入試問題は，インターネットで検索すると見られるものもあるよ。

# 定期試験対策問題　解答と解説

## 第1編 化学変化と原子・分子

### 第1章 物質の分解 p.16, 17

**1** (1)　(1本目の試験管に集めた気体は,)もともと装置の中にあった空気を含むから。
(2)①　白くにごった。　②　二酸化炭素
(3)①　イ　②　水　(4)　炭酸ナトリウム
(5)①　ア　②　エ

〈解説〉
(1)　加熱すると，反応で発生した二酸化炭素が出てくる前に，装置の中にあった空気が出てくる。1本目の試験管には，加熱直後に出てきた空気が集まるため，使わずに捨てる。
(2)　石灰水に二酸化炭素を通すと，石灰水は白くにごる。
(3)　塩化コバルト紙(青色)は，水に触れると赤色(桃色)に変化する。
(4)　炭酸水素ナトリウムを加熱すると，炭酸ナトリウム，二酸化炭素，水に分解(熱分解)する。
(5)　フェノールフタレイン溶液は，アルカリ性の水溶液に加えると赤色に変化し，アルカリ性が強いほど濃い赤色になる。炭酸水素ナトリウムと炭酸ナトリウムでは，炭酸ナトリウムのほうが水溶液のアルカリ性が強い。

**2** (1)　うすく広がる。
(2)　線香が炎を上げて燃える。
(3)固体　銀　　気体　酸素
(4)　水が(ガラス管を通して)逆流すること(を防ぐため)。

〈解説〉
(1)　試験管に残った固体は金属の銀である。金属には，たたくとうすく広がる，みがくと光沢が出る，熱をよく伝える，電気をよく通す，などの性質がある。
(2)　発生した気体は酸素である。酸素にはものを燃やす性質があるので，酸素を集めた試験管に火のついた線香を入れると，線香は炎を上げて燃える。
(3)　酸化銀を加熱すると，銀と酸素に分解(熱分解)する。
(4)　ガラス管の先が水に入った状態で火を消すと，水が逆流して加熱した試験管に入り，試験管が急に冷やされて割れることがある。

**3** (1)　純粋な水は電流が流れにくいため。(水に電流を通しやすくするため。)
(2)A　(気体に)火のついた線香を入れると，線香が炎を上げて燃える。
B　(気体に)マッチの火を近づけると，気体が音を立てて燃える。
(3)　ウ

〈解説〉
(1)　水酸化ナトリウムのかわりに，うすい硫酸を溶かしてもよい。
(2)　Aの電極(陽極)では酸素，Bの電極(陰極)では水素が発生する。酸素にはものを燃やす性質があるので，気体に線香の火を入れると，線香が炎を上げて燃える。水素には燃える性質があるので，気体にマッチの火を近づけると，気体が音を立てて燃える。
(3)　ア…H形ガラス管を水で満たしたら，ピンチコックを開いて，上部のゴム栓を押しこむ。イ…電流を流している間は，ピンチコックを開いておく。

**4** (1)　光沢が出る。(光る。)
(2)　手であおぐようにしてかぐ。
(3)固体　銅　　気体　塩素

〈解説〉
(1)　陰極の表面に付着した赤色の固体は，金属の銅である。金属は，こすると特有の光沢が出る。
(2)　発生した気体は有毒である可能性もあるので，顔を近づけてにおいをかがないようにする。手であおいでかぐと，直接かぐ場合に比べ，気体を大量に吸いこむ危険性が低くなる。
(3)　塩化銅水溶液に電流を流すと，銅と塩素に分解する。陰極の表面には赤色の銅が付着し，陽極からはプールの消毒のようなにおいの塩素が発生する。

## 第2章 原子・分子と化学反応式 p.26, 27

**1** (1)① 銅　② 鉄　③ 銀
④ マグネシウム　⑤ ナトリウム
⑥ バリウム　⑦ 塩素
⑧ カリウム
(2)① C　② H　③ O　④ N
⑤ S　⑥ Al　⑦ Zn
(3) ウ

〈解説〉
(3) 物質をつくっている，それ以上分けることのできない最小の粒子を原子という。
ア…原子は化学変化で新しくできることはない。
イ…物質の性質を示す最小の粒子は，いくつかの原子が結びついてできる分子である。
ウ…原子の質量や大きさは，原子の種類ごとに異なる。

**2** (1) ㋐，㋑　(2) ㋒，㋓
(3)㋐ $O_2$　㋑ $H_2$　㋒ $H_2O$　㋓ $CO_2$
(4)① $NH_3$　② 化合物

〈解説〉
(1) 1種類の元素からできている物質を単体という。㋐の酸素分子は酸素原子のみ，㋑の水素分子は水素原子のみからできている。
(2)・(4)② 2種類以上の元素からできている物質を化合物という。㋒の水分子は酸素原子と水素原子から，㋓の二酸化炭素分子は酸素原子と炭素原子からできている。
(3)・(4)① 同じ原子の個数は，元素記号の右下に数字を書いて表す。ただし，1個の場合の「1」は省略する。

**3** (1) Ag　(2) NaCl　(3) ㋐
(4)① $CuCl_2$　② $Ag_2O$

〈解説〉
(1) 銀のように分子をつくらず，1種類の原子が集まってできている物質の化学式は，原子1個で代表させて表す。
(2) 塩化ナトリウムのように分子をつくらず，2種類の原子が1：1の割合で結びついてできている物質の化学式は，それぞれの原子1個ずつで代表させて表す。
(4) どちらも分子をつくらない物質である。
① 銅原子Cu 1個に対して塩素原子Clが2個結びついているので，$CuCl_2$となる。
② 銀原子Ag 2個に対して酸素原子Oが1個結びついているので，$Ag_2O$となる。

**4** (1) 純粋な物質（純物質）
(2)① D　② D　③ A
④ E　⑤ C　⑥ B

〈解説〉
(1) 物質は純粋な物質（純物質）と混合物に分けられ，さらに純粋な物質は単体と化合物に分けられる。
(2)① 水は，化学式は$H_2O$で，水素原子と酸素原子からなる化合物で，分子をつくる。
② 二酸化炭素は，化学式は$CO_2$で，炭素原子と酸素原子からなる化合物で，分子をつくる。
③ 塩化ナトリウム水溶液は，塩化ナトリウムと水の混合物である。
④ 塩化ナトリウムは，化学式はNaClで，ナトリウム原子と塩素原子の化合物で，分子をつくらない。
⑤ 炭素は，化学式はCで，単体で，分子をつくらない。
⑥ 窒素は，化学式は$N_2$で，単体で，分子をつくる。

**5** (1)① ア　② イ
(2)① 2　② $CO_2$　③ $H_2O$

〈解説〉

(1)① 矢印の右側には酸素原子が2個あるので，矢印の左側でも酸素原子が2個になるように，$H_2O$を2個にした。

② $H_2O$を2個にしたことで矢印の左側では水素原子が4個となったため，矢印の右側でも水素原子を4個にするために，水素分子$H_2$を2個にした。

(2) 炭酸水素ナトリウムを加熱すると，炭酸ナトリウム(固体)，二酸化炭素(気体)，水(液体)に分解するので，②には二酸化炭素$CO_2$，③には水$H_2O$を当てはめる。矢印の左右で原子の種類と数を比べると，どの原子も右側の数は左側の2倍なので，①には2が当てはまる。

## 第3章 さまざまな化学変化と熱 p.40, 41

**1** (1) イ
(2) (下部に向かって)反応は続く。
(3) 試験管B
(4) 鉄
(5)① 試験管A　② 硫化水素　③ $H_2$
(6) $Fe + S \longrightarrow FeS$

〈解説〉

(1) 混合物の下部を加熱すると，加熱をやめても，反応していない上部の鉄粉と硫黄が落ちてきて反応し続けるため危険なので，混合物の上部を加熱する。

(3)・(4) 加熱していない試験管Bには，鉄が含まれているため，鉄が磁石に引き寄せられる。

(5)①・② 加熱後の試験管Aには，加熱によって硫化鉄ができているため，うすい塩酸と反応して硫化水素が発生する。硫化水素は卵が腐ったようなにおいがする。

③ 鉄にうすい塩酸を加えると，においのない水素が発生する。

**2** (1) スチールウールが酸素と結びついたため。
(2) 酸化鉄
(3)物質　スチールウール　気体　水素
(4)① イ　② エ

〈解説〉

(1)・(2) スチールウール(鉄)は，加熱することで酸素と結びつき，酸化鉄になった。酸化鉄は，結びついた酸素の分だけ質量が大きくなる。

(3) 鉄は，塩酸と反応して水素を発生する。

(4) 加熱後の酸化鉄は鉄とは別の物質であり，電流は流れにくく，スチールウールのような弾力はない。

**3** (1) 酸素
(2)a 還元　b 酸化
(3) $2CuO + C \longrightarrow 2Cu + CO_2$
(4) (空気が試験管内に流入し，)できた銅が再び酸化されるのを防ぐため。
(5) $H_2O$

〈解説〉

(1) 酸化銅は炭素によって酸素を奪われて銅(物質㋐)となり，酸素は炭素と結びついて二酸化炭素(物質㋑)となる。

(2) 酸化物が酸素を奪われる化学変化(a)を還元，物質が酸素と結びつく化学変化(b)を酸化という。

(3) 酸化銅の化学式はCuOである。化学反応式では，矢印の左右で原子の種類と数を等しくする。

(4) ゴム管をピンチコックで閉じないと，ガラス管を通して空気が試験管内に入ってくる。その空気中の酸素によって，できた銅が再び酸化されて酸化銅にもどってしまう。

(5) 炭素のかわりに水素を用いた場合には，水素が酸化銅から酸素を奪い，酸素と結びついて水となる。

**4** (1)化学変化　酸化　　温度　上がる。
(2)気体　アンモニア　　温度　下がる。

〈解説〉

(1)　鉄と空気中の酸素が結びついて酸化鉄ができる。この反応は発熱反応であるため，反応後の温度は上がる。

(2)　水酸化バリウムと塩化アンモニウムが反応すると，塩化バリウム，アンモニア，水が生じる。この反応は吸熱反応であるため，反応後の温度は下がる。

## 第4章 化学変化と物質の質量 p.51，52

**1** (1)　ウ　　(2)　イ
(3)　発生した気体(二酸化炭素)が(容器から)空気中に出ていくため。
(4)①　ウ
②　ア　　③　イ(②と③は順不同)

〈解説〉

(1)　炭酸水素ナトリウムとうすい塩酸を反応させると，二酸化炭素が発生する。容器が密閉してある場合には，二酸化炭素はそのまま容器内に残っているため，反応の前後で全体の質量は変わらない。

(2)・(3)　容器のふたをゆるめると，発生した二酸化炭素が空気中に出ていくため，二酸化炭素が出ていった分だけ質量が小さくなる。

(4)　化学変化の前後では，物質をつくる原子の組み合わせは変わるが，原子の種類と数は変わらないため，全体の質量は変化しない。これを質量保存の法則という。

**2** (1)　銅粉が酸素と十分に触れるようにするため。
(2)　3回目　　(3)　0.3g　　(4)　4.0g

〈解説〉

(1)　銅粉をうすく広げることで，酸素と触れる面積が大きくなり，より酸素と結びつきやすくなる。

(2)　3回目以降の加熱では，加熱後の質量が変化しなくなっている。これは，銅粉がすべて酸素と結びついたためである。

(3)　図2より，1.2gの銅を加熱すると，加熱後の物質の質量は1.5gになった。質量の増加分が結びついた酸素の質量なので，1.5−1.2=0.3〔g〕

(4)　(3)より，1.2gの銅を反応させてできる酸化銅の質量は1.5gだから，銅とできた酸化銅の質量の比は，銅：酸化銅=1.2：1.5=12：15=4：5
よって，3.2gの銅を反応させてできる酸化銅の質量を$x$gとすると，4：5=3.2〔g〕：$x$〔g〕より，

$$x=3.2〔g〕\times\frac{5}{4}=4.0〔g〕$$

**3** (1)　0.2g
(2)　右図
(3)　4倍
(4)　0.7g

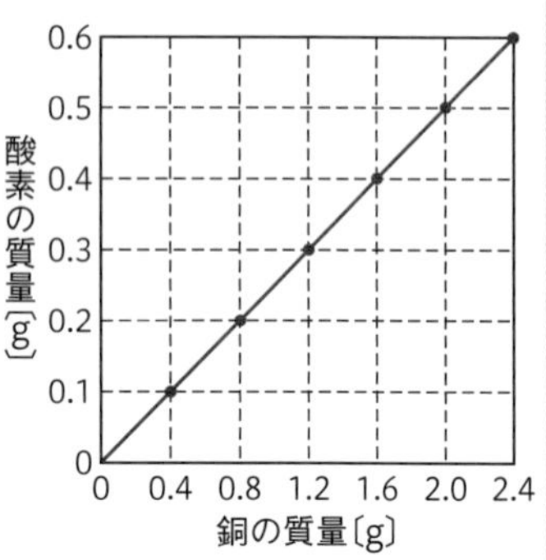

〈解説〉

(1)　図1より，0.8gの銅を十分に加熱すると，1.0gの酸化銅ができるので，0.8gの銅と結びつく酸素の質量は，1.0−0.8=0.2〔g〕

(2)　図1より，銅の質量と結びつく酸素の質量の関係をまとめると，表のようになる。

| 銅の質量〔g〕 | 0.4 | 0.8 | 1.2 | 1.6 | 2.0 | 2.4 |
|---|---|---|---|---|---|---|
| 酸素の質量〔g〕 | 0.1 | 0.2 | 0.3 | 0.4 | 0.5 | 0.6 |

これらの点をとって，原点(0，0)と直線で結ぶ。

(3)　(2)より，0.4 g の銅と結びつく酸素の質量は0.1 g なので，反応する銅の質量は酸素の質量の 4 倍である。

(4)　(3)より，銅と酸素の質量の比は，
銅：酸素＝ 4：1　求める酸素の質量を$x$ g とすると，
4：1 ＝2.8〔g〕：$x$〔g〕より，

$$x=2.8〔g〕\times\frac{1}{4}=0.7〔g〕$$

**4** (1)　(マグネシウム：酸化マグネシウム＝)3：5
(2)　2.8 g
(3)　3.0 g

〈解説〉

(1)　マグネシウム1.5 g から酸化マグネシウム2.5 g ができるので，質量の比は，
マグネシウム：酸化マグネシウム＝1.5：2.5＝ 3：5

(2)　(1)より，マグネシウムの質量と結びつく酸素の質量の比は，マグネシウム：酸素＝ 3：2
よって，求める酸素の質量を$x$ g とすると，
3：2 ＝4.2〔g〕：$x$〔g〕より，

$$x=4.2〔g〕\times\frac{2}{3}=2.8〔g〕$$

(3)　加熱によって増加した，4.0－3.6＝0.4〔g〕は，マグネシウムと結びついた酸素の質量である。0.4 g の酸素と結びつくマグネシウムの質量を$x$ g とすると，3：2 ＝$x$〔g〕：0.4〔g〕より，

$$x=0.4〔g〕\times\frac{3}{2}=0.6〔g〕$$

よって，0.6gのマグネシウムが酸素と結びついたので，酸化されずに残っているマグネシウムの質量は，
3.6－0.6＝3.0〔g〕

# 第2編　生物のからだのつくりとはたらき

## 第5章　細胞と生物のからだ p.61

**1** (1)　イ，エ
(2)　核
(3)①　細胞壁　　②　細胞膜
(4)　葉緑体

〈解説〉

(1)・(2)　細胞の多くのつくりは無色透明なので，そのままでは観察しにくい。無色透明なつくりは酢酸カーミン液や酢酸オルセイン液などの染色液で染色すると，観察しやすくなる。核は染色液によく染まるつくりで，細胞ごとにふつう 1 個ある。

(3)　植物の細胞の外側には厚くて丈夫な細胞壁があり，細胞を保護し，細胞の形を保ち，植物のからだを支えるのに役立っている。動物の細胞には細胞壁はなく，いちばん外側はうすい細胞膜になっている。

(4)　植物の細胞には，葉緑体とよばれる緑色の粒がある。葉緑体では，光を利用して養分をつくり出す光合成が行われている。

**2** (1)グループ　B　　名称　多細胞生物
(2)　C
(3)　細胞の呼吸(細胞呼吸，細胞による呼吸，内呼吸)
(4)　二酸化炭素

〈解説〉

(1)　からだが 1 つの細胞でできている生物を単細胞生物，多数の細胞でできている生物を多細胞生物という。

(2)　みずから養分をつくり出すことができるのは，葉緑体をもつ植物などで，光合成を行って養分をつくる。

(3)・(4)　生物の細胞は，酸素を使って養分を分解し，エネルギーを取り出す細胞の呼吸を行っている。このとき，二酸化炭素と水ができる。

## 第6章 植物のからだのつくりとはたらき

p.74, 75

**1** (1) 葉の中にあるデンプンをなくすため。
(2) 葉(の緑色)を脱色するため。
(3)① イ ② ウ
(4)① 二酸化炭素 ② 水 ③ 酸素

〈解説〉
(1) 葉では光合成によって養分がつくられるが，この養分は水に溶けやすい物質に変わって，からだ全体に運ばれる。そのため，アルミニウムはくで葉をおおって日光が当たらないようにしておくと，光合成を行えないので，葉の中の養分がなくなる。葉に養分が残った状態で実験を行うと，葉をヨウ素液につけたときに色が変わったとしても，もともとあった養分によるのか，光合成で新たにつくられた養分によるのかがわからない。
(2) 葉が緑色のままだと，ヨウ素液につけたときに色の変化がわかりにくい。あたためたエタノールに入れて脱色しておけば，ヨウ素液による色の変化がわかりやすくなる。
(3)① 光合成に光が必要であることを確認するには，光合成が行われた部分 a (葉の色がヨウ素液で変化した部分)と，光が当たらなかったこと以外の条件が同じ部分 c を比べればよい。
② 光合成を行うのは葉の緑色の部分であることを確認するには，光合成が行われた部分 a と，緑色でないこと以外の条件が同じ部分 d を比べればよい。
(4) 光合成では，光のエネルギーを利用して二酸化炭素と水から養分をつくり出し，このとき酸素を生じる。日中も呼吸はしているため，呼吸で必要とする以上の酸素が生じた場合に，気孔から酸素が放出される。

**2** (1)試験管㋐ 変化しない。
試験管㋑ (石灰水が)白くにごる。
(2) 光合成には，二酸化炭素が使われること。
(3) 対照実験

〈解説〉
(1)・(2) 試験管㋐では，試験管内の植物によって光合成が行われ，息に含まれていた二酸化炭素が使われるので，石灰水を入れて振っても変化しない。試験管㋑では，植物が入っておらず，息に含まれていた二酸化炭素がそのまま残っているので，石灰水を入れて振ると石灰水が白くにごる。これらの結果から，植物が光合成を行うとき，二酸化炭素を使っていることがわかる。
(3) 調べたいこと以外の条件を同じにして行う実験を対照実験という。

**3** (1) (土の小さなすき間に入りこみやすく，)根の表面積が大きくなり，水や水に溶けた肥料分を効率よく吸収できる。
(2) 植物のからだを支える。
(3)① C ② ㋐，㋒

〈解説〉
(1) 根の先端のわた毛のようなものを根毛という。根毛はとても細いので，土の小さなすき間にも入りこむことができ，根毛があることで根の表面積が広がり，効率よく水や水に溶けた肥料分を吸収できる。
(2) 根のはたらきは，水や水に溶けた肥料分を吸収することと，土の中に広がって植物のからだを支えることである。
(3)① トウモロコシは，茎の維管束がCのように全体に散らばっているが，ホウセンカは，茎の維管束がDのように輪状に並んでいる。
② 赤く染まっている部分は，茎の中心側にある道管である。道管は根から茎，葉までつながっており，根から吸収した水や水に溶けた肥料分が通る管である。

**4** (1) 道管　E　師管　C
(2) 蒸散
(3) 水面からの水の蒸発を防ぐため。
(4) ㋐，㋑，㋒

〈解説〉
(1) 茎では中心側にあった道管は，葉では表側にあり，茎では外側にあった師管は，葉では裏側にある。
(2) aのすき間は気孔である。根から吸収した水は水蒸気となって気孔から空気中へ出ていき，この現象を蒸散という。なお，呼吸や光合成に関係する酸素や二酸化炭素も，気孔を通して出入りしている。
(3) 試験管内の水面に油を注ぐことによって，水面から水が蒸発するのを防いでいる。
(4) 葉にワセリンを塗ることで気孔をふさぎ，水蒸気が出ていかないようにしている。水蒸気が出ていく部分は，㋐では葉の表側・裏側と茎，㋑では葉の裏側と茎，㋒では葉の表側と茎である。最も水の減少量が多いのは，ワセリンを塗っていない㋐である。また，植物の多くは，葉の裏側に気孔がたくさんあり，㋒より㋑のほうが水の減少量が多い。

## 第7章 消化と吸収 p.84，85

**1** (1) だ液　(2) イ　(3) すい臓
(4) 消化管

〈解説〉
(1) Aのだ液せんから出される消化液は，だ液である。だ液には，アミラーゼという消化酵素が含まれる。
(2) Cの胃からは，タンパク質を分解するペプシンという消化酵素を含んだ胃液が出される。
(3) Dのすい臓でつくられるすい液には，アミラーゼ，トリプシン，リパーゼという消化酵素が含まれる。

**2** (1) ヒトの体温に近い温度にするため。
(2) 突然沸騰（突沸）するのを防ぐため。
(3) イ　(4) ㋐，㋑

〈解説〉
(1) だ液はおもにヒトの体内ではたらくので，体温付近の温度に保っておく。
(2) 沸騰石を入れておかないと液体が突然沸騰し，試験管から飛び出すおそれがある。
(3) 試験管㋒では，だ液のはたらきによって，デンプンが分解されて麦芽糖などができる。ベネジクト液は麦芽糖などがある場合，加熱すると赤褐色の沈殿ができる。
(4) だ液の有無以外の条件が同じ2つの試験管を比べればよい。また，デンプンの有無を調べるので，ヨウ素液を使った2つの試験管である。

**3** (1) アミラーゼ　(2) 胆汁　(3) A，B
(4)a イ　b ア　c ウ

〈解説〉

(1) だ液せんから出されるだ液には，デンプンを分解する消化酵素のアミラーゼが含まれている。

(2) 肝臓でつくられて胆のうから出される胆汁は，消化酵素は含まないが，脂肪の消化を助ける。

(3) 小腸の壁の消化酵素は，デンプンとタンパク質にはたらく。

(4) Aのデンプンはブドウ糖に，Bのタンパク質はアミノ酸に，Cの脂肪は脂肪酸とモノグリセリドに分解される。

**4** (1) 小腸　(2) 柔毛
(3) 表面積が大きくなり，養分を効率よく吸収できる。
(4)① ア，イ　② リンパ管　③ A

〈解説〉

(1)・(3) 柔毛は小腸の内側にあり，柔毛があることで表面積が大きくなり，養分を効率よく吸収することができる。

(4)①・② Aは毛細血管で，ブドウ糖とアミノ酸は毛細血管に入る。脂肪酸とモノグリセリドは柔毛の表面から吸収された後，再び脂肪となってBのリンパ管に入る。

③ 毛細血管に入ったブドウ糖やアミノ酸は，まず肝臓に運ばれる。

## 第8章 呼吸と血液の循環 p.96，97

**1** (1)X 気管　Y 気管支
(2)① 肺胞
② 表面積が大きくなり，酸素と二酸化炭素の交換を効率よく行える。
(3)ゴム風船 肺　ゴム膜 横隔膜
(4) 息を吸ったとき

〈解説〉

(3)・(4) ひもを引くと，ヒトの横隔膜にあたるゴム膜が下がり，気管にあたるガラス管から空気が入ってきて，肺にあたるゴム風船がふくらむ。ゴム風船(肺)がふくらむので，息を吸ったときのようすである。

**2** (1)㋐ 右心房　㋑ 右心室
㋒ 左心房　㋓ 左心室
(2) ㋓
(3)A イ　B ア　C ウ　D エ
(4) 血液の逆流を防ぐ。

〈解説〉

(1) 心臓は4つの部屋に分かれていて，上部の2つを心房，下部の2つを心室という。心房には心臓にもどってくる血液が流れこみ，心臓にもどってきた血液は心室から出ていく。心臓の図は，正面から見たようすを表しているため，左右が反対になっている。

(2) 全身に血液を送り出すはたらきをしている部屋は，左心室である。全身に血液を送り出すには強い力が必要であるため，左心室の壁の筋肉は厚くなっている。

(4) 弁は，心房と心室の間のほか，肺動脈，大動脈への出口にある。弁があることで，血液の逆流を防ぐことができる。

**3** (1) A　(2) ア　(3) 血しょう
(4) 組織液

〈解説〉

(1) 血小板は，出血したときに血液をすばやく固めて止血させるはたらきをする。

(2) 赤血球に含まれるヘモグロビンには，酸素が多いところでは酸素と結びつき，反対に酸素が少ないところでは酸素をはなす性質がある。このため，酸素が多い肺胞では，ヘモグロビンはたくさんの酸素と結びつく。一方，細胞では酸素が少ないため，ヘモグロビンは酸素をはなして細胞に届けることができる。

(3)・(4) 血しょうは血液の液体成分で，この血しょうが毛細血管の外にしみ出し，細胞のまわりを満たしているものが組織液である。肺胞で血液中に取りこまれた酸素は，組織液を通して細胞に取りこまれる。細胞でできた不要な物質や二酸化炭素は，組織液に溶けこんだ後，毛細血管内に入る。

**4** (1) 体循環　(2)① b　② d　③ e
(3) 尿素　(4) 輸尿管(尿管)

〈解説〉

(1) 血液が心臓から肺以外の全身に送られ，再び心臓にもどる経路を体循環，血液が心臓から肺に送られ，再び心臓にもどる経路を肺循環という。

(2)① 酸素は肺で取り入れられるため，肺から心臓にもどってくる血液は多くの酸素を含んでいる。

② 養分は小腸で吸収されるため，小腸を通って肝臓に向かう血液は多くの養分を含んでいる。

③ じん臓では不要な物質が血液中からこし出されるため，じん臓を通った直後の血液中には不要な物質が最も少ない。

(3) アンモニアは，細胞でタンパク質やアミノ酸が分解されたときにできる物質であるが，有毒であり，肝臓で無害な尿素に変えられる。

(4) じん臓でつくられた尿は，輸尿管(尿管)を通ってぼうこうに運ばれ，一時ためられてから体外に排出される。

## 第9章 刺激と反応 p.107，108

**1** (1) 虹彩　(2)① ウ　② イ
(3) うずまき管　(4) オ

〈解説〉

(1) 虹彩がひとみ(図1のア)の大きさを変えることで，目に入る光の量を調節している。ひとみが大きくなれば目に入る光の量は増え，ひとみが小さくなれば目に入る光の量は減る。

(2)① レンズ(水晶体)のまわりには筋肉がついており，この筋肉のはたらきでレンズの厚さが変わり，網膜上に像を結ぶことができる。

② イは視神経で，網膜に結ばれた像の情報を脳に伝えるはたらきをしている。

(3) Bのうずまき管の中には音の刺激(空気の振動)を受け取る細胞(感覚細胞)があり，その音の情報がカの聴神経に伝えられる。

(4) オの鼓膜は空気の振動を最初にとらえて振動し，その振動は耳小骨(エ)を伝わってうずまき管に伝えられる。

**2** (1) 3.08秒　(2) 0.31秒

〈解説〉

(1) 平均の時間は，合計の時間÷回数 で求めることができるので，
(3.12＋3.14＋2.98＋3.08)〔秒〕÷4＝3.08〔秒〕

(2) (1)で求めた平均の時間は，10人の人が反応するのにかかった時間である。ここでは1人の人が反応するのにかかった時間を求めるので，
3.08÷10＝0.308〔秒〕 小数第3位を四捨五入して，0.31秒となる。

3 (1)㋐ 感覚　㋑ 運動　㋒ 末しょう
(2)① B，D，F，A，H，I，E，C
② 危険から身を守ること。
③ イ，ウ，エ

〈解説〉

(1) 感覚器官(B)からの刺激の信号を伝える神経(D)を感覚神経，感覚神経で伝えられた情報をもとに判断や命令を行う脳(A)や脊髄を中枢神経，中枢神経からの命令を筋肉(C)に伝える神経(E)を運動神経という。感覚神経や運動神経のように，中枢神経から枝分かれして全身に広がる神経を末しょう神経という。

(2)① 下線部ⓐの反応は，脳が命令を出す(意識して起こる)反応である。感覚器官からの刺激の信号は感覚神経を通って脊髄に伝わり，さらに脳に伝えられる。脳からの命令は脊髄を通って運動神経に伝えられ，筋肉に届く。命令を受けた筋肉が縮むことで運動が起こる。

② 反射は，無意識のうちに起こる反応である。脳に信号が伝わる前に反応が起こるので，脳を経由しない分，早く反応することができ，危険から身を守ることに役立つ。

③ アは，脳が命令を出す，意識して起こる反応である。

4 (1) けん
(2)曲げるとき　ア　　伸ばすとき　イ

〈解説〉

(1) 手や足などの運動器官を動かすときには，筋肉のはたらきによって関節の部分で骨格が曲げられる。筋肉の両端はけんという丈夫なつくりになっていて，けんが関節をまたいだ2つの骨についている。

(2) 筋肉は縮むことはできるが，みずからゆるむことはできない。そのため，骨の両側にある筋肉のどちらか一方が縮むと，他方がゆるむようになっている。腕を曲げるときには，筋肉Aが縮んで筋肉Bはゆるむ。反対に，腕を伸ばすときには，筋肉Bが縮んで筋肉Aはゆるむ。

# 第3編 天気とその変化

## 第10章 気象観測 p.120，121

1 (1) B　(2) 62%　(3) イ

〈解説〉

(1) 湿球温度計の球部(感温部)は，水でぬらした布で包まれていて，水が蒸発するときにまわりの熱を奪う。そのため，湿球温度計(B)のほうが，乾球温度計(A)より示度が低くなる。湿度が低いときほど，水が盛んに蒸発して熱が奪われるため，湿球温度計の示度が低くなり，乾球温度計との示度の差が大きくなる。湿度が100%の場合には，水は蒸発しないため，乾球温度計と湿球温度計の示度は同じになる。

(2) 乾球温度計の示度は18℃，湿球温度計の示度は14℃なので，湿度表で乾球の示度が18℃の行と，乾球と湿球の示度の差が4℃の列が交わるところの値を読み取り，湿度は62%となる。

(3) 乾湿計は，球部が地面から1.5m程度の高さにくるように置く。

2 (1)天気　晴れ　　風向　北西
(2) 右図
(3) ア

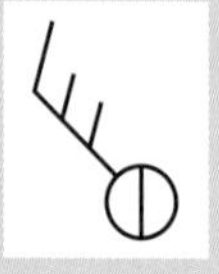

〈解説〉

(1) 風向は風が吹いてくる方向で，図の記号は左上(北西)から右下(南東)に向かって吹いていることを表している。

(2) 風力3は，3本の線で表す。

(3) 雲量0～1が快晴，雲量2～8が晴れ，雲量9～10がくもりである。天気を表す記号は，アがくもり，イが雨，ウが快晴，エが雪である。

3 (1) 1500Pa
(2) aのほうが深い。(bのほうが浅い。)
(3)① 接している面積　② 大きい
③ c
(4) 大気圧(気圧)

〈解説〉

(1)　圧力は，一定の面積当たりに垂直にはたらく力の大きさであり，

$$圧力〔Pa〕=\frac{力の大きさ〔N〕}{力がはたらく面積〔m^2〕}$$ で求められる。

圧力の単位をPaとする場合，面積の単位は$m^2$なので注意が必要である。この問題では，長さの単位がcmなので，mに直してから計算する。aの場合，スポンジに接している面の面積は，

$0.05〔m〕\times0.02〔m〕=0.001〔m^2〕$

物体にはたらく重力の大きさは，

$1〔N〕\times\frac{150〔g〕}{100〔g〕}=1.5〔N〕$ なので，圧力は，

$$\frac{1.5〔N〕}{0.001〔m^2〕}=1500〔Pa〕$$

(2)　圧力の公式より，力の大きさが一定のとき，圧力は力がはたらく面積に反比例する。よって，aとbでは，スポンジに接している面の面積が小さいaのほうが圧力が大きく，スポンジのへこむ深さは深くなる。

（bの場合の圧力を求めて確かめる。スポンジに接する面の面積は，

$0.05〔m〕\times0.08〔m〕=0.004〔m^2〕$ だから，圧力は，

$$\frac{1.5〔N〕}{0.004〔m^2〕}=375〔Pa〕$$

よって，aとbでは，aのほうが圧力が大きい。）

(3)　圧力の公式より，力がはたらく面積が一定のとき，圧力は力の大きさに比例する。よって，bとcでは，力の大きさが大きいcのほうが，圧力が大きい。

（cの場合の圧力を求めて確かめる。スポンジに接する面の面積はbと同じで，重力の大きさはbの2倍の3Nとなるので，圧力は，

$$\frac{3〔N〕}{0.004〔m^2〕}=750〔Pa〕$$

よって，bとcでは，cのほうが圧力が大きい。）

(4)　地球は厚い空気の層(大気)に包まれている。この大気にはたらく重力によって生じる圧力のことを，大気圧(または気圧)という。

**4**　(1)　21℃　　(2)　15時　　(3)　ウ

〈解説〉

(1)・(2)　図1の日は，天気は晴れで，気温も湿度も1日のうちで大きく変化している。

(3)　図1より，晴れの日は気温と湿度が逆の変化をする。一方，図2より，雨の日は気温，湿度ともあまり変化せず，湿度は1日中高い。

## 第11章　大気中の水蒸気と雲のでき方

p.134，135

**1**　(1)　ウ

(2)　水温を室温とほぼ同じにするため。

(3)水蒸気量　17.3g　　湿度　75%

〈解説〉

(1)　この実験では，コップ内の水温がコップのまわりの空気の温度となるべく同じになるようにする必要がある。そのため，なるべく熱を伝えやすい金属製のコップを使う。

(2)　実験を始める前には，コップ内の水温を室温とほぼ同じにしておいたほうがよい。そのため，くみ置きの水を使う。

(3)　実験では，20℃までコップ内の水温を下げると，コップの表面に水滴がつき始めた。このとき，コップの表面の温度もほぼ20℃と考えられ，コップの外側のすぐ近くの空気も20℃まで冷やされたと考えられる。室内の空気が20℃まで冷やされたときにコップの表面に水滴がつき始めたので，室内の空気の露点は20℃と考えられる。つまり，室内の空気は表より1$m^3$当たり，約17.3gの水蒸気を含んでいることになる。室内の空気の温度は25℃だから，飽和水蒸気量は表より23.1$g/m^3$である。また，この空気に含まれる水蒸気量は1$m^3$当たり17.3gなので，

$$湿度〔\%〕=\frac{空気中の水蒸気量〔g/m^3〕}{その気温での飽和水蒸気量〔g/m^3〕}$$ より，

このときの湿度は，$\frac{17.3〔g/m^3〕}{23.1〔g/m^3〕}\times100=74.8\cdots〔\%〕$

小数第1位を四捨五入して，75%となる。

解答

定期試験対策問題

**2** (1) 50%　(2) 17℃(18℃)　(3) 5 g
(4) 空気A　(5) 空気C

〈解説〉

(1) 空気Aは図より1 $m^3$当たり15gの水蒸気を含んでいる。30℃の空気の飽和水蒸気量を30g/$m^3$とするので，湿度は，$\frac{15〔g/m^3〕}{30〔g/m^3〕}\times100=50〔\%〕$

(2) 図の空気Aの温度を下げていき（Aの点を左に動かしていき），グラフとぶつかった点の気温が露点である。

(3) 空気Aは1 $m^3$当たり15gの水蒸気を含んでいる。また，グラフより，10℃の空気の飽和水蒸気量は10g/$m^3$である。よって，できる水滴の量は，
15－10＝5〔g〕

(4) 空気Aも空気Bも温度は30℃なので，飽和水蒸気量は同じである。よって，1 $m^3$に含まれている水蒸気量の多い空気Aのほうが，湿度が高い。

(5) 空気Bと空気Cは，どちらも1 $m^3$当たり10gの水蒸気を含んでいる。よって，飽和水蒸気量が小さい(気温が低い)空気Cのほうが，湿度が高い。

**3** (1) 丸底フラスコ内の空気中の水蒸気量を増やすため。
(2) 水蒸気が水滴になるときの核にするため。
(3) 引いたとき
(4) 上がった。

〈解説〉

(1) 空気中の水蒸気の量が多いほうが，温度が下がったときに水滴ができやすいので，実験開始前に丸底フラスコ内の水蒸気量を増やしておく。

(2) 線香の煙のような，水蒸気が水滴になるときの核(凝結核)があることで，露点に達したときに水滴ができやすくなる。

(3)・(4) ピストンを引くと，丸底フラスコ内の空気が膨張して，温度が下がる。温度が下がって露点より低くなると，水蒸気が水滴になって丸底フラスコ内がくもる。ピストンを押すと，丸底フラスコ内の空気が圧縮されて，温度が上がる。温度が上がって露点より高くなると，水滴が水蒸気になって丸底フラスコ内のくもりが消える。

**4** (1)① ア　② ア　③ イ
(2) 露点
(3) イ
(4)① 上昇気流　② 雨

〈解説〉

(1)・(2) 上空は気圧が低いため，空気のかたまりが上昇すると膨張し，温度が下がる。温度が下がって露点より低くなると，水蒸気が水滴となる。この水滴が集まったものが雲である。

(3) 上記のようなしくみで雲ができるので，上昇気流が発生しているところでは，雲ができやすい。アでは，あたためられた空気が上昇する。ウでは，冷たい空気がもぐりこむことで，あたたかい空気が押し上げられ，上昇気流となる。イでは，下降気流ができるため，雲はできにくい。

## 第12章 前線と天気の変化 p.146, 147

**1** (1) 1012hPa　(2) ア　(3) エ　(4) B
(5) E　(6) ア

〈解説〉

(1) 等圧線は4hPaごとにひかれている。点Cは，点Aの1020hPaの高気圧から，低気圧の点Bに向かって2本目の等圧線上にある。

(2) 点Aは高気圧の中心，点Bは低気圧の中心である。また，上空ほど気圧が低いため，点Xは点Bより気圧が低い。なお，空気は気圧の高いほうから低いほうに流れる。

(3) 北半球の低気圧の地表付近では，エのように反時計回りに風が吹きこむ。高気圧の地表付近では，アのように時計回りに風が吹き出す。

(4) 低気圧の中心付近では，上昇気流が起こるため，雲が発生しやすい。

(5) 等圧線の間隔が狭いところほど，強い風が吹いている。

(6) 高気圧の中心からは時計回りに風が吹き出しているので，点F付近では北寄りの風が吹いていると考えられる。

**2** (1)A　温暖前線
B　寒冷前線
(2) 右図
(3) a，c，d，b

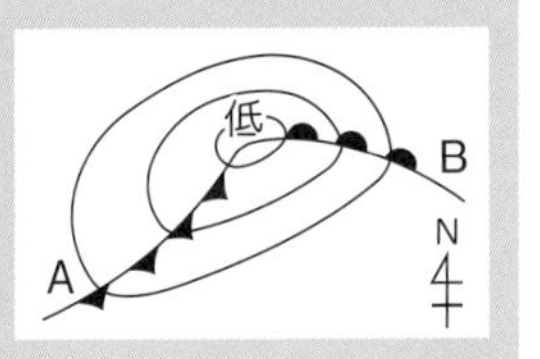


〈解説〉

(1) 暖気が寒気の上にはい上がっていくのが温暖前線，寒気が暖気の下にもぐりこむのが寒冷前線である。

(2) 前線の記号は，前線の進行方向(東側)にかく。

(3) 寒気と暖気が接して停滞前線ができる(a)。→停滞前線が波打って低気圧が発生し，寒冷前線と温暖前線ができる(c)。→温暖前線より寒冷前線のほうが，速く移動するため，暖気の範囲が狭くなる(d)。→寒冷前線が温暖前線に追いつき，閉塞前線ができる。

**3** (1)①　上がる。　②　エ
(2)①　ア　②　イ　③　イ
(3) 南寄りから北寄りに変わる。

〈解説〉

(1)① 前線Aは温暖前線である。温暖前線の通過後，気温は上がる。

② 前線Bは寒冷前線である。寒冷前線の通過後，気温は下がる。図1より，地点Pでは5時から6時の間に気温が急激に下がっているので，この間に寒冷前線が通過したと考えられる。

(2) 寒冷前線では，寒気が暖気の下にもぐりこみ，暖気を急激に押し上げている。強い上昇気流が生じるので，積乱雲が発生することが多い。積乱雲の下では，激しいが短時間でやむ，にわか雨が降ることが多い。

(3) 寒冷前線の通過前後で，風向は南寄りから北寄りに変わり，通過後は寒気に入るため気温が下がる。

## 第13章 大気の動きと日本の天気 p.159, 160

**1** (1) 偏西風
(2) ウ
(3)① イ　② ア　③ イ
④ ア　⑤ ア

〈解説〉

(1) 北半球と南半球の中緯度地域の上空では，西から東に向かう偏西風が，南北に蛇行しながら吹いている。

(2) 赤道周辺と北極・南極周辺の地表付近では，偏西風とは逆向きの風が吹いている。

(3) 大気は，あたためられると膨張して密度が小さくなるので，気温が高いところでは上昇気流が起こり，地表付近の気圧が低くなる。逆に，大気は，冷やされると収縮して密度が大きくなるので，気温が低いところでは下降気流が起こり，地表付近の気圧が高くなる。このように，気温の差によって気圧の差が生じると，大気が動いて風になる。同様の大気の動きは狭い地域でも起こっていて，海陸風もその1つである。陸は海よりあたたまりやすいため，晴れた日の日中は陸上の気温が高くなり，陸上で上昇気流ができて気圧が低くなり，海から陸に向かって海風が吹く。また，陸は海より冷えやすいため，晴れた日の夜間は陸上の気温が低くなり，陸上で下降気流ができて気圧が高くなり，陸から海に向かって陸風が吹く。

**2** (1) B
(2) (暖流が流れる)日本海の上を通過する間に大量の水蒸気を含むため。
(3) 日本海側で(雨や)雪を降らせて(含まれる)水蒸気が少なくなったから。

〈解説〉

(1) 冬は，ユーラシア大陸上にできたシベリア気団からの風が日本列島に吹いてくるため，Aが日本海側，Bが太平洋側である。

(2) シベリア気団から吹き出した風はもともと乾燥しているが，暖流(対馬海流)が流れる日本海の上を通過する間に大量の水蒸気を含む。

(3) 湿った風が日本列島の山脈にぶつかって上昇すると，雲が発生して日本海側に雪が降る。雪を降らせて水蒸気を失った風が太平洋側に吹き下りるため，太平洋側では乾燥する。

**3** (1) B
(2) 小笠原気団
(3) ウ
(4) 梅雨前線(停滞前線)

〈解説〉

(1) 冬は大陸上にシベリア高気圧が発達し，日本列島の東の海上に低気圧があることが多い。このため，日本付近では西に高気圧，東に低気圧があり(西高東低の気圧配置になり)，等圧線が南北に並ぶ天気図となることが多い。

(2) 太平洋上に発達する気団は小笠原気団で，小笠原気団が発達するのは夏である。

(3) Cの天気図に見られるように，低気圧と高気圧が交互に日本付近を通過し，周期的に天気が変わるのは春である。なお，アは冬の，イはつゆの天気のようすである。

(4) 前線㋐は停滞前線で，つゆ(梅雨)の時期の停滞前線を梅雨前線という。

**4** (1)㋐ 太平洋高気圧(小笠原高気圧)
㋑ 偏西風
(2)① ア　② イ
(3) 高潮

〈解説〉

(1)・(2) 太平洋上で発生した台風は，夏は太平洋高気圧の南を通って大陸に進む。秋が近くなって太平洋高気圧が弱まると，高気圧のふちにそうように北上する。北上すると，偏西風に流されて北東に進路を変える。北上するにつれ，台風のエネルギー源となっている水蒸気の供給が減るため，しだいに勢力が衰えていく。

(3) 気圧が下がることで大気が海面を押す力が小さくなり，海面が上昇する。気圧が1hPa下がるごとに，約1cm海面が上昇するといわれている。

# 第4編 電流とその利用

## 第14章 回路と電流・電圧 p.172，173

**1** (1) ㋑　(2) 逆向きになる。
(3) 光らない。

〈解説〉
(1) 電流は，乾電池の＋極から出て，導線を通って－極に入る。
(2) モーターは，乾電池を逆向きにつなぐと，逆向きに回転する。
(3) 発光ダイオード(LED)は豆電球とは異なり，決まった向きにだけ電流が流れる。

**2** (1) 下図(例)

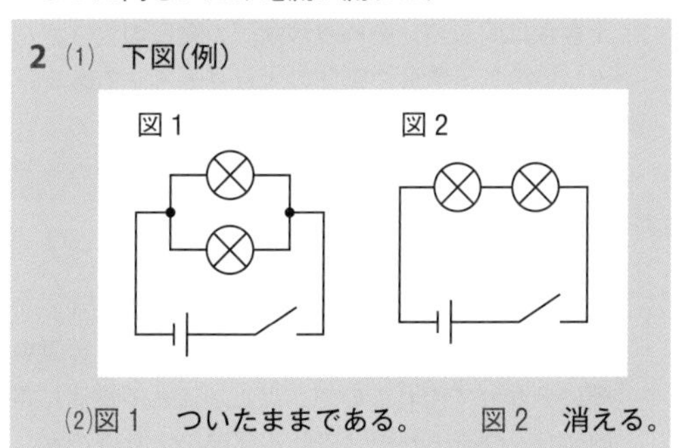


(2)図1　ついたままである。　図2　消える。

〈解説〉
(1) 図1は並列回路，図2は直列回路である。
(2) 図1の並列回路の場合，豆電球の一方を外しても，もう一方の豆電球には電流が流れる。図2の直列回路の場合，豆電球の一方を外すと，その先へは電流が流れなくなる。

**3** (1) 5A　(2) 260mA　(3) 300V
(4) 0.60V　(5) ア

〈解説〉
(1) 流れる電流の大きさがわからない場合には，電流計の針が振りきれて電流計が壊れるのを防ぐため，いちばん大きい電流がはかれる－端子につなぐ。
(2) 500mAの－端子につないだ場合，針が電流計の右端まで振れたときに，500mAの電流が流れていることになる。
(3) 電流計の場合と同様に，電圧の大きさがわからない場合には，いちばん大きい電圧がはかれる－端子につなぐ。
(4) 3Vの－端子につないだ場合，針が右端まで振れたときに，3Vの電圧が加わっていることになる。

**4** (1)点㋐　1.0A
点㋓　1.0A
(2) 5.0V
(3) 右図(例)

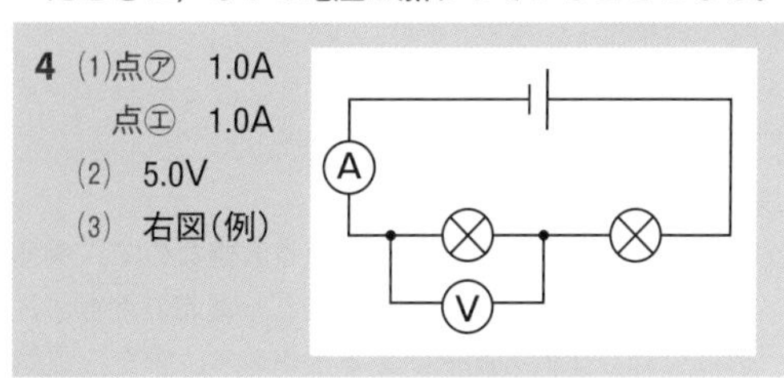


〈解説〉
(1) 直列回路では，回路を流れる電流の大きさはどこでも同じである。
(2) 直列回路では，電圧は2個の豆電球に分かれて加わり，㋑㋒間に加わる電圧の大きさは，2個の豆電球に加わる電圧の大きさの和になる。よって，
2.0＋3.0＝5.0〔V〕
(3) 電流計は電流をはかりたいところ(点㋓)に直列に，電圧計は電圧をはかりたいところ(豆電球P)に並列につなぐ。

**5** (1)点㋑　0.2A
点㋔　0.5A
(2) 5.0V
(3) 右図(例)

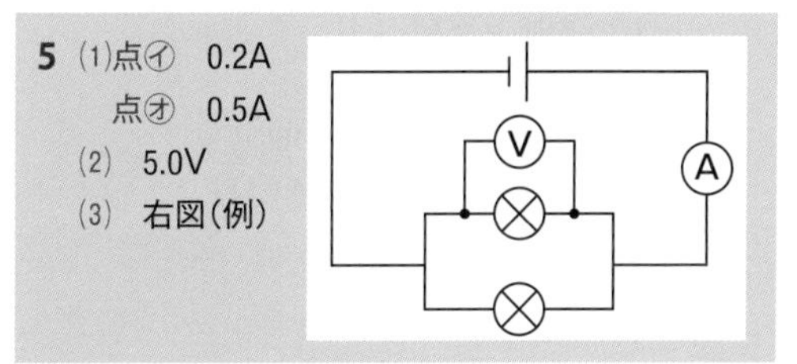


〈解説〉
(1) 並列回路では，電流は2個の豆電球に分かれて流れ，点㋑を流れる電流の大きさと点㋓を流れる電流の大きさの和が，点㋐，点㋔を流れる電流の大きさである。よって，点㋑を流れる電流の大きさは，
0.5－0.3＝0.2〔A〕
(2) 並列回路では，回路のどの部分にも同じ大きさの電圧が加わる。よって，㋑㋒間に加わる電圧の大きさは，電源の電圧の大きさと同じ5.0Vである。
(3) 電流計は回路に直列に，電圧計は豆電球Pに並列につなぐ。

## 第15章 オームの法則と電気エネルギー

p.186, 187

**1** (1)① ア　② イ
(2)電熱線a　20Ω　電熱線b　40Ω
(3) 24V
(4) 0.4A

〈解説〉

(1) グラフはどちらも，原点を通る直線なので，電熱線に加わる電圧とそのときに流れる電流の大きさとの間には，比例の関係があるといえる。また，電熱線a，bに同じ大きさの電圧を加えたとき，電流が流れにくい電熱線bのほうが抵抗が大きい。

(2) グラフより，電熱線aに4Vの電圧が加わったとき，0.2Aの電流が流れることがわかる。

オームの法則 $R=\frac{V}{I}$ より，$\frac{4\text{〔V〕}}{0.2\text{〔A〕}}=20\text{〔Ω〕}$

同様に，電熱線bに4Vの電圧を加えたとき，0.1Aの電流が流れる。オームの法則より，

$\frac{4\text{〔V〕}}{0.1\text{〔A〕}}=40\text{〔Ω〕}$

(3) オームの法則 $V=RI$ より，
20〔Ω〕×1.2〔A〕=24〔V〕

(4) オームの法則 $I=\frac{V}{R}$ より，$\frac{16\text{〔V〕}}{40\text{〔Ω〕}}=0.4\text{〔A〕}$

**2** (1)① 0.4A　② 2V　③ 10V
④ 25Ω
(2)① 6V
②点b　1.2A　点c　1.5A
③ 4Ω

〈解説〉

(1)① 抵抗の大きさが20Ωの電熱線Qに8Vの電圧が加わるので，電熱線Qを流れる電流の大きさは，

$I=\frac{V}{R}$ より，$\frac{8\text{〔V〕}}{20\text{〔Ω〕}}=0.4\text{〔A〕}$

直列回路ではどの点でも電流の大きさが同じなので，点aを流れる電流の大きさも0.4Aである。

② 電熱線Pを流れる電流の大きさも0.4Aである。
電熱線Pの抵抗の大きさは5Ωなので，
$V=RI$ より，5〔Ω〕×0.4〔A〕=2〔V〕

③ 直列回路では，電源の電圧はそれぞれの電熱線に分かれて加わるので，電熱線P，Qにそれぞれ加わる電圧の大きさの和が電源の電圧の大きさに等しい。よって，2+8=10〔V〕

④ 直列回路では，回路全体の抵抗の大きさは，それぞれの抵抗の大きさの和になる。よって，
5+20=25〔Ω〕

(2)① 抵抗の大きさが20Ωの電熱線Qに0.3Aの電流が流れるので，電熱線Qに加わる電圧は，
$V=RI$ より，20〔Ω〕×0.3〔A〕=6〔V〕
並列回路では，それぞれの電熱線に加わる電圧の大きさは同じで，それらは電源の電圧の大きさに等しいので，電源の電圧の大きさも6Vである。

② 電熱線Pに加わる電圧の大きさも6Vである。
抵抗の大きさは5Ωなので，電熱線Pを流れる電流の大きさは，$I=\frac{V}{R}$ より，$\frac{6\text{〔V〕}}{5\text{〔Ω〕}}=1.2\text{〔A〕}$

よって，点bを流れる電流の大きさは1.2Aである。また，並列回路では，電流はそれぞれの電熱線に分かれて流れるので，点cを流れる電流は電熱線P，Qをそれぞれ流れる電流の大きさの和になる。よって，1.2+0.3=1.5〔A〕

③ 電源の電圧の大きさは6Vで，回路全体を流れる電流の大きさは1.5Aなので，

$R=\frac{V}{I}$ より，$\frac{6\text{〔V〕}}{1.5\text{〔A〕}}=4\text{〔Ω〕}$

**3** (1)　6.0W
(2)　比例関係
(3)　1800J
(4)　右図
(5)　大きくなる。

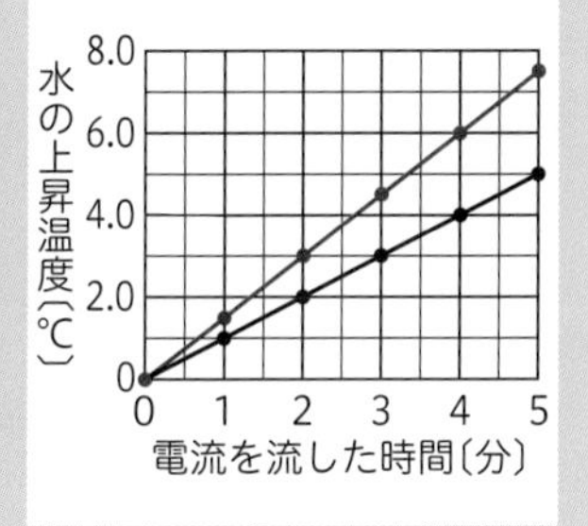


〈解説〉
(1)　電熱線に6.0Vの電圧を加えると1.0Aの電流が流れるので，電熱線の電力は，
電力〔W〕＝電圧〔V〕×電流〔A〕 より，
6.0〔V〕×1.0〔A〕＝6.0〔W〕
(2)　グラフは原点を通る直線なので，比例の関係があるといえる。
(3)　熱量〔J〕＝電力〔W〕×時間〔s〕 より，時間の単位は「秒」なので，「分」を「秒」に直して計算する。
よって，6.0〔W〕×(5×60)〔s〕＝1800〔J〕
(5)　電流によって発生する熱量は，電力の大きさと電流を流した時間に比例する。

**4** (1)　3600J
(2)　14400J
(3)　2000Wh，2kWh

〈解説〉
(1)　熱量〔J〕＝電力〔W〕×時間〔s〕 より，
5〔W〕×(12×60)〔s〕＝3600〔J〕
(2)　電力量〔J〕＝電力〔W〕×時間〔s〕 より，
80〔W〕×(3×60)〔s〕＝14400〔J〕
(3)　電力量〔Wh〕＝電力〔W〕×時間〔h〕 より，
400〔W〕×5〔h〕＝2000〔Wh〕
また，単位をkWhに直すと，
1000Wh＝1kWh より，2000Wh＝2kWh

## 第16章 電流の正体 p.196，197

**1** (1)　遠ざかる。
(2)　近づく。
(3)①　−　　②　＋

〈解説〉
(1)・(2)　ティッシュペーパーでストローをこすると，一方の物質は＋の電気を，もう一方の物質は−の電気を帯びる。同じ種類の電気を帯びたストローどうしにはしりぞけあう力が，異なる種類の電気を帯びたストローとティッシュペーパーには引きあう力がはたらく。
(3)　物質が−の電気を帯びるか＋の電気を帯びるかは，こすり合わせる物質の種類によって決まる。この問題では，ティッシュペーパー中にある−の電気をもつ粒子(電子)がストローに移動して，ストローが−の電気を帯び，ティッシュペーパーが，＋の電気を帯びる。

**2** (1)　静電気
(2)　放電
(3)　エ

〈解説〉
(1)　衣類などと下敷きをこすり合わせることで，下敷きには静電気がたまる。ネオン管を下敷きに近づけると，下敷きにたまっていた静電気がネオン管内に移動し，電流が流れる。下敷きにたまっていた静電気はすぐに移動してなくなるため，ネオン管が光るのは一瞬である。
(2)　たまっていた静電気が流れ出したり，空気などの気体中を静電気が移動したりする現象を放電という。雷も，雲の中にたまった静電気が空気中を地面に向かって流れる放電現象である。
(3)　蛍光灯も，ネオン管と同じく放電管の一種である。蛍光灯では，管の内側に蛍光塗料が塗られており，真空放電が起こると，その塗料が明るく光ることを利用している。

**3** (1) 電子線(陰極線)　(2) 電極Q
(3) 電極R

〈解説〉

(1) 図1の電極Pから電極Qへ向かって移動している粒子は，電子である。－極(陰極)から出る粒子の流れなので陰極線と名づけられたが，陰極線は電子の流れであることがわかり，電子線とよばれるようになった。

(2) クルックス管に電圧を加えると，－の電気をもった電子が－極側から出て＋極側へ向かって移動する。図1では電極Pから直進してきた電子が十字形の金属板でさえぎられて，十字形の影ができたので，電極Pが－極，電極Qが＋極である。

(3) クルックス管内の電子線(陰極線)は，－の電気をもった電子の流れなので，＋極に引き寄せられる。図2では，電子線が下のほうに曲がっているので，電極Sが＋極，電極Rが－極である。

**4** (1) 電子　(2) 図2　(3) B→A

〈解説〉

(1) 粒子Pは，－の電気をもつ電子で，電流を流す前の導線(金属)の中では自由に動きまわっている。

(2) 電圧を加えると，－の電気をもつ電子が＋極のほうに引き寄せられて移動することで，電流が流れる。よって，一定の方向に電子が移動している図2が，電圧を加えているときのようすである。

(3) 電流の向きは＋極から－極の向きで，電流が流れているときの電子の移動の向き(－極から＋極)とは逆である。

**5** (1) X線，α線，β線，γ線などから1つ。
(2) ア

〈解説〉

(2) 放射線には，物質を通り抜ける性質(透過性)のほか，物質を変質させる性質がある。医療現場で使われているレントゲンは，透過性を利用して体内を検査することができる装置である。また，物質を変質させる性質を利用することで，プラスチックの容器を熱に強いものに変えたり，ジャガイモの発芽を抑えて長期保存を可能にしたりできる。

## 第17章 電流と磁界 p.209，210

**1** (1) 磁力線
(2) P
(3) イ

〈解説〉

(2) 図では，方位磁針のS極が棒磁石のQを指しているので，QはN極とわかる。よって，反対側のPはS極である。

(3) 磁力線の向きは，N極から出て，S極に入る向きである。

**2** (1)A 西　B 東
(2) 逆向きになる。

〈解説〉

(1) まっすぐな導線を流れる電流によってできる磁界の向きは，電流の向きをねじの進む向きとすると，ねじを回す向きと同じになる。図の場合，電流の向きは上向きなので，磁界の向きは上から見て反時計回りとなる。よって，方位磁針AのN極は西をさし，方位磁針BのN極は東をさす。

(2) 電流の向きが逆向きになると，磁界の向きも逆向きになる。

**3** (1) ウ
(2) エ
(3) 電流を大きくすればよい。

〈解説〉

(1) コイルの中にできる磁界の向きは，右手の親指以外の4本の指を電流の向きに合わせたときの，伸ばした親指の向きと同じになる。図の場合，コイルの中の磁界の向きは左向きなので，N極はどちらも左をさす。

(2) 電流の向きを逆向きにすると，コイルの中の磁界の向きも逆向きになる。

(3) 磁界の強さは，電流の大きさを大きくするほど，コイルの巻数を多くするほど，強くなる。ここでは，同じコイルを使うという条件があるので，電流の大きさを大きくすることで，磁界の強さを強くする。

**4** (1) 電流の向きを逆にする，磁界の向きを逆にする，のうちから１つ。
(2) 大きくなる。
(3) ア

〈解説〉

(1) 電流が磁界から受ける力の向きを逆向きにするには，電流の向きか，磁界の向きのどちらか一方を逆向きにすればよい。電流の向きと磁界の向きを同時に逆向きにした場合には，電流が磁界から受ける力の向きは変わらない。

(2) 電熱線ａより抵抗の小さい電熱線ｂにかえると，回路に流れる電流が大きくなるので，導線Ｘの振れ方も大きくなる。

(3) モーター…コイルと磁石を組み合わせてできており，コイルを流れる電流が磁石の磁界から受ける力を利用して，コイルが連続的に回転するようにした装置である。
方位磁針…地球が巨大な磁石であり，北がＳ極，南がＮ極であるため，地球上の磁石のＮ極が北をさす性質を利用したものである。
電磁石…コイルに鉄心を入れて電流を流すと，鉄心が磁石になることを利用したものである。
電球…フィラメントとよばれる細い導線に電流を流すことで温度が上がり，発光することを利用したものである。

**5** (1) イ，エ
(2) コイルの巻数を多くする，磁石をより速く動かす，磁石をより磁力の強いものにかえる，などから１つ。
(3) 発電機

〈解説〉

(1) 棒磁石をコイルの近くで動かすと，コイルの中の磁界が変化し，コイルに電流が流れる。このような現象を電磁誘導といい，電磁誘導によって流れる電流を誘導電流という。検流計の針の振れの向き（誘導電流の向き）は，棒磁石の極か，棒磁石（コイル）の動かす向きのどちらか一方を逆にすると，逆になる。ア～エではすべて，図のときとは，棒磁石の極が逆である。このうち，図のときとは逆に，棒磁石とコイルを遠ざけているイとエでは，誘導電流の向きは図のときと同じになる。

(2) 誘導電流を大きくするには，コイルの巻数を多くする，磁界の変化を速くする（磁石を速く動かす），磁石の磁界（磁力）を強くする（磁石を磁力の強いものにかえる）のいずれかの方法が考えられる。

(3) 発電機は，電磁誘導を利用して，連続的に電流を発生させられるようにした装置である。発電機とモーターはほぼ同じ構造をしており，発電機をモーターとして使ったり，モーターで発電したりすることもできる。

## 入試対策問題　解答と解説

**1** 問１(1)　石灰水が試験管に逆流しないようにするため。

(2)　$2NaHCO_3 \longrightarrow CO_2 + Na_2CO_3 + H_2O$

問２(1)　ア，エ

〈解説〉

問１(1)　加熱をやめると，加熱していた試験管内の空気が冷えることにより，試験管内の気圧が下がる。そのため，ガラス管が石灰水に入ったままの状態で加熱をやめると，石灰水がガラス管を通って試験管内に流れこむことがある。試験管が石灰水によって急に冷やされると，試験管が割れる危険性があるので，実験の際には注意が必要である。

(2)　実験Ⅰの(i)で，石灰水が白くにごったことから，二酸化炭素が発生したことがわかるので，気体Aは二酸化炭素である。

実験Ⅰの(ii)で，塩化コバルト紙の色が変化したことから，水ができたことがわかるので，液体Cは水である。

試験管に残った固体Bは，表１から，炭酸水素ナトリウムとは別の物質であることがわかる。この固体Bは，炭酸水素ナトリウムが分解してできた炭酸ナトリウムである。

炭酸水素ナトリウムが気体A，固体B，液体Cに分解する化学変化を化学反応式で表すには，まず次のように，矢印の左右にそれぞれの物質を化学式で表す。

$$NaHCO_3 \longrightarrow CO_2 + Na_2CO_3 + H_2O$$

矢印の左右でナトリウム原子や水素原子の数を等しくするために，次のように左側の$NaHCO_3$に係数２をつける。

$$2NaHCO_3 \longrightarrow CO_2 + Na_2CO_3 + H_2O$$

矢印の左右で各原子の数を確認すると，等しくなっているのでこれで完成である。

問２(1)　ア～エについて，１つずつ考える。

ア…図３のグラフより，うすい塩酸40.0ｇに加える炭酸水素ナトリウムの質量を増やしていくと，5.0ｇ以降は，発生した二酸化炭素の質量が増加しなくなる。このことから，うすい塩酸40.0ｇをすべて反応させるのに，炭酸水素ナトリウムは5.0ｇ必要であることがわかる。つまり，うすい塩酸と炭酸水素ナトリウムが過不足なく反応するときの質量の比は，

40.0：5.0＝８：１　である。アでは，うすい塩酸と炭酸水素ナトリウムの質量の比は，

48.0：6.0＝８：１　なので，アは正しい。

イ…うすい塩酸と炭酸水素ナトリウムが反応すると，塩化ナトリウムが生じる。この反応の化学反応式は，次のように表される。

$$NaHCO_3 + HCl \longrightarrow NaCl + CO_2 + H_2O$$

この反応は，うすい塩酸に少しでも炭酸水素ナトリウムを加えると起こるので，イは誤り。

ウ…図３より，加えた炭酸水素ナトリウムの質量が5.0ｇまでは，発生した二酸化炭素の質量は炭酸水素ナトリウムの質量に比例しているが，炭酸水素ナトリウムの質量が5.0ｇをこえると，発生する二酸化炭素の質量は増えていない。よって，ウは誤り。

エ…図３で，加えた炭酸水素ナトリウムの質量が5.0ｇをこえると，発生する二酸化炭素の質量が変わらなくなるのは，うすい塩酸40.0ｇが炭酸水素ナトリウム5.0ｇとちょうど反応したからである。よって，エは正しい。

反応する物質の過不足について考えるときは，ちょうど反応するときの質量比をもとにすると考えやすいよ。

**2** (1)　水がデンプン溶液を変化させないこと。
(2)　大根のしぼり汁には，デンプンを分解するだ液に似たはたらきがある。デンプンを分解するはたらきは発芽したばかりのときからあるが，大根のしぼり汁の方が，デンプンを早く分解する。

〈解説〉

(1)　だ液のはたらきを調べる実験で，デンプンの分解がだ液のはたらきによるものであることをはっきりさせるには，デンプン溶液と水の試験管でデンプンが分解されないことを示す必要がある。

もし，デンプン溶液と水の試験管を用意せずに実験を行った場合，デンプン溶液と薄めただ液の試験管でデンプンの分解が起こっても，それが水のはたらきによるものなのか，だ液のはたらきによるものなのかが判断できない。

大根やかいわれ大根での実験においても同様で，大根やかいわれ大根に消化を助けるはたらきがあることをはっきりさせるには，大根やかいわれ大根のしぼり汁に含まれる水分がデンプンを変化させているのではない，ということを示す必要がある。この問題では，「水がデンプン溶液を変化させない」ことは，レポートの実験からわかっている。

**ポイント** 対照実験

デンプン溶液と水の試験管のように，調べたい１つの条件（ここではだ液にデンプンを分解させること）以外の条件を同じにして別に行う実験を，対照実験という。対照実験を行うことで，２つの実験の結果の違いが，その１つの条件によって現れたことが明らかになる。

(2)　仮説は，

ⅰ　大根には消化を助けるはたらきがある。

ⅱ　消化を助けるはたらきは，発芽したばかりのときからある（かいわれ大根にもある）。

の２要素で構成されている。よって，解答ではⅰ，ⅱの両方について述べる必要がある。また，問題文に「実験の結果からいえること」とあるので，ⅱでは，はたらきの有無だけでなく，表２の試験管ＡとＢの違い（ヨウ素液が変化しなくなるまでの時間の違い）について触れる必要がある。

ⅰ…大根のしぼり汁を加えた試験管Ａでは，表２より，ヨウ素液の色が変化しなくなり，ベネジクト液が反応したことから，デンプンが分解されて麦芽糖やブドウ糖ができていることがわかる。

ⅱ…表２より，かいわれ大根のしぼり汁を加えた試験管Ｂでも，デンプンが分解されたことがわかる。

ただし，ヨウ素液の反応から，同じ量のデンプン溶液を完全に分解するのにかかった時間は試験管Ａの方が短いので，試験管Ａに加えた大根のしぼり汁の方が，デンプンを早く分解したことがわかる。

実験結果で見られる差は，仮説に対する結論に直結することが多い。差が生じた原因を考えてみよう。

**3** (1) ア
(2)① ウ
②a 標高 1100m 温度 2℃
b 34.4%

〈解説〉

(1) ア…日本列島付近に停滞前線(梅雨前線)があるので，梅雨の時期の天気図である。
イ…日本列島の南に高気圧(太平洋高気圧または小笠原高気圧)が発達しているので，夏の天気図である。
ウ…台風が日本列島付近に北上してきているので，太平洋高気圧が弱まる夏の終わり～秋の初めの時期の天気図である。
エ…等圧線が南北方向に並び，西高東低の気圧配置になっているので，冬の天気図である。

(2)① 上空へいくほど，それより上にある空気の量が少なくなるため，気圧は低くなる。気圧の低下により，空気のかたまりを押す力が弱くなるため，空気のかたまりは膨張する。この結果，温度が下がる。

② フェーン現象(湿った風が山を越えて吹き下りると，気温が上がって乾燥する現象)に関する問題である。右図は，地点Aの空気が山頂に到達するまでの，空気中の水蒸気量の変化を表したものである。

a 【露点に達する地点の標高を求める】

地点Aの気温は16℃だから，この空気の飽和水蒸気量は，表より，13.6g/m³である。また，この空気の湿度は50%だから，空気1m³中に含まれている水蒸気量は，

$$13.6〔g〕\times\frac{50}{100}=6.8〔g〕$$

この空気が露点に達するのは，表より，気温が5℃になる地点で，この地点をXとすると，地点Xと地点Aの温度差は，16−5=11〔℃〕

問題文より，露点に達していない空気の温度は，100m上昇するごとに1℃下がるので，地点Xの標高は，

$$0〔m〕+100〔m〕\times\frac{11〔℃〕}{1〔℃〕}=1100〔m〕$$

【温度を求める】

問題文より，露点に達した空気の温度は，100m上昇するごとに0.5℃下がるので，標高1100mの地点Xから標高1700mの山頂まで上昇した空気の温度は，

$$5〔℃〕-0.5〔℃〕\times\frac{(1700-1100)〔m〕}{100〔m〕}=2〔℃〕$$

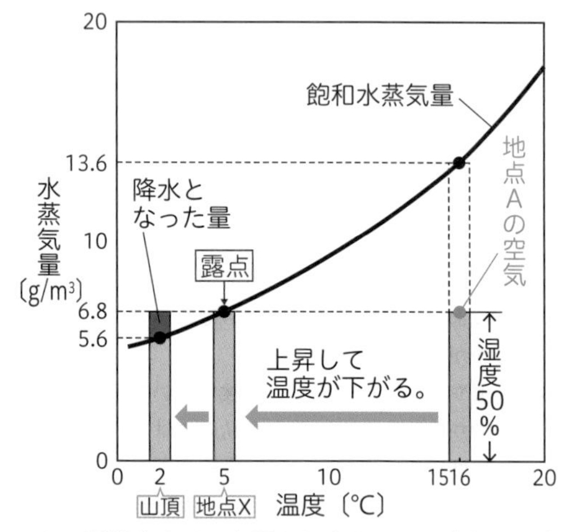


b 問題文より，山頂から吹き下りる空気の温度は，100m下降するごとに1℃上がるので，標高1700mの山頂から標高0mの地点Bに到達したときの温度は，

$$2〔℃〕+1〔℃〕\times\frac{(1700-0)〔m〕}{100〔m〕}=19〔℃〕$$

この空気の飽和水蒸気量は，表より，16.3g/m³である。また，山頂での空気は，温度が2℃で湿度が100%だから，空気1m³中に含まれている水蒸気量は5.6gである。この水蒸気を含んだまま地点Bまで下りてきたので，地点Bでの湿度は，

$$\frac{5.6〔g/m^3〕}{16.3〔g/m^3〕}\times100=34.35\cdots≒34.4〔\%〕$$

4 問1　つなぎ方　下図

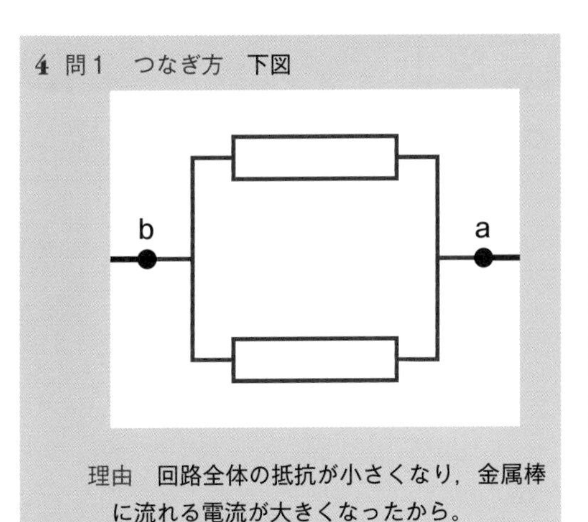


理由　回路全体の抵抗が小さくなり，金属棒に流れる電流が大きくなったから。

問2　エ　　問3　ウ

〈解説〉

問1　結果1の(1)と(2)から，金属棒に流れる電流が大きいほうが，金属棒が速く動くことがわかる。

金属棒に流れる電流を大きくするには，回路全体の抵抗を小さくすればよいので，そのためには二つの抵抗器をどのようにつなげばよいかを考える。二つの抵抗器を直列につなぐと，回路全体の抵抗は二つの抵抗の和になり，並列につなぐと，回路全体の抵抗はそれぞれの抵抗よりも小さくなる。よって，二つの抵抗器を並列につなげばよい。

問2　X，Y，Zのうち，Zはア～エのどれでも右向き(金属棒が動いた向き)なので，XとYについて考える。

【X：磁石による磁界の向き】

実験1の(2)より，磁石はN極が上面になるように並べてある。磁石の磁界の向きは，N極から出てS極に入る向きだから，Xは上向きである。

【Y：金属棒に流れている電流の向き】

電流は電源装置の＋極から流れ出るので，図1では，抵抗器から金属棒の向きに電流が流れる。よって，Yは手前から向こうへ流れる向きである。

問3　電流の大きさと向きが周期的に変わる電流を交流といい，家庭用コンセントから得られる電流などは交流である。

次に，検流計の針が振れる向きを考える。棒磁石の上面をS極とし，コイルが点Ｉから点Ｊまで動いているとき，コイルはN極から遠ざかる向きに動いている。結果2のうち，棒磁石の上面がN極のときと比べると，S極を上面にしたことにより磁界の向きが逆になっているので，同じようにN極から遠ざかる向き(点H→点G)にコイルを動かしたときとは逆向きに流れる。よって，検流計の針は右に振れる。

別解

この実験ではコイルを動かしているが，コイルを固定したとして，コイルに対する棒磁石の動きを考えてもよい。

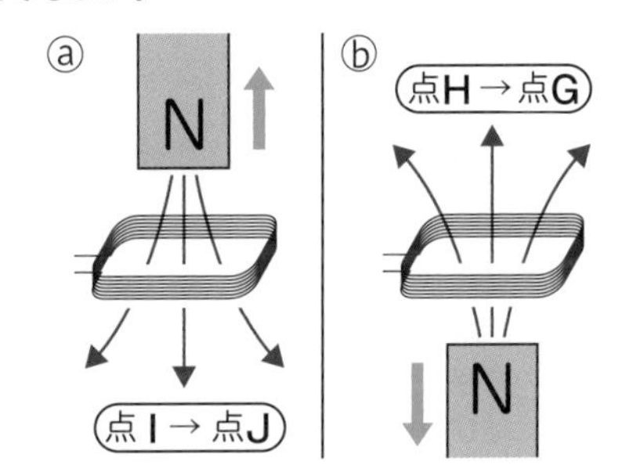


棒磁石のS極を上面とし，コイルを点Ｉから点Ｊへ動かしているときは，上図のⓐのように，下を向いたN極がコイルから遠ざかっていると考えることができる。これは，棒磁石の上面がN極で，コイルが点Hから点Gへ動いているとき(上図のⓑのように，上を向いたN極がコイルから遠ざかっているとき)に対して，磁界の向きが逆になっている。よって，検流計の針が振れる向きも逆になる。

電磁誘導では，磁界の変化を妨げる向きに電流が流れるよ(レンツの法則)。間違えやすいから落ちついて考えよう。

# 別冊 練習問題　解答と解説

## 第1編 化学変化と原子・分子

### 第4章 化学変化と物質の質量　p.9～11

練習①-1

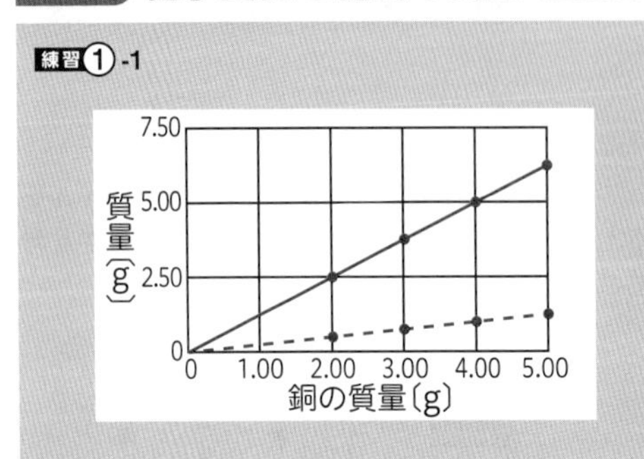


〈解説〉

(1)　表より読みとれる値をもとに，図中に点をとり，原点を通り，図中にとった点のすべての近くを通過する1本の直線を引く。

(2)　酸化物に結びついている酸素の質量は，

（酸化銅の質量）－（銅の質量）

より，求めることができる。銅の質量に対して，結びついた酸素の質量を表にすると，次のようになる。

| 銅の質量〔g〕 | 2.00 | 3.00 | 4.00 | 5.00 |
|---|---|---|---|---|
| 酸素の質量〔g〕 | 0.50 | 0.74 | 1.02 | 1.25 |

この表をもとに，図中に点をとる。原点を通り，図中にとった点のすべての近くを通過する1本の直線を引く。

それぞれの質量の比が一定だから，解答は比例のグラフになるよ。折れ線などにしないようにしよう。

練習①-2

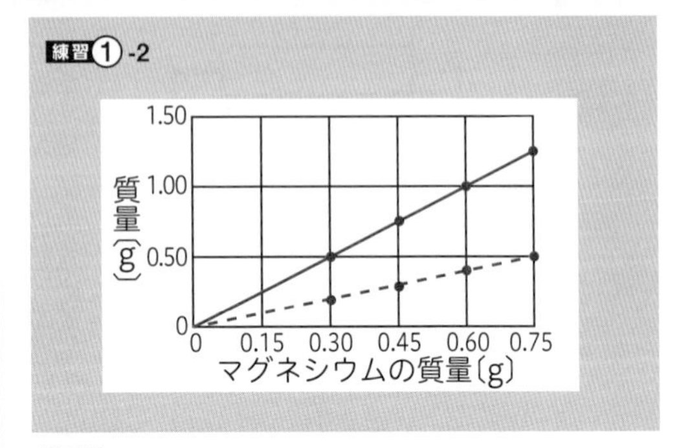


〈解説〉

(1)　①-1 (1)と同じ手順で直線を引く。

(2)　酸化物に結びついている酸素の質量は，

（酸化物の質量）－（マグネシウムの質量）

より，求めることができる。マグネシウムの質量に対して，結び付いた酸素の質量を表にすると，次のようになる。

| マグネシウムの質量〔g〕 | 0.30 | 0.45 | 0.60 | 0.75 |
|---|---|---|---|---|
| 酸素の質量〔g〕 | 0.20 | 0.30 | 0.41 | 0.52 |

この表をもとに，図中に点をとる。原点を通り，図中にとった点のすべての近くを通過する1本の直線を引く。

練習②-1　(1)　（銅：酸化銅＝）4：5
(2)　3.50 g　　(3)　3.20 g

〈解説〉

(1)　銅0.40 gに対して酸化銅0.50 gなので，これらの質量の比は，

0.40〔g〕：0.50〔g〕＝4：5

(2)　求める酸化銅の質量を$x$〔g〕とする。銅の質量が2.80 gであることと，(1)を利用して，

4：5＝2.80〔g〕：$x$〔g〕

$$x = 2.80〔g〕\times\frac{5}{4} = 3.50〔g〕$$

(3)　求める銅の質量を$y$〔g〕とする。必要な酸化銅の質量が4.00 gであることと，(1)を利用して，

4：5＝$y$〔g〕：4.00〔g〕

$$y = 4.00〔g〕\times \frac{4}{5} = 3.20〔g〕$$

**練習②-2** (1) 0.65 g　(2) 0.18 g

〈解説〉

(1) グラフより，0.80 g の銅から1.00 g の酸化銅が得られたことがわかる。よって，これらの質量の比は，

0.80〔g〕：1.00〔g〕＝ 4：5

いま，反応前の銅の質量が0.52 g であるから，求める酸化銅の質量を$x$〔g〕とすると，

4：5 ＝0.52〔g〕：$x$〔g〕

$$x = 0.52〔g〕\times \frac{5}{4} = 0.65〔g〕$$

(2) 銅の質量と酸化銅の質量の差が反応した酸素の質量である。よって，反応した酸素の質量と酸化銅の質量の比は，

（5 － 4）：5＝ 1：5

いま，得られた酸化銅の質量が0.90 g であるから，求める酸素の質量を$y$〔g〕とすると，

1：5 ＝$y$〔g〕：0.90〔g〕

$$y = 0.90〔g〕\times \frac{1}{5} = 0.18〔g〕$$

**練習③-1** (1) （マグネシウム：酸素＝）3：2
(2) 2.40 g

〈解説〉

(1) マグネシウムの質量と酸化物の質量の差が反応した酸素の質量である。よって，反応した酸素の質量と酸化物の質量の比は，

1.20〔g〕：(2.00－1.20)〔g〕

＝1.20〔g〕：0.80〔g〕＝ 3：2

(2) 3.60gのマグネシウムと反応する酸素の質量を$x$〔g〕とすると，(1)より，

3：2 ＝3.60〔g〕：$x$〔g〕

$$x = 3.60〔g〕\times \frac{2}{3} = 2.40〔g〕$$

**練習③-2** (1) 2.95 g　(2) 2.80 g

〈解説〉

(1) グラフより，0.60 g のマグネシウムから1.00 g の酸化マグネシウムが得られたことがわかる。

よって，マグネシウムとそれを加熱させて得られる酸化マグネシウムの質量の比は，

0.60〔g〕：1.00〔g〕＝ 3：5

いま，マグネシウムが1.77 g であるため，これを加熱して得られる酸化マグネシウムの質量を$x$〔g〕とすると，質量の比より，

3：5 ＝1.77〔g〕：$x$〔g〕

$$x = 1.77〔g〕\times \frac{5}{3} = 2.95〔g〕$$

(2) マグネシウムの質量と酸化マグネシウムの質量の差が反応した酸素の質量である。よって，0.60 g のマグネシウムと結びついた酸素の質量は，

1.00－0.60＝0.40〔g〕

したがって，マグネシウムと反応した酸素の質量の比は，

0.60〔g〕：0.40〔g〕＝ 3：2

いま，加熱するマグネシウムの質量が4.20 g であるから，求める酸素の質量を$y$〔g〕とすると，質量の比より，

3：2 ＝4.20〔g〕：$y$〔g〕

$$y = 4.20〔g〕\times \frac{2}{3} = 2.80〔g〕$$

燃焼によって酸化した金属の多くは，黒っぽい色になるけれども，酸化マグネシウムの色は白色になるよ。例外的だから，テストにも出題されやすいので，覚えておこう。

# 第3編 天気とその変化

## 第10章 気象観測 p.24

**練習④-1** 4000Pa

〈解説〉

レンガが机を押す力は，レンガにはたらく重力と同じ大きさである。100 g の物体にはたらく重力が 1 N だから，レンガにはたらく重力は，

$$1\,[\mathrm{N}] \times \frac{3000\,[\mathrm{g}]}{100\,[\mathrm{g}]} = 30\,[\mathrm{N}]$$

また，力がはたらく面積は，レンガの底面積と同じである。1 m＝100cm だから，レンガの底面積は，

$$0.15\,[\mathrm{m}] \times 0.05\,[\mathrm{m}] = 0.0075\,[\mathrm{m^2}]$$

よって，圧力の公式

$$\text{圧力}\,[\mathrm{Pa}] = \frac{\text{力}\,[\mathrm{N}]}{\text{面積}\,[\mathrm{m^2}]}$$

より，$\dfrac{30\,[\mathrm{N}]}{0.0075\,[\mathrm{m^2}]} = 4000\,[\mathrm{Pa}]$

**練習④-2** (1)面A 2000Pa 面B 8000Pa 面C 4000Pa (2) 4000Pa

〈解説〉

(1) 100 g の物体にはたらく重力が 1 N だから，レンガにはたらく重力は，

$$1\,[\mathrm{N}] \times \frac{4000\,[\mathrm{g}]}{100\,[\mathrm{g}]} = 40\,[\mathrm{N}]$$

・面Aを下にしたとき，底面積は，

$$0.1\,[\mathrm{m}] \times 0.2\,[\mathrm{m}] = 0.02\,[\mathrm{m^2}]$$

よって，机に加わる圧力は，

$$\frac{40\,[\mathrm{N}]}{0.02\,[\mathrm{m^2}]} = 2000\,[\mathrm{Pa}]$$

・面Bを下にしたとき，底面積は，

$$0.05\,[\mathrm{m}] \times 0.1\,[\mathrm{m}] = 0.005\,[\mathrm{m^2}]$$

よって，机に加わる圧力は，

$$\frac{40\,[\mathrm{N}]}{0.005\,[\mathrm{m^2}]} = 8000\,[\mathrm{Pa}]$$

・面Cを下にしたとき，底面積は，

$$0.05\,[\mathrm{m}] \times 0.2\,[\mathrm{m}] = 0.01\,[\mathrm{m^2}]$$

よって，机に加わる圧力は，

$$\frac{40\,[\mathrm{N}]}{0.01\,[\mathrm{m^2}]} = 4000\,[\mathrm{Pa}]$$

(2) 2つのレンガを重ねたので，レンガにはたらく重力が2倍になる。一方で，机とレンガが接している面積は変化しないため，圧力の公式より，

$$\frac{40\,[\mathrm{N}] \times 2}{0.02\,[\mathrm{m^2}]} = 4000\,[\mathrm{Pa}]$$

## 第11章 大気中の水蒸気と雲のでき方

p.27

**練習⑤-1** 35%

〈解説〉

湿度の公式 $\text{湿度} = \dfrac{\text{水蒸気量}}{\text{飽和水蒸気量}} \times 100$ より，

$$\frac{13.9\,[\mathrm{g/m^3}]}{39.6\,[\mathrm{g/m^3}]} \times 100 = 35.1\cdots\,[\%]$$

小数第1位を四捨五入すると，35%となる。

**練習⑥-1** 12.7 g

〈解説〉

割合で考えると，

$$23.1\,[\mathrm{g/m^3}] \times \frac{55}{100} = 12.705\,[\mathrm{g}]$$

小数第2位を四捨五入すると，12.7 g となる。

**練習⑥-2** 20.1 g

〈解説〉

割合で考えると，

$$30.4\,[\mathrm{g/m^3}] \times \frac{66}{100} = 20.064\,[\mathrm{g}]$$

小数第2位を四捨五入すると，20.1 g となる。

⑥-1，⑥-2は両方とも，割合から求めているよ。公式や比例式を利用した考え方も試してみよう。

# 第4編 電流とその利用

## 第14章 回路と電流・電圧 p.34～37

**練習⑦-1**

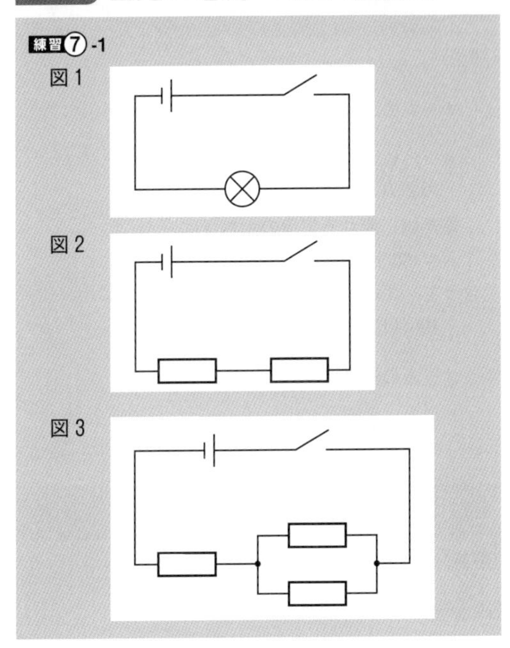


〈解説〉

図1　2つの電池とスイッチ，豆電球がすべて直列につながれている。電池は，2つ以上の場合も1つの記号で表す。

図2　電池とスイッチと2つの抵抗がすべて直列につながれている。

図3　電池とスイッチと1つの抵抗は直列につながれており，2つの抵抗は並列につながれている。

**練習⑧-1**　ア　1.2A　　イ　1.2A
ウ　0.9A　　エ　1.2A

〈解説〉

ア・イ　直列回路では，流れる電流の大きさは一定なので，ア，イともに，1.2Aである。

ウ　電池から流れ出た電流は，並列につながれた豆電球に流れこむ。一方の豆電球には0.3Aの電流が流れこむことがわかっているので，もう一方の豆電球に流れる電流の大きさは，1.2－0.3＝0.9〔A〕

エ　2つの豆電球に流れこんだ電流は，再度合流し，エに流れこむので，
0.9＋0.3＝1.2〔A〕

**練習⑧-2**　ア　2.0A　　イ　2.0A
ウ　2.3A　　エ　0.5A

〈解説〉

ア・イ　直列回路では，流れる電流の大きさは一定なので，2.0A。

ウ　電池から流れ出た電流は，並列につながれたところで，流れこむ先が分かれる。その後，合流し，この電流の大きさが2.3Aとわかっている。したがって，分かれる前と合流した後の電流の大きさは等しくなるので，ウに流れこむ電流の大きさは，2.3A。

エ　2.3Aのうち，一方の豆電球に1.8Aの電流が流れたので，もう一方の豆電球に流れた電流の大きさは，2.3－1.8＝0.5〔A〕

**練習⑨-1**　アイ間　3.2V　　ウエ間　5.0V

〈解説〉

アイ間　2つの豆電球は電池に対して直列につながれているので，アイ間に加わる電圧の大きさは，
1.5＋1.7＝3.2〔V〕

ウエ間　2つの豆電球は電池に対して並列につながれているので，2つの豆電球に加わる電圧の大きさは，電池の電圧に等しい。
よって，5.0V。

**練習⑨-2**　アイ間　2.0V　　ウエ間　4.2V

〈解説〉

アイ間　2つの豆電球は電池に対して直列につながれているので，2つの豆電球に加わる電圧の大きさの和は，電池の電圧に等しくなる。よって，アイ間に加わる電圧の大きさは，
4.0－2.0＝2.0〔V〕

ウエ間　並列につながれている2つの豆電球には同じ大きさの電圧が加わるので，4.2V。

練習⑩-1

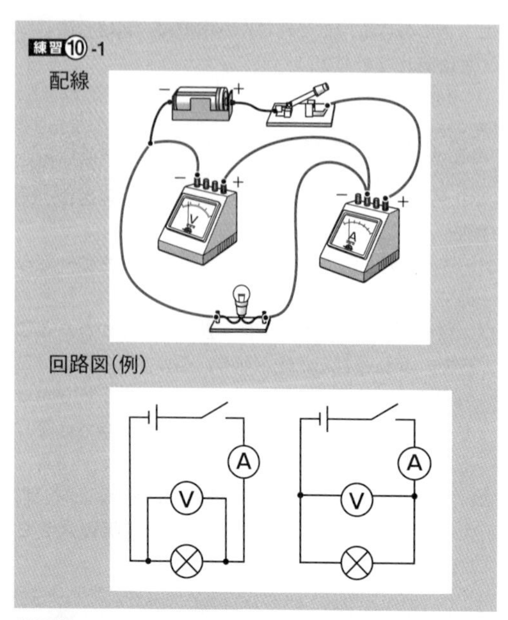


〈解説〉

豆電球に流れる電流の大きさをはかる電流計は，豆電球に対して直列につなぐ。

また，豆電球に加わる電圧の大きさをはかる電圧計は，豆電球に対して並列につなぐ。

電流計，電圧計には，＋と－の端子があるよ。電流・電圧をはかるときは，端子のつなぎ方に注意しよう。

## 第15章 オームの法則と電気エネルギー

p.40～42

**練習⑪-1** (1) 35Ω (2) 2V (3) 0.7A

〈解説〉

(1) オームの法則 $R=\dfrac{V}{I}$ より，

$$\frac{7\,[\mathrm{V}]}{0.2\,[\mathrm{A}]}=35\,[\Omega]$$

(2) 電熱線に流れる電流の大きさは，
1 A＝1000mA より，20mA＝0.02A
よって，オームの法則 $V=RI$ より，
100〔Ω〕×0.02〔A〕＝2〔V〕

(3) オームの法則 $I=\dfrac{V}{R}$ より，

$$\frac{2.1\,[\mathrm{V}]}{3\,[\Omega]}=0.7\,[\mathrm{A}]$$

**練習⑪-2** (1) 2kΩ (2) 300V (3) 12mA

〈解説〉

(1) オームの法則 $R=\dfrac{V}{I}$ より，

$$\frac{100\,[\mathrm{V}]}{0.05\,[\mathrm{A}]}=2000\,[\Omega]$$

解答の単位はkΩで指定されているので，
1 kΩ＝1000Ω より，
2000Ω＝2 kΩ

(2) 電熱線の抵抗は，1 kΩ＝1000Ω である。
また，電熱線に流れる電流の大きさは，
1 A＝1000mA より，300mA＝0.3A
よって，オームの法則 $V=RI$ より，
1000〔Ω〕×0.3〔A〕＝300〔V〕

(3) 電熱線の抵抗は，5 kΩ＝5000Ω
よって，オームの法則 $I=\dfrac{V}{R}$ より，

$$\frac{60\,[\mathrm{V}]}{5000\,[\Omega]}=0.012\,[\mathrm{A}]$$

解答の単位はmAで指定されているので，
1 A＝1000mA より，0.012A＝12mA

**練習⑫-1** (1) 32Ω (2) 7.5Ω

〈解説〉

(1) 直列回路全体の抵抗は，各電熱線の抵抗の和なので，8＋24＝32〔Ω〕

(2) 回路全体，電熱線a，電熱線bの抵抗をそれぞれ$R$〔Ω〕，$R_a$〔Ω〕，$R_b$〔Ω〕とすると，

$\frac{1}{R}=\frac{1}{R_a}+\frac{1}{R_b}$ なので，

$$\frac{1}{R}=\frac{1}{9}+\frac{1}{45}=\frac{2}{15}$$

よって，$\frac{15}{2}$＝7.5〔Ω〕

別解 オームの法則より，電熱線aに流れる電流の大きさは，$\frac{18〔V〕}{9〔Ω〕}$＝2〔A〕

電熱線bに流れる電流の大きさは，

$$\frac{18〔V〕}{45〔Ω〕}=\frac{2}{5}=0.4〔A〕$$

よって，回路全体に流れる電流の大きさは，

2＋0.4＝2.4〔A〕

したがって，回路全体の抵抗は，

$$\frac{18〔V〕}{2.4〔A〕}=\frac{15}{2}=7.5〔Ω〕$$

**練習⑫-2** (1) 30Ω (2) 29.6Ω

〈解説〉

(1) 直列回路全体の抵抗は，各電熱線の抵抗の和なので，20＋10＝30〔Ω〕

(2) 電熱線a，電熱線bは並列につながれており，これらを1つの電熱線abとみなして考える。電熱線abの抵抗を$R_{ab}$〔Ω〕とすると，

$$\frac{1}{R_{ab}}=\frac{1}{16}+\frac{1}{24}=\frac{5}{48}$$

よって，$R_{ab}=\frac{48}{5}$＝9.6〔Ω〕

回路は電熱線abと電熱線cの直列回路とみなせるので，回路全体の抵抗は，

20＋9.6＝29.6〔Ω〕

**練習⑬-1** (1) 2kW (2) 15A (3) 2.1kW

〈解説〉

(1) 電力〔W〕＝電圧〔V〕×電流〔A〕より，

100〔V〕×20〔A〕＝2000〔W〕

解答の単位はkWで指定されているので，

1kW＝1000W より，2000W＝2kW

(2) 電力〔W〕＝電圧〔V〕×電流〔A〕を変形すると，

$$電流〔A〕=\frac{電力〔W〕}{電圧〔V〕}$$

電気器具の電力は，1kW＝1000W より，

1.5kW＝1500W

よって，$\frac{1500〔W〕}{100〔V〕}$＝15〔A〕

(3) 1kW＝1000W より，600W＝0.6kW となるため，この電気器具と，1.5kWの電気器具を同時に使用したとき，全体の消費電力は，

0.6＋1.5＝2.1〔kW〕

**練習⑭-1** (1) 15000J (2) 3000J (3) 27kWh

〈解説〉

(1) 電力量〔J〕＝電力〔W〕×時間〔s〕より，

500〔W〕×30〔s〕＝15000〔J〕

(2) 分を秒に直すと，2分は120秒になる。

電力量〔J〕＝電力〔W〕×時間〔s〕より，

25〔J〕×120〔s〕＝3000〔J〕

(3) 1500Wの電気器具を，正午から翌日午前6時までの，計18時間使用した。

よって，1500〔W〕×18〔h〕＝27000〔Wh〕

解答の単位はkWhで指定されているので，

1kWh＝1000Wh より，

27000Wh＝27kWh

# さくいん

数字はページを表します。赤い数は特にくわしく扱われているページです。


## あ

秋雨 …… 154
秋雨前線 …… 143, 154
アサガオ …… 63
アジサイ …… 63
汗 …… 94, 104
圧力 …… 114
アネロイド気圧計 …… 113
アボガドロ …… 20
雨粒 …… 131, 142
アミノ酸 …… 77, 80, 81, 82, 93, 94
アミラーゼ …… 78, 80
雨 …… 111, 118, 130, 131, 138, 143, 144
アメダス …… 118
アメーバ …… 58
あられ …… 111
アルカリ性 …… 9, 10, 14, 65, 66
α線 …… 194
アルミニウム …… 177
アンペア …… 166
アンペール …… 166
アンモニア …… 22, 38, 93

## い

胃 …… 78, 80
胃液 …… 78, 80, 104
硫黄 …… 29, 30, 34
維管束 …… 69, 70
一酸化炭素 …… 36
移動性高気圧 …… 154
陰極 …… 12, 13, 14, 193
陰極線 …… 193

## う

右心室 …… 90
右心房 …… 90
うずまき管 …… 100
海風 …… 151
ウラン …… 194
雨量 …… 111
雨量計 …… 111, 118
運動器官 …… 101, 103, 105
運動神経 …… 101, 103, 104
雲粒 …… 129, 131
雲量 …… 111

## え

H形ガラス管電気分解装置 …… 13
液胞 …… 57
エタノール …… 33, 36, 64
X線 …… 194
エネルギー …… 38, 59, 63, 89, 117, 130, 132, 149
えら …… 89
LED …… 163, 206
塩化アンモニウム …… 38
塩化カルシウム …… 43
塩化コバルト紙 …… 10, 33
塩化銅 …… 14, 24, 29
塩化ナトリウム …… 22, 43, 44
塩化バリウム …… 38, 43
塩酸 …… 30, 32, 37, 43, 44, 78
延髄 …… 101, 104
塩素 …… 14, 22, 29

## お

横隔膜 …… 88
オオカナダモ …… 55, 56, 65
小笠原気団 …… 152, 154, 155
小笠原高気圧 …… 152, 155
オキシドール …… 9
オシロスコープ …… 207
音 …… 100, 180, 207
オホーツク海気団 …… 152, 154
オホーツク海高気圧 …… 152
オーム …… 176
オームの法則 …… 176, 178, 179
温帯低気圧 …… 141
温暖前線 …… 140, 141, 143, 144
温度 …… 111

## か

外呼吸 …… 59, 89
外骨格 …… 105
快晴 …… 111
海面更正 …… 137
海陸風 …… 151
回路 …… 163
回路図 …… 164, 165
化学エネルギー …… 38
化学かいろ …… 37
化学式 …… 21, 23, 24, 31
化学反応 …… 9
化学反応式 …… 23, 24, 31
化学変化 …… 9, 22, 23, 29, 45
核 …… 57, 58, 129
角膜 …… 99
化合 …… 29
下降気流 …… 130, 138, 149, 150
化合物 …… 21, 22, 29, 30, 33
過酸化水素水 …… 9
ガスバーナー …… 10, 36, 79
風 …… 138, 142, 143, 149
カバーガラス …… 56
雷 …… 111, 142, 155, 191
カルシウム …… 77
カロリー …… 183
簡易型電気分解装置 …… 13
感覚器官 …… 99, 100, 101, 103, 104
感覚細胞 …… 99, 100, 103, 104
感覚神経 …… 101, 103, 104
感覚点 …… 100
寒気 …… 130, 140, 141, 142, 144
寒気団 …… 139
乾球温度計 …… 112

還元 …… 34, 36
乾湿計 …… 112
関節 …… 105
汗せん …… 94
肝臓 …… 78, 82, 93, 94
間脳 …… 101
γ線 …… 194
肝門脈 …… 82
寒冷前線 …… 140, 141, 142, 144

き

気圧 …… 111, 113, 114, 118, 128, 137, 144, 149, 192
気圧配置 …… 137, 152
気温 …… 111, 112, 117, 123, 126, 128, 131, 139, 142, 149
器官 …… 58
気管 …… 87, 88
気管支 …… 87
気孔 …… 65, 70, 71
気象 …… 111
気象要素 …… 111, 117, 137, 144
季節風 …… 151
北半球 …… 138, 150
気団 …… 139, 152
嗅覚 …… 100
吸収 …… 93
吸熱反応 …… 38
凝結 …… 123, 124, 131
凝結核 …… 129, 130
胸腔 …… 88
キョウチクトウ …… 63
魚類 …… 89, 91
霧 …… 111, 123, 131
霧粒 …… 131
金 …… 177
銀 …… 11, 22, 24, 177
金属 …… 11, 31, 34, 35, 46, 46, 124, 177, 194
金属の酸化 …… 49
筋肉 …… 88, 90, 101, 103, 104, 105

く

クエン酸 …… 38
口 …… 78
雲 …… 128, 129, 130, 131, 138, 140, 143, 149
くもり …… 111, 117, 118, 130, 138
グリコーゲン …… 82
クルックス管 …… 193
クロム …… 177

け

蛍光灯 …… 191, 192
ケイ素 …… 177
血液 …… 77, 82, 87, 89, 90, 92, 94
血液の循環 …… 91
血管 …… 81, 82, 90, 93
結晶 …… 123, 131, 191
血しょう …… 87, 92, 93
血小板 …… 92
ゲルマニウム …… 177
けん …… 105
原子 …… 19, 20, 21, 22, 23, 29, 45
原子番号 …… 20
元素 …… 19, 20, 21, 23
元素記号 …… 19, 21
顕微鏡 …… 56, 65, 70, 92
検流計 …… 204

こ

コイル …… 201, 203, 204
高気圧 …… 137, 138, 152
光合成 …… 57, 59, 63, 64, 65, 66, 67
虹彩 …… 99
降水 …… 131, 132, 157
降水量 …… 111, 157
合成抵抗 …… 178
高層雲 …… 143
孔辺細胞 …… 70
肛門 …… 78, 81
交流 …… 206, 207
呼吸 …… 59, 67, 81, 87, 93
呼吸運動 …… 88
呼吸器官 …… 89
呼吸系 …… 87
個体 …… 58
骨格 …… 105
鼓膜 …… 100
ゴルジ体 …… 57
混合物 …… 22, 30, 31
根毛 …… 68

さ

再結晶 …… 123
細胞 …… 55, 57, 70, 91, 92, 93
細胞質 …… 57
細胞の呼吸 …… 57, 59, 82, 87, 89
細胞壁 …… 57
細胞膜 …… 57, 58
酢酸オルセイン液 …… 55
酢酸カーミン液 …… 55
左心室 …… 90
左心房 …… 90
砂鉄 …… 36
酸化 …… 31, 33, 34, 36
酸化カルシウム …… 37
酸化銀 …… 11, 14, 22, 24
酸化鉄 …… 31, 32, 36, 44
酸化鉄の還元 …… 36
酸化銅 …… 22, 31, 34, 35, 36, 47, 49
酸化銅の還元 …… 34, 35, 36
酸化物 …… 31, 34, 46
酸化マグネシウム …… 32, 47
酸性 …… 14, 65, 66, 78
酸素 …… 11, 12, 22, 31, 34, 59, 65, 70, 91, 93

## し


磁界 …… 199, 200, 205
磁界の中で発生する電流 …… 204
磁界の向き …… 199
視覚 …… 99
師管 …… 68, 69, 70
刺激 …… 99, 100, 101, 102, 103, 104
磁石 …… 30
耳小骨 …… 100
視神経 …… 99, 103
舌 …… 100
湿球温度計 …… 112
実体配線図 …… 164
湿度 …… 112, 118, 125, 126, 128, 139
湿度表 …… 112
質量 …… 31, 32, 43, 45, 46, 49, 115, 181, 193
質量保存の法則 …… 45
磁鉄鉱 …… 36
シベリア気団 …… 152
シベリア高気圧 …… 152
脂肪 …… 77, 78, 80, 81, 82, 93, 94
脂肪酸 …… 77, 80, 81
霜 …… 131
周期 …… 20
周期表 …… 20
十二指腸 …… 78
周波数 …… 207
柔毛 …… 81
重力 …… 114, 116
主根 …… 69
ジュール …… 183
循環系 …… 93
純粋な物質(純物質) …… 22
子葉 …… 69
消化 …… 58, 77, 81, 93
消化液 …… 78
消化管 …… 78, 82
消化器官 …… 78
消化系 …… 78
消化酵素 …… 78, 80
蒸散 …… 71, 132
硝酸アンモニウム …… 38
上昇気流 …… 130, 131, 138, 141, 142, 149, 150, 155, 156
状態変化 …… 22, 45
小腸 …… 78, 80, 81, 93
小脳 …… 101
消費電力 …… 180
静脈 …… 90, 91, 93, 94
静脈血 …… 91, 92
食道 …… 78, 80
触媒 …… 9
植物の細胞 …… 57
触覚 …… 100
シリコン …… 177
磁力 …… 199
磁力線 …… 199, 205
真空放電 …… 192
神経 …… 99, 105
神経系 …… 101
神経細胞 …… 101
心室 …… 90
心臓 …… 82, 90, 91, 93
じん臓 …… 93, 94
振動数 …… 207
心房 …… 90


## す


すい液 …… 78, 80
水酸化カルシウム …… 45
水酸化ナトリウム …… 12, 13
水酸化バリウム …… 38, 43
水蒸気 …… 70, 71
水蒸気量 …… 123, 124, 126, 128, 129
水晶体 …… 99
水上置換法 …… 9, 11
水素 …… 12, 19, 22, 30, 32, 33, 36, 37, 59
すい臓 …… 78, 80
水素の燃焼 …… 33
スイレン …… 70
スチールウール …… 31, 32, 44
スライドガラス …… 55


## せ


西高東低 …… 152
生石灰 …… 37
製鉄 …… 36
静電気 …… 189, 190, 191
整流子 …… 203
脊髄 …… 101, 103, 104
セキツイ動物 …… 105
積乱雲 …… 131, 142, 153, 155, 156
絶縁体 …… 177, 194
石灰水 …… 9, 10, 33, 35, 45, 65, 66, 67
石灰石 …… 36, 43
赤血球 …… 87, 92, 93
染色液 …… 55, 56
前線 …… 139, 140, 144, 156, 157
前線面 …… 139, 142


## そ


双子葉類 …… 69
草食動物 …… 82
ゾウリムシ …… 58
族 …… 20
側線 …… 100
組織 …… 58
組織液 …… 93
側根 …… 69


## た


大気 …… 115, 116, 128, 132, 138, 139, 141, 149

大気圧 …… 115, 116
体循環 …… 91
対照実験 …… 66, 79
大静脈 …… 90
大腸 …… 78, 81, 93
帯電 …… 190
大動脈 …… 90
大脳 …… 101
台風 …… 156
太平洋高気圧 …… 152, 155, 157
大陸高気圧 …… 152
だ液 …… 78, 79, 80, 104
だ液せん …… 78, 80
高潮 …… 157
多細胞生物 …… 58
脱色 …… 64
タマネギの表皮 …… 56, 57
暖気 …… 130, 140, 141, 142, 144
暖気団 …… 139
単細胞生物 …… 58
炭酸カルシウム …… 43, 45
炭酸水素ナトリウム …… 9, 10, 24, 38, 44
炭酸ナトリウム …… 9, 10, 24, 43
胆汁 …… 78, 80
単子葉類 …… 69
炭水化物 …… 59, 77
炭素 …… 22, 33, 59
炭素の燃焼 …… 33
単体 …… 21, 22, 29, 34, 36
胆のう …… 78, 80
タンパク質 …… 57, 77, 78, 80, 82, 93, 94
暖流 …… 153

## ち

地域気象観測システム …… 118
窒素 …… 22, 93
中枢 …… 104
中枢神経 …… 101
中性 …… 14, 65, 66
中脳 …… 101, 104
聴覚 …… 100
聴神経 …… 100
鳥類 …… 89, 91
直流 …… 206, 207
直列回路 …… 163, 167, 169, 178
沈殿 …… 43, 45

## つ

露 …… 131
つゆ …… 154, 155, 157

## て

低気圧 …… 137, 138, 141, 144, 150, 152
抵抗 …… 176, 178, 179
抵抗器 …… 164, 175
停滞前線 …… 140, 141, 143, 154
鉄 …… 29, 30, 31, 32, 36, 44, 77, 177
鉄の酸化 …… 37
鉄の燃焼 …… 31
手回し発電機 …… 204, 205
電圧 …… 168, 175, 176
電圧計 …… 164, 168, 170
電気エネルギー …… 180, 183, 207
天気記号 …… 111
天気図 …… 137, 152
電気抵抗 …… 176
電気的に中性 …… 194
電気の力 …… 189
電気分解 …… 12, 14, 24
電気分解装置 …… 12, 13
電気用図記号 …… 164
電気量 …… 183
電源装置 …… 164, 175
電子 …… 190, 193, 194
電磁石 …… 199
電子線 …… 193, 203
電子てんびん …… 32
電磁誘導 …… 205, 206
電動機 …… 203
電熱線 …… 164, 175
天然ガス …… 38
デンプン …… 36, 63, 64, 77, 78, 80
電流 …… 12, 32, 45, 163, 166, 175, 176, 182, 183, 200
電流が磁界から受ける力 …… 202
電流計 …… 164, 166, 170
電力 …… 180, 181, 183
電力量 …… 183, 184

## と

銅 …… 14, 22, 29, 31, 34, 35, 36, 46, 47, 177
等圧線 …… 137, 138, 152, 156
透過性 …… 194
道管 …… 68, 69, 70
導体 …… 177
銅の酸化 …… 31
動物の細胞 …… 57
動脈 …… 90, 91, 94
動脈血 …… 91, 92
トウモロコシ …… 69
突沸 …… 79
トリプシン …… 78, 80
ドルトン …… 19

## な

内呼吸 …… 59, 89
内骨格 …… 105
夏日 …… 155
ナトリウム …… 20, 77
南高北低 …… 155
南東の季節風 …… 151, 155

## に

肉食動物 …… 82
ニクロム …… 177
二酸化炭素 …… 9, 10, 22, 33, 44, 45, 59, 66, 70, 91
二酸化マンガン …… 9
ニッケル …… 177
乳ばち …… 30, 35
乳棒 …… 30, 35
ニュートン …… 114
尿 …… 93, 94
尿管 …… 94
尿素 …… 93, 94

## ね

ネオン管 …… 191, 192
熱 …… 9, 29, 31, 112, 124, 130, 180, 181, 183
熱帯低気圧 …… 156
熱帯夜 …… 155
熱分解 …… 9, 10, 11, 14, 24
熱量 …… 181, 183, 184
燃焼 …… 31, 38, 44

## の

脳 …… 99, 100, 101, 103, 104, 105
脳下垂体 …… 101

## は

肺 …… 87, 88, 89, 91, 92, 93
梅雨 …… 154, 157
梅雨前線 …… 143, 154, 155
肺呼吸 …… 89
排出 …… 58, 81, 93, 94
排出系 …… 94
肺循環 …… 91
肺静脈 …… 90, 91
肺動脈 …… 90, 91
肺胞 …… 87, 89, 92
麦芽糖 …… 77, 78
拍動 …… 90
ハコベ …… 63
パスカル …… 114
ハチュウ類 …… 89, 91
白血球 …… 92
発光ダイオード …… 163, 177, 206
発電機 …… 205, 206
発熱反応 …… 37
発熱量 …… 182
鼻 …… 100
葉のつき方 …… 63
晴れ …… 111, 117, 118, 127, 130, 138
反射 …… 104
半導体 …… 177

## ひ

光 …… 29, 31, 38, 99, 104, 149, 180
ひげ根 …… 69
被子植物 …… 69
ビタミン …… 77
BTB溶液 …… 65, 66
ヒトのほおの内側 …… 55, 56
ひとみ …… 99, 104
火花放電 …… 191
皮膚 …… 89, 100, 101, 102, 103, 104
ヒマワリ …… 63
百葉箱 …… 112
ひょう …… 111
表皮 …… 55
ピンチコック …… 13, 35, 44

## ふ

ふ入りの葉 …… 63
風向 …… 111, 113, 138, 144
風向風速計 …… 113, 118
風速 …… 111, 113
風力 …… 111, 113
風力階級表 …… 113
フェノールフタレイン溶液 …… 9, 10, 14
フェーン現象 …… 157
沸騰石 …… 79
物理変化 …… 45
不導体 …… 177, 194
ブドウ糖 …… 36, 77, 78, 80, 81, 82, 93, 94
ブラシ …… 203
＋極 …… 163, 166, 168, 193, 194
プレパラート …… 56, 65
フレミングの左手の法則 …… 202
分解 …… 9, 21, 29
分子 …… 20, 21, 22, 24, 29, 31, 32, 77

## へ

平行脈 …… 69
閉塞前線 …… 140, 141
並列回路 …… 163, 167, 169, 179, 184
ヘクトパスカル …… 113, 116, 192
β線 …… 194
ベネジクト液 …… 78
ペプシン …… 78, 80
ヘモグロビン …… 92
ヘルツ …… 207
弁 …… 90
便 …… 81, 93
偏西風 …… 150, 154, 157

## ほ

方位磁針 …… 199
ぼうこう …… 94
放射性物質 …… 194
放射線 …… 194
放射能 …… 194
放射冷却 …… 117
ホウセンカ …… 69
放電 …… 191, 192

放電管 …… 192
飽和 …… 123
飽和水蒸気量 …… 123, 124, 126, 128
飽和水溶液 …… 45, 123
北西の季節風 …… 151, 152, 153
ホニュウ類 …… 82, 89, 91
ホフマン型電気分解装置 …… 13
ポリ塩化ビニル …… 177
ボルタ …… 168
ボルト …… 168
ポロニウム …… 194

## ま

－極 …… 163, 166, 168, 193, 194
マグネシウム …… 32, 37, 46, 47
マグネシウムの燃焼 …… 32
摩擦電気 …… 189
末しょう神経 …… 101
真夏日 …… 155

## み

味覚 …… 100
ミカヅキモ …… 58
ミジンコ …… 58
水 …… 9, 10, 12, 22, 33, 36, 44, 59
水の循環 …… 132
水の電気分解 …… 14, 22, 23, 24
みぞれ …… 111
密度 …… 130, 139, 140, 149
ミトコンドリア …… 57
ミドリムシ …… 58
南半球 …… 138, 150
耳 …… 100

## む

無機物 …… 77, 81
無機養分 …… 68

## め

目 …… 99, 102, 103
メダカ …… 92, 100
メタン …… 38
メタンの燃焼 …… 38
メンデレーエフ …… 20

## も

毛細血管 …… 81, 82, 87, 89, 90, 93
網状脈 …… 69
猛暑日 …… 155
網膜 …… 99, 103
木炭 …… 33, 36
モーター …… 163, 203, 204, 205
モデル …… 19, 21, 88, 150, 193
モノグリセリド …… 77, 80, 81
門脈 …… 82

## や

ヤエムグラ …… 63

## ゆ

有機物 …… 38, 59
有機物の燃焼 …… 33
有機養分 …… 69
誘導コイル …… 192
誘導電流 …… 205
雪 …… 111, 131, 153
輸尿管 …… 94

## よ

溶解度 …… 123
陽極 …… 12, 13, 14, 193
溶鉱炉 …… 36
ヨウ素液 …… 64, 78
ヨウ素デンプン反応 …… 63
養分 …… 93
葉脈 …… 69, 70
葉緑体 …… 57, 58, 63, 65, 70

## ら

ラジウム …… 194
ラドン …… 194
乱層雲 …… 131, 143

## り

陸風 …… 151
リパーゼ …… 78, 80
リボゾーム …… 57
硫化 …… 29
硫化水素 …… 30
硫化鉄 …… 29, 30
硫化銅 …… 29
硫酸 …… 12, 43
硫酸ナトリウム …… 43
硫酸バリウム …… 43
粒子 …… 19, 20, 190, 193
両生類 …… 89, 91
リンパ液 …… 93
リンパ管 …… 81, 82, 93

## れ

レンズ …… 99
レンツの法則 …… 205
レントゲン …… 194

## ろ

緑青 …… 31
ろっ骨 …… 88
露点 …… 123, 124, 127, 128, 129, 130, 131

## わ

ワセリン …… 71
ワット …… 180
ワット時 …… 184

●写真提供
株式会社島津理化
株式会社ナリカ
気象庁
コーベットフォトエージェンシー
コーベットフォトエージェンシー / ミラージュ
保津川遊船企業組合
OPO/Artefactory
PIXTA

初版
第1刷　1972年2月1日　発行
新指導要領準拠版
第1刷　2021年4月1日　発行
第2刷　2023年2月1日　発行
第3刷　2024年2月1日　発行

●カバー・本文デザイン
アーク・ビジュアル・ワークス（落合あや子）
デザイン・プラス・プロフ株式会社

編　者　数研出版編集部
発行者　　　星野 泰也

編集協力　有限会社マイプラン

ISBN978-4-410-15074-6

チャート式®シリーズ　中学理科　2年

発行所　数研出版株式会社



〒101-0052　東京都千代田区神田小川町2丁目3番地3
〔振替〕00140-4-118431
〒604-0861　京都市中京区烏丸通竹屋町上る大倉町205番地
〔電話〕代表（075）231-0161
ホームページ　https://www.chart.co.jp
印刷　株式会社太洋社

乱丁本・落丁本はお取り替えいたします。　240103

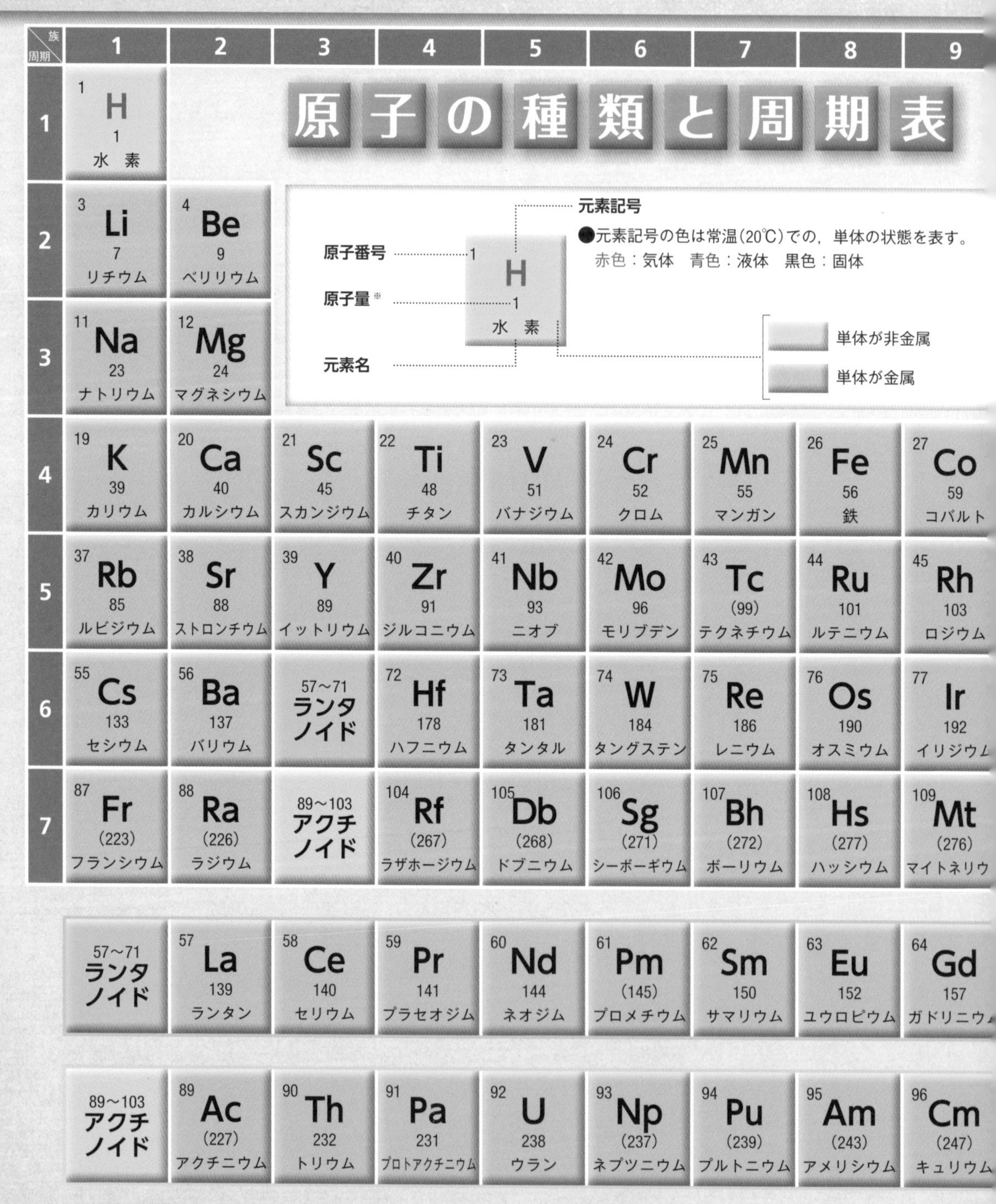

# 原子の種類と周期表

元素記号
●元素記号の色は常温(20℃)での，単体の状態を表す。
赤色：気体　青色：液体　黒色：固体

原子番号 — 1
元素記号 — H
原子量※ — 1
元素名 — 水　素

単体が非金属
単体が金属

| 周期＼族 | 1 | 2 | 3 | 4 | 5 | 6 | 7 | 8 | 9 |
|---|---|---|---|---|---|---|---|---|---|
| 1 | 1 H 1 水素 | | | | | | | | |
| 2 | 3 Li 7 リチウム | 4 Be 9 ベリリウム | | | | | | | |
| 3 | 11 Na 23 ナトリウム | 12 Mg 24 マグネシウム | | | | | | | |
| 4 | 19 K 39 カリウム | 20 Ca 40 カルシウム | 21 Sc 45 スカンジウム | 22 Ti 48 チタン | 23 V 51 バナジウム | 24 Cr 52 クロム | 25 Mn 55 マンガン | 26 Fe 56 鉄 | 27 Co 59 コバルト |
| 5 | 37 Rb 85 ルビジウム | 38 Sr 88 ストロンチウム | 39 Y 89 イットリウム | 40 Zr 91 ジルコニウム | 41 Nb 93 ニオブ | 42 Mo 96 モリブデン | 43 Tc (99) テクネチウム | 44 Ru 101 ルテニウム | 45 Rh 103 ロジウム |
| 6 | 55 Cs 133 セシウム | 56 Ba 137 バリウム | 57～71 ランタノイド | 72 Hf 178 ハフニウム | 73 Ta 181 タンタル | 74 W 184 タングステン | 75 Re 186 レニウム | 76 Os 190 オスミウム | 77 Ir 192 イリジウ |
| 7 | 87 Fr (223) フランシウム | 88 Ra (226) ラジウム | 89～103 アクチノイド | 104 Rf (267) ラザホージウム | 105 Db (268) ドブニウム | 106 Sg (271) シーボーギウム | 107 Bh (272) ボーリウム | 108 Hs (277) ハッシウム | 109 Mt (276) マイトネリウ |

| | | | | | | | | |
|---|---|---|---|---|---|---|---|---|
| 57～71 ランタノイド | 57 La 139 ランタン | 58 Ce 140 セリウム | 59 Pr 141 プラセオジム | 60 Nd 144 ネオジム | 61 Pm (145) プロメチウム | 62 Sm 150 サマリウム | 63 Eu 152 ユウロピウム | 64 Gd 157 ガドリニウ |
| 89～103 アクチノイド | 89 Ac (227) アクチニウム | 90 Th 232 トリウム | 91 Pa 231 プロトアクチニウム | 92 U 238 ウラン | 93 Np (237) ネプツニウム | 94 Pu (239) プルトニウム | 95 Am (243) アメリシウム | 96 Cm (247) キュリウム |

**※原子量**　原子の質量の比を表す数値。原子の質量は非常に小さいため，炭素原子(C)1個の質量を12としたときの，各原子の質量比で表す(四捨五入して整数で表している)。なお，安定していない原子は，(　)に代表的なものの数値を示している。